科技管理研究

任维亚　田悦宏　董妍璐　著

吉林科学技术出版社

图书在版编目(CIP)数据

科技管理研究 / 任维亚，田悦宏，董妍璐著 . —— 长春 ：吉林科学技术出版社，2023.6
ISBN 978-7-5744-0659-9

Ⅰ. ①科… Ⅱ. ①任… ②田… ③董… Ⅲ. ①科学技术管理－研究 Ⅳ. ①F204

中国国家版本馆 CIP 数据核字(2023)第 136540 号

科技管理研究

著	任维亚　田悦宏　董妍璐	
出 版 人	宛　霞	
责任编辑	穆　楠	
封面设计	张啸天	
制　　版	济南越凡印务有限公司	
幅面尺寸	170mm×240mm	
开　　本	16	
字　　数	572 千字	
印　　张	34	
印　　数	1–1500 册	
版　　次	2023年6月第1版	
印　　次	2024年2月第1次印刷	

出　　版	吉林科学技术出版社
发　　行	吉林科学技术出版社
地　　址	长春市福祉大路5788号
邮　　编	130118

发行部电话/传真　0431-81629529 81629530 81629531
　　　　　　　　　81629532 81629533 81629534
储运部电话　0431-86059116
编辑部电话　0431-81629518
印　　刷　三河市嵩川印刷有限公司

书　　号	ISBN 978-7-5744-0659-9
定　　价	156.00元

前　言

随着我国科技水平的大幅提高,以及近年来国家对于相关的科技创新的战略重视程度越来越高,所以相关的科技管理也要进一步地创新,进一步的改革原有的管理方法,要能够做到相关的科技管理制度和方法与时俱进,并且能够更好地服务当下的科技的发展。科技管理体制是否合理,关系到科技政策能否认真正确地贯彻落实,关系到科研机构和科研队伍的潜力能否充分发挥,关系到科技规划和计划能否顺利实施。

本书是科技管理研究方向的书籍,从科技与科技管理介绍入手,针对科技战略与规划、科技服务、科技管理进行了分析研究;另外对人力资源规划与分析、人力资源管理的内容、领导心理、领导的方法、领导力的开发与塑造、"互联网＋"与领导力创新、人力资源管理信息化做了一定的介绍;还剖析了科技创新、科技创新管理的基础、科技创新管理体系、科技人才协同创新管理等内容;本书论述严谨,结构合理,条理清晰,内容丰富,对科技管理研究有一定的借鉴意义。

本书由云南省红河州科学技术院任维亚、长宽高(北京)科技有限公司田悦宏和中共辽宁省委党校董妍璐共同撰写,其中任维亚撰写了第一章、第九章至第十二章,共计 20 万字符;田悦宏撰写第七章和第八章,共计 6 万字符;董妍璐撰写了第二章至第六章,共计 15 万字。

作者在撰写过程中学习和借鉴了国内外同行们的理论与实践的相关研究成果,采用通俗易懂的形式,既注重实用性、时效性,又注重系统性、理论性,内容生动活泼,形式多样。撰写过程中还参阅了大量相关图书和网络资料,在书中无法逐一列出,在此一并表示衷心的感谢。由于编者水平有限,本书中难免存在不足之处,恳请专家和读者给予批评指正。

目　录

第一章　科技与科技管理

第一节　科技战略与规划

一、科技创新战略及其管理的重要性

(一)科技创新战略是国家发展战略的重要组成部分

科技创新战略是国家发展战略的重要组成部分,也是国家或地区在科技发展方面具有全局性、纲领性和方向性意义的重大科技政策。因此,科技创新战略的制定不能仅仅从科技实力出发,要定位于科技的长远发展,更要立足于国家安全与利益的高度,服从并服务于国家战略的需要。

20世纪50年代中期到60年代中后期党和国家最高领导人根据当时国家安全的需要,将科技发展的重点定位于国防军工领域和能源领域,决定通过自力更生研制"两弹一星"、开发油田等。在当时,这些都属于世界科技尖端、只有几个超级大国才拥有的技术。从当时我国的科技实力出发是难以想象的。但是,通过组织全国的优势科技力量,齐心协力、艰苦奋斗,最终实现了既定目标,实现了跨越式发展,并通过强化军事科技实力确立了一个刚刚站立起来的民族在全球的地位,为未来的经济建设奠定了较为稳定的国际社会环境。事实证明,这个科技创新战略的制定和实施是成功的典范。20世纪70年代后期,我国做出了以经济建设为中心、实施改革开放的重大决策。我国的科技创新战略逐渐转向注重经济发展,重点任务的部署更加注重科技成果的转化。

(二)科技创新战略是国家科技工作的顶层设计

科技创新战略的制定是一定时期科技工作的顶层设计,具有系统性、有限

性、阶段性和可持续性的特征。系统性就是注意科技与经济、社会的协调,注重战略目标与重点任务的衔接、目标任务与组织体系的呼应,保障措施之间的平衡以及政府与各创新主体间的协同。总之,从宏观到微观,从战略到执行实施,应当是协同一致的有机整体,避免出现目标向东、任务向西的"两张皮"现象。

科技创新战略的目标和重点任务又具阶段性和可持续性的特点。从历年我国科技发展规划的重点任务中可以看出,农业、能源、信息等领域,尽管在不同时期有不同的科技发展目标或重点任务,却始终是国家科技创新战略中的重点领域,这是由其基础性、关键性和国情特点所决定的。科技创新战略的调整,更多的是战略目标和重点任务的调整,而重点发展的科技领域根据科技自身的发展规律,应当具有可持续性。国外的科技创新战略制定也体现了这种协同性和可持续性。

(三)科技创新战略必须进行有效管理与实施

再完美的科技创新战略如果得不到有效管理与实施,等于前功尽弃。因此,在制定科技创新战略时除了需要宏观布局外,还需要有与之相应的中、微观层面的配套措施,包括针对性的政策和相关的科技计划,特别是要有保证战略目标和重点任务落实的组织体系及其管理体制。

科技创新战略的管理还必须与本国的具体国情、本国的科学技术发展状态相结合,必须基于本国的既有基础、国家发展战略和目标。我国的科技创新战略管理必须高度重视以下几个方面。

一是要高度重视国家层面的重大科技创新规划,充分发挥我国科技体制的优势。科学技术研究是我国社会建制的重要组成部分,国家科学院、各省的科学院、各个部委设立的专门研究机构、各级各类公办大学等,既是开展科学技术研究的核心力量,也是重要的建制化力量,必须充分利用。

二是充分发挥各级政府在科技创新管理中的作用。概括地讲,政府在科技创新管理中的地位和作用表现在四个方面:第一,促进科技研发与经济社会发展紧密结合,解决科技研发与社会经济发展"两张皮"问题;第二,建立合理的科技研发体制,真正让市场在科技研发资源的配置中起基础作用,促进科技研发资源的优化配置和高效利用;第三,以合理的管理机制调动和引导科技工作者的积极性和创造性,激发全社会的创新活力;第四,建立培养创新型人才的机制,营造有利于创新人才成长和发挥作用的学术环境和社会环境。

三是充分发挥各级科技管理部门在科技创新中的作用。我国的科技管理是高度体制化、系统化的,从中央到地方已经建立起从上到下的完整的科技管理建制。但是,就目前的状况来看,各级科技管理部门在推动科技创新方面并没有充分发挥作用。要想真正实现创新型国家战略,必须充分调动和发挥各级科技管理部门在本辖区引领和组织科技创新研发的作用。

二、科技创新战略管理制定、实施与调整

(一)技创新战略管理的概念

创新是国家竞争优势的来源和企业持续发展的关键,也是战胜经济危机的重要途径。创新必须做好有效的战略管理。战略管理,是指对一个国家或企业在一定时期的全局的、长远的发展方向、目标、任务和政策以及资源调配做出的决策和管理艺术。具体讲,科技创新战略管理是确定创新使命,根据组织外部环境和内部条件设定科技创新的战略目标,为保证目标的正确落实和实现进度谋划,依靠组织内部能力将这种谋划和决策付诸实施,以及在实施过程中进行控制的一个动态管理过程。

科技创新战略管理活动的重点是制定战略和实施战略。而制定战略和实施战略的关键都在于对外部环境的变化进行分析,对内部条件和素质进行审核,并以此为前提确定具体的战略目标,使三者达成动态平衡。战略管理的任务,就在于通过战略制定、战略实施和日常管理,在保持这种动态平衡的条件下,实现组织的战略目标。

第一,战略管理不仅涉及战略的制定和规划,而且包含着将制定出的战略付诸实施的管理,因此是一个全过程的管理。

第二,战略管理不是静态的、一次性的管理,而是一种循环的、往复性的动态管理过程,需要根据外部环境的变化、内部条件的改变以及战略执行结果的反馈信息等,重复进行新一轮战略管理,是不间断的管理。

(二)科技创新战略管理的分析维度

科技创新战略管理分析基本框架有三个基本的视角——层次、价值导向和内容。以一个国家的科技发展为例,从动员资源能力、社会复杂性等方面来看,科技创新的战略管理层次有六个,即个体、团队、法人机构、区域或集团、国家和国际。而国家层面的内容主要是指国家利益和国家战略。从动力、价值等因素来分析,科技创新的战略管理的价值导向有三大类六个:科技共同体内部类的兴趣导向和建制导向;社会功利方面的市场拉动(需求拉动型,先有市场,再开发针对性技术)和技术引领(创新驱动型、希望更多的人认同和使用已出现的新技术);超越上述两个方面的公共利益导向(非军事化和政治需要)和国家战略导向(出于政治考量和军事优势需要)。

根据战略研究理念和目前科技管理的发展实际,科技创新战略管理的内容至少有以下六个,我们可从其英文的对应词概之为 3R－3D 或 R3－D3:研究(research)——包括基础研究、应用基础研究和学术化各类研究;规制(regulation)——含技术标准、制度、体制;协调(reconciliation)——跨部门、跨区域协调行动;开发(development);转移(diffusion);监测(detection)统计、监控、预警。

(三)科技创新战略管理的基本框架

科技创新战略关系到国家未来的长远发展,因此必须重视科技创新战略管理。科技创新战略管理的框架总体上包括战略规划、战略实施、战略控制与调整三大阶段。

1.科技创新战略的规划

科技创新战略的规划是战略管理的第一阶段,包括战略分析(内外部环境分析)、愿景与使命、确定目标、制定战略方案、评估选择战略等环节。环境分析是战略管理过程的关键环节和要素,组织环境在很大程度上规定了管理当局可能的选择。成功的战略大多是那些与环境相适应的战略。应该注意的是,一个国家科技创新战略的制定必须在充分考虑国家科技竞争背景和国情的基础上,如此才能制定出科学、合理的战略目标。

科技创新战略的制定是指确定国家科技创新的目标和任务,认定国家科技创新的外部机会与威胁,认定国家科技创新的内部优势与弱点,建立长期目标,制定供选择战略,以及选择特定的实施战略,是战略计划的形成过程。战略制定是国家科技创新管理的一个组成部分,是科学化加艺术化的产物,需要不断完善。战略的制定包含若干子项——愿景、目标、路线、项目选择、业务策略等。

2.科技创新战略的实施

科技创新战略的实施是战略管理的第二阶段,包括战略部署、制定具体的战略任务、确定战略保障等环节。当战略目标确定后,就要考虑使用什么手段、采取什么措施、利用什么方法达到这个目标,这就是战略部署。战略任务是战略目标的分解,是详细的、具体的。战略目标要通过战略任务的完成才能实现。战略任务可以分解成若干具体的子任务和更细致的任务。战略保障是为了实现科技创新的战略目标,必须从体制改革、环境营造、资源投入、扩大开放等方面加大保障力度。

3.科技创新战略的控制与调整

科技创新战略的控制与调整是战略管理的第三个阶段。战略控制与调整主要是指在科技创新战略的实施过程中检查组织为达到目标所进行的各项活动的进展情况,评价实施战略后的创新绩效,把它与既定的战略目标与绩效标准相比较,发现战略差距,分析产生偏差的原因并纠正偏差,使战略的实施更好地与组织当前所处的内外环境、战略目标协调一致,最终使科技创新战略得以实现。

三、科技创新战略的实施要素

以创新驱动发展战略为例,如下。

(一)战略目标

科技创新战略的第一要素就是必须制定明确可行的战略目标。习近平同志多次对实施创新驱动发展战略做出系统阐述,强调要把创新驱动发展作为面向未来的一项重大战略,抓好顶层设计和各项任务落实,找准世界科技发展趋势,找准我国科技发展现状和应走的路径,提出切实可行的发展方向、目标、工作重点。创新驱动发展是立足全局、面向全球、聚焦关键、带动整体的国家战略,而不是短期、局部的战略。

《国家创新驱动发展战略纲要》作为顶层设计文件,突出战略性、思想性和系统性。《国家创新驱动发展战略纲要》提出了实施创新驱动发展战略三个阶段的战略目标,与我国现代化建设"三步走"战略目标相互呼应、提供支撑。建设科技强国的三步走战略目标如下。

第一步:到2020年进入创新型国家行列,基本建成中国特色国家创新体系,有力支撑全面建成小康社会目标的实现。

第二步:到2030年跻身创新型国家前列,发展驱动力实现根本转换,经济社会发展水平和国际竞争力大幅提升,为建成经济强国和共同富裕社会奠定坚实基础。

第三步:到2050年建成世界科技创新强国,成为世界主要科学中心和创新高地,为我国建成富强民主文明和谐美丽的社会主义现代化国家、实现中华民族伟大复兴的中国梦提供强大支撑。

(二)战略实施的指导思想

科技创新战略的第二要素就是战略实施应该遵循的指导思想。创新驱动发展战略实施的指导思想是:马克思列宁主义、毛泽东思想、邓小平理论、"三个代表"重要思想、科学发展观、习近平新时代中国特色社会主义思想。深入贯彻习近平同志系列重要讲话精神,按照"四个全面"战略布局的要求,坚持走中国特色自主创新道路,解放思想、开放包容,把创新驱动发展作为国家的优先战略,以科技创新为核心带动全面创新,以体制机制改革激发创新活力,以高效率的创新体系支撑高水平的创新型国家建设,推动经济社会发展动力根本转换,为实现中华民族伟大复兴的中国梦提供强大动力。

(三)战略实施的基本原则

科技创新战略的实施也必须遵循一些基本原则,以保证战略按照既定方向顺利实施。创新驱动发展战略实施的基本原则如下:①紧扣发展。坚持问题导向,面向世界科技前沿、面向国家重大需求、面向国民经济主战场,明确我国创新发展的主攻方向,在关键领域尽快实现突破,力争形成更多竞争优势。②深化改革。坚持科技体制改革和经济社会领域改革同步发力,强化科技与经济对接,遵循社会主义市场经济规律和科技创新规律,破除一切制约创新的思想障碍和制度藩篱,构建支撑创新驱动发展的良好环境。③强化激励。坚持创新驱动实质是人才驱动,落实以人为本,尊重创新创造的价值,激发各类人才的积极性和创造性,加快汇聚一支规模宏大、结构合理、素质优良的创新型人才队伍。④扩大开放。坚持以全球视野谋划和推动创新,最大限度用好全球创新资源,全面提升我国在全球创新格局中的位势,力争成为若干重要领域的引领者和重要规则制定的参与者。

(四)总体战略部署

科技创新战略的实施必须有总体的战略部署,这是战略实施最关键的要素。战略部署是指在经过详细的观察与详尽的商议后而制定的总体方案,它代表某项战略的核心所在。创新驱动发展战略实施的总体战略部署如下:实现创新驱动是一个系统性的变革,要按照"坚持双轮驱动、构建一个体系、推动六大转变"进行布局,构建新的发展动力系统。同时要强调以科技创新为核心的全面创新,提出要以科技创新带动和促进管理创新、组织创新和商业模式创新等全面创新,以科技要素集成其他要素,走出一条创新发展新路子。

1.双轮驱动

双轮驱动就是科技创新和体制机制创新两个轮子相互协调、持续发力。抓创新首先要抓科技创新,补短板首先要补科技创新的短板。科学发现对技术进步有决定性的引领作用,技术进步有力推动发现科学规律。要明确支撑发展的方向和重点,加强科学探索和技术攻关,形成持续创新的系统能力。体制机制创新要调整一切不适应创新驱动发展的生产关系,统筹推进科技、经济和政府治理三方面体制机制改革,最大限度释放创新活力。

2.一个体系

一个体系就是建设国家创新体系。要建设各类创新主体协同互动和创新要素顺畅流动、高效配置的生态系统,形成创新驱动发展的实践载体、制度安排和环境保障。明确企业、科研院所、高校、社会组织等各类创新主体功能定位,构建开放高效的创新网络,建设军民融合的国防科技协同创新平台;改进创新治理,进一步明确政府和市场分工,构建统筹配置创新资源的机制;完善激励创新的政策体系、保护创新的法律制度,构建鼓励创新的社会环境,激发全社会创新活力。

3.六大转变

六大转变就是发展方式从以规模扩张为主导的粗放式增长向以质量效益为主导的可持续发展转变;发展要素从传统要素主导发展向创新要素主导发展转变;产业分工从价值链中低端向价值链中高端转变;创新能力从"跟踪、并行、领跑"并存、"跟踪"为主向"并行"、"领跑"为主转变;资源配置从以研发环节为主向产业链、创新链、资金链统筹配置转变;创新群体从以科技人员的小众为主向小众与大众创新创业互动转变。

四、科技创新规划

(一)科技创新规划基本任务

在科技创新的管理体系中,科技创新规划是发展战略的一种重要表现和实现形式。一般来说,战略明确了发展方向,而规划则是战略的具体化,用较为完整的形式和表达方式把战略意图和目标描画出来,并在资源配置和体制机制上进行设计来保障战略目标的实现。规划的编制遵循一定的程序,在实践中,往往并不是有了战略才有规划,而是战略与规划同步编制形成,这可能出于几个方面因素的考虑:一是在编制规划前可能并没有形成成熟的战略考虑,或者战略可能并未成形;二是把规划作为战略形成的重要过程,使规划编制过程与战略形成过程相融合。正是由于规划这种表现形式和表达工具如此重要,在实践中,战略与规划往往密不可分。既然规划是战略的一种表现形式和实施载体,就可能还有其他的表现形式,不一定用规划的特定程序、方法和格式,这些其他的表现形式能否成为战略的主要实现工具,则要依赖在实践中进一步探索。

从本身来看,科技创新规划的基本任务,就是对发展战略的具体设计和落实,包含以下几个方面的基本内容。

一是落实国家发展规划。国家发展规划是对国民经济和社会发展进行的总体谋划,而科技创新是国民经济和社会发展的重要组成部分,并且对国民经济和社会发展发挥着重要的支撑和引领作用。因此,科技创新规划制定的基本任务,就是对国家发展规划的落实和执行,并且以国家发展规划为指引,对科技创新发展进行具体的谋划和设计,这是科技创新规划所要完成的直接任务。

二是实施发展战略。通过编制科技创新规划,贯彻落实相应层级(国家、省市等政府机构)的战略意图或总体发展目标。由于科技创新对于经济社会发展发挥着重要的支撑和引领作用,同时科技创新又有本身的发展规律,所以,科技创新规划落实发展战略一般包括落实国家发展战略和落实科技创新战略两个层面的内容,当然,这两个层面的内容本身就是相辅相成的。

首先,国家发展战略是战略体系中最高层次的战略,是为实现国家总目标而制定的总体性战略,是指导国家各个领域的总方略。国家发展战略目标与任务的确定,对于国家发展和命运起到关键作用,如全面建成小康社会的战略目标、实现中华民族伟大复兴的中国梦,这些都是科技发展规划所必须支撑的国家发展战略目标和任务。随着经济科技全球化深入发展,科技创新与经济发展日益紧密结合,创新发展理念成为我国新发展理念之首。国家发展战略目标和任务的确定与实施越来越依赖于科技创新的发展,科技创新作为经济社会发展内在要素的作用日益突出,要求充分发挥科技创新作用。

其次,落实科技创新发展战略是科技创新规划最直接的基本任务。科技创新在不同发展阶段的战略重点具有较大差异,对经济社会发展的先发引领作用日益突出,因此,科技创新本身的发展方向和策略选择也日益重要。科技创新规划本身的一个重要任务就是落实科技创新发展战略、明确发展思路和基本原则、形成实现战略目标的重点任务部署。

再次,实施科技创新改革与发展任务。科技创新的改革与发展任务是实现科技创新发展目标的重要保证,也是科技创新规划的核心内容。科技创新规划以实施科技创新改革与发展任务为基本任务,通过加强各项任务与资源配置的衔接与配合,为实现科技创新发展目标提供保障。

最后,调动全社会力量完成科技创新发展目标。加强对全社会资源的引导与协调是科技创新规划的基本任务之一。科技创新规划在提出科技创新的发展思路和目标基础上,具体谋划和部署科技创新的任务,但是规划的关键在于落实,其基本任务之一在于能够加强体制机制的设计,调动和集中全社会力量来保障规划战略目标和任务的完成。

(二)科技创新规划的基本特征

虽然对规划有不同角度的认识,但本质上看,规划具有一般的基本特点。科技创新规划具有前瞻性、全局性、系统性、重要性、约束性等主要特征。

一是前瞻性。前瞻性是规划的首要特征,规划的对象是未来还没有发生的事情,因此规划建立在对未来的预测和判断的基础之上。科技创新规划是面向未来的,是对未来一定时期科技创新发展进行的谋划。在科技创新规划所开展的前期研究中,虽然对历史和现在的发展情况进行充分的总结与分析,但都是为了对未来发展趋势进行更为准确的判断和把握,规划所进行的任务部署也是在未来将要采取的行动。

二是全局性。在制定科技创新规划过程中,要具有全球观,以全球化的视野谋划和推动创新。在谋划科技创新目标和任务中,也是从国家发展全局出发来看待科技创新,从经济社会发展需求出发来设计科技创新的改革与发展任务。科技创新规划的内容是对科技创新领域的全面谋划和部署,对科技创新涉及的各个方面、各个主体的全面设计。

三是系统性。科技创新规划对科技创新领域进行系统的谋划和部署,注重科技创新战略目标与国家发展战略目标的衔接,科技创新资源与国家各类资源的协调配合,强调科技创新各个环节之间的衔接,注重各项任务与改革措施的相互协同,各类创新主体之间的互动与配合。更重要的是,科技创新规划对科技创新领域的各项发展任务进行统筹协调,对创新资源进行一体化配置与安排。

四是重要性。任何一个阶段或时期的科技创新发展都有不同的重点和发展方向,由于资源是有限的,科技创新规划对未来的谋划必须突出重点,能够将有限的可控资源配置到重点的领域和方向上去,也能够引导社会资源投入到重点领域、关键环节,从而能够实现重点突破、带动整体科技进步和推动经济社会发展。科技创新规划本身是面向未来的战略选择,是对未来不同发展趋势下所要采取行动和步骤的战略决策,因此,科技创新规划无论任务部署多么全面,也必然是重点突出的。

五是约束性。规划对资源的配置和部署是有约束力的。为了保障规划战略目标的实现,规划需要具备可操作性,对未来的科技创新发展任务部署和资源配置能够起到指导作用。如果没有约束力,规划本身就成为一种口号或号召,或者仅能表达对未来的一种认识和观点,这就不是规划,而是战略研究。有的学者认为,规划并不是直接的行动,而只是行动和实施的指南。但是指南如果没有约束性和可操作性,规划对于资源配置的作用就难以发挥,规划本身的意义也就失去了。

(三)科技创新规划的功能与作用

科技创新规划的功能与作用体现在以下几个方面。

一是全面部署科技创新的活动。科技创新规划以实施科技创新发展战略、支撑国家战略目标和任务为主要职责,通过对国内外形势分析和取得成就与经验的总结,在深刻把握面临挑战和发展需求以及存在问题的基础上,提出未来一定时期科技创新工作的总体思路和战略部署,明确了科技创新工作的主要目标和方向,为科技创新工作提供清晰的指引作用。科技创新规划还对未来一定时期的科技创新活动进行全面的部署,通过规划,明确了科技创新的重大任务,提出具体的重大项目、重大工程、重大政策的安排,并明确具体的行动实施路径,对科技创新工作的步骤、行动的路线进行具体安排,正是由于有了这样的行动路线图,才保证了全社会既定战略目标的实现。

二是合理配置科技创新资源。资源的稀缺性是经济学的基本前提,人类所拥有的自然资源、环境资源、科技创新资源都是有限的,这就决定了对资源的使用必然不是无节制的。在资源的配置和使用上,完全依靠市场调节会存在较大的盲目性,可能由于资源的误配置而产生巨大浪费。在现代市场经济条件下,需要根据发展的目标需求,对未来较长时期内资源的配置进行谋划和安排,这就是规划的方法。从本质上来说,科技创新规划是将计划手段与市场经济有机地融合在一起、弥补市场失灵、有效配置公共资源的重要手段。加强科技创新资源的统筹与协调,确保集中资源用于实现发展战略目标的主要方向,对资源配置中政府与市场作用进行有效协调,是科技创新规划的重要功能。在实际工作中,我国已初步探索形成以规划带动任务部署、以规划优化资源配置的工作格局,把规划作为谋划推进各项工作的行动指南,科技改革发展的各项工作注重与规划目标任务的衔接和落实,规划引导资源配置的机制已初步建立。

三是有效动员全社会力量。规划是对国家发展方向和发展路径的具体谋划,是在相关利益主体参与下共同选择的结果,体现了社会各界对于未来发展目标和道路的期望,因此,规划能够最大限度地凝聚社会共识,调动全社会各方面的积极性。规划编制过程也是凝聚社会共识的过程,制定一个具有多方面共识的发展规划,需要广泛吸收各方面意见,调动各部门、地方积极参与,通过多种途径广泛邀请科技界、企业界、智库等各方专家及社会公众参与,为总体规划和专项规划建言献策。规划提出的战略目标和任务部署,也能够充分体现我国实现国家发展和科技创新战略目标的决心,能够起到振奋国民精神的作用,使企业、高校、科研院所以及公民对我国发展前景充满信心。规划通过深化改革营造良好环境,释放创新创业活力,极大地调动了全社会创新创业的积极性。

四是实现阶段性目标。科技创新规划是为实现科技创新战略目标而开展的活动。在不同的发展阶段,都有不同的阶段性目标。为实现国家发展的阶段性目标,需要确定有效的步骤,也必然是在市场机制基础上利用计划的手段来实现。规划就是促进国家战略目标实现、促进全面、协调和可持续发展的重要手段。从所发挥的作用来看,规划必然影响整个经济社会发展,是社会共同的行动纲领。

五是深入推进科技创新治理。国家治理是现代国家对经济社会发展进行管理的概念,强调政权的所有者、管理者和利益相关者等多种力量合作管理,并把增进公共利益同维护公共秩序放在了同等重要的地位。科技创新规划是与科技创新相关的各部门、科研人员及其他利益相关者等共同在确定发展目标的基础上,对未来发展道路、实现路径以及资源配置方式的共同选择,因此也成为实现科技创新治理现代化的重要工具。通过科技创新规划,首先,形成应对发展不确定性的制度安排。不确定性是未来发展的最大挑战,科技创新规划是在不确定性条件下对发展路径的一种选择,经过规划的编制、实施以及动态调整等过程,未来发展的不确定性能够尽可能地得到管理。其次,形成评价科技创新工作成效的主要标准。作为落实科技创新战略的主要工具,科技创新规划通过事先确定战略目标和步骤,能够作为科技创新工作取得成效的主要评判标准,从而避免了"走到哪里算哪里"或者"打哪指哪"的无目的性行为,也有利于加强对科技创新工作的评价与监督。再次,提高科技创新软实力和国际影响力。我国科技创新规划已经成为我国促进科技创新发展的基本工具,在探索政府与市场相结合、发挥制度优势方面已经成为世界的典范,一些国家把规划视为我国科技创新能力快速提升的重要工具,一些发展中国家对中国式创新取得的巨大成就称羡不已,我国的科技创新规划对全球创新驱动发展正在发挥重要的示范引领作用。

(四)科技创新总体规划

科技创新总体规划就是对科技创新发展进行总体谋划的规划,目前主要有两类:一是我国每隔五年编制的科技创新规划,目前正在实施的是《"十四五"国家科技创新规划》;二是中长期科技创新发展规划,目前正在实施的是《国家中长期科学和技术发展规划纲要(2021—2035 年)》。

总体规划也具有相对性,对于国家来说,国民经济和社会发展规划纲要就是总体规划,是国务院根据《中华人民共和国宪法》和中共中央关于制定国民经济和社会发展规划的建议编制的,是对全国改革开放和社会主义现代化建设的总体部署,是组织和动员全国人民为共同目标而奋斗的宏伟蓝图和行动纲领。科技创新规划是国民经济和社会发展规划的一个重要的专项规划。从历史来看,科技创新规划历来是国民经济和社会发展规划的一个重要组成部分。

但是从另一角度,科技创新规划也可以说是对国家科技创新领域的总体谋划。对于科技创新领域来说,科技创新规划就是总体规划,同样具有战略性、纲领性和综合性的特点。战略性体现在科技创新规划在同级科技创新规划体系中处于"统领"地位,重点围绕国家或地区科技创新发展全面的重大战略问题,突出部署战略方针、战略任务、战略布局、战略措施和重大政策等。科技创新规划具有综合协调运用各种经济、行政、法律手段促进科技创新战略目标实现的功能,是国家对科技创新领域进行宏观管理的主要依据和行动纲领,是保持科技创新领域健康发展的重要保障。科技创新规划主要针对关系全国科技创新发展全局,对科技创新发展进行总体部署,因此具有全局性。

从这个角度来看,科技创新规划是国民经济和社会发展规划的延伸、细化和落实。国民经济和社会发展规划本身对科技创新发展的总体思路和重大部署进行了谋划,但是由于科技创新对于经济和社会发展发挥重要的支撑和引领作用,也由于科技创新领域具有的全局性和复杂性,制定专门的科技创新规划来细化和落实国家规划的总体部署是十分必要的,所以,科技创新规划本身作为国民经济和社会发展规划的重要组成部分和战略部署的具体体现,而自然成为科技创新领域的总体规划。

科技创新有自身的发展规律,特别是近年来科技创新呈现加速发展趋势。把握科技创新发展规律和趋势,加速科技领域的赶超,对于推动科技创新领域的发展具有重要意义,因此,我国还有制定中长期科技发展规划纲要的传统,如正在实施的《国家中长期科学和技术发展规划纲要(2021—2035 年)》,在深刻把握世界科技创新发展趋势的基础上,提出"自主创新、重点跨越、支撑发展、引领未来"的指导方针以及建设创新型国家的战略目标,实施科技重大专项,推动我国科技发展迈上新台阶,在推动经济社会发展中起到重要的引领作用。所以,中长期规划纲要也是我国科技创新领域的总体规划。

(五)专项科技规划

专项科技规划是以科技创新特定领域为对象编制的规划,是国家科技创新规划体系的重要组成部分,是重要领域科技创新的系统谋划和具体部署,是指导相关领域任务部署和资源配置、凝练形成重点专项的重要基础和依据。

1.专项科技规划的功能与特征

专项科技规划的主要功能就是在特定领域细化和完善总体科技创新规划的任务,作为政府指导该领域发展、制定相关政策和采取支持手段的依据。专项科技规划一般具有以下鲜明特征。

一是用于指导特定科技创新领域的发展。专项规划的突出特征就是指导性和特定性,其用于指导特定科技创新领域的发展,以及满足特定时期、特定领域科技创新发展需求,对某些科技创新领域的发展起到指导方向、资源保障的统领作用。与总体规划相比,专项规划针对性更强,目标更加明确,指导的任务也更加具体。在计划经济时代,各专项规划以指令性计划为主,资源配置、计划安排等都是由政府来统一分配。

二是对总体规划在特定领域的目标落实与任务细化。总体规划编制完成后，需要针对其中的重点任务落实继续予以细化，明确保障措施，调动各方面的力量加以完成，因此主要依赖于专项规划将总体规划的任务进行分解和细化，进一步明确实现总体规划战略目标和任务的路径。因此，与具有战略性、纲领性和综合性的总体规划相比，专项规划更加强调专业性、执行性与操作性。正是有了各个专项规划的编制和实施，才保障了总体规划目标和任务的落实。

三是涉及领域的广泛性。由于总体规划涉及的领域众多，需要编制专项规划的领域往往也较多，既包括科技创新的重点技术领域，也包括为实施战略任务而要推进的重大改革举措、政策措施，还包括与科技创新相关的一些重点区域布局等，领域跨度比较大，涉及的内容众多。

四是具有一定约束性。如果说总体规划进行的是较为宏观的设计，那么专项规划则是对总体规划的进一步细化，操作性更强，任务的部署和实施与项目管理、资金支持、工程实施等方面密切挂钩，对资源配置和衔接的要求也更高，也会成为政府项目审批和安排资金的重要依据。很多专项规划甚至直接提出建设项目，并将建设进度进行分解，因此具有更强的约束性和操作性。

2.专项科技规划的确定

正是专项科技规划的以上特征，决定了不可能围绕科技创新领域的方方面面编制专项规划，这样会导致很高的管理成本，很多规划编制了也不具备充分的实用价值，这是我国近年来，对规划体系进行统筹和管理的主要原因。因此，专项科技规划的选择十分重要。一般来说，能够进入专项规划编制范围的科技规划主要考虑以下几个因素。

一是科技创新领域的重要性。科技创新的领域众多，而且随着科技快速发展、科技与经济结合日益紧密，科技交叉融合成为突出特征，新领域层出不穷，在这种情况下，编制专项规划最主要的标准就是科技创新领域的重要性。对于促进科技创新发展来说，越是重要、关键的领域，越是需要编制专门的规划来推动发展，如信息、生物、新材料等领域。

二是具有可规划的特点。规划的主要特点就是进行前瞻性部署和谋划，确定发展的方向和路线图，形成资源倾斜配置。如果科技创新的任务本身并不具备可规划性,那么,编制专项规划就不会达到预期的效果。可规划性主要体现在政府具备可调控的资源,能够引导市场发挥作用,以及能够形成相对明确的目标,如果这些条件不满足,就不能编制专项规划。

三是与特定领域的管理相结合。规划的本质还是宏观管理的重要工具和手段,在社会主义市场经济体制日益完善、政府职能向创新服务转变的大背景下,规划在政府宏观管理中的作用更加显著。专项规划的编制是为了更好地落实总体规划,因此必须与特定领域的管理和协调职能相结合,如果某些领域缺乏管理的职能和手段,那么编制规划虽然能够起到一定的导向作用,但是其实际发挥的作用会十分有限,只能更多地体现战略导向的作用。

3.专项科技规划的分类

一是科技创新任务类专项规划。主要突出国家战略目标导向,统筹考虑行业部门重大科技需求,聚焦国家重大战略产品和重大产业基础共性技术进行的协同攻关,强化对全产业链的系统部署。包括国家科技重大专项、基础研究以及各技术领域方面的专项规划。

二是创新环境建设类专项规划。主要从工作任务角度出发,加强对科技发展与改革重点工作的总体部署,强化对部门、地方和社会的引导带动作用,重点是引导国家创新政策制定和实施。包括国家技术创新工程、国际科技创新合作、技术标准、人才、科研条件、国家高新区、科学技术普及等专项规划。

三是区域创新示范类专项规划。主要是围绕落实国家区域发展战略,推动区域创新发展和发挥示范带动作用,加强重点战略区域创新资源优化配置和协同创新,突出打造区域创新增长极。包括京津冀协同创新、长江经济带、"一带一路"以及北京、上海建设全球科技创新中心的专项规划等。区域专项规划是总体规划在特定区域细化和落实。

(六)区域科技发展规划

区域科技发展规划作为发展规划体系的重要组成部分,是以特定区域科技创新发展为对象编制的规划。

1.区域科技发展规划的功能与特征

区域科技发展规划既是科技创新总体规划在特定区域的细化和落实,也是特定区域对科技创新发展的总体谋划和设计。区域科技发展规划的主要功能就是指导特定区域科技创新发展,支撑特定区域经济和社会发展总体规划的落实,细化和落实科技创新总体规划提出的战略目标和任务部署,作为政府指导特定区域科技创新发展、制定相关政策和采取支持手段的依据。

区域科技发展规划一般具有以下主要特征。

一是用于指导特定区域的科技创新发展。区域科技发展规划的对象是特定的地域范围,具有很强的地域空间性。由于不同地域历史背景、发展条件、发展环境存在较大差异,科技创新发展的需求、条件与目标也不尽相同,所以,区域科技创新规划必须把因地制宜作为基本出发点,注重发挥区域优势特色,注重结合区域发展特点,在加强与其他区域协同发展的同时,提出适合区域科技创新发展的目标、任务和举措。

二是既有总体性又有专项性。从国家的角度来看,区域科技发展规划是对不同区域科技创新发展进行的谋划,因此是国家总体规划的一部分,是为了落实科技创新总体规划和实现国家总体科技创新目标而确定的区域发展目标和路线图,具有很强的区域专项性。但是从区域的角度来看,区域科技创新规划是对该区域一定时期科技创新发展的谋划,尤其是具有分级行政管辖权的区域,区域科技创新规划一经制定,就对该区域总体科技创新发展具有指导和约束性,因此,区域科技创新规划在该区域又具有一定的总体规划特征。

三是对区域科技创新发展具有一定约束性。与总体规划以及专项规划一样,区域科技发展规划主要对区域的科技创新发展进行谋划和设计,任务的部署和实施与项目管理、资金支持、工程实施等方面密切挂钩,也会成为政府项目审批和安排资金的重要依据。而且越到地方层面,专项规划的任务设计越具体,操作性和约束性越强。一些区域的规划甚至直接对项目和工程进行设计。

四是规划的目标和重点差异较大。从科技创新的过程来看,由于不同层级的科技创新具有较大区别,如在国家层面对科技创新的领域要进行从基础研究到产业化开发的一体化部署,所以,国家科技创新规划要实现科技创新各个环节的全覆盖。而区域科技创新活动具有一定独特性,一般来说,在区域层面科技创新资源投入相对较少,基础研究以及研发力量又较为薄弱,因此在科技创新规划的编制中更关注应用研究和产业化开发,将资源更多地集中于研发的后端环节以及科技成果的转化和应用上,更多地服务于地区经济社会发展。而且越是行政层次较低的区域,基础研究等研发的前端环节越薄弱,在科技创新规划制定中就越要重视与外部科技创新成果的衔接,以及企业和产业发展。当然,随着我国一些区域向创新驱动转型发展的成效逐步显现,对基础研究以及原始性创新的重视程度日益提高,这些区域的科技创新规划所涵盖的科技创新链条也越来越全面,如北京、上海的科技创新规划就对基础、前沿技术给予了较高重视。

2.区域科技发展规划编制的选择

规划是对政府科技资源进行配置的重要工具,越是到区域层面,越需要与地方财政科技资源配置相结合。区域科技发展规划的编制必须有的放矢、言之有物、卓有成效,这就要求在编制过程中必须与区域发展需求和特色相结合,最主要的是与区域科技创新配置相结合,区域可调控的科技创新资源就成为是否有必要编制区域科技创新规划的重要依据。

第二节　科技服务

一、服务的概念、特性及分类

(一)服务的概念

早在 17 世纪就有经济学家开始关注服务的概念,认为在商品交换的初期,服务依附于产品的生产和交换活动。随着社会生产力的发展,生产日益社会化,服务才成为一种专门职能和独立的经济部门而存在,由此人们开始将"服务"作为一个独立的范畴进行研究。

20 世纪中叶,营销学领域的学者结合研究服务营销问题的需要,也对服务的概念进行了系列研究,认为服务是一方能够向他方提供本质上是无形的,不带来所有权变化的某种活动或利益,其生产既可能受到物的产品的约束,也可能不受约束。相关研究还强调,服务提供的不是可触摸的、看得到和感觉得到的有形物品,而是无形的行动和表现。

基于已有研究,本书认为服务是由一系列或多或少具有无形特性的活动构成的过程,该过程中没有有形要素所有权的永久转移,是在消费者与提供者、有形资源的互动中进行的,其中的有形资源(有形产品或有形系统)是作为消费者问题解决方案中的一部分而提供给消费者的。

(二)服务的特性

一是无形性。有形产品是独立、静态的物质对象,是一种实体产品。服务是非实体和无形的,它是一种行动或过程。无形性也可称为"不可触摸性",是服务最显著的特性。服务的无形性体现在两个方面:一方面是与有形产品相比,构成服务的要素在许多情况下是无形、抽象和难以描述的,顾客不能凭借视、听、味、触、嗅等对待有形产品的办法来感知服务的存在并判断其优劣,只能通过搜集相关信息、参考多方意见并结合自身的历史体验做出购买决策,这也使得购买者认为购买服务比购买有形产品的风险更大;另一方面是消费服务所获得的利益很难在短期内被察觉,要经过一段时间后才能感觉出服务利益的存在,难以对服务的质量做出客观评价。

二是不可分离性。服务的不可分离性是指服务的生产过程与消费过程同时进行,时间上不可分离。实际上,服务人员将服务提供给顾客的过程也就是顾客消费、享用服务的过程,顾客参与服务的生产过程,核心价值在买与卖的过程中实现。这与有形产品不同,产品的使用过程与生产过程是分离的,通常顾客不参与生产过程,看不到产品的生产和流通过程,只进行最终的消费。有形产品的生产、销售和消费过程各自具有独立性,核心价值在工厂中生产。当然,在某些特殊情况下,服务的生产和消费可以不同时发生,典型的如"物化服务"。

三是品质的差异性。服务品质的差异性或异质性是指服务的构成要素及其质量经常变化,难以统一认定。或者说,服务很难像有形产品那样实现标准化,每次服务带给顾客的效用、顾客感知的服务质量都可能不同。服务品质的差异性,既可能来自不同的服务人员(即使是同一服务人员,在不同的时间和场合表现出的技术水平、服务态度和努力程度也会有所差异),也可能来自不同顾客对同一服务的要求和质量形成的各不相同的感知,还可能来自服务人员与顾客之间存在差异的相互作用。

四是不可储存性。它是指服务不具备储存能力,既不能在时间上,也不能在空间上储存下来以备将来或其他地区的人使用,如不能及时消费,就会造成服务能力的损失,如理发、客房服务等一旦当时不使用,就不能再利用。服务的不可储存性是由其无形性以及服务的生产、销售和消费的不可分离性带来的。产品是有形的,因而可以储存,并可以在生产之后一段时间内使用,具有较长的使用寿命。

五是所有权的不可转让性。顾客购买有形产品后,不仅获得了其使用权和消费权,一般还获得了其所有权。服务则不然,服务的生产、销售和消费过程中不涉及任何有形物品所有权的转移。顾客消费服务结束之后,不会获得像有形商品交易后那样的所有权转移,服务消费者对服务只拥有使用权或消费权。例如,乘客乘坐飞机抵达目的地后,除了机票和登机牌之外不再享受旅行服务,旅行服务的所有权不发生变化。

在服务的五种特性中,无形性是最基本的特性,其他特性都以这一基本特性为基础。

(三)服务的分类

1.按对经济发展的作用对服务的分类

该分类将服务分为四种类型,分别是流通服务、生产服务、社会服务和个人服务。

所谓流通服务,是指在经济发展中起着重要的流通和中介作用的服务,其规模随商品规模的扩大而增加。生产服务主要作为商品生产的中间投入而存在,并随着商品生产规模的扩大、专业化程度的加深以及产业组织的复杂化而不断从商品生产企业中"外部化"分离而扩大。社会服务的需求主要来自消费者的直接需求,其发展也主要由最终需求推动,这类服务的大规模发展出现在工业化后期,并且必须借助高度发达的物质生产条件和科技条件才可能实现。个人服务也主要来自最终需求,属于最终需求型服务,大多属于传统服务,从事服务的企业一般规模小、人力资本和物质资本投入少、技术含量低、经营分散。

上述服务还可以进一步归并为两种类型,即将流通服务和生产服务归并为生产性服务;将社会服务和个人服务归并为消费性服务。

2.按功能对服务的分类

按功能对服务进行分类的方法,包括经济网络型服务、最终需求型服务、生产服务和交易成本型服务四类。它们代表了四种在经济活动中起完全不同作用的服务业。

经济网络型服务是商品生产的中间投入,是商品交易的"中介"。或者说,它是商品生产完成产业循环的重要有机组成成分。这类服务有广泛的外部经济效应,同时具有社会经济基础设施的性质,其快速发展是分工深化的前提,也是经济进步的反映。按照功能,该类服务可以细分为三类,即物资网络服务、资本网络服务和信息网络服务,主要包括流通部门(商业、交通和通信等)和金融部门。

最终需求型服务反映了人们在不同收入水平下对服务的最终需求,包括个人服务和一部分社会服务,如娱乐和休闲服务、医疗和保健服务等。最终需求型服务与消费性服务具有替代关系。

生产服务是为生产者提供的各种必要服务,包括会计、法律等中介服务,广告、市场策划和管理等专业性服务。从性质上来说,生产服务基本属于交易型服务。

交易成本型服务包括与管理经济事务有关的政府服务、法律服务和企业管理服务等。这类服务涉及保证市场经济正常运作的各种服务,如信息搜集、风险分担等,在经济性质上与交易成本密切相关,因此称之为交易成本型服务。

从使用(消费)性质看,服务有作为生活资料的,即最终需求型服务;有作为生产资料的,即经济网络型服务和生产服务。在服务业的内部结构当中,网络经济型服务业是推动服务业发展的主要动力,而最终需求型服务业在经济总量中的比重较为稳定。

二、科技创新服务的特点与定义

科技创新服务是国家创新体系的重要组成部分,长期以来,我国学术界和政府部门均较重视相关的学术研究和政策制定。但总体上看,相关成果并不丰富,国际上也很少专门研究科技创新服务相关问题。我国的相关研究和政策制定,由于各自的出发点和侧重点不同,内容比较多样,对科技创新服务的概念和内容缺乏统一的认识。我们首先系统地梳理相关研究成果,其次给出科技创新服务的定义。

(一)已有科技创新服务研究的特点

总结已有的关于科技创新服务的研究,可见有许多共性的方面,如关于科技创新服务的内容,都涉及技术开发、技术转移和推广、科技金融、科技人才等,但是各自也有很明显的差别。一是名称不同,科技中介服务、科技服务、科技创新服务都得到比较多的运用。二是强调的服务对象不同,有些强调的是科技活动,有些关注的是科技创新活动,还有些从机构类型入手,强调服务于中小企业、农业等。三是服务的内容不同,有些侧重与技术开发、转移、运用紧密相关的服务,不包含科技创新环境营造相关的服务,相对涉及范围比较窄;有些服务内容覆盖比较宽,几乎涉及科技创新相关服务的各个方面。四是服务的手段不同,有些强调科技创新服务"手段的科技性",有些则不提明确要求。五是对科技创新服务作用的认识不同,有些强调促进科技创新活动的开展,有些强调"链接和弥补创新环节之间的断裂点/断裂带",即更强调中介的作用。

（二）科技创新服务的定义

基于已有的研究,考虑我国科技创新服务的发展状况和要求,本书认为:科技创新服务是以支持科学研究、技术开发和技术创新等各类科技创新活动的科学、高效开展为目标,围绕各类科技创新活动全过程所提供的各类服务的总和。

关于科技创新服务的定义,强调几个方面:一是关于科技创新服务对象,涉及科学研究、技术开发和技术创新等各类科技创新活动;二是关于科技创新服务内容,科技创新需要的主要服务都属于其范畴,既包括需要社会提供的服务,也包括需要政府提供的服务和营造的环境;三是关于科技创新服务的作用,不仅要发挥中介作用,还要帮助各类创新主体弥补科技创新能力缺失和不足、提升科技创新效率和效益、营造良好的科技创新环境,发挥多方面的作用。

三、科技创新服务内容

（一）科技创新活动服务

高校科研院所和企业等各类创新主体以低成本和高质量快速开展各类科技创新活动,取得大量高水平的科技创新成果,需要多种科技创新服务的支持。一般而言,从覆盖活动全过程的角度考虑,其主要包括研究开发服务、检验检测认证服务、试验基地服务、管理咨询服务、政策咨询服务、知识产权服务等。

1.研究开发服务

当今世界科技创新高度复杂,极少有组织在科技创新过程中具备其需要的所有知识和技术,因此,积极利用外部资源和力量,弥补自身知识和技术的不足,是各类创新主体高效开展科技创新活动的必然要求。研究开发服务是针对各类创新主体开展研究开发活动的需要,由第三方的科技创新服务机构提供新的知识和技术等相关的服务,帮助其解决技术难题。

2.检验检测认证服务

科技创新产生新技术、新产品、新工艺等科技创新成果之后,需要通过检验检测确认其性能和质量等是否合乎各种法律法规和规范标准的要求,需要获得观测、分析、测试、检验、标准、认证等多种检验检测认证服务。完成检验检测认证,需要大量的计量、检验、检测等仪器设备和装备的支撑,需要有资质的第三方检验检测认证机构提供支持。

3.试验基地服务

科技创新产生新产品之后,需要进行中间试验等活动,把实验室中的研究成果进行放大实验,探索科研成果转化为产品的可能性和内在规律,它是许多行业新产品开发的必经之路,是科研和生产的桥梁与纽带。试验基地建设需要配套的设备比较多,投资比较大,实现社会化和专业化的供给,可以极大地降低成果转化和产业化的成本,提升其转化效率和效益。

4.管理咨询服务

开展任何一项科技创新活动,需要组织协调人力资源的高效利用和设计科学的人才激励机制,需要实现包括财政支持资金在内的各种来源资金的合理、规范和高效使用,需要科学组织科技创新活动的实施,需要准确预测和有效应对科技创新过程中的各种风险,科技创新过程实际上也是一个复杂的管理过程。缺乏科学和高效的管理,很难保障科技创新活动的顺利开展。大量的实践表明,管理越来越成为一项专业性的工作,利用外部管理咨询服务,可以显著提升科技创新活动的管理水平,极大地改善科技创新的效率和效益。

5.政策咨询服务

科技创新具有显著的正外部性和溢出效应,科学研究本身就属于公共产品和服务的范畴,完全依靠市场机制很难保障社会福利最大化需要的各类科技创新活动的积极开展,为此各级政府出台了大量的鼓励科技创新的政策。各类创新主体及时了解、把握和运用各项科技创新政策,既可以依靠自身的力量,也可以借助社会和第三方服务机构。

6.知识产权服务

科技创新既需要积极利用他人已有的知识和技术,又需要保护好自己开发的成果,各类创新主体需要提升知识产权的分析评议、运营实施、评估交易、保护维权、投融资等能力,这就需要知识产权代理、法律、信息、咨询、培训等服务支持构建全链条的知识产权服务。

(二)科技创新资源服务

科技创新是知识和技术与资本高度密集的活动,需要多种资源的投入,一般涉及人才、资金、数据和信息、仪器和设备共享、科技文献和自然科技资源保障等多个方面。显然,各类创新主体开展科技创新活动,不能都依靠自身的积累解决资源问题,还需要利用社会各方面的资源。这就必然导致需要相应的各种科技创新服务的支持。科技创新资源服务主要包含教育与培训服务、科学技术普及服务、科技金融服务、基础信息服务、科学数据服务、仪器和设备共享服务、科技文献服务、自然科技资源保障服务等。

1.教育与培训服务

科技创新需要多种类型的人才,包括企业家、科学家、专业技术人才、经营管理人才、既懂技术又懂市场和用户需求的复合型人才、专业技能人才等。要让科技创新能有较好的人才保障,必须提供体系健全、质量上乘的教育与培训服务,既要积极发展优质的高等教育和职业技术教育,又要大力发展高水平的终身教育体系,为各类人才提供各类优质的在职培训。

2.科学技术普及服务

通过科学技术普及,向广大民众传播科学知识、科学方法和科学思想,在全社会弘扬勇于创新、宽容失败的精神,加快提升全民族的科学素养,是在全社会营造更加浓厚的创新文化氛围的必然要求和有力举措。科学技术普及服务是科技创新服务的重要组成部分。

3.科技金融服务

科技创新投入存在规模大、风险高、产生效益需要的时间长等固有的特点,各类创新主体开展科技创新活动只依靠自有资金很难保障其投资需求,所以需要从外部获取资金,需要科技金融服务的支持。由于科技创新活动及其主体多样,科技金融服务类型也比较多样,因此涉及政府财政资金投入、政府的政策性金融机构、各类科技创新基金、私募、天使投资和风险投资基金等。

4.基础信息服务

信息是科学决策的基础,是实现资源高效利用的保障。开展任何科技创新活动,都需要大量的多种类型的信息资源,既有反映经济社会和科技基本运行状况的基础性的统计数据,也有与专业和领域相关的专业化数据。基础信息是以统计数据为核心的反映国家和地区政治、经济、社会、科技、文化和生态等方面基本状况的数据与信息。创新主体获取基础信息,很难依靠自身的力量直接获取,需要社会基础信息服务的帮助。

5.科学数据服务

科学数据是科学研究过程中产生的研究数据,科学数据作为科技发展的基础和成果,是科学技术滚动发展的基础平台。一个好的科学思想、理论假说和应用技术,必须在掌握大量前人资料和科学数据的基础上才能被证明。而对科学数据进行系统化的综合分析,进而促进新的科学思维的产生,是进行科技创新的重要方式。特别是当代科学技术发展明显呈现出大科学、定量化和注重过程研究等特点,越来越依赖于系统的、高可信度的基本科学数据及其衍生的数据产品。也就是说,科学数据既是科技创新活动的产物,又是支持更复杂的科技创新活动所不可替代的基本资源。科学数据资源的获得、管理和利用是一项需要长期、持续开展的基础性工作,需要持续进行观测和保存,如果没有很好的持续性,数据的价值会受到很大的影响。科学数据的获得,也需要相关服务的支持。

6.仪器和设备共享服务

众所周知,科技创新需要大量的仪器和设备。而且当今仪器和设备在科技创新中的重要性不断提升。随着科技创新不断向广度和深度发展,需要的仪器设备越来越多,质量和性能要求越来越高,投资越来越大。各类创新主体开展科技创新,完全利用自己的仪器设备很难满足要求,需要通过仪器和设备的共享共用降低科技创新成本,提升效率和效益,这对仪器和设备共享服务提出了很大的需求,催生了仪器和设备共享服务。

7.科技文献服务

科技文献是承载科学知识的最重要的载体,包括电子或纸质的科技图书、科技期刊、专利文献、会议文献、科技报告、政府出版物、学位论文、标准文献、产品资料和其他文献等不同类型。任何科技创新活动的开展都需要通过查阅大量的科技文献,了解国内外已经开展的研究工作取得的成效及存在的问题,寻找相应的合作对象。科技文献是科技创新需要的核心资源之一。目前,科技文献和信息的数量越来越多,覆盖的范围越来越广泛。面对海量的文献和信息,其管理和利用的任务越来越艰巨,不仅需要定期或不定期进行各种信息的收集、筛选、整理,更需要利用先进的方法和工具进行各种信息的综合分析和专题分析,提供查新、专题信息分析、有关领域科学和技术发展趋势分析等多种服务。

8.自然科技资源保障服务

自然科技资源是单位和个人从事自然科技活动所收集的动植物种质资源、岩矿化石、微生物菌种、人类遗传物质、生物和医学实验材料、标准物质等自然科学研究的基础资源材料,以及采集制作的各类标本等。自然科技资源管理是一项长期的、基础性的工作。首先,需要建设形成稳定的、专业化的高素质人才队伍,保证自然科技资源的整合、共享,服务的长期稳定发展;其次,要广泛、持续地开展自然科技资源的收集工作,保证各种重要的自然科技资源能得到有效保存;再次,要按照统一规范的要求,建立自然科技资源的描述规范、数据标准和数据质量控制规范,进行自然科技资源的标准化整理、编目和数字化表达,提高资源加工和利用的数字化水平。所有这些都表明,解决自然科技资源的有效供给问题,需要高水平的自然科技资源服务。

(三)科技创新环境服务

创新型国家的经验表明,科技创新活跃程度和质量与其所处的政策、制度和文化环境密切相关。有什么样的环境就有什么样的科技创新行为选择。营造良好的科技创新环境,是科技创新服务的重要内容。理论和实证研究发现,影响科技创新的环境因素众多,主要包括产权保护环境、市场竞争环境、社会信用环境、国际合作环境、利益分配制度环境、人事和社会保障制度环境、用户需求环境、社会责任环境和文化环境等。

1.严格的产权保护环境

建立严格和规范的包括知识产权在内的各类产权的保护制度,维护公正的产权交易,有效制止各种侵权行为,是市场经济正常运行的基本制度要求,也是让科技创新得到正常回报的基本制度保障。

2.公平、有序和统一的市场竞争环境

实际上,要处理好政府和市场的关系,使市场在资源配置中起决定性作用和更好发挥政府作用,基本条件是要建立公平、有序和统一的市场竞争环境。同时,市场竞争对促进新知识与新技术的产生和扩散发挥关键性的作用,是企业技术创新动力的核心来源。

3.良好的社会信用环境

没有信用,就没有秩序,市场经济也就不能健康发展。建立良好的社会信用体系,从以原始支付手段为主的市场交易方式向以信用交易为主的市场交易方式转变,是社会主义市场经济不断走向成熟的重要标志之一,是更好地发挥市场竞争对技术开发和技术创新促进作用的必然要求。

4.高水平的国际合作环境

全球化背景下,科技创新需要充分利用全球各类科技创新要素,整合利用全球科技创新资源,同时还希望科技创新成果能在全球范围内实现其价值。这样,科技创新需要有良好的国际合作环境,才能以较低的成本广泛开展各类国际科技合作和竞争。

5.鼓励科技创新的利益分配制度环境

营造良好的科技创新的利益分配制度环境,需要均衡多方面的利益关系,如科技创新人才与一般人员的利益关系,企业技术创新和非技术创新的收益关系,知识和技术密集型行业与非密集型行业之间的利益关系。如果长期以来科技创新人才的收入普遍不如从事房地产等行业人员的收入,必然会使得科技创新很难吸引高素质的人才和大量资金投入,还会影响科技创新人员的积极性,制约科技创新能力和水平的提升。

6.有利于人才流动的人事和社会保障制度环境

科技创新不仅需要人才,还需有良好的制度环境以保障人才的合理和有序流动,使得人才在流动和试错中找到最适合其能力发挥的岗位,实现高效的技术转移。相关的人事和社会保障等制度的建设,应支持而不是阻碍人才的合理和有序流动,激发社会各方的创新活力。

7.促使企业等社会各方认真履行社会责任和执行严格的环境保护、资源节约、安全和卫生技术标准等的社会责任环境技术开发和技术创新动力既可能来自需求和竞争的拉动,也可能来自各种社会压力的推动。形成良好的氛围和环境,要求企业等社会各方认真履行社会责任,积极执行严格的环境保护、资源节约、安全和卫生等技术标准,可以使得企业加速技术改造和升级,促进技术开发和创新。

8.鼓励创新的文化环境

科技创新与文化创新的互动共进是当代人类文明演进的显著特点。形成鼓励创新的文化氛围,可以在科技创新中激发出"不用扬鞭自奋蹄"的内力。营造鼓励创新的文化环境,首先,需要有全球视野和国际眼光,需要能够实现不同文化的沟通借鉴、合作交融,只有这样才能取得国际领先的科技创新成果。其次,要提倡敢于创新、善于创新的风气,要树立强烈的自信心,增强自主创新的勇气,要有敢为人先、不服输、敢打硬仗的精神。再次,要摒弃那种无所作为、盲目迷信他人的思想。最后,要有大团结、大协作的精神。

（四）科技创新成果转化运用服务

创新管理理论表明,科技创新产生新知识、新技术、新产品和新工艺之后,要能够实现规模化生产和运用,被广大的消费者和公众接受并喜爱,产生良好的经济社会效益,还需要开展大量的转化运用和推广工作,否则科技创新成果的价值很难得到充分的挖掘,很难取得较好的经济社会效益。归纳总结认为,科技创新成果转化运用服务主要涉及科技创新成果孵化和产业化服务、科技创新成果推广运用示范服务、科技创新成果转移转化服务、企业注册登记和纳税等商务服务、营销服务等。

1.科技创新成果孵化和产业化服务

科技创新成果孵化和产业化的最有效的途径之一是创新创业。创新创业是一项高风险的活动,需要多种服务的支持,关键性的服务之一是建立高水平的众创社区、孵化器、加速器、产业园区,为创新创业提供集成式、一站化的服务。

2.科技创新成果推广运用示范服务

农业等领域以家庭为单位的生产经营方式决定了其生产经营活动非常分散,导致农业科技创新成果很难集中推广。实践证明,建设农业科技创新成推广示范基地和示范户,是一种很有效的农业科技创新成果推广运用方式,是科技创新成果转化运用的一种重要的有效形式。

3.科技创新成果转移转化服务

与科技创新成果推广运用示范主要在本行业和本国不同,科技创新成果转移转化是利用创新的巨大溢出效应,通过转移转化将成果运用于别的行业和/或国家,从而使得科技创新成果发挥更大的作用,带来更大的效益。常见的成果转移转化有两种方式。一种是"移植型"转移,是指科技创新成果全部内容的整体转移。例如,跨国公司海外扩张的一种方式是将成套技术和设备及其生产基地转移到发展中国家,既能使其自身的科技创新获得更大的利益,也能使得后发国家实现技术经济跨越式发展,带动其经济增长。另一种是"嫁接型"转移,它是指将科技创新成果中的部分内容,如某一单元技术或关键工艺设备等转移到别的产业领域,与该产业领域原有技术嫁接融合,引起原有技术系统功能和效率的更新,带动产业技术进步。可见,科技创新成果转移转化,是进一步拓展成果的运用范围和领域,以获得更大的效益,在此过程中也需要相应服务的支持,科技创新成果转移转化服务应运而生。

4.企业注册登记和纳税等商务服务

通过创新创业创办新的企业,实现科技创新成果的产业化,企业需要开展登记注册、纳税等工作。对于新创办企业而言,由于很多创办者不熟悉相关工作要求,不善于处理相关业务,如果由创办者自己办理业务,则效率低,成本高,因此需要相应政府部门和社会中介等提供优质的服务。

5.营销服务

当今社会产品和服务品种非常丰富多样,做好新产品的市场营销,加快提升其市场知名度,开拓更大的市场,是保障新企业新产品取得良好效益、能够健康生存和发展的必然要求。市场营销是一项专业性比较强、比较复杂的工作,需要为企业提供相应的服务。

(五)科技创新交流合作服务

国家创新体系理论强调,创新体系建设水平不仅与各类创新主体建设水平和各类科技创新活动开展水平密切相关,还与它们之间的相互联系和合作程度紧密相连。促进各类创新主体之间加强联系互动和合作,是提升国家创新体系建设水平的有力举措。各类创新主体之间的合作,特别是产学研合作,从交流合作内容看,涉及技术、人才、信息等,从交流合作方式看,有咨询、转让、合作等,组合起来的方式比较多样。通过提供优质的服务,支持各类创新主体之间加强多种类型的交流和合作,是科技创新服务的重要任务。科技创新交流合作服务主要包括技术咨询服务、技术转让服务、技术合作服务、委托开发服务、人才流动服务、中介信息服务等。

1.技术咨询服务

企业技术创新需要的技术类型非常多样,如果都由自身解决,则不仅成本高,效率低,而且很多情况下无法解决。采用技术咨询服务方式,委托高校、科研院所或者其他企业,帮助提供技术选用的建议和解决方案,编制可行性论证、经济技术预测、专题调查、分析评价等咨询报告,提供技术咨询服务,是一种极其有效的解决问题的路径,同时也促进了各类创新主体之间的交流合作。

2.技术转让服务

技术转让服务是指拥有技术的当事人一方将现有技术有偿转让给他人的行为。技术转让有多种方式,如排他性转让和非排他性转让、使用权的转让和产权的转让等。

3.技术合作服务

技术合作是产学研多方联合起来共同开发其需要的新技术,是各类创新主体经常采用的合作方式。通过技术合作开发形成的发明创造,除合同另有约定外,其知识产权属于合作开发各方共有。技术合作服务是科技创新交流合作服务的一种重要形式。

4.委托开发服务

委托开发服务是一方当事人委托另一方当事人开发尚未掌握的技术。委托方通过开发方的研究开发,最终获得以图纸、产品设计等为载体的技术成果。委托开发也是广泛采用的产学研合作方式。

5.人才流动服务

人才流动是指人才在组织间的流动。通过人才流动,调节人才的社会结构,充分发挥人才潜能。高校、科研院所和企业等各类创新主体之间的技术人才流动,还可以实现高效的技术转移。理论和实践表明,人才流动是技术转移和产学研合作的有效方式,它不仅实现了显性知识的转移,而且让隐性知识也得以流动。实践中人才流动也需要服务的支持,猎头公司就是其典型代表。

6.中介信息服务

高校、科研院所和企业等各类创新主体之间的交流合作,其基础是相互了解各自的发展状况、特色和优势,缺乏相应的中介信息,交流合作很难有效开展,甚至无法进行。各类创新主体在合作过程中如果仅靠自身获取所需信息,则不仅成本高,效率低,而且全面性和准确性也不高,因此就需要中介信息服务的支持。

(六)关于科技创新服务体系分析的说明

基于国家创新体系概念构建科技创新服务体系,实际上分两步进行:首先分析科技创新的内涵及其主要影响因素;其次根据优质高效开展科技创新活动的需要,针对科技创新及其主要影响因素,运用服务的概念分析其需要的科技创新服务,明确科技创新服务的内容。

需要强调的是,不同国家和地区以及同一国家和地区在不同的发展阶段,科技创新服务体系所包含的主要科技创新服务内容很可能是不同的,因此要辩证地看待科技创新服务体系的构建,应结合具体情况进行具体分析。

首先,从纵向即历史的角度看,对于同一个国家和地区而言,随着经济发展和社会进步,科技创新活动类型和规模会不断增加,复杂程度会越来越高,有可能导致其科技创新服务的类型持续增加,改变科技创新服务体系的组成。

其次,从横向角度看,不同国家和地区的经济社会发展水平不同,科技创新的重点领域、主要任务、推进方式也可能不同,需要的科技创新服务内容自然不同。

再次,不同国家的国情不同,科技创新服务的内容也可能不同。例如,建立严格的产权制度和公平竞争的市场环境,是增强企业技术创新动力的核心途径,它是科技创新服务的一项重要内容。但是,对于市场经济体制比较完善的国家而言,由于其产权制度和市场环境已经比较完善,因此很少将其作为科技创新服务的重要内容。然而,对于我国这样的市场经济体制仍然处于完善中的国家而言,这应是科技创新服务中的一项极其重要和紧迫的任务。可见,科技创新服务内容的分析需要充分考虑不同国家和地区的具体情况。

最后,不同的理论从不同的视角分析科技创新及其主要影响因素,其形成的分析结果不同,这也会使得科技创新服务的分类不同,从而导致科技创新服务体系的表现形式不同。

总之,应该辩证地看待科技创新服务内容的界定及其分类,应充分结合不同国家和地区所处的不同发展阶段的特征进行具体和细致的分析。一个国家和地区不能简单套用其他国家和地区的科技创新服务体系的内容和结构。

第三节　科技管理

科技创新管理是人们根据科技实践和科技管理实践总结出来的,它对科技管理活动起重要而稳定的指导和制约作用。它适应科技发展时,促进科技的发展;反之,则阻碍科技的发展。

一、科技创新管理内涵

科技创新管理是围绕着科技活动的管理原则、运行机制和组织体系的总称,也被称作科技体制,即与各科学技术领域中科技知识的产生、发展、传播和应用密切相关的全部有计划的活动。

(一)科技管理体制的内容

科技管理体制简称科技体制,是科技活动的组织结构、管理体系和制度的总称。科技管理体制可分为科研组织和科研管理制度两大部分,主要涉及科技体系、科技政策、科技法制、科技发展战略、科技规划和计划、科技成果管理、科技人才管理、科学技术合作与交流等内容。

科技体系是科学技术研究与管理的机构设置、职责范围、权属关系和管理方式的结构体系。科技创新的执行机构主要包括企业、高校、政府科研机构与民间科研机构、科技咨询与中介机构。企业是科技创新的主体,高校、科研院所是科技创新源,科技咨询与中介机构是科技与经济对接的黏合剂,它们缺一不可。区域科技创新主要依靠区域内的企业、高校、科研院所、科技投资与中介机构实行自主创新,但绝不是排他的集团。同时,还要大量吸引区域外科技创新力量与成果,重视模仿创新,开展合作创新,从而提高科技创新执行机构的科技创新效能。

科技政策是一个国家为了实现某阶段性时期的科技任务而专门制定的具有指导未来科技事业发展方向的有关战略和策略的基本行动准则。

科技法制是保障科技健康发展的重要制度和措施,依法推动科技进步,为科技发展创造良好的法制环境。

科技发展战略是国家发展战略的重要组成部分,在促进科学技术发展的同时,也为社会经济发展服务,是一项立足长远的科技工作。

科技规划是长期性的、纲领性的科学技术发展计划,它体现了科技发展的战略目标、方向、思想和主要任务,为制订科技计划提供依据。科技计划是科技规划的具体实施,实现科学技术战略目标必然要经历一个从科技规划到科技计划的发展过程。

科技成果是科技人员在科技活动中获得、再经过鉴定得出的且被公认的具有学术意义或经济价值的创造性结果。科技成果管理包括成果的评审和奖励。科技成果的水平和数量是衡量科技人才质量和评价单位科技工作成就的重要参考指标准。

科技人才管理是为了充分发挥科技人才的团体效应,对科技人员进行开发、调整和控制的过程。科技人才是在社会科学技术劳动中,以自己较高的创造力、科学的探索精神,为科学技术发展和人类进步做出较大贡献的人。科学技术合作与交流是就科学知识、技术成果以及科技能力的交流、转让、引进和推广普及等目的促进科学技术在不同行业间、地区间输出与输入的重要活动。

(二)科技管理体制的类型

科技管理体制的类型因不同国家自身科技发展的需求不同而各异。其中,政府、企业、研发机构及其他主体在科技活动中的职能与权限应该如何划分是科技管理体制的核心问题。根据组织结构的不同,可将科技管理体制分为多元分散型、集中协调型和集中统一型三种类型。

西方国家通常采用多元分散型的科技管理体制,这种模式下,政府对科技管理的介入比较少,美国是最典型代表。其主要特征是决策机构多元化、管理机构分散化。在这种体制下,科技界有较大的自由性,高校在科研工作中的作用突出,且工业企业的研究与市场密切。但因为美国行政、立法、司法三个系统都有科技决策权,各系统工作程序不一样,工作效率就不一样,最后在实际决策中的作用也就不一样。另外,管理机构的分散,也会造成经费使用的低效率。

日本和西欧一些国家采用的是集中协调型的科技管理体制。政府主导、分散管理、分工有序、协调合作以及管理方式灵活多样是它的主要特点。这种体制下政府主导作用突出,同时注重管理权限的下放、中央与地方关系的协调、管理方式的多样化、各类管理主体积极性的调动,因而能够实现科技的快速发展。

新型工业化国家的科技管理体制大多为集中统一型,这种体制主要具有科技管理权力集中、科技计划约束性很强和科技经费主要来自国家预算拨款的特点。因此,为了尽快实现以科技来追赶其他国家的目标,新兴工业化国家和发展中国家都非常强调政府在资源配置和科技政策上的集中作用。这种管理体制更容易达到"集中力量办大事"的目的。

二、科技管理演化历程

科技管理是人类理性地运用科学技术的理论、方法和实践,来促进科学技术的迅速发展的过程。随着科技发展的历史进程,科技管理也呈现阶段性特征。

(一)经验管理阶段

19 世纪前的科技活动,主要表现为一种个体作为,从珍妮纺织机到瓦特蒸汽机,基本上都是个人发明创造或技术改革,与之相对应的科技管理,则主要凭个人经验。

(二)科学管理阶段

蒸汽机的发明及广泛应用,引发了第一次科技革命,人类由手工劳作逐渐进入机械化时代。19 世纪以电气技术为先导,人类开始第二次科技革命。与第一次科技革命不同的是,它不是直接来源于工场或其他生产实践领域,而是来源于科学实验室。至此,科技组织和科技管理机构相继出现,科学管理取代了经验管理。

(三)系统管理阶段

20 世纪 40 年代至 80 年代,以计算机的诞生为标志,人类开始第三次科技革命。以数字革命为先导,以信息高速公路为主要内容引发的第三次科技革命的高潮,不仅带来了经济发展模式的转变和经济的高增长,而且带来了新的社会转型,使人们的生产方式、生活方式、沟通方式及思维模式发生了巨大变化。科技研究开始形成了多层次的、综合的统一体。这时,任何重大科技成果的出现、任何重大的科技创新,不再来源于单纯的、经验性的创造发明,而来源于系统的、综合的科技研究。同时,大量的科技研究,已从单纯的个人活动转化为社会化的集体活动,科技活动形成了企业规模、国家规模,甚至国际规模。现代科技的规模化、社会化发展,使单一的管理理念在指导科技方面已显得力不从心,科技管理必须以科学管理为基础,综合行为科学、管理科学、决策理论、控制论等而形成系统的科技管理理念。

三、科技管理理论发展

科技管理学是一门新兴的综合性应用学科,是科学学的一门应用学科,也是管理学的一门分支学科。科技管理学主要研究科技发展趋势和科技战略管理,研究科技政策和科技法,研究科技规划、计划的组织制定,还有科技项目、科技人力资源、经费、信息、成果、学术、"三技"服务等的管理方法、管理艺术等。

(一)科技管理的古典范式理论

科技管理的古典范式理论一般将科技管理内涵定义为满足社会公共科技需要、维护国家和社会公共利益、生产和消费由市场机制无法提供的科技产品(或称为公共科技产品)的政府科技管理行为。因此,在科技管理基础上形成的科技管理制度,是运用科技制度设计合理配置科技资源的过程。这一研究视角突出了"国家目标论",注重的是政府对公共科技资源配置的干预,而对公共科技政策、公共科技成果的转化等方面关注较少。

公共科技管理的作用就在于弥补市场失灵。市场失灵成为新古典经济学进行公共科技管理分析的逻辑基础,通常称为市场失灵的管理范式。同时,市场失灵也为判断政府应何时干预科学技术提供了一个相当清晰的分析工具。理论基础是以公共选择理论和市场失灵理论为其理论基础,认为纠正市场失灵、谋求科技资源的最优配置以及满足社会对公共科技产品和服务的需求,便成为公共科技管理存在的前提。假设政策制定者是完全理性的,对市场行为与科技机会有更好的理解,政策制定者的关注焦点在于如何更好地设计政策来实现预定的科技政策效果,以及在个人追求私人福利最大化的情境中寻求社会福利最大化。然而,科技管理的古典范式理论的关注焦点,在于科技资源的有效配置问题,侧重于政府对公共科技资源配置的干预,而对科技资源的创新未曾涉及。在分析方法上采用静态或比较静态的分析方法,这不能反映出公共科技管理作为一种制度所具有的适应性、连续性和渐进性等制度变迁的特征,也无法反映出公共科技管理自身会随着管理对象——公共科技的发展而演化变迁,从而会影响到公共科技管理内涵的进一步拓展,减弱了公共科技管理对国家战略目标和经济体系选择的适应性。

(二)科技管理的演化范式理论

从20世纪70年代末80年代初开始,起源于英国、美国、澳大利亚和新西兰的"新公共管理"运动,在西方各国掀起了一场声势浩大且旷日持久的政府改革运动,它包括美国的企业化政府改革运动、法国的革新公共行政计划、澳大利亚的财政管理改进计划等,这场运动推动了科技管理制度的新范式的产生。

科技管理制度的新范式,是一种以演化经济学为基础、以自主创新为导向的公共科技管理制度。其理论基础是演化经济学,关注经济系统发展变化的动态过程,坚持从演化的、动态的视角来理解和分析经济系统的运行。它将技术创新视为一个非线性的由多种内容组成的系统,考察技术变迁的动态过程,并认为技术创新和技术变迁是众多经济现象背后的根本力量。自主创新导向型公共科技管理制度设计需要认识到技术创新在经济增长中的核心作用,将增长政策和创新政策联系起来共同置于经济系统之中,以系统的视角来看待两者的内在联系。通过发挥两者的系统协同效应,实现经济增长活动的转变。正是基于此,演化框架将技术创新纳入到公共科技管理分析之中。

演化范式下的科技管理认为公共科技管理应是一种选择机制。它通过提供有效的制度安排,增强各创新主体间的交互式学习及知识积累与扩散,促进经济体内创新性企业的产生,并在此基础上对企业的创新行为进行选择,其目的在于使适应国家战略的创新行为得以保留、遗传,并在经济体内进行扩散,最终实现自主创新和创新型国家这一战略目标。演化范式下的科技管理致力于能够最大限度地激发自主创新潜能的创新制度,即立足于自主研发和内源式学习,探索新的技术轨道,并达到技术前沿的创新制度。按照演化经济学理论,政府借助公共科技管理制度保护新知识的生产,促进自主创新,而不仅仅是纠正市场失灵。为此,演化经济学可以提供的非常重要的见解是政府在制定和执行公共科技管理时面临的是一个终端开放的世界,在其中存在着根本的不确定性,此时的问题不是在一个封闭系统中求解最优问题,而是为了培育学习能力、系统地整合增长的知识和适应变化着的环境。演化的科技政策制定者关注的焦点是创新过程,核心的科技政策问题变成了增加实验行为的概率,政府在追踪和鼓励创新方面具有极其重要的作用。

　　显然,当代科技活动的主题、领域和目的在全球范围内得到认同,科技活动要素在全球范围内自由流动与合理配置,科技活动成果实现全球共享,以及科技活动规则与制度环境在全球范围内渐趋一致,这使科技管理必须创新,才能服从和服务于科技的创新发展。强调以人为本,由重"物"的管理变为更重"人"的管理,由重科研过程的管理变为更重科技战略的管理,由重纯理性的"刚性"管理变为更重激励性的"柔性"管理,由重有形资产的管理变为更重无形资产(如知识产权等)的管理,在科技管理的制度、模式、方法中体现得越来越充分了。

第二章　人力资源规划与分析

第一节　人力资源概述

一、人力资源的基本特征

（一）能动性

能动性是人力资源区别于其他资源的重要特征，最本质的特征在于它是"有意识"的。与物质资源相比，人力资源有思想和情感，能够接受教育或主动学习并能够自主地选择职业，重要的是人力资源能够发挥主观能动性，有目的、有意识地利用其他资源进行生产，能够不断地创造新的工具、技术，推动社会和经济的发展，推动人类文明进步。

（二）增值性

与自然资源相比，人力资源具有明显的增值性。一般来说，自然资源是不会增值的，它只会因为不断地消耗而逐渐"贬值"；人力资源则不同，前文提到，人力资源是劳动者的脑力和体力的总和。人的知识、经验和技能不会因为使用而消失，相反会因为不断地使用而更有价值，人的体力也不会因为使用而消失，只会因为使用而不断增强。也就是说，在一定范围内，人力资源是不断增值的，创造的价值也会越来越多。

（三）时效性

时效性是指人力资源的形成、开发和使用，都具有时间方面的限制，这是同人的生命年龄有直接关系的。从单个的人来说,有其生命的周期;而作为人力资源的人,能从事劳动的自然时间又被限定在生命周期的中间一段;能够从事劳动的不同时期其劳动能力也有所不同。

(四)再生性

人力资源的再生性有两层含义:一是指人口的再生产和劳动力的再生产,通过人口总体内个体的不断替换更新和劳动力得到补偿后,再生产过程得以实现;二是指人力资源的知识和技能可以通过教育和培训不断丰富和提高,并在工作实践中得到锻炼和积累。

(五)双重性

双重性是指人力资源既是创造社会财富的生产者,又是社会财富的消费者,因此,具有生产性和消费性。生产性是指人力资源是物质财富的创造者,为组织的生存与发展提供了条件;消费性是指人力资源为了维持其本身的存在,必须消耗一定数量的其他自然资源。

(六)社会性

社会性是指人力资源处于特定的社会和时代中,不同的社会形态、不同的文化背景都会反映和影响人的价值观念、行为方式、思维方法。从本质上说,人力资源是一种社会资源。人力资源的社会性要求在开发过程中注意社会政治制度、国家政策、法律法规以及文化环境的影响,特别要注意开发措施的人群针对性。

二、人力资源与其他资源的关系

从上述人力资源的概念来看,它是一个内容涵盖面很广的理论概括。它的提出开拓了社会学,特别是经济学对人和劳动力研究的全新领域。分析人口资源、人力资源和人才资源的关系有助于更准确地理解人力资源的实质、内容及其重要性。

（一）人口资源

人口资源是指一个国家或地区在一定时期内所有人口的总和,其主要表现为数量概念,是人力资源和人才资源的基础和来源,只有拥有一定的人口资源才能保证一定的人力资源和人才资源。

（二）人力资源

人力资源是指一个国家或地区一切具有为社会创造物质财富和精神、文化财富的,从事体力劳动和智力劳动的劳动者总和。

（三）人才资源

人才资源则是指一个国家或地区具有较强的管理能力、研究能力、创造能力和专门技术能力的人的总和。它重点强调人的质量方面,强调人力资源中较杰出、优秀的那一部分人。

人口资源、人力资源、人才资源三者在数量关系上存在着一种包含关系,人口资源数量多少是人力资源形成的基础;人口资源中具备一定的脑力和体力的是人力资源;而人才资源又是人力资源的一部分,是人力资源中质量较高和数量较少的那部分。

三、人力资源管理概述

（一）人力资源管理的概念

人力资源管理(human resource management)作为企业的一种职能性管理活动的提出最早源于工业关系和社会学家怀特·巴克于20世纪50年代末期出版的《人力资源功能》一书,该书首次将人力资源管理作为管理的普遍职能来加以讨论。美国著名的人力资源管理专家雷蒙德·A.诺伊等提出:人力资源管理是指影响雇员的行为、态度以及绩效的各种政策、管理实践和制度。美国佛罗里达国际大学著名管理学教授加里·德斯勒提出:人力资源管理是为了完成管理工作中涉及人或人事方面的任务所需要掌握的各种概念和技术。

我国著名学者赵曙明认为人力资源管理就是对人力这一特殊的资源进行有效开发、合理利用与科学管理。我国人力资源著名学者彭剑锋认为人力资源管理是依据组织和个人发展的需要,对组织中的人力这种特殊资源进行有效开发、合理利用与科学管理的机制、制度、流程、技术和方法的总和。

综合以上各种观点,本书认为人力资源管理是为实现组织和个人的发展需要,通过各种政策、制度和管理实践,对人力资源进行合理配置、有效开发和科学管理,从而影响雇员的态度、行为和绩效的活动过程。

(二)人力资源管理的功能

人力资源管理的功能和职能本质上是不同的,人力资源管理的职能是它所要承担或履行的一系列活动,例如人力资源规划、工作分析、员工招聘等;而人力资源管理的功能是指它自身所具备或应该具备的作用,这种作用并不是相对其他事物而言的,而是具有一定的独立性,反映了人力资源管理自身的属性,它的功能是通过职能来实现的。人力资源管理的功能主要有五个方面:获取、整合、维持、调控和开发。

1.获取

它主要包括人力资源规划、招聘与录用。为了实现组织的战略目标,人力资源管理部门要根据组织结构确定工作说明书与员工素质要求,制定与组织目标相适应的人力资源需求与供给计划,并根据人力资源的供需计划而开展招募、考核、选拔、录用与配置等工作。显然,只有首先获取了所需的人力资源,才能对之进行管理。

2.整合

这是使员工之间和睦相处、协调共事、取得群体认同的过程,是员工与组织之间个人认知与组织理念、个人行为与组织规范的同化过程,是人际协调职能与组织同化职能。企业借助培训教育等手段实现员工组织社会化,整合的目的是培养员工与组织一致的价值取向和文化理念,并使其逐步成为组织人。具体体现为新员工上岗引导、企业文化和价值观培训。

3.维持

维持功能主要体现在建立并维持有效的工作关系。通过一系列薪酬管理、绩效管理和职业晋升通道管理等活动,同时为员工提供安全、健康、舒适的作业环境和良好的工作氛围,保持员工的稳定性和有效工作的积极性,使员工的能力得以充分发挥。

4.调控

调控功能体现在企业对员工实施合理、公平的动态管理,对员工的基本素质、劳动态度和行为、技能水平、工作成果等进行全面考核与评价,做出相应的奖惩、升迁、离退或解雇等决策,并通过系列定编定岗、培训开发以及人事调整等办法和手段,使员工的技能水平和工作效率达到组织所期望的水平。

5.开发

人力资源开发是指对组织内员工素质与技能的培养与提高以及使他们的潜能得以充分发挥,最大地实现其个人价值。它主要包括组织与个人开发计划的制订、组织与个人对培训和继续教育的投入、培训与继续教育的实施、员工职业生涯开发及员工的有效使用。

(三)人力资源管理的内容

在人力资源管理活动中,吸引员工、留住员工和激励员工是人力资源管理的三大目标,人力资源管理的所有工作都是围绕着这三大目标展开的。一般而言,人力资源管理工作主要包括以下八个方面。

1.人力资源规划

人力资源规划是系统、全面地分析和确定组织人力资源需求的过程,以确保组织在需要时能够得到一定数量和质量的员工满足组织现在及将来各个岗位的需要。在制订人力资源规划时,首先要评估组织的人力资源现状及其发展趋势,收集和分析人力资源供求信息和有关资料,预测人力资源供求的发展趋势,结合实际制订组织的人力资源使用、培训和发展规划。

2.工作分析

工作分析也称职位分析或岗位分析,是全面了解一项具体工作或具体职务的管理活动。工作分析是对组织中各个工作和岗位的目的、任务或职责、权力、隶属关系、工作条件、任职资格等相关信息进行收集与分析,以便对该工作做出明确的规定,并确定完成该工作所需要的行为、条件、人员的过程。工作分析是其他人力资源管理活动的基础。

3.招聘与甄选

招聘是指根据人力资源规划和工作分析的要求,为组织获得所需要的人力资源的过程。人员招聘包括招聘准备、招聘实施和招聘评估三个阶段。甄选是指组织辨别求职者是否具有帮助组织达成目标所必需的知识、技能、能力以及其他性格特征的一个过程。不同战略的组织所需要的员工类型、数量是不同的,组织能否招聘和甄选到满足工作需要的人才,直接关系到组织的生存与发展。

4.培训与开发

培训是指组织为方便员工学习与工作有关的知识、技能以及行为而付出的有计划的努力。开发是指组织为了提高员工迎接挑战的能力而帮助他们获得相应的知识、技能以及行为,这些挑战有可能来自现有的各项工作,也可能来自目前尚不存在但在未来可能出现的一些工作。为了提高组织的适应能力和竞争力,组织需要对员工进行培训与开发,使他们明确自己的任务、职责和目标,提高知识和技能,具备与实现组织目标相适应的自身素质和技术业务能力。

5.绩效管理

绩效管理是指为实现组织发展战略目标,采用科学的方法,提高员工个人或组织的综合素质、态度行为和工作业绩的全面监测分析与考核评价,不断激励员工,改善组织行为,提高综合素质,充分调动员工的积极性、主动性和创造性,挖掘其潜力的活动过程。其中,绩效考核是绩效管理中的一个重要环节,成为绩效管理系统运行的重要支撑点。

6.薪酬与福利

薪酬是指员工为组织提供劳动而得到的各种货币与实物报酬的总和,包括工资、奖金、津贴、提成工资等。它是组织吸引和留住人才,激励员工努力工作,发挥人力资源效能最有力的杠杆之一。福利是指组织向员工提供的除工资、奖金之外的各种保障计划、补贴、服务以及实物报酬。薪酬与福利管理就是要制定合理的工资福利制度,从员工的资历、职级、岗位及实际表现和工作成绩等方面考虑制定相应的、具有吸引力的工资报酬标准和制度,并安排养老金、医疗保险、工伤事故处理、节假日等福利项目。

7.职业生涯管理

职业生涯管理是企业帮助员工制订个人发展计划,并及时监督和考察,使个人的发展与企业的发展相协调,满足个人成长的需要,同时,使员工有归属感,激发其工作积极性和创造性,进而提高组织效益,促进组织发展。

8.劳动关系

劳动关系管理主要是建立与维护健康的劳动关系,建立企业管理层与员工之间互相信任、互相尊重的良好工作环境,让员工在安全、健康的环境中有效地工作,给企业带来长期的利益。人力资源管理涉及劳动关系的各个方面,如劳动时间、劳动报酬、劳动保护、劳动安全、劳动争议等。劳动关系是否健康和融洽,直接关系到人力资源管理活动能否有效开展。

(四)人力资源管理的目标

人力资源管理的最终目标是帮助组织更好地实现其目标。自 20 世纪 90 年代以来,随着战略人力资源管理的产生,人力资源及其管理的地位变得日益重要。衡量人力资源管理的贡献不仅在于其完成了多少职能性工作或者效率的高低,而且取决于其对战略目标的贡献。然而,要实现这一目标,人力资源管理部门必须为员工创造良好的工作环境,减少员工流动,在此基础上,最大限度地发挥员工的潜能,从而提高劳动生产率,并通过人力资源创造竞争优势。

对于人力资源管理的目标应当从最终目标和具体目标这两个层次来进行理解。人力资源管理的最终目标就是要有助于实现企业的整体目标,人力资源管理只是企业管理的一个组成部分,它是从属于整个企业管理的,而对企业进行管理的目的就是要实现企业既定的目标,因此人力资源管理的目标也应当服从和服务于这一目的。需要指出的是,虽然不同的企业,其整体目标的内容可能有所不同,但最基本的目标都是一样的,那就是要创造价值以满足相关利益群体的需要。在最终目标之下,人力资源管理还要达成一系列的具体目标,这些具体目标应该包含以下几个方面:①保证价值源泉中人力资源的数量和质量;②为价值创造营建良好的人力资源环境;③保证员工价值评价的准确有效;④实现员工价值分配的公平合理。

人力资源管理的具体目标与企业价值链的运作是密切相关的,价值链表明了价值在企业内部从产生到分配的全过程,是贯穿企业全部活动的一条主线,价值链中任何一个环节出现了问题,都将影响到整体价值的形成,人力资源管理的具体目标就是要从人力资源的角度出发为价值链中每个环节的有效实现提供有力的支持。

在整个价值链中,价值源泉是源头和基础,只有具备了相应的资源,价值创造才有可能进行。人力资源是价值创造不可或缺的资源,因此,为了保证价值创造的正常进行,企业必须拥有满足一定数量和质量要求的人力资源,否则企业的价值创造就无法实现,这就是人力资源管理的第一个具体目标——价值创造,这一目标需要借助人力资源规划和招聘录用等职能活动来实现。

在价值链中,价值创造是最关键的环节,只有通过这一环节,价值才能够被创造出来,而价值创造并不会自动发生,它需要以人力资源为中心来整合和运用其他资源,因此必须营建出良好的人力资源环境,以实现价值创造,这就是人力资源管理的第二个具体目标——价值分配,这一目标需要借助职位分析和设计、员工调配、培训与开发、员工激励等职能活动来实现。

为了进行价值分配,就必须对价值创造主体在价值创造过程中所做的贡献做出准确的评价,这就是人力资源管理的第三个具体目标——保证员工价值评价的准确有效,这一目标需要借助绩效管理等职能活动来实现。

价值分配可以说是价值链运作的目的,只有通过价值分配,企业各相关利益群体的需要才能得到满足,从价值创造主体的角度来看,只有他们得到了公平合理的价值分配,价值创造才有可能继续发生,这就是人力资源管理的第四个具体目标——实现员工价值分配的公平合理,这一目标需要借助薪酬管理等职能活动来实现。

总的来说,人力资源管理的目标是,通过组建优秀的企业员工队伍,建立健全企业管理机制,形成良好的企业文化氛围,有效地开发和激励员工潜能,最终实现企业的管理目标。

(五)人力资源管理的职责分担与角色定位

1.人力资源管理部门的职责分工

人力资源管理的目标是通过人力资源合理的配置、激励与开发实现劳动生产率的提高,进而促进组织目标的实现。现代人力资源管理已经上升到战略高度,在现代人力资源管理的参与者中,越来越强调,人力资源管理不仅仅是人力资源管理部门的事情,更是各层各类管理者的职责。

企业的高层决策者也开始更多地参与人力资源管理活动。高层决策者主要从战略的高度考虑人力资源管理活动,并对中高层经理进行管理。其职责包括人力资源战略的制定、中高层经理的选拔录用、企业人力资源规划的审核、企业文化的塑造与发展、部门关系的协调以及组织运行风格的确定等。

直线管理人员由于其直线权力而扮演着各项人力资源政策、制度的实施角色,从而对人力资源管理有着重要的影响。因此,人力资源管理不仅是人力资源管理部门的责任,而且是每个直线管理人员的责任。直线经理承担参与人力资源管理理念与政策的确定、贯彻执行人力资源政策、依据部门业务发展提出部门用人计划、参与部门岗位设计与工作分析、参与本部门的人员招聘与人才选拔等工作。

现代人力资源管理已成为每一个管理者不可缺少的工作组成部分。无论是高层管理者还是基层管理者,无论是销售经理还是人力资源经理,甚至是普通的员工,都有必要参与人力资源管理活动,才能保证人力资源目标的实现。因此,必须对人力资源管理者的参与进行明确的界定,并且对其职能进行合理的定位,关于他们在人力资源管理中的角色与职责。

2.人力资源管理部门的角色定位

(1)战略伙伴

人力资源管理部门应该是企业的战略伙伴,是企业战略决策的参与者,提供基于战略的人力资源规划及系统解决方案,使人力资源和企业战略相结合。

(2)职能管理者角色

人力资源管理部门在战略规划、战略执行和战略评价中应该被赋予职能职权,运用人力资源管理的专业知识和技术工具,确定人力资源管理的方针、政策、制度,和直线部门协调配合进行人力资源规划、人员招聘、薪酬制定、绩效管理等各项活动,保障企业战略和直线部门的工作顺利实施。

(3)监督控制者的角色

根据组织的价值评价标准,评估部门绩效,监控各部门人力资源管理和开发状况,并提出改进意见。

（4）服务者角色

人力资源部门要以专业技能为其他部门提供支持服务,如人力资源管理工具的开发,为人力资源问题的解决提供咨询等。

（5）协调者的角色

人力资源管理者承担组织内部各部门之间、上下级之间、组织和外部环境之间的信息沟通工作。

（6）变革的推动者

有些时候,如在并购与重组、组织裁员、业务流程再造等变革活动中,人力资源管理部门往往要先行一步,成为变革的推动者,提高员工对变革的适应性,妥善处理组织变革过程中的人力资源管理实践问题,推动组织的变革。

四、人力资源管理的发展趋势

（一）人力资源管理的全球化

现如今企业竞争领域扩展到全球,越来越多的企业已经实现了全球化。组织的全球化必然要求人力资源管理策略的全球化。全球化企业的人力资源管理要求企业具有全球化思维、具有创新意识等特点。首先,具有全球化人力资源管理的理念,企业进入全球化已经成为趋势,我们面对的已经是无国界的人力资源市场,所以我们要以全球的视野来选拔人才,看待人才的流动;其次,人才市场竞争的全球化,全球化的人才交流市场已经出现,并将成为一种主要形式,人才的价值就不仅仅是在一个区域市场内体现,而更多的是按照国际市场的要求来看待;再次,人力资源管理的对象全球化,企业的全球化布局由全球范围内的人力资源保证,人力资源管理的对象由一国为主扩展到全球,全球化人力资源管理涉及不同文化背景、不同种族、不同地域、不同信仰的员工的管理,以及并购过程中不同的劳动制度、不同的人力资源管理制度、不同的企业文化的整合管理。

（二）人力资源管理的虚拟化

信息化时代和低碳经济时代使得家庭办公、网络办公、协同工作等工作方式逐渐流行,对应的人力资源管理虚拟化也成为一种趋势。信息化时代的人力资源管理借助计算机和网络工作,一方面事务性管理活动虚拟化,比如人力资源信息管理、薪酬与福利管理、考勤管理等;另一方面常规性管理活动虚拟化,比如网络招聘、网络培训、网络学习、网络考评、网络沟通等。未来人力资源信息化管理将在系统整合的基础上实现自上而下的战略性人力资源管理的信息化,即 EHR0 EHR 不仅能够极大地降低管理成本,提高管理效率,更重要的是能够提升管理活动的价值,它能够使人力资源管理者从低价值的事务性工作中解脱出来,投入更多的时间和精力从事高价值的战略性人力资源管理活动。

(三)人力资源价值链管理

人力资源管理的核心是如何通过价值链的管理,来促进人力资本价值的实现及其价值的增值。人力资源价值链是指人力资源在企业中的价值发现、价值创造、价值评价和价值分配一体化的环节。价值链本身就是对人才激励和创新的过程,人力资源管理通过组织战略和人力资源战略的准确定位,构建以核心人才为主的竞争优势,打造核心竞争力,为组织创造价值。价值链管理由此成为未来人力资源管理的趋势。价值发现建立在清晰的人力资源战略规划流程的基础上,将人力资源管理投资与组织业务目标有效结合起来,营造人力资源的独特优势,发掘人力资源管理的战略价值;价值创造就是要营建出良好的人力资源环境,以实现价值创造,这一目标需要借助职位分析和设计、员工调配、培训与开发、员工激励等职能活动来实现;价值评价问题是人力资源管理的核心问题,其内容是指通过价值评价体系及评价机制的确定,使人才的贡献得到承认,使真正优秀的、企业所需要的人才脱颖而出,使企业形成凭能力和业绩吃饭,而不是凭政治技巧吃饭的人力资源管理机制;价值分配是通过价值分配体系的建立,满足员工的需求,从而有效地激励员工,这就需要提供多元的价值分配形式,包括职权、机会、工资、奖金、福利、股权的分配等。

(四)流程化人力资源管理

流程管理包括两个方面:一是人力资源管理的流程化;二是适应流程优化的人力资源管理模式。人力资源管理的流程化体现为在有效管理组织的同时,实现人力资源管理程序的标准化,确保每位员工都受到相同而公平的对待。几乎每一道人力资源流程都牵涉到组织内最少一个其他部门的经理与员工的参与。例如,招聘新员工并让他准备就绪开始工作,其中包括完成所有人力资源部门所要求的必要文件;新员工需要一间设备完善的办公室,再加上能够使用的计算机网络与电子邮件账号。这些安排都必须在员工入职日与员工开始上班期间准备就绪,这些问题都可以靠流程自动化来解决。人力资源管理流程化的实质是适应企业面临的各种环境,对人力资源管理的职能进行程序化运作。

(五)突显人力资源管理的战略地位

在新经济时代和创业经济时代,知识型人才成为企业重要的战略资源。人力资源真正成为企业的战略性资源,人力资源管理对于企业来说也将会变得越来越重要,人力资源管理要为企业战略目标的实现承担责任。战略人力资源管理需要跨界思维,应逐渐由传统的"职能事务性"向"职能战略性"转变,从作业性、行政性事务中解放出来,转变为关心组织发展和管理者能力的战略角色并站在越来越战略性的角度来规划人力资源,引导人力资源行为,管理人力资源活动,不断碰触和影响企业战略,成为战略伙伴和变革推动者。

(六)人力资源管理的客户价值导向

员工就是企业的客户,企业人力资源管理的新职能就是向员工提供持续客户化的人力资源产品和服务,人力资源视员工为客户服务对象。新经济时代,企业要以新的思维来对待员工,要以营销的视角来开发组织中的人力资源。从某种意义来说,人力资源管理也是一种营销工作,即企业要站在员工需求的角度,通过提供令顾客满意的人力资源产品与服务来吸纳、留住、激励、开发企业所需要的人才。人力资源管理者要扮演工程师+销售员+客户经理的角色。人力资源管理者一方面要具有专业的知识与技能,另一方面要具有向管理者及员工推销人力资源产品与服务方案的技能。人力资源经理也是客户经理,向企业员工提供人力资源产品与服务。

(七)向人力资源外包方向发展

人力资源外包主要是指企业根据自身人力资源管理特点,逐步将一些事务性的工作,如重复度高的、没有涉及企业核心机密的人力资源工作外包给其他相应的专业性机构组织,并对其支付服务报酬。这也是企业人力资源部门在日益竞争的社会里自身角色定位变化后所发生的改变。对于一般企业来讲,企业人力资源外包主要有企业培训外包、企业福利津贴外包、企业招聘外包等方面。这种方式可以让企业集中自身优势特点做自身的核心业务,使人力资源发挥最大效用;可以相对减少企业人力资源成本开支,缩小企业管理机构组织;可以让优秀的员工长期留下来,和企业一起向前发展。

第二节 人力资源规划

一、人力资源规划概述

(一)人力资源规划概念

人力资源规划(human resource planning)是指在依据企业的战略目标、明确企业现有的人力资源状况、科学地预测企业未来的人力资源供需状况的基础上,制定相应的政策和措施,以确保企业的人力资源不断适应企业经营和发展的需要,使企业和员工都能获得长远的利益。

要准确理解人力资源规划的概念,必须把握以下五个要点:①人力资源规划是在组织发展战略和目标的基础上进行的。企业的战略目标是人力资源规划的基础,人力资源管理是组织管理系统中的一个子系统,要为组织发展提供人力资源支持,因此人力资源规划必须以组织的最高战略为坐标,否则人力资源规划将无从谈起。②人力资源规划应充分考虑组织外部和内部环境的变化。一方面,企业外部的政治、经济、法律、技术、文化等一系列因素的变化导致企业外部环境总是处于动态的变化中,企业的战略目标可能会随之不断发生变化和调整,从而必然会引起企业内人力资源需求的变动。另一方面,在企业的发展过程中,不可避免地会出现员工的流出或工作岗位的变化,这可能会引起企业人力资源状况的内部变化。因此,需要对这些变化进行科学的分析和预测,使组织的人力资源管理处于主动地位,确保企业发展对人力资源的需求。③人力资源规划的前提是对现有人力资源状况进行盘点。进行人力资源规划,首先要立足于企业现有的人力资源状况,从员工数量、年龄结构、知识结构、素质水平、发展潜力和流动规律等几个方面,对现有的人力资源进行盘点,并运用科学的方法,找出目前的人力资源状况与未来需要达到的人力资源状况之间的差距,为人力资源规划的制订奠定基础。④人力资源规划的目标是制定人力资源政策和措施。例如,为了适应企业发展需要,要对内部人员进行调动补缺,就必须有晋升和降职、外部招聘和培训,以及奖惩等方面的切实可行的政策和措施来加以协调和保障,才能保证人力资源规划目标的实现。⑤人力资源规划最终目的是要使企业和员工都获得长期的利益。企业的人力资源规划不仅要关注企业的战略目标,还要切实关心企业中每位员工在个人发展方面的需要,帮助员工在实现企业目标的同时实现个人目标。只有这样,企业才能留住人才,充分发挥每个人的积极性和创造性,提高每个人的工作绩效;企业才能吸引、招聘到合格的人才,从而最终提高企业的竞争能力,实现企业的战略目标。

通过人力资源规划,要解决下面几个基本问题:①目标是什么?回答这一问题的目的是在明确组织目标的基础上,衡量目标和现状之间的差异,其中最大的和最重要的差异就成为组织人力资源管理的目标。确定目标需要考虑有哪些条件需要改变,需要采取什么标准来衡量成功与否等。②如何才能实现目标?为了缩小现实与目标之间的差距,需要花费资源从事人力资源管理活动,这也是人力资源管理工作的主要内容。人力资源规划就是要选择手段并把它们整合起来,建立一个体系。③做得如何?在花费人力资源并实施了规划的人力资源管理活动之后,我们需要考察企业是否已经达到了既定的目标。然后再回到人力资源规划的第一个问题上,并重新制订新一轮的规划。

(二)人力资源规划的作用

人力资源规划不仅在企业的人力资源管理活动中具有先导性和战略性,而且在实施企业总体规划中具有核心的地位。具体而言,人力资源规划的作用体现在以下几个方面。

1.有利于组织制定战略目标和发展规划

一个组织在制定战略目标、发展规划以及选择决策方案时,要考虑到自身资源,特别是人力资源的状况。人力资源规划是组织发展战略的重要组成部分,也是实现组织战略目标的重要保证。人力资源规划促使企业了解与分析目前组织内部人力资源余缺的情况,以及未来一定时期内的人员晋升、培训或对外招聘的可能性,有助于目标决策与战略规划。

2.确保企业在发展过程中对人力资源的需求

企业内部和外部环境总是处在不断发展变化中,这就要求企业对其人力资源的数量、质量和结构等方面不断进行调整,以保证工作对人的需要和人对工作的适应。企业如果不能事先对人力资源状况进行系统的分析,并采取有效措施,就会不可避免地受到人力资源问题的困扰。虽然较低技能的一般员工可以短时间内通过劳动力市场获得,但是对企业经营起决定性作用的技术人员和管理人员一旦出现短缺,则无法立即找到替代人员。因此,人力资源部门必须注意分析企业人力资源需求和供给之间的差距,制订各种规划,不断满足企业对人力资源多样化的需要。

3.有利于人力资源管理工作的有序进行

人力资源规划作为一种计划功能,是人力资源管理的出发点,是任何一项人力资源管理工作得以成功实施的重要步骤。人力资源规划具有先导性和战略性,是组织人力资源管理活动的基础,它由总体规划和各种业务计划构成,可以在为实现组织目标进行规划的过程中,为人力资源管理活动,如人员的招聘、晋升、培训等提供可靠的信息和依据,从而保证人力资源管理活动的有序进行。

4.控制企业的人工成本和提高人力资源的利用效率

现代企业的成本中最大的是人力资源成本,而人力资源成本在很大程度上取决于人员的数量和分布情况。在一个企业成立初期,低工资的人员较多,人力资源成本相对较低;随着企业规模的扩大,员工数量增加,员工职位升高,工资水平上涨,人力资源成本有所增加。如果没有科学的人力资源规划,难免会出现人力资源成本上升,人力资源利用效率下降的情况。因此,人力资源规划可以有计划地调整人员数量和分布状况,把人工成本控制在合理的范围内,提高人力资源的利用效率。

5.调动员工的积极性和创造性

人力资源规划不仅是面向组织的计划,也是面向员工的计划。许多企业面临着源源不断的员工跳槽,表面上看来是因为企业无法给员工提供优厚的待遇或者晋升渠道。其实是人力资源规划的空白或不足,因为并不是每个企业都能提供有诱惑力的薪金和福利来吸引人才,许多缺乏资金、处于发展初期的中小企业照样可以吸引到优秀人才并迅速成长。它们的成功之处不外乎立足企业自身情况,营造企业与员工共同成长的组织氛围。组织应在人力资源规划的基础上,引导员工进行职业生涯设计和发展,让员工清晰地了解自己未来的发展方向,看到自己的发展前景,从而去积极、努力争取,调动其工作积极性和创造性,共同实现组织的目标。

(三)人力资源规划的程序

人力资源规划的制订是一个复杂的过程,涉及的内容比较多、人员范围比较广,需要多方面的支持与协作。因此,规范和科学的人力资源规划程序是提高企业人力资源规划质量的制度保证。人力资源规划的过程一般分为五个阶段,即准备阶段、预测阶段、制订阶段、执行阶段和评估阶段。下面结合这五个阶段对人力资源规划的整个过程进行简要的说明。

1.准备阶段

每一项规划要想做好都必须充分收集相关信息,人力资源规划也不例外。由于影响企业人力资源供给和需求的因素有很多,为了能够比较准确地做出预测,就需要收集有关的各种信息,这些信息主要包括以下几方面内容。

(1)外部环境的信息

外部环境对人力资源规划的影响主要是两个方面。一方面企业面对的大环境对人力资源规划的影响,如社会的政治、经济、文化、法律、人口、交通状况等;另一方面劳动力市场的供求状况、人们的择业偏好、企业所在地区的平均工资水平、政府的职业培训政策、国家的教育政策以及竞争对手的人力资源管理政策等,这类企业外部的小环境同样对人力资源规划产生一定的影响。

(2)内部环境的信息

这类信息也包括两个方面,一是组织环境的信息,如企业的发展规划、经营战略、生产技术以及产品结构等;二是管理环境的信息,如公司的组织结构、企业文化、管理风格、管理体系以及人力资源管理政策等,这些因素都直接决定着企业人力资源的供给和需求。

(3)现有人力资源的信息

制订人力资源规划,要立足于人力资源现状,只有及时准确地掌握企业现有人力资源的状况,人力资源规划才有意义。为此需要借助人力资源信息管理系统,以便能够及时和准确地提供企业现有人力资源的相关信息。盘点现有的人力资源信息主要包括:①个人自然情况;②录用资料;③教育和培训资料;④工资资料;⑤工作执行评价;⑥工作经历;⑦服务与离职资料;⑧工作态度调查；⑨安全与事故资料；⑩工作环境资料，以及工作与职务的历史资料等。

2.预测阶段

人力资源预测阶段分为人力资源需求预测和人力资源供给预测，这个阶段的主要任务是在充分掌握信息的基础上，选择有效的人力资源需求预测和供给预测的方法，分析与判断不同类型的人力资源供给和需求状况。在整个人力资源规划中，这是最关键也是难度最大的一部分，直接决定了人力资源规划的成败，只有准确地预测出供给与需求，才能采取有效的平衡措施。

（1）人力资源需求预测

人力资源需求预测主要是根据企业的发展战略和本企业的内外部条件选择预测技术，然后对人力资源的数量、质量和结构进行预测。在预测过程中，预测者及其管理判断能力与预测的准确与否关系重大。一般来说，商业因素是影响员工需要类型、数量的重要变量，预测者通过分析这些因素，并且收集历史资料以此作为预测的基础。从逻辑上讲，人力资源需求是产量、销量、税收等的函数，但对不同的企业或组织，每一因素的影响并不相同。

（2）人力资源供给预测

人力资源供给预测也称为人员拥有量预测，只有进行人员拥有量预测并把它与人员需求量相对比之后，才能制订各种具体的规划。人力资源供给预测包括两部分：一部分是内部拥有量预测，即根据现有人力资源及其未来变动情况，预测出规划各时间点上的人员拥有量；另一部分是对外部人力资源供给量进行预测，确定在规划各时间点上的各类人员的可供量。

（3）确定人员净需求

人力资源需求预测和人力资源供给预测之后，需要把组织中的人力资源需求与组织内部人力资源供给进行对比分析，可以从比较分析中测算出各类人员的净需求数。若这个净需求数是正数，则表明企业要招聘新的员工或对现有员工进行有针对性的培训；若这个净需求数是负数，则表明组织在这方面的人员是过剩的，应该精简或对员工进行调配。这里所说的"人数净需求"包括人员的数量、人员的质量和人员的结构，这样就可以有针对性地制定人力资源目标和人力资源规划。

3.制订阶段

在收集相关信息和分析了人力资源供需的基础上,就可以制订人力资源规划了。人力资源规划的制订阶段是人力资源规划整个过程的实质性阶段,包括制定人力资源目标和人力资源规划的内容两个方面。

(1)人力资源目标的制定

人力资源目标是企业经营发展战略的重要组成部分,并支撑企业的长期规划和经营计划。人力资源目标以企业的长期规划和经营规划为基础,从全局和长期的角度来考虑企业在人力资源方面的发展和要求,为企业的持续发展提供人力资源保证。人力资源目标应该是多方面的,涉及人力资源管理各项活动,人力资源目标应该满足 SMART 原则:①目标必须是具体的(Specific);②目标必须是可以衡量的(Measurable);③目标必须是可以达到的(Attainable);④目标必须和其他目标具有相关性(Relevant);⑤目标必须具有明确的截止期限(Time－based)。例如:在今后 3 年内将从事生产操作的人员减少 30%,从事销售的人员增加 20%;在本年度,每位中层人员接受培训的时间要达到 40 小时以上;通过为期两周的脱产培训,使操作工人掌握这项技能,生产的产品合格率达到 99% 以上等。

(2)人力资源规划内容的制定

人力资源规划内容的制定,包括制定人力资源总体规划和人力资源业务规划。关于人力资源总体规划和人力资源业务规划前文已经有所陈述,人力资源总体规划包括人力资源数量规划、人力资源素质规划和人力资源结构规划;人力资源业务规划包括人员配备计划、人员补充计划、人员使用计划、培训开发计划、薪酬激励计划、劳动关系计划和退休解聘计划等。在制定人力资源业务规划内容时,应该注意两个问题。第一,应该具体明确,具有可操作性。如一项人员补充计划应该包括根据企业的发展战略需要引进人才的数量和质量,引进人才的时间和需要增加的预算,其他相关问题等。第二,业务性人力资源规划涉及人力资源管理的各个方面,如人员补充计划、人员使用计划、人员培训计划等,由于这些计划是相互影响的,在制订时要充分考虑到各项计划的综合平衡问题。例如,人员培训计划会使员工的素质通过培训得到提高,工作绩效有所改善,但如果其报酬没有改变,就会使员工觉得培训是浪费时间,从而挫伤其参加培训的积极性。制订人员培训计划时应同时考虑人员使用计划和薪酬激励计划相关之间的协调,因此,各项人力资源业务计划应该相互协调,避免出现不一致甚至冲突。

4.执行阶段

制订人力资源规划并不是企业的最终目的,最终目的是执行人力资源规划。人力资源规划的执行是企业人力资源规划的一项重要工作,人力资源规划执行是否到位,决定整个人力资源规划是否成功。人力资源规划一经制订出来,就要付诸实施,在人力资源规划的实施阶段,需要注意两个方面的问题:一方面,确保有具体的人员来负责既定目标的达成,同时还要确保实施人力资源规划方案的人拥有达成这些目标所必要的权力和资源;另一方面,还需要重视的是定期得到关于人力资源规划执行情况的进展报告,以保证所有的方案都能够在既定的时间里执行到位,以及在这些方案执行的早期所产生的一些收益与预测的情况是一致的,保证方案的执行是按当初制订的各项人力资源规划进行的。

5.评估阶段

对人力资源规划实施的效果进行评估是整个规划过程的最后一步,由于预测不可能做到完全准确,人力资源规划也不是一成不变的,它是一个开放的动态系统。人力资源规划的评估包括两层含义:一是指在实施的过程中,要随时根据内外部环境的变化来修正供给和需求的预测结果,并对平衡供需的措施做出调整;二是指要对预测的结果以及制定的措施进行评估,对预测的准确性和措施的有效性做出衡量,找出其中存在的问题以及有益的经验,为以后的规划提供借鉴和帮助。人力资源规划进行评估应注意以下几个问题:①预测所依据信息的质量、广泛性、详尽性、可靠性;②预测所选择的主要因素的影响与人力资源需求的相关度;③人力资源规划者熟悉人事问题的程度以及对它们的重视程度;④人力资源规划者与提供数据和使用人力资源规划的人事、财务部门以及各业务部门经理之间的工作关系;⑤在有关部门之间信息交流的难易程度;⑥决策者对人力资源规划中提出的预测结果、行动方案和建议的利用程度;⑦人力资源规划在决策者心目中的价值;⑧人力资源各项业务规划实施的可行性。

二、人力资源的供需预测

(一)人力资源需求预测

人力资源需求预测就是为了实现企业的战略目标,根据企业所处的外部环境和内部条件,选择适当的预测技术,对未来一定时期内企业所需人力资源的数量、质量和结构进行预测。在进行人力资源需求预测之前,先要确定岗位将来是否确实有必要存在,该工作的定员数量是否合理,现有工作人员是否具备该工作所要求的条件,未来的生产任务、生产能力是否可能发生变化等。

1.影响企业人力资源需求的因素

企业对人力资源的需求受到诸多因素的影响,归结起来主要分为两类:企业内部因素和企业外部环境。

(1)企业内部因素

①企业规模的变化

企业规模的变化主要来自两个方面:一是在原有的业务范围内扩大或压缩规模;二是增加新的业务或放弃旧的业务。这两个方面的变化都会对人力资源需求的数量和结构产生影响。企业规模扩大,则需要的人力就会增加,新的业务更需要掌握新技能的人员;企业规模缩小,则需要的人力也将减少,于是就会发生裁员、员工失业。

②企业经营方向的变化

企业经营方向的调整,有时并不一定导致企业规模的变化,但对人力资源的需求会发生改变。比如,军工产业转为生产民用产品,就必须增加市场销售人员,否则将无法适应多变的民用市场。

③技术、设备条件的变化

企业生产技术水平的提高、设备的更新,一方面会使企业所需人员的数量减少;另一方面,对人员的知识、技能的要求会随之提高,也就是所需人员的质量提高。

④管理手段的变化

如果企业采用先进的管理手段,会使企业的生产率和管理效率提高,从而引起企业人力资源需求的变化。比如,企业使用计算机信息系统来管理企业的数据库,企业的工作流程必定会简化,人力资源的需求也会随之减少。

⑤人力资源自身状况

企业人力资源状况对人力资源需求也存在重要的影响。例如,人员流动比率的大小会直接影响企业对人力资源的需求。人员流动比率反映企业中由于辞职、解聘、退休及合同期满而终止合同等原因引起的职位空缺规模。此外,企业人员的劳动生产率、工作积极性、人才的培训开发等也会影响企业对人力资源的需求。

(2)企业外部环境

外部环境对企业人力资源需求的影响,多是通过企业内部因素起作用的。影响企业人力资源需求的外部环境主要包括经济、政治、法律、技术和竞争对手、顾客需求等。例如,经济的周期性波动,会引起企业战略或规模的变化,进而引起人力资源需求的变化;竞争对手之间的人才竞争,会直接导致企业人才的流失;顾客的需求偏好发生改变,会引起企业经营方向的改变,进而也会引起人力资源需求的变动。

2.人力资源需求预测的方法

人力资源需求预测方法包括定性预测法和定量预测法两大类。

(1)定性预测法

管理人员经验预测法。管理人员经验预测法是凭借企业的管理者所拥有的丰富经验甚至是个人的直觉,来预测企业未来的人力资源需求。例如,根据前期工作任务的完成情况,结合下一期的工作任务量,管理人员就可以预测未来的人员需求。它是一种比较简单的方法,完全依靠管理者的经验和个人能力,预测结果的准确性不能保证,通常用于短期预测。同时,当企业所处的环境较为稳定、组织规模较小时,单独使用此方法,可以迅速得出预测结论,获得满意的效果;在企业所处环境复杂、组织规模较大的情况下,往往需要与其他预测方法结合使用。

分合预测法。分合预测法是一种较为常用的人力资源需求的预测方法,包括自上而下、自下而上两种方式:①自上而下方式,是由企业的高层管理者先初步拟定组织的总体用人目标和计划,然后逐级下达到各部门和单位,在各个部门和单位内进行讨论和修改,再将各自修改之后的意见逐级汇总后反馈回企业高层,高层管理者据此对总体计划做出修正,最后公布正式的用人计划;②自下而上的方式,是企业的高层管理者首先要求各个部门和单位根据各自的工作任务、技术设备的状况等,对本部门将来对各种人员的需求进行预测,然后,在此基础上对各部门、单位提供的预测数进行综合平衡,从中预测出整个组织将来一定时期的人员需求状况。

通常情况下,是将两种方式结合运用。分合预测法能够使企业各层管理者参与人力资源规划的制订,根据本部门的实际情况确定较为合理的人力资源规划,调动他们的积极性。但是,这种方法由于受企业各层管理者的知识、经验、能力、心理成熟度的限制,长期的人员需求预测不是很准确。因此,分合预测法是一种中短期的人力资源需求预测的方法。

德尔菲法。德尔菲法,又称专家预测法,最早由美国兰德公司在20世纪40年代末创立。德尔菲法在创立之初被专门用于技术预测,后来才逐渐扩展到了其他领域,成了一种专家们对影响组织发展的某一问题的看法达成一致意见的结构化方法。德尔菲法的特征体现在几个方面:①吸引专家参与预测,充分利用专家的经验和学识;②采用匿名或背靠背的方式,使每一位专家独立、自由地做出自己的判断;③预测过程多次反馈,使专家的意见逐渐趋同。

德尔菲法用于企业人力资源需求预测的具体操作步骤如下:①确定预测的目标,由主持预测的人力资源管理部门确定关键的预测方向、相关变量和难点,列举出必须回答的有关人力资源预测的具体问题;②挑选各个方面的专家,每位专家都要拥有人力资源预测方面的某种知识或专长;③人力资源部门向专家们发出问卷和相关材料,使他们在背靠背、互不通气的情况下,独立发表看法;④人力资源部门将专家的意见集中、归纳,并将归纳的结果反馈给他们;⑤专家们根据归纳的结果进行重新思考,修改自己的看法;⑥重复进行第四步和第五步,直到专家们的意见趋于一致,通常这一过程需要3~4轮。

德尔菲法的优点是可以集思广益,并且可以避免群体压力和某些人的特殊影响力,对影响人力资源需求各个方面的因素可以有比较全面、综合的考虑;缺点是花费时间较长、费用较大。所以这种方法适用于长期的、趋势性的预测,不适用于短期的、日常的和比较精确的人力资源需求预测。

（2）定量预测法

第一，趋势分析法。趋势分析法是利用组织的历史资料，根据某个因素的变化趋势预测相应的人力资源需求。如根据一个公司的销售以及历史上销售额与人力资源需求的比例关系，确定一个相对合理的未来比例，然后根据未来销售额的变化趋势来预测人力资源需求。这种方法有两个假定前提：第一，假定企业的生产技术构成基本不变，这样单位产品的人工成本才大致保持不变，并以产品数量的增减为根据来推测人员需求数量；第二，假定市场需求基本不变，在市场需求变化不大的情况下，人员数量与其他变量如产量的关系才容易分析出来。趋势分析法的操作步骤如下：①选择相关变量。确定一种与劳动力数量和结构的相关性最强的因素为相关变量，通常选择销售额或生产率等；②分析相关变量与人力资源需求的关系。分析此因素与所需员工数量的比率，形成一种劳动率指标，例如，生产量/每人时等；③计算生产率指标。根据以往 5 年或 5 年以上的生产率指标，求出均值；④计算所需人数。用相关变量除以劳动生产率得出所需人数。

第二，转换比率分析法。转换比率分析法是根据过去的经验，把企业未来的业务量转化为人力资源需求量的预测方法。转换比率分析法的操作步骤如下：①确定企业未来的业务量，根据以往的经验估计与企业的业务规模相适应的关键技能员工的数量；②再根据关键技能员工的数量估计辅助人员的数量；③加总得出企业人力资源总需求量。使用转换比率法将企业的业务量转换为人力资源需求量时，通常要以组织已有的人力资源的数量与某个影响因素之间的相互关系为依据，来对人力资源的需求进行预测，以一所医院为例，当医院的病床数量增加一定的百分比时，护士的数量也要增加相应的百分比，否则难以保证医院的医疗服务质量。类似的还有，根据过去的销售额和销售人员数量之间的比例关系，预测未来的销售业务量对销售人员的需求量。需要指出的是，转换比率分析法有一个隐含的假设，即假设组织的生产率保持不变，如果考虑到生产率的变化对员工需求量的影响，可使用以下的计算公式：

$$计划期所需员工数量 = \frac{目前业务量 + 计划期业务量}{前人均业务量 \times (1 + 生产率增长率)}$$

（式2-1）

使用转换比率分析法进行人力资源需求预测时，需要对未来的业务量、人均的生产效率及其变化做出准确预测,这样对未来人力资源需求的预测才会比较符合实际。

第三,回归分析法。由于人力资源的需求总受到某些因素的影响,回归预测法的基本思路就是要找出那些与人力资源需求关系密切的因素,并依据过去的相关资料确定出它们之间的数量关系,建立一个回归方程,然后再根据这些因素的变化以及确定的回归方程来预测未来的人力资源需求。使用回归预测法的关键是要找出那些与人力资源需求高度相关的变量,才能建立起回归方程预测。

根据回归方程中变量的数目,可以将回归预测分为一元回归预测和多元回归预测两种。一元回归由于涉及一个变量,建立回归方程时相对比较简单;而多元回归由于涉及的变量较多,所以建立方程时要复杂得多,但是它考虑的因素也比较全面,预测的准确度往往要高于前者。由于曲线关系的回归方程建立起来比较复杂,为了方便操作,在实践中经常采用线性回归方程来进行预测。

(二)人力资源供给预测

人力资源供给预测也称为人员拥有量预测,是预测在某一未来时期组织内部所能供应的或经培训可能补充的,以及外部劳动力市场所提供的一定数量、质量和结构的人员,以满足企业为实现目标而产生的人员需求。

人力资源供给预测与人力资源需求预测存在重要的差别:人力资源需求预测只研究企业内部对人力资源的需求,而人力资源供给预测必须同时考虑企业内部供给和外部供给两个方面。对人力资源的需求作出了预测之后,就要对企业的人力资源可得性进行确认。

1.企业内部人力资源供给

企业内部人力资源供给预测主要分析计划期内将有多少员工留在目前的岗位上,有多少员工流动到其他的岗位上,又有多少员工会流出组织。

(1)影响企业内部人力资源供给的因素

①现有人力资源的运用情况

企业现有人力资源的运用情况包括:员工的工作负荷饱满程度、员工出勤状况、工时利用状况,以及部门之间的分工是否平衡等。例如,员工的缺勤情况严重而不能有效改善,就会影响企业内部人力资源的供给。

②企业人员流动状况

在收集和分析有关内部劳动力供应数据时,企业内部人员流动率将对劳动力供给产生很大影响。这些人员流动率的数据包括:晋升率、降职率、轮岗率、离职率,企业人员的流动率可以根据历史数据与人力资源管理经验来预测,通过分析规划期内可能流出和流入的人数与相应类型及企业内部劳动力市场的变动情况,判断未来某个时点或时期内部可提供的人力资源数量。

③员工的培训开发状况

根据企业的经营战略,针对企业未来可能需要的不同技能类型的员工提供有效的员工开发和培训,可以改善企业目前的人力资源状况,使企业人力资源的质量、结构更能适应企业未来发展的需要。这从人力资源满足企业发展的有效性来看,通过减少企业冗余的人力资源可以增加人力资源的内部供给。

(2)内部人力资源供给预测的方法

第一,人员接替法。人员接替法就是对组织现有人员的状况做出评价,然后对他们晋升或者调动的可能性做出判断,以此来预测组织潜在的内部供给,这样当某一职位出现空缺时,就可以及时地进行补充。在置换图中,要给出职位名称、现任员工姓名、年龄、业绩评价、职位晋升或转移的可能性。人员接替法的操作步骤如下:①确定人员接替计划包括的岗位范围;②确定各个岗位上的接替人选;③评价接替人选当前的工作绩效和晋升潜力;④了解接替人选本人的职业发展需要,并引导其将个人目标与组织目标结合起来。

第二,人力资源"水池"模型。该模型是在预测组织内部人员流动的基础上来预测人力资源的内部供给,它与人员接替法有些类似,不同的是人员接替法是从员工出发来进行分析,而且预测的是一种潜在的供给。"水池"模型则是从职位出发进行分析,预测的是未来某一时间现实的供给,并且涉及的面更广。这种方法一般要针对具体的部门、职位层次或职位类别来进行,由于它要在现有人员的基础上通过计算流入量和流出量来预测未来的供给,这就好比是计算一个水池未来的蓄水量,因此称为"水池"模型。人力资源"水池模型"的操作步骤如下:①明确每个职位层次对员工的要求和需要的员工人数;②确定达到职位要求的候选人,或者经过培训后能胜任职位的人;③把各职位的候选人情况与企业员工的流动情况综合起来考虑,控制好员工流动方式与不同职位人员接替方式之间的关系,对企业人力资源进行动态管理。

对企业中各职位层次员工的供给预测,可以使用以下公式:

未来内部供给量＝现有员工数量＋流入总量－流出总量 (式 2－2)

对每一层次的职位来说,人员流入的原因有平行调入、上级职位降职和下级职位晋升;流出的原因有向上级职位晋升、向下级职位降职、平行调出、离职和退休。对所有层次分析完之后,将它们合并在一张图中,就可以得出组织未来各个层次职位的内部供给量以及总的供给量。

第三,马尔科夫转换矩阵法。马尔科夫转换矩阵法是一种运用统计学原理预测组织内部人力资源供给的方法。马尔科夫转换矩阵法的基本思想是找出过去人员流动的规律,以此推测未来的人员流动趋势,其基本假设是过去内部人员流动的模式和概率与未来大致相同。运用这种方法预测人员供给时,首先需要建立人员变动矩阵表,它主要是指某个人在某段时间内,由一个职位调到另一个职位(或离职)的概率,马尔科夫转换矩阵可以清楚地分析企业现有人员的流动(如晋升、调换岗位和离职)情况。

2.企业外部人力资源供给

当企业内部的人力资源供给无法满足需要时,企业就需要从外部获取人力资源。企业外部人力资源供给预测,主要是预测未来一定时期,外部劳动力市场上企业所需人力资源的供给情况企业外部人力资源供给依赖于劳动力市场的状况,其影响因素主要考虑以下几个方面。

(1)影响企业外部人力资源供给的因素

宏观经济形势。劳动力市场的供给状况与宏观经济形势息息相关。宏观经济形势越好,失业率越低,劳动力供给越紧张,企业招募越困难;反之亦然。

全国或本地区的人口状况。影响人力资源供给的人口状况包括:①人口总量和人力资源率,人口总量越大、人力资源率越高,人力资源的供给就越充足;②人力资源的总体构成,这是指人力资源在性别、年龄、教育、技能、经验等方面的构成,它决定了不同层次和类别上可以提供的人力资源数量和质量。

劳动力的市场化发育程度。劳动力市场化程度越高,越有利于劳动力自由进入市场,以及市场工资率导向的劳动力合理流动,从而消除人为因素对劳动力流动的限制,增强人力资源供给预测的客观性和准确性。

政府的政策和法规。政府的政策和法规是影响外部人力资源供给的一个不可忽视的因素,如关于公平就业机会的法规、保护残疾人就业的法规、严禁童工就业的法规、教育制度变革等。

地域特点。公司所在地或公司本身对人们的吸引力,也是影响人力资源供给的重要因素。

(2)外部人力资源供给预测的方法

文献法。文献法是指根据国家的统计数据或有关权威机构的统计资料进行分析的方法。企业可以通过国家和地区的统计部门、劳动人事部门出版的年鉴、发布的报告,以及利用互联网来获得这些数据或资料。同时,企业还应及时关注国家和地区的有关法律、政策的变化情况。

市场调查法。企业可以就自身所关注的人力资源状况直接进行调查。企业可以与猎头公司、人才中介公司等专门机构建立长期的联系,还可以与相关院校建立合作关系,跟踪目标生源的情况等。

对应聘人员进行分析。企业可以通过对应聘人员和已雇用的人员进行分析得到未来外部人力资源供给的相关信息。

三、人力资源规划的执行与控制

(一)人力资源规划的执行

人力资源规划过程中所制定的各项政策和方案,最终都要付诸实施,以指导企业具体的人力资源管理实践,这才是完整的人力资源规划职能。

1.规划任务的落实

人力资源规划的实施成功与否取决于组织全体部门和员工参与的积极性。因此,通过规划目标和方案的分解与细化,可以使每个部门和员工明确自己在规划运行过程中的地位、任务和责任,从而争取每个部门和员工的支持而顺利实施。

(1)分解人力资源规划的阶段性任务

通过设定中长期目标,使人力资源规划目标具体到每一阶段、每一年应该完成的任务,并且必须定期形成执行过程进展情况报告,以确保所有的方案都能够在既定的时间执行到,也使规划容易实现,有利于规划在实施过程中的监督、控制和检查。

(2)人力资源规划任务分解到责任人

人力资源规划的各项任务必须有具体的人来实施,使每一个部门和员工都能够了解本部门在人力资源规划中所处的地位、所承担的角色,从而积极主动地配合人力资源管理部门。现代人力资源管理工作不仅仅是人力资源管理部门的任务,也是各部门经理的责任,人力资源规划也是如此。人力资源规划应有具体的部门或团队负责,可以考虑以下几种方式:①由人力资源部门负责办理,其他部门与之配合;②由某个具有部分人事职能的部门与人力资源部门协同负责;③由各部门选出代表组成跨职能团队负责。

在人力资源规划执行过程中各部门必须通力合作而不是仅靠负责规划的部门推动,人力资源规划同样也是各级管理者的责任。

2.资源的优化配置

人力资源规划的顺利实施,必须确保组织人员(培训人员和被培训人员)、财力(培训费用、培训人员脱岗培训时对生产的影响)、物力(培训设备、培训场地)发挥最大效益,这就必须对不同的人力资源进行合理配置,从而促进资源的开发利用,并通过规划的实施使资源能够优化配置,提高资源的使用效率。

(二)人力资源规划实施的控制

为了能够及时应对人力资源规划实施过程中出现的问题,确保人力资源规划能够正确实施,有效地避免潜在劳动力短缺或劳动力过剩,需要有序地按照规划的实施控制进程。

1.确定控制目标

为了能对规划实施过程进行有效控制,首先需要确定控制的目标。设定控制目标时要注意:控制目标既能反映组织总体发展战略目标,又能与人力资源规划目标对接,反映组织人力资源规划实施的实际效果。在确定人力资源规划控制目标时,应该注意控制一个体系,通常由总目标、分目标和具体目标组成。

2.制定控制标准

控制标准是一个完整的体系,包含定性控制标准和定量控制标准两种。定性控制标准必须与规划目标相一致,能够进行总体评价,例如,人力资源的工作条件、生活待遇、培训机会、对组织战略发展的支持程度等;定量控制标准应该能够计量和比较,例如,人力资源的发展规模、结构、速度等。

3.建立控制体系

有效地实施人力资源规划控制,必须有一个完整、可以及时反馈、准确评价和及时纠正的体系。该体系能够从规划实施的具体部门和个人那里获得规划实施情况的信息,并迅速传递到规划实施管理控制部门。

4.衡量评价实施成果

该阶段的主要任务是将处理结果与控制标准进行衡量评价,解决问题的方式:一是提出完善现有规划的条件,使规划目标得以实现;二是对规划方案进行修正。当实施结果与控制标准一致时,无须采取纠正措施;实施结果超过控制标准时,提前完成人力资源规划的任务,应该采取措施防止人力资源浪费现象的发生;当实施结果低于控制标准时,需要及时采取措施进行纠正。

5.采取调整措施

当通过对规划实施结果的衡量、评价,发现结果与控制标准有偏差时,就需要采取措施进行纠正。该阶段的主要工作是找出引发规划问题的原因,例如,规划实施的条件不够,实施规划的资源配置不力等,然后根据实际情况做出相应的调整。

第三节　人力资源工作分析

一、工作分析概述

(一)工作分析的概念

一个组织的建立最终会导致一批工作的出现,而这些工作需要由特定的人来承担。工作分析就是与此相关的一道程序。通过对工作内容与工作责任的资料汇集、研究和分析,可以确定该项工作的任务、性质和相对价值以及哪些类型的人适合从事这一工作。工作分析的过程主要是调研完成工作的要求、周期和范围,并着眼于工作本身的特点,而不是工作者的状况。工作分析的直接结果是工作说明书。为此,我们给工作分析定义如下:

工作分析又称职位分析、职务分析或岗位分析,是指应用系统方法对组织中某一特定的工作或职位的任务、职责、权利、隶属关系、工作条件等相关信息进行收集和分析,作出明确规定,并确认完成工作所需要的能力和资质的过程,是组织人力资源规划及其他一切人力资源管理活动的基础。

工作分析包括工作说明和工作规范两个方面的基本内容。工作说明也称职位描述,是指以书面形式描述一项工作的任务和职责,是对职位要素信息和职位特征的直接概括分析;工作规范也称任职者说明,主要阐述从事某项工作的人员必须具备的能力、资质和其他特性的要求。

(二)工作分析中的相关术语

在进行工作分析时,会有若干专门术语在分析过程中反复出现,必须在进行工作分析之前充分理解。

1.行动

行动也称工作要素,是工作中不能再继续分解的最小动作单位,如操作工人拿起钳子、秘书接听电话前拿起电话、司机启动汽车前插入钥匙等。

2.任务

任务是指为了达到某种目的所从事的一系列活动,它由一个或多个工作要素组成。例如,招聘专员为了完成招聘员工的任务,需要对组织中的招聘需求进行分析,明确岗位职责和岗位规范,发布招聘信息,收集和筛选应聘材料,组织选拔过程,录用合格人员。

3.职责

职责是指在特定的工作岗位上所负责承担的某类工作任务的集合。它可以由一个或多个任务组成。例如,某大学经济管理学院院长的职责是全面负责学院工作,具体包括负责制订和实施学院的发展规划、学院人才队伍建设、学院制度建设和学院的学术建设等多个方面的任务。

4.职权

职权是依法赋予完成特定任务所需要的权力。职责往往与职权是有密切联系的,特定的职责要赋予特定的职权,甚至是特定的职责等同于特定的职权。例如,审计员对公司财务的审计,既是审计员的职责,也是他的职权。

5.职位

职位即岗位,是组织要求个体完成的一项或多项任务以及为此赋予个体权力的总和。职位的数量是有限的,职位的数量又称为编制。职位与个体是一一匹配的,也就是有多少职位就有多少人,两者的数量相等。

6.职务

职务指主要职责在重要性与数量上相当的一组职位的集合或统称。例如,财务部设有两个副经理的职位,一个主要分管会计,另一个主要分管出纳。虽然这两个职位的工作职责并不完全相同,但是就整个财务部而言,这两个职位的职责重要性一致,因此,这两个职位可以统称为副经理职务。职位应与员工一一对应,但职务与员工不是一一对应的,一个职务可能由几个职位组成。

7.职业

职业由不同时间内不同组织中的相似工作组成。例如会计、工程师、医生等。虽然在不同单位的会计、工程师,不同医院科室的医生具体工作内容与数量不尽相同,但他们承担的职责及任职要求是相似的。

(三)工作分析中的作用

1.工作分析在人力资源管理中的作用

(1)工作分析与岗位定编

通过工作分析可以科学地衡量出企业工作岗位人员配备的数量。依据客观的组织工作任务量和在职员工的平均绩效水平,岗位定编可以合理地确定出某种类型的工作岗位人员配备的数量。要准确、有效地为工作岗位配备适当数量的员工,就要分析工作岗位承担工作量的大小、员工承担的工作负担、正常情况下的产出标准。过多的岗位定编会产生浪费,给企业增加不必要的负担,过少的岗位定编会增加员工的工作负担,加大工作压力,可能造成不当的职业病或因工作负荷太重而引发人员流失。无论哪种结果,均对组织不利。

(2)工作分析与人力资源规划

工作分析可以为企业人力资源规划提供基本的信息,如组织中有哪些工作任务,有多少个工作岗位,这些岗位的权力传递链条及汇报关系如何,每一岗位目前是否取得了理想的结果。根据岗位职责的要求,组织应配备员工的年龄结构、知识结构、能力结构怎样,在岗员工与岗位要求的差距多大,由此确定培训需求和工作岗位的调整等。如果没有进行翔实的工作分析,就没有对企业人力资源现状的充分认知,不可能制订出适合企业发展的人力资源规划。

(3)工作分析与员工招聘

工作分析可以提供一项工作的任职者资格信息,从而为人力资源招募、甄选决策提供依据,大大提高人员甄选技术的信度和效度,把不合格的人员排除于组织之外。在本书的开篇案例中,由于没有工作分析而缺乏相应的用人衡量标准,导致招聘的员工不尽如人意,不仅会因为招错人而增加人力资源成本,而且会影响公司的正常运转。

(4)工作分析与培训开发

培训工作遵循有效性和低成本的双向要求,培训的内容、方法必须与工作内容及岗位所需要的工作能力和操作技能相关。通过工作分析,可以明确任职者必备的技能、知识和各种心理条件的要求。按照工作分析的结果,准确地进行培训需求分析,并根据实际工作的要求和所聘用人员的不同情况,有针对性地安排培训内容、选择培训的方式和方法,就可以大大降低培训工作成本,提高培训工作的绩效。

(5)工作分析与绩效管理

工作分析可以为绩效评价提供明确的绩效标准,从而使绩效评价有据可依,大大减少绩效评价的主观性和随意性,使其真正能为员工的报酬决策和员工晋升决策提供依据,并且为从事该工作的员工设立一个标杆,使其能有目标地改进自己的工作,提高工作绩效。

(6)工作分析与薪酬设计

企业可以通过工作分析对一个工作岗位的工作职责、技能要求、教育水平要求、工作环境等有明确的了解和认识,根据这些因素判断这个岗位对于企业的重要程度,从而形成一种岗位相对重要程度的排序,并通过工作评价的量化形式来帮助组织确定每个岗位的报酬水平。因此,工作分析是工作评价的前提,有效的工作评价又是建立岗位职能工资制的基础,从而有利于优化组织内部的工资结构,提高报酬的内部公平性。

(7)工作分析与职业生涯规划

从员工的职业生涯规划的角度来看,为了满足员工在组织中的成长、发展需要,工作分析可以为员工的职业咨询和职业指导提供可靠与有效的信息,为员工在组织内的发展指明合适的职业发展路径。

2.工作分析在组织战略管理中的作用

(1)实现了战略传递

通过工作分析,可以明确工作设置的目的,从而找到该工作如何为组织整体创造价值,如何支持企业的战略目标与部门目标,从而使组织的战略能够得以落实。

(2)明确了职位边界

通过工作分析,可以明确界定职位的职责和权限,消除职位之间在职责上的相互重叠,从而尽可能地避免职位边界不清导致的相互冲突、扯皮推诿所造成的内耗,并且防止职位之间的职责真空,使组织的每一项工作都能够得以落实,提高整个组织的运作效率。

（3）提高了流程效率

通过工作分析，可以理顺职位与其流程上下游环节的关系，明确职位在流程中的角色和权限，消除职位设置或者职位界定的原因所导致的流程不畅、效率低下等现象。

（4）实现了权责对等

通过工作分析，在明确职位的职责、权限、任职资格等的基础上，形成该职位的基本工作规范，有利于根据职位的职责来确定或者调整组织的授权与权力的分配体系，从而在职位层面上实现权责一致。

二、工作分析的实施

（一）工作分析的原则

工作分析作为人力资源管理的基础性工作，它的好坏将直接影响人力资源管理其他工作的效果。因此，开展工作分析工作，必须科学合理，遵循以下原则。

1.系统原则

工作分析不是对岗位职责、业绩标准、任职资格等要素的简单罗列，而是要在分析的基础上对其加以系统的把握。在对某一工作岗位进行分析时，要注意该岗位与其他岗位的关系，以及该岗位在整个组织中所处的地位，从总体上把握该岗位的特点及其对人员的要求，从而完成对该工作岗位的全方位而富有逻辑的系统思考。

2.动态原则

工作分析是一项常规性工作。一方面，要根据企业战略意图、环境变化、技术变革、组织与流程再造、业务调整，不断地对工作分析进行调整；另一方面，工作分析也要以岗位的现实状况为基础进行调整。

3.目的原则

在工作分析中要明确工作分析的目的，目的不同其工作分析的侧重点也不一样。比如，如果工作分析是为了招聘甄选，那么分析的重点为在于任职资格的界定；如果工作分析是为了优化组织管理，那么分析的重点在于工作职责和权限的界定,强调岗位边界的明晰化等。

4.经济原则

任何组织都需要以有限的资源最有效地实现组织目标。因此,在工作分析过程中,必须分析组织目前的工作设置是否能以最有效的方法、合理的成本实现组织预定目标。成本包括时间、物质资源、人力资源等一切为实现组织目标的有形和无形投入。同时,工作分析过程中要本着经济性原则,要根据工作分析的目的采取合理的方法。

5.岗位原则

岗位原则的出发点是从工作岗位出发,分析岗位的内容、性质、关系、环境以及人员胜任特征,即完成这个岗位工作的从业人员需具备什么样的资格与条件,而不是分析在岗的人员如何。工作分析并不关注任职者的业绩、风格、特性、职业历史或任何其他事情。

6.应用原则

应用原则是指工作分析的结果,工作描述与工作规范要即时应用,在形成工作说明书后,管理者就应该把它应用于企业管理的各个方面。无论是人员招聘选拔、培训开发,还是绩效考核、激励都需要严格按工作说明书的要求来做。

（二）工作分析的流程

工作分析是一项十分复杂、繁重、系统的工作,因此安排好工作分析的步骤,使之有条不紊地进行,对于提高工作分析的质量,减少资源耗费十分重要。工作分析要经过以下几个步骤:准备阶段、调查阶段、分析阶段、完成阶段。

1.准备阶段

（1）确定工作分析的目的和用途

因为一项工作包含很多信息,一次工作分析不能收集所有的信息,因此,要事先确定工作分析的目的和用途,目的不同,所要收集的信息和使用方法也会不同。

（2）成立工作分析小组

工作分析小组成员一般由以下几类人员组成:①企业的高层领导,高层领导的任务是发布相关政策,并动员全体员工配合该项工作,为工作分析活动顺利进行铺平道路;②本岗位任职者,本岗位任职者能尽可能多地提供全面、详尽的岗位资料;③任职者的上级主管,一方面,任职者上级主管有很多机会观察任职者的工作,能提供较多的工作信息;另一方面,主管可以动员员工配合工作岗位信息调查,并协调人力资源部门编写工作说明书;④工作分析专家,工作分析专家可以来自组织内部,如人力资源部门的工作人员,也可以从组织外部聘请工作分析专家。工作分析专家主要负责策划工作分析的方案和设计工作分析的相关工具,并对工作分析活动提供技术上的支持。

(3)对工作分析人员进行培训

为了保证工作分析的效果,还要由工作分析专家对企业参加工作分析小组的人进行业务上的培训。培训的内容主要有:①关于整个工作分析流程的安排;②关于对工作分析对象背景知识的培训;③关于工作分析理论知识的培训;④对工作分析工具的使用。

(4)其他必要的准备

例如,由各部门抽调参加工作分析小组的人员,部门经理应对其工作进行适当的调整,以保证他们有充足的时间进行这项工作;在企业内部对这项工作进行宣传,比如组织有关工作分析工作的动员会,消除员工不必要的误解和紧张。

2.调查阶段

①制订工作分析的时间计划进度表,以保证这项工作能够按部就班地进行。②根据工作分析的目的,选择收集工作内容及相关信息的方法。组织在选择工作分析方法时,关键是要考虑工作分析方法和目的的匹配性、成本可行性,以及该方法对所分析的工作岗位的适用性。一般来说,工作分析方法的选择要考虑五个因素,包括工作分析的目的、成本、工作性质、待分析的工作样本量及分析客体。③收集岗位相关的资料。工作分析需要收集的信息包括三个方面:工作的背景资料、与工作相关的信息、与任职者相关的信息。

3.分析阶段

(1)整理资料

将收集到的信息按照工作说明书的各项要求进行归类整理,看是否有遗漏的项目,如果有的话要返回到上一个步骤,继续进行调查收集。

（2）审查资料

资料进行归类整理以后，工作分析小组的成员要一起对所获工作信息的准确性进行审查，如有疑问，就需要找相关的人员进行核实，或者返回到上一个步骤，重新进行调查。

（3）分析资料

如果收集的资料没有遗漏，也没有错误，那么接下来就要对这些资料进行深入的分析，也就是说要归纳总结工作分析必需的材料和要素，揭示出各个职位的主要成分和关键因素。在分析的过程中，一般要遵循以下几项基本原则：①对工作活动是分析而不是罗列。工作分析是反映职位上的工作情况，但却不是一种直接的反映，而要经过一定的加工。分析时应当将某项职责分解为几个重要的组成部分，然后再将其重新进行组合，而不是对任务或活动的简单列举和罗列。②针对的是职位而不是人。工作分析并不关心任职者的任何情况，它只关心职位的情况。目前的任职者被涉及的原因，仅仅是因为其通常最了解情况。例如，某一职位本来需要本科学历的人来从事，但由于各种原因，现在只是由一名专科生担任这一职位，那么在分析这一职位的任职资格时就要规定为本科，而不能根据现在的状况将学历要求规定为专科。③分析要以当前的工作为依据。工作分析的任务是为了获取某一特定时间内的职位情况，因此应当以目前的工作现状为基础来进行分析，而不能把自己或别人对这一职位的工作设想加到分析中去，只有如实地反映出职位目前的工作状况，才能据此进行分析判断，发现职位设置或职责分配上的问题。

4.完成阶段

①编写工作说明书。根据对资料的分析，首先要按照一定的格式编写工作说明书的初稿；然后反馈给相关的人员进行核实，意见不一致的地方要重点进行讨论，无法达成一致的还要返回到第二个阶段，重新进行分析；最后，形成工作说明书的定稿。②对整个工作分析过程进行总结，找出其中成功的经验和存在的问题，以利于以后更好地进行工作分析。③将工作分析的结果运用于人力资源管理，以及企业管理的相关方面，真正发挥工作分析的作用。近几年，随着企业对人力资源管理的重视，很多企业投入了大量的人力和物力来进行工作分析，但是在这项工作结束以后，却将形成的职位说明书束之高阁，根本没有加以

利用,这无疑违背了工作分析的初衷。

(三)工作分析中实施过程控制

在工作分析过程中,经常会由于种种原因,人力资源工作人员在进行工作分析的实践过程中障碍重重,妨碍了工作分析的顺利进行,影响了工作分析的效果,最终也将影响人力资源管理甚至是影响组织的发展。工作分析要做好以下几个方面的控制工作。

1.消除员工戒备心理

员工由于害怕工作分析会给自己的工作环境或自身利益带来威胁,如减员降薪、增加工作负荷和强度,所以对工作分析小组成员采取不配合或敌视的态度,表现出态度冷淡、言语讥讽,或者在接受访谈、填写问卷、接受观察时故意向工作分析人员提供虚假的或与实际情况存在较大出入的信息资料。而工作分析人员在这些虚假的信息的基础上对工作所作出的具体分析,也难免错误,最终产生的工作说明书和工作规范的可信度也值得怀疑。如果在员工培训中,根据这些不符合实际的工作说明书中有关员工知识、技术、能力的要求而安排培训计划,那么培训项目很可能并不能给组织带来预想的培训效果。另外,如果采用这些虚假信息作为绩效考核的依据,那么评估结果的真实性和可信性也有问题,最终以评估结果来决定员工的升降奖惩,后果将不堪设想。

工作分析人员应提前向员工介绍工作分析对于开展工作的意义,对于组织管理工作和员工个人发展的重要性,以澄清他们对工作分析的认识,消除其内心的顾虑和压力,争取广大员工在实际信息收集和工作分析过程中的支持与配合,保证工作分析工作的顺利进行。

2.合理安排工作时间

在工作分析的过程中,很多方面需要员工的参与和配合,如填写问卷、参加访谈、工作时成为被观察者,这都需要占用员工大量的工作时间。很多情况下,员工不愿配合工作分析的原因,是它占用了很多日常工作时间。不少员工这样认为:工作分析是人力资源部的工作,和我的工作没有任何关系,又浪费我的时间,干脆草草应付一下就行了。所以,一方面,工作分析小组应提前与员工的直线主管进行沟通,为了配合工作分析的工作,请直线主管在安排日常工作时预留一些时间；另一方面，工作分析人员要明确工作分析活动大致需要多长时间，大概的时间进度是怎样的。工作分析活动时间安排的合理化和清晰化，可以使员工清楚自己在什么时间做什么工作，方便其事先做好时间规划，留出足够的时间配合和支持工作分析活动。

3.采用适当的分析程序和分析方法

工作分析人员在正式执行工作分析时，应该采取适合工作分析小组人员能力构成和组织实际情况的分析程序，并把工作分析的具体步骤告知参与的员工，使参与的员工能够积极配合，最终使工作分析活动得以协调、顺利进行。另外，让参加工作分析的员工初步了解工作分析过程中可能会使用到的方法，以及工作分析方法正确的操作要点和注意事项，可以使各类人员明白自己要如何配合工作分析工作，最终使工作分析方法的运用更加有效。

4.重视工作分析的结果在企业的应用

重视工作分析的结果在企业的应用，提高员工的参与性。工作分析的直接结果是形成工作说明书，但企业不能仅停留在该层面上，而应及时跟进，重视工作分析的结果在制定规范的考核标准和制订合理的员工培训、发展规划中的应用，以及在提供科学的职业生涯发展咨询中的重要应用，竭力避免企业的工作说明书在制定和使用中出现的"两张皮"现象。工作分析之后千万不能没有下文，否则员工会因为感觉不到工作分析之后带来的相应变化和改进，而怀疑工作分析的作用和意义，也很难在今后的工作中再度配合人力资源部的工作。

三、工作分析的方法

（一）观察法

观察法是指工作分析人员在工作现场运用感觉器官或其他工具，观察特定对象的实际工作动作和工作方式，并以文字或图标、图像等形式记录下来的收集工作信息的方法。观察法适用于体力工作者和事务性工作者，如搬运员、操作员、文秘等职位，而不适用于主要是脑力劳动的工作。

1.观察法的分类

(1)直接观察法

工作分析人员直接对员工工作的全过程进行观察,直接观察法适用于工作周期较短的岗位,比如保洁员。

(2)阶段观察法

当工作具有较长周期性时,为了完整观察员工的工作,需要分阶段进行观察。

(3)工作表演法

适用于工作周期很长、突发性事件较多的工作,请员工表演工作的关键事件,并进行观察,比如保安人员的工作、消防人员的工作。

2.观察法的优缺点

(1)观察法的优点

通过观察员工的工作,分析人员能够比较全面、深入地了解工作要求,适应那些工作内容主要是由身体活动来完成的工作。而且采用这种方法收集到的多为第一手资料,排除了主观因素的影响,比较准确。

(2)观察法的缺点

①观察法不适用于工作周期较长和以脑力劳动为主的工作,如设计师、研发工作人员等;②观察法工作量太大,要耗费大量的人力、财力和时间;③有关任职资格方面的信息,通过观察法无法获取;④有些员工不接受观察法,认为他们自己被监视,所以对工作分析工作存在抵触情绪,同时,也存在工作的表面性。

3.采用观察法的注意事项

在采用观察法时应注意几个问题:第一,对工作分析人员进行培训,包括观察能力、沟通能力、总结和记录的能力;第二,预先确定好观察的内容、时间、场所等,并与员工事先进行沟通,消除员工的抵触情绪;第三,工作分析人员应事先准备好观察表格,以便随时进行记录;第四,避免机械记录,应主动反映工作的全面信息,对信息进行提炼。

(二)访谈法

访谈法指工作分析人员面对面地与岗位任职者或主管人员进行交谈,通过访问任职者,了解他们所做的工作内容,从而获得有关岗位信息的调查研究方法。访谈法适用面较广,通过与岗位任职者面谈,员工可以提供从其他途径都无法获取的资料,特别是平常不易观察到的情况,使分析人员了解到员工的工作态度和工作动机等较深层次的内容。

1.访谈法的分类

①对岗位任职者进行的个人访谈;②对做同种工作的岗位任职者进行的群体访谈;③对岗位任职者的直线主管进行的主管人员访谈。

2.访谈法的优缺点

(1)访谈法的优点

①可以对岗位任职者的工作态度和工作动机等较深层次的内容有比较详细的了解;②运用面较广,能够简单而迅速地收集多方面的工作资料;③有助于与岗位任职者进行沟通,缓解工作压力,减少敌对情绪;④当面进行沟通,能及时修改获得的信息。

(2)访谈法的缺点

①访谈法要有专门的技巧,需要受过专门训练的工作分析的专业人员;②比较费精力和时间,工作成本较高;③收集的信息往往已经扭曲和失真,因为岗位任职者认为它们是其工作业绩考核或薪酬调整的依据,所以他们会故意夸大或弱化某些职责;④不能进行定量分析。

3.工作分析访谈的注意事项

采用访谈法,应注意以下问题:第一,事先与岗位任职者本人或直线主管进行沟通,明确访谈的目的和意义;第二,在无人打扰的场所进行访谈,并消除岗位任职者的紧张情绪,建立融洽的气氛;第三,准备完整的问题提纲表格,所提问题必须清楚、明确,不能模糊不清;第三,访谈过程中注意谈话技巧,由浅至深地提问,并鼓励岗位任职者真实、客观地回答问题;第四,在访谈结束时请岗位任职者确认谈话记录并签字。

(三)问卷调查法

问卷调查法是最常用的一种方法,指的是根据工作分析的目的、内容等编写调查问卷,通过让岗位任职者、直线主管及其他相关人员填写调查问卷,由工作分析人员回收整理获取工作相关信息的研究方法。

1.问卷调查法的分类

（1）结构化问卷

结构化问卷是由工作分析人员事先准备好的项目组成，代表了工作分析人员希望了解的信息，问卷回答者只需要在问卷项目后填空、选择或对各个项目进行分数评定即可。

（2）开放式问卷

开放式问卷是由工作分析人员事先设计好问题，由问卷回答者针对问题作出主观的陈述性表达。

2.问卷调查法的优缺点

（1）问卷调查法的优点

①费用低，速度快，节省时间，可以在工作之余填写，不会影响正常工作；②调查范围广，可用于多种目的、多样用途的工作分析；③调查样本量很大，适用于需要对很多工作者进行调查的情况；④调查的资料可以量化，适合于用计算机对结果进行统计分析。

（2）问卷调查法的缺点

①设计合格的调查问卷要花费较多时间、人力、物力，费用成本高；②在问卷使用前，应进行测试，以了解员工对问卷中所提问题的理解程度，为避免误解，还经常需要工作分析人员亲自解释和说明，这降低了工作效率；③填写调查问卷是由工作者单独进行，缺少交流和沟通，因此被调查者可能不积极配合，不认真填写，从而影响调查的质量。

3.采用调查问卷法的注意事项

第一，请专业人士设计合格的问卷，在发放问卷前做问卷测试，对表中的信息进行认真鉴定，结合实际情况，做出必要的调整；第二，在调查时，应由工作分析人员现场对调查项目进行必要的解释和说明；第三，敦促员工及时填写并回收，避免员工遗忘或不认真填写而影响问卷调查的质量。

（四）工作日志法

工作日志法是要求任职者在一段时间内实时记录自己每天发生的工作，按工作日的时间记录下自己工作的实际内容,形成某一工作岗位一段时间以来发生的工作活动的全景描述,使工作分析人员能根据工作日志的内容对工作进行分析。

1.工作日志法的优缺点

(1)工作日志法的优点

①可以长期对工作进行全面的记录,提供一个完整的工作图景,不至于漏掉一些工作细节;②能准确地收集关于工作职责、工作内容、工作关系、劳动强度、工作时间等方面的信息;③操作方法简单,节省费用。

(2)工作日志法的缺点

①对于岗位任职者来说,每天记录活动缺乏长久的动力,难以坚持,或可能出现马虎或应付的情况;②员工可能会夸大或忽略某些活动,导致收集的信息可能存在一些误差;③岗位任职者每天填写日志会影响正常的工作;④信息整理的工作量大,归纳较繁琐。

2.使用工作日志法的注意事项

第一,向岗位任职者说明填写工作日志对工作分析的重要性,请岗位任职者认真并坚持填写;第二,合理安排工作时间,给予岗位任职者填写工作日志的时间,避免员工担心填写工作日志而影响工作;第三,尽量设计标准的工作日志表格,方便员工填写和工作分析人员整理信息。

(五)关键事件法

关键事件法就是由工作分析人员向一些对某工作各方面情况比较了解的人进行调查,要求他们描述该岗位一段时间内能够观察到并能反映其绩效好坏的一系列事件来获得工作信息,从而达到工作分析目的的方法。

关键事件法的优点:通过关键事件可以很好地了解人员素质,建立的行为标准更准确,能找出使有效绩效和无效绩效产生区别的因素,关键事件法的缺点:要花费很多时间和人力对事件进行归纳,并且难以把握整个工作全貌。

这一方法的主要特点在于通过记录关键事件描述出他们在工作中遇到的最具有决定性作用的事件,比如在顾客服务、鼓励创新、团队合作、处理危机、分析问题等方面使工作成功或失败的行为特征或事件。

四、工作评价

(一)工作评价的含义

工作评价是指评定各项工作在实现企业目标中的价值,并据此确定各项工作的等级,进而制定各项工作的报酬,为最后构建薪酬结构提供依据。因此,工作评价是工作分析的逻辑结果,其目的是提供工资结构调整的标准程序。岗位评价是执行岗位工资制最关键的一环,因为对岗位评价的等级高低与岗位工资额是直接对应的。

(二)工作评价方法

1.岗位排序法

它是从整体价值上,将各个工作岗位进行相互比较,最后将岗位分为若干等级的方法。排序法包括三种基本的类型,即直接排序法、交替排序法和配对排序法。

2.岗位分类法

岗位分类法又称等级描述法,它是排序法的改进,根据事先确定的类别等级,参考岗位的内容进行分等。分类法的主要特点是各种级别及其结构在岗位被排列之前就已建立起来。对所有的岗位评估只需参照级别的定义把被评估的岗位套进合适的级别里面。

岗位分类法的实施步骤:①确定适合的岗位等级数目。岗位等级一般分成两种类型,分层式等级类型和宽泛式等级类型;②明确等级定义,给建立起来的岗位等级做出岗位分类说明,它通常是对岗位内涵一种较为宽泛的描述。等级定义是在选定要素的基础上进行的;③进行评价与分类。这个阶段是评价岗位,并与所设定的等级标准进行比较,将它们定在适合的岗位等级中恰当的级别上。

岗位分类法的优点有:①费用少、容易理解,不会花费很多的时间,也不需要复杂的技术;②克服了适用小型组织、少量岗位的局限性,可以对组织规模较大、较多的岗位进行评估;③灵活性较强,尤其适用于组织中岗位发生变化的情况,可以迅速地将组织中新出现的岗位归类到合适的类别中。

岗位分类法的缺点:不能清楚地定义等级,因而造成主观地判断岗位的等级。对岗位的评估比较粗糙,只能得出一个岗位归在哪个等级中,岗位之间的价值量化关系不清楚,因此在用到薪酬体系中时会遇到一定困难。

3.要素计点法

该法首先是选定岗位的主要影响因素,并采用一定点数(分值)表示每一个因素,然后按预先规定的衡量标准,对现有岗位的各个因素逐一评比、估价,求得点数,经过加权求和,得到各个岗位的总点数,最后根据每个岗位的总点数大小对所有岗位进行排序,即可完成工作评价过程。

要素计点法的实施步骤:①进行工作分类。根据组织中各岗位工作性质的差异,对各岗位进行归类;②确定工作评价的薪酬要素,如工作本身、组织的战略和价值观。薪酬要素必须能够让利益相关者接受,并且能够清晰界定和衡量,对岗位进行评价的人应该能够一致性地得到类似的结果,薪酬要素之间不能出现交叉和重叠;③确定薪酬要素的等级数量并界定各等级水平;④确定各薪酬要素的相对价值;⑤确定各要素及各要素不同等级的点值;⑥评价待评岗位;⑦建立岗位等级结构。

要素计点法的优点是可以较为精确地反映岗位之间的相对价值关系。

要素计点法的缺点是操作比较复杂。

第三章 人力资源管理的内容

第一节 职业生涯管理

一、职业和职业生涯

（一）职业

职业是指人们在社会生活中所从事的以获得物质报酬作为自己主要生活来源并能满足自己精神需求的、在社会分工中具有专门技能的工作。

职业是人类文明进步、经济发展以及社会劳动分工的结果。同时，职业也是社会与个人或组织与个体的结合点。通过这个结合点的动态相关形成了人类社会共同生活的基本结构。也就是说，个人是职业的主体，但个人的职业活动又必须在一定的组织中进行。组织的目标靠个体通过职业活动来实现的，个体则通过职业活动对组织的存在和发展做出贡献。在现代社会中，职业不仅是一种谋生的手段，也满足了个人精神上的群体归属感，并是个人存在意义和价值的证明。因此，职业活动对员工个人和组织都具有重要意义。

（二）职业生涯

职业生涯又称为职业发展，是指一个人一生的工作经历，特别是职业、职位的变迁及工作理想的实现过程。

职业生涯的概念既包含客观部分，例如工作职位、工作职责、工作活动以及与工作相关的决策；也包括对工作相关事件的主观知觉，例如个人的态度、需要、价值观和期望等。一个人的职业生涯通常包括一系列客观事件的变化以及主观知觉的变化。一个人管理自己职业生涯的方式可以从两个方面着手：一是可以通过改变客观环境，如转换工作等；二是可以通过改变对工作的主观评价，如调整期望等。因此，与工作相关的个人活动及其对这些活动所做出的主观反应都是其职业生涯的组成部分，必须把两者结合起来，才能充分理解一个人的职业生涯。

同时，职业生涯的概念体现出一种动态性，即随着时间的推移，职业生涯是不断向前发展的，并且无论从事何种职业，具有何种晋升水平，工作模式的稳定性如何，所有的人都拥有自己的职业生涯。在现实生活中，一个人在选择一种职业后，也许会终生从事，也许会转换几种职业。无论怎样，一旦开始进入职业角色，他的职业生涯就开始了，并且随时间的流逝而延续，因此职业生涯表示的是一个动态过程，是一个人一生在职业岗位上所度过的、与工作活动相关的连续经历，它并不包含在职业上成功与失败或进步快与慢的含义。也就是说，不论职位高低，不论成功与否，每个工作着的人都有自己的职业生涯。

可见，职业生涯不仅表示职业工作时间的长短，而且还涵盖着职业发展、变更的经历和过程，包括从事何种职业工作、职业发展的阶段、由一种职业向另一种职业的转换等具体内容。

二、职业生涯管理

（一）职业生涯管理的内容

职业生涯管理是企业人力资源管理的重要内容之一，包括职业生涯设计、规划、开发、评估、反馈和修正等一系列综合性的活动与过程。

通过员工和组织的共同努力与合作，使每个员工的生涯目标与组织发展目标一致，使员工的发展与组织的发展相吻合。因此，职业生涯管理内容包括以下两个方面：第一是员工的自我管理，这是职业生涯是否成功的关键。从自我管理的角度讲就是一个人对自己所要从事的职业、要去的工作单位、在职业发展上要达到的高度等作出规划和设计，并为实现自己的职业目标而积累知识、开发技能的过程。第二是组织协助员工规划其生涯发展，并为员工提供实现生涯目标的各种机会。职业生涯是个人生命运行的空间，但又和组织有着必然的内在联系。组织是个人职业生涯得以存在和发展的载体。从组织角度对员工的职业生涯进行管理,集中表现为帮助员工制定职业生涯规划、建立各种适合员工发展的职业通道、针对员工职业发展的需求实施的培训、给予员工必要的职业指导、促使员工职业生涯的成功。因此,对职业生涯管理的内涵我们应该把握下列三点。

1.组织为员工设计的职业规划与员工个人职业生涯规划有明显的不同

个人职业生涯规划是以自我价值实现和增值为目的,并且可以通过跳槽来实现个人发展目标。而组织是将员工视为可开发增值的人力资本,所以组织为员工设计的职业规划是通过协助员工在职业目标上的努力,谋求组织的持续发展。它帮助员工完成自我定位,克服完成工作目标中遇到的困难挫折,鼓励将个人职业生涯目标同组织发展目标紧密相连,并尽可能多地给予他们发展机会。所以相对于个人职业生涯规划而言,更具有专业性和系统性。

2.职业生涯管理必须实现个人与组织的共同目标

职业生涯管理在帮助员工实现个人职业生涯目标的同时,还必须满足组织自身职业发展的需要。这可以通过两个方面来实现:一方面在满足员工职业发展需求的同时,使全体员工的职业技能得到提高,进而带动组织整体人力资源水平的提升;另一方面在职业生涯管理中对员工的有意识引导可使同组织目标方向相一致的员工脱颖而出,从而为组织培养高层经营人员、管理人员或技术人员。

3.职业生涯管理涉及的内容十分广泛

组织对员工职业活动的帮助均可列入职业生涯管理范畴之中。其中,既包括员工个人的,如各类培训、咨询、讲座以及为员工提高学历给予便利等;也包括组织的诸多职业发展政策和措施,如规范职业评议制度,建立和执行有效的内部升迁制度等。

(二)职业生涯管理的特征

根据对职业生涯管理的内涵的理解,职业生涯管理具有以下三方面的特征。

1.职业生涯管理是组织与员工双方的责任

在职业生涯管理中,组织和员工都必须承担一定的责任,双方共同合作才能完成职业生涯管理,其目的是为了促进员工的全面发展。在职业生涯管理中,员工个人和组织须按照职业生涯管理工作的具体要求做好各项工作。无论是个人或组织都不能过分依赖对方,因为许多工作是对方不能替代的。从员工角度看,个人职业生涯规划必须由个人决定,要结合自己的性格、兴趣和特长进行设计。而组织在进行职业生涯管理时,所考虑的因素主要是组织的整体目标,以及所有组织成员的整体职业生涯发展,其目的在于通过对所有员工的职业生涯管理,充分发挥组织成员的集体潜力和效能,最终实现组织发展目标。

2.职业生涯信息在职业生涯管理中具有重要意义

组织必须具备完善的信息管理系统,只有做好信息管理工作,才能有效地进行职业生涯管理。在职业生涯管理中,员工个人需要了解和掌握有关组织各方面的信息,如组织的发展战略、经营理念、人力资源的供求情况、职位的空缺与晋升情况等。组织也需要全面掌握员工的情况,如员工个人性格、兴趣、特长、智能、潜能、情绪以及价值观等。此外,职业生涯信息总是处在变动过程中,这就要求必须对管理信息进行不断的维护和更新,才能保证信息的时效性。

3.职业生涯管理是贯穿于员工职业生涯发展和组织发展全过程的一种动态管理

每一个组织成员在职业生涯的不同阶段及组织发展的不同阶段,其发展特征、发展任务以及应注意的问题都是不同的。每一阶段都有各自的特点、目标和发展重点,所以对每一个发展阶段的管理也应有所不同。由于决定职业生涯的主客观条件的变化,组织成员的职业生涯规划和发展也会发生相应变化,职业生涯管理的侧重点也应有所不同,以适应情况的变化。

三、职业生涯规划与管理

(一)个人职业生涯规划

1.个人职业生涯规划的内涵和意义

职业生涯规划在个人的职业决策过程中必不可少,它有助于个人发现自己的人生目标,平衡家庭与朋友、工作与个人爱好之间的需求。另外,职业生涯规划能使一个人作出更好的职业选择:接受还是拒绝某项工作、有无跳槽的必要、是否该寻找更具挑战性的工作以及何时辞掉压力过大的工作。更为重要的是,职业生涯规划有助于个人在职业变动的过程中,面对已经变化的个人需求及工作需求,进行恰当的调整。

2.个人职业生涯规划的原则和步骤

职业生涯规划要使一个人走向成功之路,就必须在规划职业生涯时充分考虑到个人的特性和企业的发展需要,使个人发展与组织发展结合起来,对影响职业生涯的各种主客观因素进行分析、总结和测定,确定一个人的人生发展目标,选择实现这一目标的职业,编制相应的工作、教育和培训等行动计划,对每一步骤的时间、顺序和方向作出合理的安排。为了正确制定职业生涯规划,还必须遵循一定的原则,按照规范的步骤进行。

(1)职业生涯规划的原则

①清晰性原则:规划一定要清晰、明确,能够把它转化成为一个可以实行的行动,人生各阶段的线路划分与安排一定要具体可行。②挑战性原则:规划要在可行性的基础上具有一定的挑战性,完成规划要付出一定的努力,成功之后能有较大的成就感。③可行性原则:规划要有事实依据,要根据个人特点、组织和社会发展需要来制定,不能做不着边际的梦想。④变动性原则:规划未来的职业生涯目标,牵涉到多种可变因素,因此规划应有弹性,以增加其适应性。⑤长期性原则:规划一定要从长远来考虑,只有这样才能给人生设定一个大方向,使你集中力量紧紧围绕这个方向做出努力,最终取得成功。⑥一致性原则:规划是职业生涯发展的整个历程,因此主要目标与分目标要一致,目标与措施要一致,个人目标与组织发展目标要一致。⑦激励性原则:职业生涯目标要与自己的性格、兴趣和特长相符合,从而能对自己产生内在的激励作用。⑧可评量原则:规划的设计应有明确的时间限制或标准,以便评量、检查,使自己随时掌握执行的状况,并为规划的修正提供参考依据。

(2)职业生涯规划的步骤

①确定志向

志向即一个人为之奋斗的最终目标,是事业成功的基本前提。没有志向,事业的成功就无从谈起。俗话说："志不立,天下无可成之事。"立志是人生的起跑点,反映着一个人的理想、胸怀、情趣和价值观,对一个人的成就大小有决定性的影响。所以,在设计职业生涯时,首先要确立志向,这是设计职业生涯的关键,也是设计职业生涯中最为重要的一步。

②自我评估

自我评估是对自己的各方面进行分析以达到全面认识自己、了解自己的目的,自我评估包括对人生观、价值观、受教育水平、兴趣、特长、性格、技能、智商、情商、思维方式、思维方法等进行分析评价,因为,只有认识了解自己,才能选定适合自己发展的职业生涯路线,才能对自己的职业发展作出最佳抉择,增加事业成功的概率。

③内外环境分析

了解自己又必须与分析环境相结合,因为在漫长的人生进程中,身边其他人、所处的组织环境、社会环境、经济环境将直接影响职业的发展,因此,在设计个人职业生涯时,应分析环境发展的变化情况、环境条件的特点、自己与环境的关系、环境对自己有利与不利的因素等。只有把自身因素和社会条件作最大限度的契合,才能做到在复杂的环境中趋利避害,使职业生涯设计更具有实际意义。

④职业的选择

职业的选择是事业发展的起点,职业选择是否正确直接关系到事业的成功与失败。个人进行职业选择时存在诸多需要考虑的因素,包括性格与职业的匹配;兴趣与职业的匹配;特长与职业的匹配;内外环境与职业的相适应等。尤其是对于刚步入社会初选职业的年轻人,认清自我、分析环境、了解职业,使自己的性格、兴趣、特长与职业相吻合显得尤为重要。

⑤职业生涯路线的选择

职业生涯路线是指当一个人选定职业后,是向专业技术方向发展,还是向行政管理方向发展。发展方向不同,各自要求也不同,因此,在设计职业生涯时,必须作出抉择,以便为自己的学习、工作以及各种行动措施指明方向,使职业沿着预定的路径即预先设计的职业生涯发展。

⑥设定职业生涯目标

职业目标的设定,是职业生涯规划的核心。一个人事业的成败,很大程度上取决于有无正确适当的目标。一个人确立什么样的事业目标,要根据主客观条件加以设计,每个人条件不同,目标也不可能完全相同,但确定目标应遵循的规则却是相同的,即目标要符合社会与组织的需求,目标要符合自身的特点,目标高低的幅度恰到好处,目标正当、明确、具体并留有余地等。应该说一个未来的成功者,必定是一个目标意识很强的人。

⑦制定行动计划与措施

行动是所有生涯设计中最艰难的一个步骤,无论多么美好的理想和想法,最终都必须落实到行动上才有意义,因此在确定了职业生涯目标和职业生涯路线后,就要落实实现目标的具体措施,包括工作、训练、教育、轮岗等。这些计划要特别具体,以便定时检查。

⑧评估与调整

影响职业生涯设计的因素很多,其中环境变化是最为重要的一个因素。有的变化是可以预测的,而有的变化却难以预测。在这样的状况下,要使职业生涯设计行之有效,就必须不断地对职业生涯设计进行评估与调整。调整的内容侧重于职业的重新选择、职业生涯路线的选择、人生目标的修正以及实施措施与计划的变更等。

(二)组织职业生涯管理

职业生涯管理应被看作是组织和员工个人为了满足各自和对方的需要而采取的对职业行为进行有意识的管理行为,管理的结果建立在组织和个人的职业互动过程中。在现代企业中,从员工个人角度来看,个人最终要对自己的职业发展计划负责;而从组织角度来看,他们必须鼓励员工对自己的职业生涯负责,为员工提供他们感兴趣的有关组织工作、职业发展机会的信息,帮助员工做好自我评价和培训工作,甚至帮助他们制定与组织目标相符的职业计划和目标。

1.组织职业生涯管理的内涵和意义

组织职业生涯管理涵盖自招聘新员工进入组织开始,直至员工流向其他组织或退休而离开组织的全过程,它同时涉及职业活动的各个方面。从组织角度看,对员工的管理体系能否保证使员工在合适的时间改变其在组织中的相对地位,将对组织的生产效率和效益产生非常重要的影响。

2.组织职业生涯管理的方法

与组织的其他制度不同,职业生涯管理的目的既要满足组织发展的需要,也要满足个体发展的需要,通过着眼于帮助员工实现职业生涯计划来达成组织发展的目的。因此,要实行有效的组织职业生涯管理,应该找出不同职业生涯期的管理重点。

(1)职业生涯早期阶段的组织管理

职业生涯早期阶段是指个人由学校进入组织并在组织内逐步"组织化",为组织所接纳的过程。所谓个人组织化是指应聘者接受雇佣并进入组织后,由一个自由人向组织转化所经历的一个不断发展的进程,它包括向所有雇员灌输组织及其部门所期望的主要态度、规范、价值观和行为模式。

在员工职业生涯早期阶段,组织承担着非常重要的职业生涯管理任务,组织通过对新员工进行有效评估、培训、职业生涯规划及管理等措施,帮助员工顺利适应工作。通过员工和组织共同努力与合作,使每个员工的职业生涯目标与组织发展目标一致,使员工与组织都获得发展。在这一阶段,组织的职业生涯管理主要体现在:

①对新员工进行上岗引导和岗位配置

新员工上岗引导是指给新员工提供有关企业的基本背景,包括历史与现状,宗旨、任务和目标,有关的制度、政策和规定,工作职责和劳动纪律,组织文化等。这些信息对员工做好本职工作都是必需的,也是引导员工熟悉环境,减少焦虑感,增加归属感和认同感所不可缺少的。

②提供一个富有挑战性的最初工作

大多数专家都认为,企业能够做的最重要的事情之一就是争取做到为新雇员提供的第一份工作是富有挑战性的。研究者们发现,新雇员在企业的第一年中所承担的工作越富有挑战性,他们的工作也就显得越有效率、越成功,即使是到了五六年之后,这种情况依然存在。提供富有挑战性的起步性工作是"帮助新雇员取得职业发展的最有力然而却并不复杂的途径之一"。

③对新员工严格要求,并开展职业生涯规划活动

在新员工与其上级之间往往存在一种"皮格马利翁效应"。也就是说,上司的期望越高,对自己的新员工越信任,越支持,那么你的新员工就干得越好。因此,在新员工开始探索性工作的第一年中,应当为他找到一位受过特殊训练、具有较高工作绩效并且能够通过建立较高工作标准而对自己的新员工提供必要支持的主管人员。因为这样的主管人员会向新员工灌输这样一种思想,即组织期望他们能够达到良好的工作绩效,并且这种绩效会得到组织回报,此外,同样重要的是,这些主管人员会随时做好通过指导和咨询对他们给予帮助的准备。

组织还应当采取步骤,加强新员工对他们自己的职业生涯规划和开发活动的参与。组织可以通过开展一些活动使员工学到职业生涯规划的基本知识,并有机会参与各种以明确自己的职业目标为目的的活动以及形成较为现实的职业目标等。重点是协助员工在个人目标与组织内实际存在机会之间,达到更好的结合。

(2)职业生涯中期阶段的组织管理

职业生涯中期是一个时间周期长、富于变化,既有可能获得职业生涯成功,又有可能出现职业生涯危机的一个很宽阔的职业生涯阶段。因此,组织要实现自身的发展目标,就必须强化其职业管理任务,充分发挥员工的潜能,丰富员工的工作内容,帮助员工进行继续教育和不断成长,克服职业生涯中期所发生的职业问题。组织对职业生涯中期阶段的管理,常见措施有:①提拔晋升,畅通职业生涯管理通道。这一措施主要适用于有培养前途、有作为、能获得晋升的员工。晋升主要有三种途径:行政职务的提拔晋升;转变职业,由操作工提拔为管理者;技术职务的提拔晋升。②安排一定范围内的工作轮换。员工的工作满足源会随着一个人从事一项给定工作的实际时间的长度,发生系统的变化。在员工从事某项职业的最初几年,该职业都会对员工产生很大的吸引力、刺激力,员工对工作的任何变化与改进,都会感到兴奋,也会不遗余力地作出自己的贡献。然而,当个人工作资历达到 5 年以上的长久时间,他对工作再设计便可能失去反应,对工作本身产生了"疲顿倾向",出现失去进取心和创新精神的潜在危险。这时其工作满足源转向了工作的外因素,如监督的性质、工作场所的人际关系、作业环境与条件、报酬和福利、退休方案及其待遇等。因此,从组织角度,一个

重要的预防措施就是制定出明确的职位轮换计划。所谓工作轮换,是指把一个人安排到另一个工作岗位上,其所承担的义务、责任、职位和报酬都与前一个工作差不多。但工作轮换可以使员工学到新知识和新技能,为今后的晋升和发展奠定基础。实践证明,当晋升和提薪的机会变小时,工作轮换就会成为一种可有效激励员工的措施。③提供适宜职业生涯的发展机会。现实中,对于处于职业中期且年龄较大的员工,由于其进取心和工作参与感的降低,组织应当安排其承担适当角色并提供相应的发展机会,以获得最佳组织效益。如让年长的员工充任良师的角色,让中年期的员工担当临时性组织者角色等,这样做能调动员工的积极性,保持员工的工作参与欲,充分利用员工之所长,为组织服务,达到促进组织发展的目的。

(3)职业生涯后期阶段的组织管理

①开展退休咨询,着手退休行动

退休咨询就是向即将和已经退休的人提供财务、住户、搬迁、家庭和法律、再就业等方面的咨询和帮助。

组织开展的递减工作量、试退休等适应退休生活的退休行动,对员工适应退休生活也很有帮助。递减工作量是对即将退休的员工逐渐减少其工作量。试退休是安排即将达到退休年龄的员工离开工作一段时间去体验退休的感受,然后决定是继续工作一段时间还是退休,亲自感受并逐步适应退休生活。

②做好退休员工的职业工作衔接

员工退休而组织的职业工作却要正常运转,因此,组织要有计划地分期分批安排应当退休的人员退休。在退休计划中,选好退休员工职业工作的接替人,及早进行接替人的培养工作是非常重要的。组织可以采取多种形式对接替员工进行职业岗位的培训与学习,在新老员工职业更替之时衔接好,保证工作正常顺利进行。

③做好员工退休后的生活安排

组织可以因人而异地帮助每一个即将退休者制定具体的退休计划,尽可能地把退休生活安排得丰富多彩又有意义。例如,鼓励退休员工进入老年大学,参加社会公益活动和老年群体的集体活动等;也可以通过经常召开退休员工座谈会的方式,增进退休员工与组织的互动。另外组织还可以采取兼职、顾问或其他方式聘用退休员工,使其发挥余热。

(三)职业生涯管理成功的关键

要在组织中成功地实施职业生涯管理,必须克服来自多方面的阻力,而相关人员的支持是成功实施职业生涯管理的关键。

1.高层领导支持是关键

组织的高层领导是否支持,是组织能否顺利开展职业生涯管理的最重要的影响因素之一,它关系到人员配备、资金投入、绩效评估、实施追踪等一系列的问题。领导支持将职业生涯管理作为人力资源开发的重要措施,就会制定相应的政策,配备相关人员,使该措施能取得成效。尤其是当人才竞争成为企业盈利的关键时,引导员工开发自己,并朝着组织导向的目标开发,具有长久的意义。

2.职业生涯管理人员是核心

职业生涯管理活动是人力资源管理的重要形式,也是一项比较专业的工作,如果不熟悉人力资源管理及相关工作,就没法开展职业生涯管理活动。因此,进行职业生涯管理的专职人员,应具备这样几方面的技能:熟悉人力资源管理工作;具备较强的沟通和协调能力;熟悉职业指导的知识,掌握职业辅导的技能。

3.员工和各级管理者是具体实施者

虽然实施组织职业生涯管理是人力资源部门的职责,但事实上,具体的实施主要靠员工个人和各级管理者。员工在职业生涯管理中应主动从经理和同事那里获得有关自身优势及不足的信息反馈;明确自身的职业生涯发展阶段和开发需求;了解存在着哪些学习机会以及与来自组织内外不同工作群体的员工进行接触。各级管理者在职业生涯管理过程当中扮演着主要的角色,承担着教练、评估者、顾问和推荐人四种角色责任。因此,各级管理者需要从思想观念到行为制度上配合职业生涯管理的实施。

4.人力资源部门是总管

人力资源部门是人力资源开发和管理的直接部门,他们对员工的选拔、晋升、培训、评估、薪酬负有直接的责任,并且人力资源管理部门还应提供专业服务,对员工的价值观、兴趣、技能进行测评,帮助员工做好寻找工作的准备,并经常提供与职业相关问题的咨询。

第二节　绩效考核

一、绩效考核的含义与内容

(一)绩效考核的含义

绩效可以分为员工绩效和组织绩效。员工绩效是指员工在某一时期内的工作结果、工作行为和工作态度的总和;组织绩效是指组织在某一时期内组织任务完成的数量、质量、效率和盈利状况。员工绩效和组织绩效最大的区别在于两者的侧重点不同,员工绩效着重于员工的产出和行为,而组织绩效侧重于组织的产出与行为。相应地,绩效考核可分为员工绩效考核和组织绩效考核。

绩效考核在管理活动中承担着两种角色:一种角色是通过绩效考核获得员工工作的真实信息,以对绩效突出、表现优异的员工进行鼓励,或对绩效平平、表现不佳的员工进行惩戒;另一种角色是通过绩效考核获得员工工作的真实信息,有针对性地开发员工的各种潜能,并为组织提供员工在提升、调动和加薪等方面作决策的全面信息。

绩效考核的主要目的在于:通过对员工全面综合的评价,判断他们是否称职,并以此作为企业人力资源开发与管理的基本依据,切实保证员工的报酬、晋升、调动、职业技能开发、辞退等工作的科学性。

(二)绩效考核的内容

绩效考核的内容,就是指每一个员工工作业绩最重要的方面。由于绩效考核的对象、目的和范围各异,由此绩效考核的内容也比较复杂繁多,但就其基本方面而言,不外乎是德、能、勤、绩四个方面。

1.德

它是指人的精神境界、道德品质和思想追求的综合体现。德决定了一个人的行为方向——为什么而做;行为强弱——做的努力程度;行为方式——采取何种手段达到目的。德的标准不是抽象、一成不变的,不同的时代、不同的行业、不同的阶层、不同的职业对德的认识都会有所不同,它是一种相对标准。

2.能

它是指人的能力素质,说大一点也就是认识世界和改造世界的能力。能力不是静态的、孤立存在的,它是借助于某种载体来得以体现的。因此,对员工能力的评价应该在素质考察的基础上,结合其实际工作中的集体表现来判断。一般来说,一个人的能力主要包括:动手操作能力、认识能力、思维能力、表达能力、研究能力、组织指挥能力、协调能力、决策能力等。对于不同的职位而言,其能力的要求也会各有侧重,进行评价时应该加以区别。

3.勤

它是指一种工作态度,主要体现在企业员工日常的工作表现上,一般表现为工作的积极性、主动性、创造性、努力程度以及出勤率等方面。对勤的考核不仅要有量的衡量指标,如出勤率等,更要有质的评价,即员工是否以满腔的热情与旺盛的斗志,积极主动地投入和融入工作中。

4.绩

它是指员工的工作业绩,包括完成工作的数量、质量、经济效益、对工作的影响和所能发挥的作用。在企业中,由于各人的岗位职责不同,因此对每个人工作业绩的评价也应该有所侧重,要制定有针对性的业绩评价标准。另外,在评价工作业绩时,不仅要考查员工的工作数量、质量,更要考查其工作为企业所带来的经济效益,因为对效益的考查是对员工绩效评价的核心环节。

二、绩效考核的原则

根据国内外企业管理的实践经验,在绩效考核中应遵循的原则有下列五条。

(一)透明公开原则

透明公开原则包括三方面的要求:一是考核的目标、标准和方法公开;二是考核的过程公开,即在绩效考核的每一个环节上都应接受来自人力资源部门以外的人员的参与监督,防止出现暗箱操作;三是考核的结果公开,即在绩效考核结束之后,人力资源部门应把考核的结果通报给每一位被考核对象,使他们了解自己和其他人的业绩信息。

(二)客观公正原则

在制定绩效考核标准时应从客观、公正的角度出发,坚持定量与定性相结合的方法,建立科学适用的绩效考核指标体系。这条原则要求在制定绩效考核标准时多采用可以定量化的指标,尽量减少个人主观臆断的影响,用事实数据服人,切忌主观武断和长官意志。

(三)多层次、多渠道、全方位原则

要做到科学考核员工的绩效其实是一件非常困难的事情,因为员工在不同时间、不同场合往往会有不同的行为表现,因此,人力资源管理部门在进行绩效考核时,应多方收集有关信息,建立起多层次、多渠道、全方位的考核体系。

(四)经常化、制度化原则

企业生产经营活动是一个连续的过程,员工的工作也由此是一种连续不断的行为,因此,企业绩效考核工作也必须作为一项经常化、制度化的工作来抓,如此才能最大限度地发挥出绩效考核的各项功能。此外,经常化、制度化的考核工作有利于调动、保持员工工作的积极性,有利于激发员工改进工作、提高质量的强烈愿望。

(五)与企业文化、管理理念一致原则

考核内容实际上就是对员工工作行为、态度、业绩等方面的要求与目标,它是员工行为的导向。考核内容是企业文化与管理理念的具体化和形象化,在考核内容中必须明确:企业鼓励什么、反对什么,给员工以正确的引导。

三、绩效考核的实施

绩效考核的实施内容主要有以下几方面。

(一)确定绩效考核的参与者

绩效考核的参与者由多方面人员组成:上级、下属、同事、客户等都可以作

为绩效考核的参与人员。

1.上级评价

上级,尤其是员工的直接上级在绩效考核时居于特别重要的位置,应当十分重视直接上级的考评意见。但有一点必须说明,即直接上级与被考核员工的接触最多,感情因素往往会影响到考核的客观性与公正性,对平时听话、合得来的下属考核时容易偏宽松,而对合不来的下属考核时则偏严,因此,有时还需更高层级的上级做二次考评,以减少偏差。

2.同事评价

由共同工作的同事参与绩效考核会使考核更符合实际工作情况。因为员工通常会把自己最好的一面展现给上级,但是与其朝夕相处的同事却可以看到他更本质和更真实的一面。使用同事评价对上级考核进行补充,有助于形成关于员工绩效的一致性意见。

这种方法得不到经常使用的原因:①同事评价很可能成为员工彼此竞争的牺牲品;②上级主管不愿意失去其在绩效考核过程中的控制权;③那些在绩效考核中得到较差成绩的员工可能会报复其他同事。

3.下属评价

对于主管人员的工作作风和领导能力,下属最具有发言权。但是有些下属往往害怕得罪上级领导而不敢直言,而另一些下属则出于个人恩怨,使评议失之偏颇。因此,对下级的意见要注意分析,尤其要强调事实依据,并从统领全局的角度进行剖析。

4.自我评价

由员工本人对自己的绩效进行评价。这种方法可以提高员工的参与度,给员工一个思考自身优缺点的机会。同时,自我评价在考察员工发展潜力方面也有积极的意义。

5.客户评价

通常把某个人或者团队的工作产生的对象当成该个人或团队的客户,该客户如果属于本组织的职员则称为内部客户,否则就是外部客户。现代企业已经越来越多地开始使用内部客户和外部客户评价的方法来获得员工绩效考核所需要的工作绩效。

在实际工作中,可以将上述几种考核评议的形式结合起来综合使用。

(二)相关管理者和人力资源管理部门在绩效考核中的作用

1.高层管理者与绩效考核

高层管理者的高度重视和支持是绩效管理成功的关键,他们是绩效考核的氛围营造者、资源支持者、政策设计者、制度推行者。

2.中基层管理者与绩效考核

中基层管理者在绩效考核中充当着关键的角色,他们是绩效考核的宣传员、基础信息提供者、考核者和被考核者。

3.人力资源管理部门与绩效考核

人力资源管理部门设计绩效考核指标体系,为参与绩效考核的评价者提供培训、监督考核体系的实施,并对绩效实施结果进行评价和反馈。

(三)绩效考核的一般程序

对于一套设计科学合理的绩效考核方案来说,清晰明确的考核程序是绩效考核顺利实施的保证和操作指南。

绩效考核的一般程序分为"横向程序"和"纵向程序"。

1.横向程序

它是按绩效考核工作的先后顺序进行考核的程序,主要环节有:①制定考核标准。这是绩效考核的前提,考核标准必须以职务分析中制定的职务说明与规范为依据。②实施考核。这是对员工的工作绩效进行考核、测定和记录。③考核结果分析与评定。绩效考核的记录需要与既定的标准进行比较来作分析与评判,从而获得考核的结论。④结果反馈与实施纠正。绩效考核结论通常应该与被考评的员工见面,使其了解组织对自己工作的看法与评价,从而发挥优势、克服劣势;另一方面,还需要针对考核中发现的问题采取纠正措施,因为绩效是对员工主观与客观因素的综合结果,所以纠正不仅是针对被考核的员工,也需要根据环境条件的变化对考核指标作相应的调整。

2.纵向程序

它是按组织结构层次逐级进行绩效考核的程序,主要环节有:①基层部门。

以基层为起点,由基层部门的领导对其直属下级进行考核。考核分析的单元包括员工的工作行为、员工的工作效果、影响员工行为的个人特性与品质等。②中层部门。基层考核之后,上升到中层部门进行考核,内容包括中层干部的个人工作行为与特性、该部门的总体工作绩效等。③高层部门。中层部门考核完成后逐级上升到公司领导层,再由公司所隶属的上级机构对公司这一最高层次进行考核,主要内容是考核经营效果等方面经营指标的完成情况。

3.考核的时间

考核时间并没有唯一的标准。典型的考核周期是一季、半年或一年,也可以在一项特殊工作或项目完成之后进行。考核周期不宜太密,这样不仅会浪费精力和时间,还会给员工带来过多的、不必要的干扰,造成心理负担。但周期过长,反馈迟缓,也不利于改进绩效,并使大家觉得考核的作用不大,可有可无,导致考核流于形式。

一般来说,半年一次较为适宜,将两个半年考核的评分值平均后作为全年的得分,并据此实施奖惩。当然,不同类型的组织可以有不同的考核周期,需要根据实际情况确定考核周期。

四、绩效考核的配套制度

(一)完善的公司治理结构

现代企业制度的典型形式是公司制。实施有效的绩效考核必须具备的前提条件是企业内部的组织结构须清晰、员工的职责须分明,因为岗位职权的划分直接影响到各级考核指标分解的合理性与科学性,因此,在实施考核的过程中必须对一些关键性的职责分工进行明确的界定。

经营层、管理层与执行层,如果职责不清或经常越位,不仅权力难以制衡,更严重的可能会引起员工之间难以适应,产生相互推诿,使企业陷入混沌之中。因此,完善公司治理结构,理顺权责关系,才能真正落实关键绩效考核指标。

(二)合理的分配奖惩机制

企业内部制度的效率取决于企业组织结构的效率,而决定企业组织结构效率的是企业内部的分配制度。

绩效考核系统的有效性要真正地发挥牵引和激发作用,就必须要解决好价值分配杠杆作用的发挥问题。价值分配不仅包括物质的分配,同样也包括挑战性工作岗位的分配、职位的晋升等非物质的分配内容。从现有的物质分配来看,主要有工资、奖金、福利、津贴以及远期收入等,在工资方面,要充分让个人的工作能力、绩效在工资结构中占据合理地位,并成为提高个人工资的主要因素。当然,更主要的还是要加强工作本身的激励,要不断创造有挑战性的工作岗位并将之赋予有创造意识、有进取精神的员工,给他们创造更大的职业生涯发展空间。

(三)以绩效为导向的业务工作流程

在对企业各级组织和部门的管理体系的整体规范程度和内部控制的评判中,流程的规范以及日常的遵守情况成为一个重要的衡量标准,但是究竟应该按照何种规范进行流程操作却成为了困惑各级管理者的日常问题,需要花费很多额外的时间去商议。因此,建立标准的业务流程规范是十分必要的,否则,企业自以为找到的有效管理"武器"会在具体操作中走样,造成绩效考核流于形式,先进成了"轮流坐庄",以致最终主管不想考,员工不愿被考,绩效考核组织部门也没兴趣组织考核。

(四)预算管理评估机制

没有预算管理就不可能对相关的财务指标定下目标,也就缺乏了考核财务指标时的参照系数。预算管理的流程、预算指标分解的合理性以及预算控制的严格程度等都会影响企业绩效考核标准的制定和考核流程;同时,绩效考核的实施也有助于预算管理的推行。

(五)其他与绩效考核相配套的环节

这里所介绍的与绩效考核相关的其他配套环节主要是指企业内部信息平台的建立。

由于涉及一些关键绩效指标的数据来源比较复杂,如果没有强大的信息平台作为支持,很可能就不能或很难采集到相关的指标数据,客观上妨碍了绩效考核的实施以及效果。此外,如果没有信息系统的支持,企业上下级在对于绩效执行结果的沟通、反馈、查询上会产生困难,同样也难以实现绩效考核的真正目的。

五、绩效考核方法

(一)绩效考核的方法

1.民意测验法

民意测验法,是指被考核者的同事、下级以及有工作联系的人对被考核者从几个方面进行评价,从而得出对被考核者绩效的考核结果。

民意测验法在我国很多国有企业和事业单位中被广泛应用,它的优点:具有民主性、群众性,能够了解到广大基层员工,特别是与被考核者有直接工作联系的人员对干部的看法。它的缺点:只有由下而上,缺乏由上而下,受群众素质的局限。如果某一位干部工作积极,具有开拓精神,对于组织绩效来说可能是做了很大的贡献,但是却可能在这个过程中得不到多数人的理解与支持,甚至影响很多人的眼前利益,这样,他在民意测验法的评价中就难以得到比较好的与公正的评价。

民意测验法适用于进行群众工作的岗位,例如工会、负责员工福利与保障的岗位等。

2.共同确定法

最典型的共同确定法就是各大学、科研部门和各个企业都在采用的评价科学技术人员、教师的工作绩效,特别是评定职称中所采用的方法。这个方法的基本过程是:先由基层考评小组推荐,然后进行学科或专业考核小组初评,再由评定分委员会评议投票,最后由评定总委员会审定。

这种方法的优点:通过专家来进行评价,保证被考核人的水平、能力、素质等方面确实符合要求,得到比较公允的考核结果。它的缺点在于:考核的结果可能受考核者的主观因素影响过多,但是在类似评定职称这类难以用量化指标或行为因素来进行的考核中,不失为一种可行的方法。

3.配对比较法

配对比较法,是将考核者进行两两逐对比较,比较中认为绩效更好的得 1 分,绩效不如比较对象的得 0 分。在进行完所有比较后,将每个人的所得分加总,形成个人的相对绩效,根据这个得分来评价出被考核者的绩效优劣次序。

这种方法的优点是:可以用一定的量化指标来评价被考核者,实施理想的话,准确度较高。它的缺点:在被考核人员不多的情况比较适用,一旦超过 20 人就会相当费时费力;难以得出绝对评价,只能给出相对的位置;有时会造成得分的循环,无法得出优劣次序。

4.等差图表法

等差图表法在实际操作中要考虑两个比较主要的问题:一是考核项目,即要从哪些方面对员工的绩效进行考核;二是评定分等,即对每个考核项目分成几个等级。在确定了这两者后,即可由考核者按照评定图表的要求对被考核者给出分数。

这种方法的优点:考核内容全面,打分档次可以设置较多。恰当地加以辅助要求,比如在某一个档次的人员不能超过或少于一定的比例,可以要求考核者给出具有一定区别性的考核成绩;比较实用且开发成本小。它的缺点:受主观因素影响,因为每个考核者给出的被考核者的分数都是个人主观的看法;没有考虑加权,被考核的因素对于考核的总结果都具有同样的重要性;图表不能指导行为,员工并不知道自己该如何做才能得到高分;对于绩效考核面谈中所需提供的信息也不够成功。

5.要素评定法

要素评定法,实际上是等差图表法的修改版,它在等差图表法的基础上经过两点的修改而形成:第一,考虑到不同的考核项目具有不同的重要性,因而考虑了加权的因素,给不同的项目赋予不同的重要性,并通过它们各自的分值范围来体现;第二,为了更好地明确各项考核要素之间的关系,更有条理地分清各项考核因素之间的关系,细化每项考核要素。

在实际操作中,一般由本人、上级、下级、同级各填一表,再给各表赋予相应的权数,计算综合得分。它的优点:考核要素比较全面,考虑了加权,并由不同的人员参与考核。缺点:比较繁琐,费时费力。

（二）绩效考核结果的应用

绩效考核结果主要应用在以下几方面。

1.用于薪酬方案的分配与调整

绩效考核结果为薪酬的合理化提供了决策依据，使组织的薪酬体系更加公平化、客观化，并具有良好的激励作用。

2.用于职位变动

绩效考核结果可以为职位的变动提供一定的依据。一个人通过绩效考核和反馈，能明确自己的长处和短处，是否适应目前的工作职位，通过职位调整使员工从事更加适合自己的工作。

3.用于人力资源战略规划

通过绩效考核可以为组织提供总体人力资源质量优劣程度的确切情况，获得有关员工晋升和发展潜力的信息，有利于组织为了未来发展制定人力资源规划。

4.用于员工的招募和选拔

绩效考核结果可以确定应该采用何种招聘和选拔员工的标准，以提高招聘的质量并降低成本。

5.用于人力资源开发

根据绩效考核结果，分别满足员工在培训和发展方面的需要，最大限度地发挥他们的优势，使劣势最小化。在实现组织目标的同时帮助员工发展和执行他们的职业生涯规划。

6.用于正确处理内部员工关系

公正、公平、公开的绩效考核结果为人力资源管理部门在提薪、奖惩、晋升、调动和辞退等重要的人力资源管理环节提供公平客观的数据，减少人为因素对管理的不利影响，有利于保持组织内部员工的相互关系建立在可靠的基础上。

第三节　薪酬管理

一、薪酬的含义

从薪酬是否以金钱的形式来表现，或者是否能以金钱来衡量的角度讲，薪酬可以分为经济类报酬和非经济类报酬两种。经济类报酬是指员工的工资、奖金、津贴等外在报酬形式；非经济类报酬是指员工获得的成就感、满足感及良好的工作氛围等。

从薪酬本身对工作者所产生激励的角度讲，薪酬可以分为外在报酬和内在报酬。外在报酬主要以金钱为主；内在报酬主要体现为晋升的机会、成就感、权利等。

二、薪酬的构成

（一）经济类报酬

经济类报酬，是指企业因使用员工的劳动而付给员工的钱或实物。具体可以分为直接报酬和间接报酬。

1.直接报酬

直接报酬包括工资、奖金、津贴与补贴、股权。

（1）工资

工资就是根据劳动者所提供的劳动数量和质量，按照事先规定的标准付给劳动者的劳动报酬，也就是劳动价格。这是总体上工资的定义，可以进一步分成基本工资和成就工资两大类。

①基本工资

基本工资是指按照工资等级标准支付且在一定时间内固定不变的报酬。也就是员工只要在企业中就业，并完成规定的工作定额就能定期拿到的一个固定数额的劳动报酬。

基本工资的计量形式分为计时工资和计件工资。

计时工资,是按照单位时间薪酬标准和劳动时间来计算和支付薪酬的方式。其主要构成要素:劳动计量与报酬支付的技术标准、劳动计量与报酬支付的时间单位、实际有效劳动时间。主要有小时工资、日工资、月工资三种主要形式,它的适用范围较广。计时工资的好处在于:便于检查,从同工同酬角度出发具有一定的平等性;比较容易管理,劳动力成本易于预测;不以牺牲质量为前提强调产出的数量。

计件工资,是根据员工完成的工作量或合格产品的数量和计件单来支付薪酬的方式。其主要构成要素为:特定单位时间的薪酬标准、单位时间的劳动定额或工作量标准、计件形式、计件单价。相对而言,计件工资的适用范围较窄。

②成就工资

成就工资是指当员工工作卓有成效,为企业做出突出贡献后,企业以提高基本工资的形式付给员工的报酬。它是对员工在过去较长一段时间内所取得的成就的"追认",一般是一种永久性的工资增加。

(2)奖金

奖金是指根据员工的工作努力程度和工作绩效高低而决定的劳动报酬。它是一种提供超额劳动的报酬。奖金常见的形式有利润分成、奖励工资、销售提成。

奖金的适用范围广,它直接与企业或部门的绩效挂钩。具体操作时有很多细化形式,利润分成是根据企业利润的多少来支付报酬的形式,它可以是现金,也可以是股权。现金属于短期奖励工资,股权属于长期奖励工资,它主要适用于管理人员和技术人员;销售提成是根据销售收入的一定比例来决定的,比较适用于销售、证券、服务等类型的工种。

由于基本工资在一定时间内是相对稳定的,起到保障基本生活需求的作用,因此,它难以及时反映员工的实际工作努力程度和工作绩效的变化,而奖金可以弥补这方面的不足,可以在肯定员工的突出表现和超额贡献的同时,使员工得到提供超额劳动的回报。

(3)津贴与补贴

津贴与补贴是指对员工在特殊劳动条件、特殊工作环境中的额外劳动消耗和生活费用额外支出的补偿,它是一种补充基本工资的辅助工资。通常我们把与工作联系的补偿称为津贴,把与生活联系的补偿称为补贴。

津贴与补贴的种类较多,不同行业可以有不同的津贴形式。比较常见的有岗位津贴、职务津贴、工龄津贴、特殊津贴、地区津贴、加班津贴、物价补贴、交通费补贴、伙食补贴等。

(4)股权

股权是指以企业的股权作为员工薪酬的一部分,它是一种长期激励的手段,能够促使员工为企业长期利润最大化而努力。

2.间接报酬

间接报酬是指企业为员工提供的除工资与奖金之外的一切福利待遇。由于企业的具体情况不同,所以福利的类型也是五花八门、不胜枚举。下面是一些经常被企业选用的福利项目和类型。

(1)公共福利

公共福利是指法律规定的一些福利项目,主要有医疗保险、失业保险、养老保险、工伤保险、生育保险和住房公积金等。

医疗保险,这是公共福利中最主要的一种福利,企业必须为每一位正式员工购买相应的医疗保险,确保员工患病时能得到一定的经济补偿。

失业保险,失业是市场经济的必然产物,也是经济发展的必然副产品。为了使员工在失业时有一定的经济支持,企业应该为每一位正式员工购买规定的失业保险。

养老保险,员工年老时将失去劳动能力,因此,企业应该按规定为每一位正式员工购买养老保险。

工伤保险,员工由于种种意外事故受伤致残,为了使员工在受伤致残时得到相应经济补偿,企业应该按规定为每一位正式员工购买工伤保险。

生育保险,是指妇女劳动者因怀孕、分娩而暂时中断劳动时,获得生活保障和物质帮助的一种社会保险制度。实行生育保险制度,有利于保证生育女职工和婴儿的身体健康,促进优生优育,是对妇女生育价值的认可。

住房公积金,是指国家机关、国有企业、城镇集体企业、外商投资企业、城镇私营企业及其他城镇企业、事业单位、民办非企业单位、社会团体及其在职职工缴存的长期住房储金。住房公积金是国家推行的一项住房保障制度,其实质是劳动报酬的一部分,是归属职工个人所有的、专项用于解决职工住房问题的保障性资金。

（2）个别福利

个别福利是指企业根据自身的发展需要和员工的需要选择提供的福利项目。由于企业的情况不同,提供给员工的个别福利有较大差别,主要有以下形式。

养老金,又称为退休金,是指员工为企业工作了一定年限之后,到了一定年龄,企业按规章制度及企业效益提供给员工的金钱。根据各地的生活指数,有最低限度。如果企业已经为员工购买了养老保险,养老金可以相应减少。

互助基金,又称为互助会,是指由企业组织、员工自愿参加的一种民间经济互助组织,员工每月储蓄若干钱,当员工经济发生暂时困难时,可以申请借贷以渡过难关。

辞退金,它是指企业由于种种原因辞退员工时支付给员工一定数额的辞退金。一般来说,辞退金的多少主要根据员工在本企业工作时间的长短来决定聘用合同中应该有明确规定。

住房津贴,它是指企业为了使员工有一个较好的居住环境而提供给员工的一种福利。

交通费,主要指上下班为员工提供交通方便。包括班车、发放一定数额的交通补贴费等。

午餐补助,它是指企业为员工提供的免费或低价的午餐。有的企业虽然不直接提供工作午餐,但提供一定数额的工作午餐补助费。

海外津贴,它是指一些跨国公司为了鼓励员工去海外工作而提供的经济补偿。

人寿保险,它是指企业全额资助或部分资助的一种保险,员工一旦死亡后,其家属可以获得相应的经济补偿。

（二）非经济类报酬

非经济类报酬,是指工作者由工作本身所获得的满足感,它是一种非物质形态,包括的内容有以下六点。

1.参与决策权

工作者有"参政议政"的权力,对企业的发展方向有出谋划策的权力。

2.自由分配工作时间

工作的自主性较大,对工作时间的安排与分配可以有较大的权力。

3.较多的职权

较多的职权就意味着有较大的控制监督其他人的权力。

4.有趣的工作

工作的趣味性较强,可以避免工作的单调性。

5.个人成长的机会

个人成长的机会较多,职业生涯的发展较有前景。

6.活动的多元化

工作领域涉及的范围较广,多元化的活动可以满足成就感的需求。上述这些内容都是工作者参与工作的结果。基于这方面的考虑,才会出现工作丰富化、缩短工作日、弹性工作时间、工作轮换等激发工作者内在满足感的做法。

三、薪酬的职能

薪酬管理的职能体现在以下五方面。

(一)补偿职能

员工在劳动过程中体力与脑力的消耗必须得到补偿,以保障劳动力的再生产。同时,为了提高劳动力素质,必须进行必要的教育投资,这笔投资也要得到补偿,否则就不会有人愿意对教育进行投资,劳动力素质也就得不到提高。对这两部分的补偿不可能由社会来全部承担。因此,员工通过薪酬的取得,来换取物质资料、文化生活资料,保证体力、脑力的恢复,保证有一定的薪酬可以用于学习与锻炼,增强劳动能力,从而实现劳动力的增值与再生产。

(二)激励职能

根据马斯洛的激励理论,人的基本需求有五个层次:生理需求、安全需求、社会需求、尊重需求和自我实现的需求。人的行为在很大程度上都是为了满足这些基本需求而产生的。所以,设法满足人的基本需求是激励员工努力工作的根本方法,具有很大的有效性。

薪酬的激励功能就在于它是全面满足员工多种需求的重要基础。公平合理的薪酬水平和薪酬制度不仅可以满足员工及其家属的基本生活需求,使员工产生安全感和对预期风险的心理保障意识,还能使员工产生对企业的归属感,提高员工需求的层次。

(三)调节职能

薪酬的差异可以促进人力资源的合理流动与配置。就企业外部而言,劳动力市场中劳动力供求的短期决定因素是薪酬,因此,合理运用薪酬这个经济参数,可以引导劳动力向合理的方向流动。就企业内部而言,不同部门、不同岗位之间由于工作不同,客观存在着劳动强度、工作条件上的差别,这些差别会导致员工流向劳动强度低、工作条件好的岗位,造成劳动力结构性失调。企业可以通过调整内部薪酬结构和水平来解决这些问题,引导人员流动的方向,实现劳动力的合理配置。

(四)效益职能

薪酬对企业来讲是劳动的价格,是所投入的可变成本,所以,不能把企业的薪酬投入简单地看成是一种货币投入,其实它是资本金投入的一种特殊形式,是投入活劳动(通过劳动力)这一生产要素的货币表现。因此,薪酬投入就是劳动投入,而劳动它是经济效益的源泉。

另外,在正常情况下,一个劳动者所创造的劳动成果总是大于他的薪酬收入水平,剩余的部分就是薪酬经济效益。因此,薪酬具有效益职能,正因为具有这种职能,社会才有可能扩大再生产,发展才能得以延续。

(五)统计与监督职能

薪酬的分配是依据劳动的数量与质量来进行的。因此,薪酬可以反映出劳动者向社会提供的劳动量与劳动贡献的大小。同时,薪酬是用来按一定价格购买与其劳动支出量相当的消费资料的,由此也可以反映出劳动者的消费水平。

薪酬把劳动量与消费量直接联系了起来,通过对薪酬支付的统计与监督,实际上也就对活劳动消耗做了统计与监督,继而对消费量也是一种统计与监督。这样有助于国家从宏观角度综合考虑合理安排消费品供应量与薪酬增长的关系、薪酬增长与劳动生产率增长、薪酬增长与国内生产总值增长的比例关系。

四、影响薪酬的因素

影响薪酬的因素很多,企业在实施时应该根据实际情况的需要,通盘考虑后作出合适的选择。影响薪酬的因素可以从以下几方面来分析。

(一)职位的相对价值

主要是指该职位责任的大小、工作的复杂程度、任职资格要求的高低、工作环境的安全性等,可以通过工作分析和职位评价来确定每个职位的薪点。

(二)企业效益和支付能力

一般而言,企业效益越好,支付能力越强,员工的薪酬水平会越高。但工资增长的速度应该低于企业效益增长的速度。

(三)部门绩效

在确定薪酬时,可以适当加入部门绩效考核系数,目的在于鼓励团队精神。

(四)任职者的技术水平

主要是指在此职位上工作的经验、知识和技能的先进性,由此决定薪酬的技能档次。

(五)市场价格

主要是由人才市场、劳动力市场的供需关系决定,企业的薪酬水平如能大于或等于市场的平均水平,有利于吸引和留住员工。

(六)法律的规定

各地区都制定了适合本地区区情的最低工资标准,这个因素会对企业整体的薪酬水平产生影响。此外,劳动法中还有一些与薪酬有关的条款,如加班费等相关规定,这些条款也会对薪酬产生一定影响。

五、薪酬管理的原则

薪酬管理需要遵循下述原则。

(一)按劳付酬原则

要求以劳动为尺度,按照劳动的数量和质量进行报酬分配。这是一条很重要的原则,体现了正确处理企业与员工之间的关系的要求,更是调动员工积极性的重要条件。

(二)同工同酬原则

要求对从事相同岗位的员工支付同样的基本报酬。这是处理不同岗位工作之间的工资关系的基本原则。因为是否同工同酬,直接影响薪酬制度的内部公平性,由此会对员工的积极性产生影响。

(三)外部平衡原则

要求一个企业的薪酬水平应与其他同类企业的薪酬水平大致保持平衡,这是薪酬管理制度中调整各类人员工资水平关系的原则。薪酬水平是否符合平衡原则,不仅关系到企业能否招聘到它所需的人才,而且也关系到企业能否留住优秀人才以及能否提高在职员工的积极性。

(四)合法保障原则

要求企业的薪酬管理制度必须符合国家的法律、法规和政策。在薪酬制度法律化的情况下,员工的工资权益以薪酬制度本身的确定性就有了可靠的保障,因为法律具有不可随意更改和不可侵犯的权威性。除了法律规定的情况之外,任何组织和个人都不能变动法定的工资制度,都不能擅自增减或扣发工资。

六、薪酬管理

（一）薪酬成本控制

1.薪酬成本控制要素

劳动力成本的主要构成部分就是薪酬成本,因此,劳动力成本的控制要素也就是薪酬成本的控制要素。在一般情况下可以用以下公式表示:

劳动力成本＝雇佣人数×(人均现金薪酬＋人均福利成本)(式3－1)

其中:雇佣人数＝核心员工＋临时用工

人均现金薪酬＝基本工资＋浮动工资

由上述公式可见,控制薪酬成本的关键是控制三个要素:①雇佣人数,主要指用工数量;②人均现金薪酬,包括工资、津贴、奖金等;③人均福利成本,包括医疗保险、带薪休假等。

2.薪酬成本控制的基本途径

（1）控制员工数量

当员工薪酬水平相同时,员工人数越少,企业所须支付的薪酬额就越低,许多企业十分强调对用工数量的管理,往往会通过提高员工的工作效率来减少用工数量。此外,由于核心员工的减少会给企业带来人才流失、士气低落等副作用,企业对于可替代性较强的岗位通过采用雇佣临时工的方式来对员工人数进行调控,而骨干员工与核心员工队伍则保持相对稳定。

（2）控制基本工资

基本工资的增加对薪酬成本的上升和固定成本的增加有着重要的影响。为了控制人力成本而控制基本工资,主要是控制基本工资加薪的规模、加薪的时间和加薪的覆盖面。由于基本工资增加的主要原因是内部公平性要求、市场状况变动和升职晋级等因素的推动,还需要对这些因素实行管理和调控。

（3）控制浮动工资

企业支付给员工的浮动薪酬包括津贴、分红、利润分享、团队奖金等多种多样的名目。虽然不同的企业薪酬结构中浮动部分的比重会有所不同,但是浮动薪酬已普遍占企业支付给员工的全部薪酬中的相当大一部分,浮动薪酬带来的薪酬成本增长的问题已经很显然了。

浮动薪酬的成本控制除了要控制它的支付规模、时间和覆盖面,还应重点利用它的一次性支付的性质来改善薪酬成本的调节幅度,即可以适当加大它相对于固定薪酬的比例。

(4)控制福利支出

企业福利方面的支出可以分为三类:第一类是与基本工资相关的福利,它随基本工资的变化而变化,份额较大,对薪酬预算和成本的影响也较大,基本工资一定时它的刚性也较大;第二类是与基本工资无关的福利,多为短期福利项目,数额较小,弹性较小;第三类是福利管理费用,它有较高的弹性可以利用。

通过控制福利支出来降低薪酬成本,需要针对这三类福利支出的特性分别实施管理与调控,才能取得实效。

(5)利用适当的薪酬技术促进成本控制

企业可以利用工作评价、薪酬调查、薪酬结构线、薪酬线、薪酬比较比率等薪酬技术促进或改善薪酬成本的控制,节约薪酬成本的支出。

(二)薪酬调整

薪酬调整是对薪酬体系在执行过程中与环境变化的不适应性进行调整,使其能更好地发挥薪酬的激励作用。

1.奖励性调整

奖励性调整是指根据员工对组织的贡献给予相应的薪酬增加,以奖励员工做出的优良业绩。奖励性薪酬调整使用的时机一般是在员工取得突出成绩之后,旨在促使受到奖励的员工保持这种良好的工作状态,并激励其他员工向其学习。奖励的薪酬形式和方法多种多样,有货币性和非货币性的,有立即支付或将来支付的,有一次性享受、分阶段享受或终身享受的。

2.效益性调整

效益性调整是指当本组织效益好、盈利多时,普遍提高全部或部分员工薪酬的形式,这类似不成文的利润分享制度。这种薪酬调整往往是浮动式的,并非永久性的增加薪酬。组织效益欠佳时则可能再调回原来的薪酬水平。效益性调整对员工的激励作用有限,因为它未能区分员工对组织效益提高的贡献程度,未能据此来调整员工的薪酬,因此,会影响那些贡献较大的员工的积极性,让"搭便车者"趁机获利,使用时要有"度"。

3.生活指数性调整

生活指数性调整是指为了补偿员工因通货膨胀而导致的实际收入减少或损失而普遍调高薪酬的情况,目的是使员工生活水平不致逐渐恶化,显示组织对员工的关怀。组织应根据一定的物价指数建立薪酬与物价挂钩的指标体系,在保持指标体系的数值稳定的同时,实现薪酬对物价的补偿。生活指数性调整常用的方法有两种。

(1)等比式调整

等比式调整是指所有员工都在原有薪酬基础上调升同一百分比,薪酬调升额不等。其优点是保持薪酬结构内在的相对级差,使工资政策结构线的斜率仍按原规律变化。缺点是薪酬偏高者,升资幅度较大,似乎进一步扩大了级差;薪酬偏低者可能产生"不公平"感。

(2)等额式调整

等额式调整是指按平均律为全体员工给予等额升资。其优点是对全体员工一视同仁,同等困难的解决。缺点是缩小了薪酬的级差,使薪酬结构关系和薪酬结构线的斜率按不同规律变化,动摇了原有薪酬结构设计的依据,造成混乱。

4.工龄性调整

工龄性调整主要是考虑到工龄的增加意味着工作经验的积累和丰富,代表着能力或绩效潜能的提高,且在本组织中工作的工龄又代表了员工对本组织的贡献和忠诚,所以许多组织设计了随工龄增加而提升薪酬的制度。常用的形式有两种。

(1)等额递增法

等额递增法是指工龄工资调整实行人人等额逐年递增的做法。但是,这种方法未能考虑工龄中含有绩效的成分,可能会出现重复计酬。

(2)工龄与考绩结果相结合法

这种方法把员工工龄与其绩效考核的结果结合起来作为提薪时考虑的依据,可以避免等额递增法的缺陷。

（三）薪酬沟通

薪酬沟通是薪酬管理的重要职能和技术。薪酬沟通贯穿于薪酬方案的制定、实施、控制、调整的全过程，是整个薪酬管理流程中不可或缺的重要一环。事实上，有关薪酬的信息如果得到及时的沟通，就会给薪酬管理带来很大的便利。成功的薪酬沟通应该能够与组织的整体经营战略一致，能够消除员工对新事物的顾虑并说服员工接受。

薪酬沟通的基本步骤如下。

1.确定沟通目标

当企业制定了新的薪酬方案或是对既有的薪酬方案进行了改动的时候，企业的薪酬政策以及薪酬方案的执行方式通常也需要进行相应的变革。比如，某企业在变革以前实行普遍加薪制度，即依据资历决定薪酬的增加，经过改革，新的薪酬体系改为以绩效为中心，同时建立了完备的奖金激励方案。在某种程度上讲，这种变革同时也是企业文化的转变，它使得企业更加侧重于责任的承担和对绩效的认可。如果员工不能迅速而准确地意识到这种组织文化和导向的转变，必然会给新方案的执行带来一定的困难。

因此，薪酬沟通不仅能够传达有关薪酬的最新信息，同时还能影响到员工的态度和行为方式，使他们按照组织希望的方式行事。在这种情况下，企业就薪酬问题进行沟通的目标就不仅仅在于把新的薪酬体系告知所涉及的员工和管理者，更重要的是要把它推销给整个企业，得到组织的认可和接受。而这一目的能否达到，会直接影响到薪酬体系的设计和执行结果。

为此，我们可以把企业薪酬沟通的目标概括为以下三个方面：第一，确保员工完全理解有关新的薪酬体系的各个方面；第二，改变员工对于自身薪酬决定方式的既有看法；第三，鼓励员工在新的薪酬体系之下做出最大的努力。在企业的经营现实中，经过这样或那样的变动，上述三个方面的目标可以适用于大多数薪酬沟通方案。此外，在这样三个总的目标之下，企业还可以根据自己的具体情况，结合想要达到的目的，再分别设计出更为具体的沟通目标。

2.搜集相关信息

在确定沟通目标之后，下一个步骤是要从决策层、管理者以及普通员工中搜集他们对于薪酬体系的具体看法：既包括对现有体系的评价，也包括对未来变革的设想和期望。只有把这些信息和薪酬沟通目标结合在一起，才可以确保企业和员工们的需要都得到关注和满足。此外，询问员工对薪酬体系的观点、看法以及相关态度，这本身已经表明了企业对员工所想所思的重视。同时，员工们也能由此获得参与感，并增强对企业的认同，这些对于企业的经营成功都是十分重要的。

首先，从所要搜集的信息的内容来看，尽管不同企业在经营状况方面的差异很大，想要达到的目标也不尽相同，但还是有一些信息是值得所有企业都加以重视的。它们包括：

员工们对企业现有薪酬体系的了解程度如何？

管理者和员工是否掌握了与薪酬方案有关的准确信息？

员工们对企业中的薪酬沟通状况持有怎样的看法？他们认为现在的沟通足够吗？

企业采取的管理实践与他们想要传达的信息之间存在不符之处吗？是否存在这样的情况：公司宣称只有优秀的绩效才会得到奖励，而事实上所有的员工都得到了5％的加薪？

在薪酬沟通方面，管理者是否掌握了就薪酬和福利进行有效沟通的技能？

如果企业中已经有了有关薪酬改革的传言，员工们对此持何种态度？他们认为这样做是必须的吗？他们的工作方式会因此而改变吗？

在本企业的组织文化中，对薪酬公开或保密的有关态度是怎样的？管理者如果想向员工传达信息，需要实施哪些特定步骤？

管理者和员工认为哪些沟通手段对于薪酬沟通来说是最有效的：书面文件、光盘、小型集会还是大型会议？

当然，上面列举出来的这些问题只是应该搜集的信息中的一小部分。取决于特定的沟通要求，在不同的情况下需要就不同类型的信息进行搜集。

其次，从信息搜集的方式来看，企业可以采取若干种不同的方式来进行信息的搜集工作，主要包括问卷调查法、目标群体调查法、个体访谈法等。

3.制定沟通策略

在搜集到有关员工对薪酬方案的态度和心理感受的信息之后，可以着手在既定的目标框架之下制定薪酬沟通的策略。虽然已有的研究对于组织应该和员工就什么进行沟通、怎样进行沟通并没有明确的限制,但我们还是能够对企业的沟通策略进行分类。具体说来,有些企业采取的是"市场策略"。这种策略与向客户推销商品很相似,目标员工和管理者也充当了客户的角色,而组织的沟通目标在于有效控制客户对于薪酬方案的预期和态度,提高客户满意度。因此,这方面的相应措施可以包括:就客户对薪酬体系的反应进行调查;准确告知客户现有薪酬制度的优势和不足;以及对组织最新的薪酬举措进行宣传。

与之相对应,也有一些企业采取的是"技术策略"。这种策略不太重视薪酬政策本身的质量或优缺点,而是着眼于向客户提供尽可能多的技术细节。这些细节可能会包括:组织的具体薪酬等级、特定薪酬等级的上限和下限、加薪的相关政策等。通过这种做法,可以加深目标员工和管理者对于薪酬体系本身的认识和理解,更好地实现沟通的目的。

4.选择沟通媒介

当企业开始着手确定沟通媒介的时候,一般都会面临着多种备选方案。它们在技术复杂程度上有所差异,沟通效果也有着显著的不同。具体说来,这些媒介可以被划分为四大类:视听媒介、印刷媒介、人际媒介以及电子媒介。

(1)视听媒介

视听媒介涵盖的种类很多,包括幻灯片、活动挂图、电影、录像带和电子远程会议。与其他手段相比,远程电子会议这种视听手段的技术含量相对较高。借助于最新开发的电子沟通技术,它可以在沟通双方之间营造出生动、双向和有问有答的交流氛围,使得沟通的效果达到最大化。但是,也有专家们建议说,为了有效地对沟通全程进行控制,充分发挥双方直接交流的效用,对参与会议的人数加以限制也是十分必要的。

此外,几乎在所有的沟通会议中,幻灯片、活动挂图都是经常会被采用到的手段。在记录与会者的讨论信息、突出重点和直观地进行展示方面,它们是尤其有效的。当然,对于组织而言,它的低廉成本也尤为可贵。

(2)印刷媒介

一般情况下,薪酬手册、书信、备忘录、企业内部刊物、薪酬方案摘要和薪酬指南等都属于薪酬沟通时会使用到的印刷媒介;它们尤其适用于在有限时间内需要将特定的信息向大量员工进行传播的情况。也正是因为这样,当组织选择了远程电子会议等沟通手段时,通常也会把印刷媒介作为补充物或是参考资料。

(3)人际媒介

在薪酬沟通的所有媒介中,人际媒介应该可以算作是最为有效的方式之一,毕竟薪酬沟通在本质上就是一种人际互动的过程。大型或小型的薪酬会议一般都可以给员工和管理者提供面对面的交流和互动的难得机会,而一对一的单独面谈则更是有助于薪酬管理者发现诸多问题,包括薪酬沟通过程中可能会存在的缺陷。

相对来说,人际沟通的规模越小就越有利于双方就共同关注的问题进行深入交流。另外,在企业本身规模较大的情况下,这也意味着更多的财务支出和时间投入;同时,它对管理者的沟通技巧也提出了比较高的要求。

(4)电子媒介

电子媒介是电子化的、以计算机为基础的一种沟通媒介,包括信息中心、电话问答系统、交互式个人电脑程序、E－mail 系统等。在当代的信息社会里,它已经成为很多企业很重要的一种沟通手段选择。借助于这种沟通网络,管理者可以随时随地解决员工们遇到的薪酬问题,就企业最新推出的薪酬和福利方案提供咨询,并为员工提供在线福利自选服务。在有些企业里,员工甚至可以根据自己的经济状况和掌握的信息,直接通过组织内部网络从企业的投资项目中撤出自己的份额。因而,电子技术已经在一定程度上改变了当今企业薪酬沟通的全貌。

5.举行沟通会议

在任何薪酬沟通方案中,最重要的步骤可能是正式沟通会议的筹办和举行。这种会议一般会位于薪酬沟通流程的末期,目的在于就整个薪酬方案进行解释和推销工作。在一次典型的薪酬沟通会议上,企业一般会就薪酬方案的各个方面进行解释。这些方面包括:工作评价、市场数据调查和分析、薪酬等级的确定、奖金方案的制定、绩效评价体系以及薪酬管理方面的问题。当然,取决于企业的策略不同,不同企业提供信息的详细程度也是存在着很大差异的。同时,员工们大多还会得到自己的职位说明书和一份详细的薪酬等级分布表,以及有关组织的团队奖金方案、绩效评价系统和薪酬管理体系等的书面说明。

6.评价沟通结果

薪酬沟通的最后一个步骤是要就整个沟通流程的效果进行评价。对薪酬沟通结果进行评价的最佳时期是举行正式会议之后的 4 个月至 6 个月,而中间的这段时间间隔则为员工们消化薪酬信息、适应新的薪酬体系提供了一个缓冲的机会。与前面提到的信息搜集方法相似,我们亦可以采用问卷调查法、目标群体法或面谈的方法来对沟通结果进行评价。而在理想情况下,此处的调查对象和前面搜集信息的对象也应该是同一群人。这样,根据调查对象在沟通前后对特定问题回答情况的不同,企业就可以从中提炼出有关沟通是否有效的丰富信息。

一般说来,评价过程中可能涉及的问题大多会涵盖以下几个方面:①企业内部成员对于薪酬和福利方案的理解达到了怎样的程度;②管理者和员工之间的沟通状况是否让人满意;③决策层传达的信息和他们采取的做法之间是否是一致的;④员工是否认为绩效和报酬体系之间存在着联系等。

类似的问题还有许多。正是借助这些问题,企业可以对沟通前后的具体状况进行比较,从而不仅能够对本次沟通效果作出中肯的评价,还可以给以后提供诸多有价值的经验和教训,这对企业进一步提高沟通和管理效率也是不无裨益的。

第四节　劳动关系管理

一、劳动关系的基本内容

劳动关系的内容是指主体双方依法享有的权利和承担的义务,即劳动者与用人单位之间在劳动时间、劳动报酬、安全卫生、劳动纪律、福利保险、教育培训、劳动环境等方面形成的关系。

(一)劳动者的权利和义务

1.平等就业的权利

劳动者有劳动就业权,是指具有劳动能力的公民有获得职业的权利。劳动是人们生活的第一个基本条件,是创造物质财富和精神财富的源泉。劳动就业权是有劳动能力的公民获得参加社会劳动和切实保证按劳取酬的权利。公民的劳动就业权是公民享有其他各项权利的基础。如果公民的劳动就业权不能实现,其他一切权利也就失去了基础。

2.选择职业的权利

劳动者选择职业的权利,是指劳动者根据自己的意愿选择适合自己才能、爱好的职业。劳动者拥有自由选择职业的权利,有利于劳动者充分发挥自己的特长,促进社会生产力的发展。劳动者在劳动力市场上作为就业的主体,具有支配自身劳动力的权利,可根据自身的素质、能力、志趣和爱好以及市场信息,选择用人单位和工作职位。选择职业的权利是劳动者劳动权利的体现,是社会进步的一个标志。

3.取得劳动报酬的权利

劳动者取得劳动报酬是公民的一项重要权利。我国宪法明文规定的"各尽所能,按劳分配"原则,也是我国经济制度的重要组成部分。宪法还规定,实行男女同工同酬,国家在发展生产的基础上,提高劳动报酬和福利待遇。随着劳动制度的改革,劳动报酬成为劳动者与用人单位所签订的劳动合同的必备条款。劳动者付出劳动,依照合同及国家有关法律获取劳动报酬,是劳动者的权利。而及时定额地向劳动者支付工资,则是用人单位的义务。用人单位违反这些应尽义务,劳动者有权依法要求有关部门追究其责任。获取劳动报酬是劳动者持续地行使劳动权必不可少的物质保证。

4.获得劳动安全卫生保护的权利

劳动者有权获得劳动安全卫生保护,是保证劳动者在劳动中的生命安全和身体健康,是对享受劳动权利的主体切身利益最直接的保护,其中包括防止工伤事故和职业病。如果企业劳动保护工作欠缺,其后果不仅是某些权益的丧失,而且使劳动者健康和生命直接受到伤害。目前我国已制定了大量关于劳动安全保护方面的法规,形成了安全技术的法律制度、职业安全卫生行政管理制度以及劳动保护监督制度等,但有些用人单位片面追求高利润,降低劳动条件标准,以致发生恶性事故。《中华人民共和国劳动法》(以下简称《劳动法》)规定,用人单位必须建立健全劳动安全卫生制度,严格执行国家安全卫生规程和标准,为劳动者提供符合国家规定的劳动安全卫生条件和必要的劳动防护用品,对从事特种作业的人员进行专门培训,防止劳动过程中的事故,减少职业病危害。

5.享有休息休假的权利

我国宪法规定,劳动者有休息的权利,国家建设劳动者休息和休养设施,规定职工工作时间和休假制度。我国《劳动法》规定的休息时间包括工作间歇、两个工作日之间的休息时间、公休日、法定节假日以及年休假、探亲假、婚丧假、生育假、事假、病假等。休息、休假的法律规定既是实现劳动者休息权的重要保障,又是对劳动者进行劳动保护的一个方面。我国《劳动法》规定,用人单位不得任意延长劳动时间。

6.享受社会保险和福利的权利

疾病和年老是每个劳动者都不可避免的,社会保险是劳动力再生产的一种客观需要。我国《劳动法》规定劳动的保险项目包括五种,即养老保险、医疗保险、工伤保险、失业保险、生育保险。但目前我国社会保险还存在一些问题,如社会保险基金制度不健全,国家负担过重,社会保险的实施范围不广泛,发展不平衡,社会化程度低,影响劳动力合理流动等。随着生产力水平的提高和社会财富的增加,劳动者有享受越来越完善的社会福利和职工福利的权利,这种权利也必须受到法律保护。

7.有接受职业技能培训的权利

我国宪法规定,公民有受教育的权利和义务。所谓受教育既包括受普通教育,又包括受职业教育。公民要实现自己的劳动权,必须拥有一定的职业技能,而要获得这些职业技能,越来越依赖于专门的职业培训。因此,劳动者若没有职业培训权利,那么劳动就业权利也就成为一句空话。

8.有提请劳动争议处理的权利

劳动争议是指劳动关系当事人,因执行《劳动法》或履行集体合同和劳动合同的规定而引起的争议。劳动关系当事人,作为劳动关系的主体,各自存在着不同的利益,双方不可避免地会产生分歧。用人单位与劳动者发生劳动争议,劳动者可以依法申请调解、仲裁,提起诉讼。劳动争议调节委员会由用人单位、工会和职工代表组成。劳动仲裁委员会由劳动行政部门的代表、同级工会、用人单位代表组成。解决劳动争议应贯彻合法、公正、及时处理的原则。

劳动者依法应承担的主要义务:①按质按量地完成生产任务和工作任务;②遵守用人单位的劳动纪律和规章制度;③学习政治、文化、科学、技术和业务知识;④保守国家和企业的机密。

(二)用人单位权利和义务

用人单位的主要权利有:依法录用、调动和辞退职工;决定企业的机构设置;任免企业的行政干部;制定工资、报酬和福利方案;依法奖惩职工。

用人单位的主要义务有:依法录用、分配、安排职工的工作;保障工会和职代会行使其职权;按职工的劳动质量、数量支付劳动报酬;加强对职工思想、文化和业务的教育、培训;改善劳动条件,搞好劳动保护和环境保护。

二、改善劳动关系的途径

(一)立法

劳动争议的产生很大程度上是因为相关法律法规不健全,劳动者与用人单位因利益问题而产生冲突时,无所适从。因此可以通过立法,明确各方的责、权、利,并在法律的基础上进行调解和仲裁。各国均用立法调整劳动关系,如日本的劳动立法分个别劳动关系法、集体劳动关系法和劳动市场法三类。个别劳动关系法主要是指最低劳动标准方面的立法,如《劳动基准法》《劳动安全卫生法》《最低工资法》《劳灾保险法》《劳动者派遣法》等。集体劳动关系法是指调整劳资双方团体之间劳动关系方面的立法,如《工会法》《劳动关系调整法》《国有企业劳动关系调整法》等。劳动市场法是指在劳动者就业之前对政府、劳动者、资方及社会中介机构有关行为的立法,如对劳动者的开发培训、职业介绍等方面的法律规定。近年来,我国也在逐步完善劳动立法。有了完善的劳动立法,当利益各方发生矛盾时,便有法可依,就可以在法律的基础上加以调整。

(二)建立企业内部的职工权利保障体系

企业内部的职工权利保障体系主要指内部组织保障。内部组织保障是用人单位根据有关规定设立某种内部组织,并赋予其一定职权,以维护职工权利的一种权利保障形式。如工会、职代会、劳动争议协调委员会、职工以董事身份参加董事会和职工以监事身份参加监事会等组织形式都具有某种职工权利保障职能,这些组织形式都可以代表职工与企业协调劳动关系,避免矛盾的激化。

(三)培训和教育

企业各方人员为改善劳动关系,应加强对企事业各方人员的培训与教育。首先,应加强对企业决策者的培训。职工的多数权利的实现机制与企业决策者密切相关。企业决策者应自觉地负起保障职工权利的职责,维护职工权利,以促进和谐劳动关系的建立。然而,由于职工权利的实现在某种程度上削弱了企业决策者的管理权力,因此企业决策者往往会忽视对职工权力的保障,有时甚至会成为职工权利的侵犯者。企业决策者对职工权利的保障能在多大程度上起作用,取决于社会的文明程度、法制状况和决策者的认知水平、管理风格等因素,所以培训决策者是十分重要的。其次,应加强企业各级主管人员的培训。企业各级主管的管理工作对象是广大职工,他们的工作作风、业务知识、法律意识如何直接对劳动关系发生影响。通过培训,可以增强他们的劳动关系意识,掌握处理劳动关系问题的原则和技巧。此外,还应加强对劳动关系双方进行法制、"企业共同体""伙伴关系"等意识的培训和教育,为劳动关系的稳定奠定良好的基础。

（四）提高职工的工作和生活质量

通过建立和完善企业内部规章、使职工参与民主管理、工作丰富化和扩大化,以及物质激励与精神激励、内激励与外激励等多种激励形式和手段,来提高职工的工作满意度。从而提高职工的工作质量和生活质量,这是改善劳动关系的根本途径。

三、劳动合同

（一）劳动合同的含义

1.劳动合同是劳动关系双方主体之间的劳动协议

签订劳动合同的主要目的是以用人单位和劳动者这两方为主体建立劳动关系。其中劳动者不受年龄（未成年人除外）、性别、文化程度、民族和信仰等的限制,只要其具备劳动能力和人身自由,同时为用人单位所雇佣,就可以成为劳动合同的一方当事人或签订人;用人单位也不论其性质和生产经营方向等,只要依法具备雇佣劳动者的资格,就可以成为与劳动者相对应的劳动合同的另一方当事人或签订人。劳动合同签订,是用人单位和劳动者双方在自愿协商、达成一致的基础上完成的。

2.劳动合同是双方当事人间关于劳动权利和义务的约定

劳动者参加企业的劳动,要服从用人单位的劳动管理和分配,要遵守企业的劳动规则和其他规章制度等;用人单位负责安排、组织和管理劳动者的劳动,要按照劳动者的劳动成果和效率支付劳动报酬和其他福利,要给劳动者提供相应的劳动条件和环境等。劳动合同对用人单位和劳动者之间的这些劳动权利和义务关系进行必要的约定,以作为用人单位和劳动者履行义务和实现权利的依据。

3.劳动合同一经签订,便具有法律效力

劳动合同是双方当事人之间的劳动协议,也是双方当事人之间的一种法律行为,具有特定的法律属性。劳动合同一旦签订,便具有法律效力,双方当事人必须严格履行,不得违反,否则,要受到法律的制裁。

(二)劳动合同的内容

1.劳动合同期限

劳动合同期限,分为有固定期限、无固定期限和以完成一定的工作为期限。无固定期限的劳动合同,是指不约定终止日期的劳动合同。用人单位和劳动者只要遵照平等自愿、协商一致的原则,都可以签订无固定期限的劳动合同。按照《劳动法》规定,劳动者在同一用人单位连续工作满 10 年以上,当事人双方同意续延劳动合同的,如果劳动者提出订立无固定期限的劳动合同,应当订立无固定期限的劳动合同。劳动者被用人单位录用后,双方可以在劳动合同中约定试用期,试用期应当包括在劳动合同的期限内,并且最长不得超过 6 个月。

2.工作内容

工作内容,是劳动合同中权利义务的基础,是劳动者所从事的工种和工作职位,以及在工作职位上必须达到的工作要求,如劳动定额、产品质量标准等。

3.劳动保护和劳动条件

劳动保护和劳动条件是劳动者在工作中所享有的生产、工作条件,即用人单位保障或者提供劳动者正常生产及工作所必需的基本条件,包括劳动场所和设备、劳动安全卫生设施、符合国家规定标准的劳动防护用品等。

《劳动法》规定:"用人单位必须为劳动者提供符合国家规定的劳动安全卫生条件和必要的劳动防护用品,对从事有职业危害作业的劳动者应当定期进行健康检查。"按照有关法律的要求,工作场所的光线应当充足,噪声、有毒有害气体和粉尘浓度不得超过国家规定的标准;建筑施工、易燃易爆和有毒有害等危险作业场所应当设置相应的防护设施、报警装置、通信装置、安全标志等。对危险性大的生产设备设施,如锅炉、压力容器、起重机械、电梯、用人单位内机动车辆等,必须经过安全评价认可,取得劳动部门颁发的安全使用许可证后,方可投入运行;用人单位提供的劳动防护用品,必须是经过政府劳动部门安全认证合格的劳动防护用品。

《劳动法》规定:"劳动者在劳动过程中必须严格遵守安全操作规程,劳动者对用人单位管理人员违章指挥、强令冒险作业,有权拒绝执行;对危害生命安全和身体健康的行为,有权提出批评、检举和控告。"根据这一规定,劳动者在劳动安全卫生方面的权利主要包括以下几点:①劳动者有权利得知所从事的工作可能对身体健康和生命安全造成的危害。用人单位有义务使劳动者了解这些危害,并且有责任对劳动者进行与其从事的工作相适应的劳动安全卫生培训。②劳动者有权利获得保障其健康和安全的劳动条件和劳动防护用品。用人单位有责任改善劳动条件,为劳动者发放符合国家安全卫生标准的劳动防护用品。③劳动者有权对用人单位管理人员违反操作规程的指令予以拒绝。用人单位不得以此为由给劳动者处分或者解除劳动关系。④劳动者对危害生命安全和身体健康的行为,有权提出批评、检举和控告。用人单位必须采取积极的措施,并不得对劳动者进行打击报复。

劳动者在享受权利的同时,也必须承担相应的义务:①劳动者在劳动过程中必须严格遵守安全操作规程。②劳动者必须按照规定,正确使用各种劳动防护用品。③在劳动过程中,劳动者应服从合乎法律规定的生产指挥。④劳动者在发现劳动过程中不安全因素或者危及健康的险情时,有义务向管理人员报告。由于妇女与男子的身体结构和生理特点有很大的区别,所以用人单位在日常的生产经营活动中还需对女工依法加以特殊的保护。

4.劳动报酬

在劳动合同中,必须遵守国家的法律规定,例如,支付的工资不得低于当地的最低工资标准,工资必须以货币形式支付,工资必须能够体现效益与公平原则等。劳动报酬条款应当明确工资的支付周期、工资的支付时间、工资的支付数额等。除工资之外,此类条款还应包括奖金、津贴等。如有必要,应当明确加班工资的计算方法、支付办法,职工下岗期间的工资待遇等。

5.劳动纪律

劳动纪律是在劳动过程中,劳动者必须遵守的劳动规则,包括国家的法律、法规规定的规则以及用人单位制定的、符合国家法律规定的劳动规则。

6.劳动合同终止的条件

劳动合同的终止是指因劳动合同期限届满或者劳动合同履行中发生特定的情况,合同双方当事人的权利义务自行终结。按照《劳动法》的规定,劳动合同期满或者当事人约定的劳动合同终止的条件出现,劳动合同即行终止。因此,劳动合同终止的条件除了合同期满之外,双方当事人可以在劳动合同中约定其他终止条件,例如,用人单位倒闭或破产、劳动者死亡等。

(三)劳动合同的订立、变更、解除和终止

法律对劳动合同的订立、变更、终止和解除进行了规定,只有遵守这些规定,劳动合同才具有法律效力。

1.劳动合同订立

为了保证劳动合同订立工作的顺利进行,用人单位在劳动合同订立时要遵循以下几个基本原则。

(1)劳动合同订立的基本原则

①平等自愿的原则

用人单位在订立劳动合同时,用人单位和劳动者双方的法律地位是平等的,合同的订立完全出于双方自己的意愿,不存在任何一方的意志强加于另一方的情况。凡是以欺诈、威胁和乘人之危等手段将自己的意愿强加于对方的行为,都是违背平等自愿原则的。

②协商一致的原则

这是指用人单位和劳动者在平等自愿的基础上,就用人单位劳动合同的各项条款各自发表意见,进行充分协商,最终达成完全一致的意见。只有在协商一致基础上签订的劳动合同,法律才能够要求双方当事人认真履行合同规定的义务,维护双方当事人的合法权益。

③互利互惠原则

用人单位与劳动者的关系就其本质上来说是一种经济利益关系。因此,双方当事人在劳动合同订立时,就要对双方的经济利益在平等自愿的基础上展开讨论,而要最终达成协商一致,就必须在经济利益上保证双方当事人的互利互惠,没有互利互惠这个前提条件,劳动合同不可能达成协商一致。因此,协商一致是互利互惠的结果。

④符合法律的原则

这就是要求用人单位劳动合同的订立要符合有关法律的规定,主要表现在

三个方面:合同的主体要符合法律的规定;合同的内容要符合法律的规定;合同的订立程序要符合法律的规定。

(2)劳动合同的订立步骤

用人单位在对应聘者进行全面考核后,本着择优录取的原则,确定被录用或聘用人员,并签订劳动合同。在订立劳动合同时,一般应遵循以下步骤。

①用人单位提出劳动合同草案

用人单位在决定录用或聘用有关劳动者以后,要向劳动者提交劳动合同草案。劳动者有权对自己不清楚的条款要求用人单位有关人员做出解释和回答。

②用人单位向劳动者介绍有关规章制度

在用人单位向劳动者提交劳动合同草案的同时,还要向劳动者详细介绍单位内部的劳动规章制度。这是因为劳动合同一旦签订,劳动者必须完全遵守和执行用人单位内部的劳动规章制度。

③双方协商劳动合同内容

在用人单位向劳动者提供合同草案和介绍劳动规章制度的基础上,双方就要对合同草案条款逐一进行磋商,并对需要补充的条款进行认真协商和研究。合同条款主要涉及用人单位劳动安全状况、劳动卫生条件、工作环境、工资和劳动报酬、社会保险和福利待遇、试用期待遇等内容。在对合同内容的协商过程中,必须经过双方充分讨论和反复研究。在双方达成一致意见后,协商阶段即告结束。

④双方签约

双方当事人在签约前,还要认真审阅合同文书的内容是否真实,是否全部是经过双方协商一致的结果。在确认无误的基础上,双方当事人通过一定仪式签字、盖章。如果合同不需要鉴证,则双方当事人签字、盖章后,所签合同即具有法律效力。

⑤合同鉴证

这是指按照国家规定或当事人的要求,用人单位将合同文本送交合同签订地或履行地的合同鉴证机构或劳动行政主管部门,合同鉴证机构或劳动行政主管部门依法审查、鉴定合同的合法性,并提交有关鉴证证明。凡需要鉴证的合同,只有在鉴证后才会生效。

2.劳动合同的变更

劳动合同订立以后,若无特殊情况,双方当事人必须认真履行,任何一方不得擅自变更合同的内容和条款。但在履行合同的过程中,由于用人单位生产经营状况的变化和劳动者劳动、生活条件的变化以及国家政策、法规和社会经济条件的改变等,双方当事人依法也可以变更合同的内容和条款。所谓劳动合同的变更,就是指双方当事人依法对已经生效但尚未履行或尚未完全履行的合同的内容和条款进行修改或增减的行为。

劳动合同的变更一般包括两种类型:法定变更和协议变更。法定变更,是指在法律规定的原因出现时,经当事人一方提出,可以变更劳动合同。协议变更,是指双方当事人经协商一致,达成协议,对劳动合同进行变更;同时,这种变更也必须符合法律的规定。

(1)劳动合同变更的条件

劳动合同的变更一般只涉及合同的部分条款,需要变更的条款一般符合以下条件。

①尚未履行或尚未完全履行的有效条款。已经完全履行的条款,没有必要变更;无效的条款,也没有必要变更。②依法可变更的条款。法律规定不准变更的条款,一律不准变更。世界上多数国家的劳动立法,都有对劳动合同某些条款不许变更的规定。比如,合同的当事人和合同的期限等条款,很多国家规定不许变更。③直接引起合同变更的条款。合同中某些条款由于合同履行主客观条件的变化,使得对其履行成为不必要或没有可能,这时,就会引起合同的变更。可见,这些条款本身就是引起合同变更的原因,劳动合同的变更,就是要对这些直接引起合同变更的条款进行修改或增减。对于与合同变更原因无关的条款,就没有必要变更。

(2)劳动合同变更的程序

劳动合同的变更,必须遵守一定的程序。①一方当事人向另一方当事人提出变更合同的请求。提出请求的当事人可以是用人单位,也可以是劳动者。不管是哪一方当事人提出变更合同的请求,都要就合同变更的理由、内容、条款和条件等作出说明,并给对方当事人一个答复的期限。②被请求方按期向请求方作出答复。被请求方在接到请求方变更合同的要求后,要在请求方给出的期限内给予答复;不准对对方的请求置之不理。被请求方的这种答复可以是同意,也可以提出不同的意见,供双方进一步协商;对于不符合法律规定的请求,被请求方可以表示不同意。③双方协商,达成书面协议。双方当事人就要求变更的合同内容和条款进行协商,在取得一致意见的基础上,达成和拟定书面协议;书面协议要就变更的内容和条款进行详细说明,并就变更后的条款生效日期作出规定。书面协议要经双方当事人签名、盖章后才有效。④备案或鉴证。凡在订立时经过备案或鉴证的劳动合同,变更合同的书面协议也需要送交用人单位主管部门备案,或到鉴证机构办理鉴证手续。需要鉴证的变更协议,只有在鉴证后才能生效。

3.劳动合同的解除

劳动合同的解除是指双方当事人提前终止劳动合同的履行,结束权利和义务关系。对于劳动合同的解除,多数国家都有自己的立法规定,并有限制条件和程序。

(1)劳动合同解除的条件

关于劳动合同解除的条件,可以分两种情况来说明:用人单位解除合同的条件和劳动者解除合同的条件。

用人单位解除合同的条件主要表现在两个方面:①因劳动者过失解除劳动合同。《劳动法》规定,劳动者符合下列情形之一的,用人单位可直接解除劳动合同:试用不合格,即在试用期间被证明不符合录用条件的。严重违纪,即严重违反劳动纪律或用人单位规章制度的。给用人单位造成损害,即严重失职、营私舞弊、对用人单位利益造成重大损失。承担刑事责任,即被依法追究刑事责任的。②非因劳动者过失解除劳动合同。《劳动法》规定,劳动者符合下列情形之一的,用人单位可以解除劳动合同,但应提前 30 天以书面的形式通知劳动者本人。劳动者患病或非因公负伤,医疗期满后,不能从事原工作也不能重新安排的工作的。劳动者不能胜任工作,经过培训或调整工作职位,仍不能胜任工作。用人单位劳动合同订立时所依据的客观情况发生重大变化,致使原合同当事人双方协商不能就变更合同达成协议的。用人单位还可以通过裁员的形式解除用人单位劳动合同,但必须在用人单位濒临破产进行法定整顿期间以及用人单位生产经营状况发生严重困难,确定必须裁员时进行。

劳动者解除合同的条件。《劳动法》规定,劳动者解除劳动合同,应当提前30天以书面的形式通知用人单位,但属于下列情形之一的,劳动者可以随时通知用人单位解除劳动合同:在试用期内,用人单位以暴力、威胁或者非法限制人身自由的手段强迫劳动者劳动;用人单位未按照合同的约定支付劳动者劳动报酬或提供相应的劳动条件的。

(2)劳动合同解除的程序

关于劳动合同解除的程序,一般包括以下几项。

①合同解除的事前环节

很多国家的劳动立法规定,用人单位在向劳动者发出解除合同关系以前,要经过一些必要的程序。这些程序工作主要有:对劳动者进行批评教育、纪律处分或解除警告等;征求工会或有关职工的意见;向主管部门或行政当局报告并经批准。

②签订合同解除的协议或发出合同解除的通知

合同的解除一般要由双方当事人就解除的日期和法律后果等依法签订书面协议;一方决定的解除也要由决定方向对方发出书面通知。当然,书面通知的发出期限,各国的法律规定是不一样的。

③合同解除的事后环节

合同当事人就合同解除签订协议或发出通知后,依法还要做好以下三个主要事项。

工会出面。工会有权对有关合同的解除发表自己的意见,合同解除方尤其是用人单位应当认真研究和对待工会的意见。

争议处理。若因合同解除出现争议,还需经过调解、仲裁、诉讼或其他的办法来加以处理。

备案。一些国家规定,合同的解除还要由用人单位报主管部门或行政当局备案。

4.劳动合同的终止

劳动合同的终止有广义和狭义之分。狭义的劳动合同的终止,是指双方当事人已经履行完毕合同约定的所有权利和义务,或其他法律事实的出现而使双方当事人劳动关系已不复存在,且任何一方均没有提出继续保持劳动关系的请求,合同就此终止法律效力。广义的劳动合同的终止,不仅包括狭义的用人单位劳动合同的终止,而且还包括劳动合同的解除。

(1)劳动合同终止的条件和原因

①合同期限已满

定期劳动合同在合同约定的期限届满后,除非双方当事人依法续订或依法延期,否则合同即行终止。

②合同目的已经实现

以完成一定工作为期的劳动合同在其约定的工作完成以后,或其他类型的劳动合同在其约定的条款全部履行完毕以后,合同因目的的实现而自然终止。

③合同约定的终止条件出现

劳动合同或集体合同对劳动合同约定的终止条件实际出现以后,劳动合同就此终止。

④当事人死亡

劳动者一方死亡,合同即行终止;雇主一方死亡,合同可以终止,也可以因继承人的继承或转让第三方而使合同继续存在,这要依实际情况而定。

⑤劳动者退休

劳动者因达到退休年龄或丧失劳动能力而办理退休手续后,合同即行终止。

⑥用人单位不复存在

用人单位因依法宣告破产、解散、关闭或兼并后,原有用人单位不复存在,其合同也告终止。

(2)劳动合同终止中出现的问题

在劳动合同的终止中,经常会出现以下列举的一些问题,应给予重视和正确处理。

用人单位或劳动者一方在合同期限届满时,强迫对方续订合同。劳动合同期满即行终止,不存在任何附带条件。确实是因生产或工作需要,可以续订合同,但必须征得双方当事人的同意;任何一方无权强迫另一方续订合同。否则,所续订的合同是无效的,续订行为本身也是违法的。在实践中,一般是由于劳动者是用人单位的生产或技术骨干,或者用人单位曾为劳动者的培训支付了大量的费用等,劳动者离开用人单位,会给用人单位带来较大的损失等原因,用人单位可能会强迫劳动者续订合同。处理这类问题的方法是,用人单位应与劳动者签订较长期限(如 10 年及以上)的合同或不定期合同,并规定一方违约要向另一方赔偿相应的经济损失,以尽量减少用人单位的损失。

合同到期后,双方当事人既不办理续订合同手续,又不终止合同,继续保持事实上的劳动关系。这主要是由于双方当事人或一方当事人的法律意识淡薄造成的。保持事实上的劳动关系往往会给双方当事人的权益带来损害,尤其是劳动者的权益更容易受到侵害,因为事实上的劳动关系得不到法律的保护。为避免这种情况的出现,要对用人单位和劳动者加强合同法律意识的宣传和教育,敦促双方当事人在合同期限届满时,及时办理续订手续或终止合同。

双方当事人在办理续订手续时不合法或不完备。合同期限届满后,双方当事人若不终止合同,就要办理续订手续。在实践中,续订手续的办理经常会出现这样的情况:用人单位不与劳动者协商,不经劳动者签字,而是由他人代为办理。用人单位通过这种方式续订的合同不具有法律效力,对用人单位会祸害无穷。劳动者一方一旦不承认续订合同的有效性,或采取不辞而别的行为,用人单位的损失无从追究。因此,为避免此类事件的发生,双方当事人在续订劳动合同时,一定要按照有关规定,办理有关手续,以防任何一方的权益受到损害。

第四章　领导心理

第一节　领导的自我认知

一、自我意识与自我认知

自我认知也称自我意识。对于自我认知,在中西方哲学思想中始终居于重要地位。西方早期哲学中特别重视"内省",在古希腊阿波罗神庙中有一道神谕"认识你自己",成为哲学王国里永恒的主题。在中国传统文化中,特别强调"慎独",注重自我修炼。"内省"和"慎独",虽然概念有所差异,但实质内容是一致的,都是以自我为中心,把"自我"作为观察和评价的对象。为此,如何看待自我认知,首先要对意识以及自我认知过程有一个基本的了解。

(一)意识

人之所以为人的一个重要标志,就是人有意识。对于意识问题,它是哲学、心理学以及其他有关学科共同的研究对象或研究课题。在心理学研究中,意识是人所特有的一种对客观现实的高级心理反应形式。作为人所特有的心理现象的意识,是包括感觉、知觉、思维在内的一种具有复合结构的最高级的认识活动,思维在其中起着决定性的作用。意识具有自觉性、能动性、创造性等特点,在人的心理活动中,发挥着调节、控制、指导的作用。在精神医学上,意识是指病人整个精神活动的清晰程度和清晰范围。因此,意识作为人的一种高级认识活动,包括对环境和人自身的识别能力以及其清晰的程度。正常人在清醒的时候,意识是明晰的,能正确地识别和理解不同时间、地点、人物、事件以及自己的生活状况,能对周围环境刺激做出相应的、适当的、能动的反应。

作为一种人类特殊的反映形式,意识在帮助生存、调节人的活动及建构现实的个人三个方面起着重要的作用。

1.帮助生存

从一种生物学的观点来看,因为意识帮助个体了解外界信息,并计划在最适宜和有效的行动中使用这些信息,所以它才可能演化。首先,意识对所察觉的和所注意的范围进行限制从而减少刺激输入的流量。意识的这种限制功能滤掉了多数与当前目标无关的信息。当个体将意识集中在自己希望加工和反映的信号的时候,所有被评价为"无关"的就成为背景噪声。其次,意识具有一种选择储存功能。在所有感觉信息被知觉意识到并被加工为可识别的模式和范畴时,意识允许个体选择性地储存他想要的刺激信息。意识通过选择作用将外界刺激进行分析判断,做出有益或无益的评价。

2.调节人的活动

意识对人的活动起着特殊的调节作用,这种作用表现为人的活动具有目的方向性。人在进行活动之前,活动的目的和结果就以观念的形式存在于人的头脑中,人据此做出计划,指导自己的活动,使之能达到预期的目的。在这种情况下,人的活动就成为有意识的,具有目的性和方向性。

3.建构现实的个人

同一种情境不可能有两个人用完全相同的方式来解释。个体对现实的建构是建立在知识、经验、需要、价值、信念、目标以及对当前情境的解释基础上的。因为每个人对现实的个人建构是在特有信息中选择形成的,所以个体会更注意刺激环境中的某些特征。当个体对现实的个人建构保持相对稳定的时候,个体的自我感就具有了连续性。

(二)自我认知

自我认知是人对自己身心状态及对自己同客观世界的关系之认知。自我认知包括对自己及周围状态的认识,对自己身体活动状态的认识以及对自己思维、情感、意志等心理活动的认识三个层次。自我认知不仅是人脑对主体自身的意识与反映,而且人的发展离不开周围环境,特别是人与人之间关系的制约和影响,所以自我认知也反映人与周围现实之间的关系。自我认知是人类特有的反映形式,是人的心理区别于动物心理的一大特征。

自我认知的组成主要包括自我感受、自我体验和自我控制三个层次。自我感受主要解决"我是一个什么样的人"的问题。比如有的领导者观察自己的特征,认为自己属"乐观型";分析自己的品性,认为自己是个诚实的人;用批评的眼光审视自我时,觉得自己脾气急躁,容易冲动。自我体验主要涉及"对自己是否满意""能否悦纳自己"这类问题,比如有人感到自卑,因为自己不受人喜欢,所以对自己感觉不满意,甚至不愿接受这个讨厌的自我。而自我控制则要解决"如何有效地调控自己""如何改变现状,使自己成为一个理想的人"之类的问题。三个方面有机整合,便形成了完整的自我认知。

1.自我感受

自我感受,即自我认知和自我评价。自我感受是自己对自己身心特征的认识;自我评价是在自我感受的基础上对自己做出的某种判断。

在客观的自我感受基础上做出正确的自我评价,对于个人的心理生活、行为表现及个人在社会群体中人际关系的协调,都具有重大的影响作用。如果一个领导者在社会生活中,把自己看得低人一等、没有价值,那么他就会产生自卑感,做事缺乏胜任的信心,没有主动性和积极性,其结果是,无论做什么事情都难以保证质量。相反,如果一个领导者只看到自己的长处,那么,他就会产生盲目乐观的情绪,自我欣赏,自以为是,其结果往往不能处理好人际关系,难以与人合作,或被他人拒绝、被群体所孤立。可见,对自我的客观认知和评价,对个人的健康发展有着不可忽视的影响。

2.自我体验

自我体验是个体对自己怀有的一种情绪体验,即主体对客体所持有的一种态度。它反映了主体的需要与客体现实之间的关系。客体满足了主体要求,就会产生积极肯定的自我体验,即自我满足;反之,没有满足主体要求,则会产生消极否定的自我体验。

客观的我能否满足主观的我的要求,往往与个体的自我认知和自我评价以及个体对社会规范、价值标准的认识有关。自我体验的内容十分丰富,比如自尊心与自信心、成功感与失败感、自豪感与羞耻感等。

成功感和失败感是根据个体的自我认知与自我期望水平而确定的,决定于个体的内部标准。比如当个体在完成某项工作时,其他人认为他未获成功,而个体可以认为自己取得了成功,或者是其他人认为他已取得成功了,而个体自己却认为是失败的。由于个体的自我期望水平要受社会的期望标准的影响,因而决定个体成功与失败之情绪体验的内部标准在一定程度上要与社会的共同标准相适应。当个体体验到成功感时,就会产生积极的自我肯定,向更高的目标进取;反之,当个体体验到失败感时,则常会产生消极的自我否定,甚至放弃努力。

3.自我控制

自我控制是个体对自己行为、思想和言语等的控制,即主体对客体的制约作用。自我控制有两个方面的作用,其一是发动作用,其二是制止作用。人们在克服困难的过程中,个体通过积极暗示或消极暗示影响自己的行为活动,这就是自我控制所起的发动作用。例如有的领导者感觉身体不适,但因为工作重要而继续坚持下基层检查工作等。

（三）自我认知价值意义

自我认知是领导者必须具备的素质。领导者良好的自我认知能力是顺利开展工作的基本前提。自我认知影响着领导工作的方方面面,一个成熟稳重的领导总是对自己具有清晰明确的自我认识,通过自我观察、自我体验、自我控制、自我提升不断提高自己的能力素质,增强自信心,发挥领导影响力。一个领导者必须包含以下四种基本素质:一是自我意识,一个领导者应该认知到要做什么,并且怎样去做;二是交流的能力,一个好的领导者应该是一个懂得沟通并且善于沟通的人;三是领导者需要有一定的财务知识和背景;四是领导者应该在某一个领域是一个专家。

1.自我认知影响领导威信

自我认知的发展过程,是个人在实践活动中不断地丰富自己的知识、情感,不断地改变自己的思想行为的过程,是个人使自己的行为服从明确的目标并自觉地调节、控制自己活动的过程,也即理想的自我与现实的自我在新的水平达到相对平衡,进而稳定发展的过程。领导者必须在领导过程中,在与干部群众的广泛接触中,不断地丰富自己、提高自己。将符合事业利益的组织观念化为自我意识的一部分,也就是说,把自己与组织融为一体,以"俯首甘为孺子牛"的精神,全心全意为群众服务。只有这样,才能不计较个人职务的晋升和所得物质利益的多寡,才能深入群众、联系群众,树立全局观念,立足于现实,面对现状,勇于创新,树立威信形象。

2.自我认知影响领导效能

自我认知在价值标准、认识方法、结论取舍等方面会形成相对定型的习惯和模式,从而直接影响着领导者行为。例如,一个长期处于优越环境的领导者可能形成过分自信的自我意识,从而导致其在为人处世中偏向于傲慢和武断。另外,为了更好地完成工作,达成工作目标,领导者要珍惜时间,讲究效率,杜绝失误,不断提高工作质量。若领导者的自我理想境界不高,遵守组织规范的约束力弱,防卫自我的力量就会增强,会使自我意识成为一个孤立的封闭系统,容易造成感情用事,轻易许诺。长此以往,在工作中就难以得到干部群众的理解信任,严重影响领导工作效能。

3.自我认知影响心理健康水平

形成正确的自我认知是心理成熟的标志,对心理健康起着重要作用。大量的心理学实践证明,许多人社会适应不良及人际关系不协调是由于自我认知不健全或不协调造成的。如果一个人对生理的自我、心理的自我和社会的自我认识体验不正确,尤其是在自我评价及自我概念上与客观的现实差距太大时,就可造成社会适应不良和人际关系不协调,从而影响人的心理健康。正确的自我认知通过客观的自我评价产生合理的理想自我,并且通过正确认识自己与他人、个体与群体双方不同的地位和需要,采取不同的策略,主动调节人际关系,并且能够知己知彼,从而保持良好的社会适应和人际关系,维护心理健康。

二、领导自我认知冲突

从领导者的角度来看,领导从政心理成熟水平的提高过程,是领导者在领导实践活动中不断地丰富自己的知识、情感,不断地改变自己的思想行为的过程,并使自己的行为服从目标并自觉地调节、控制自己活动的过程,也即理想自我与现实自我在新的水平达到相对平衡,进而稳定发展的过程。领导者在与周围干部群众的广泛接触中,将符合事业利益的组织观念化为自我认知的一部分,才能使自己与组织真正融为一体。在现实工作中,有些领导者对自己的行为特点、人格特点以及自己对他人、环境的作用和影响认识不够准确,影响了人际关系的和谐,影响了理想自我的构建,表现在发展方向、奋斗目标等重大问题上不能正确把握,目标信念动摇,造成仕途上的挫折;在对自我的态度和自我体验上,常常表现出不稳定,在发展顺利时,容易产生优越感和自负,而一旦受到挫折,就怀疑、否定自己,产生自卑等。

(一)领导自我认知心理冲突类型

1.组织需要与个人选择的心理冲突

领导者是组织当中的人,也就是俗话说的"公家的人"。作为公众人物,领导的岗位选择要符合组织要求,符合组织规范。也就是说,组织的要求是第一位的,个人的选择是第二位的。正因为如此,当组织需要调整工作岗位时,领导总是无条件地服从党和组织的安排,严格执行组织纪律,这是作为领导干部的基本要求。但对于领导者自身而言,在组织需要与个人需要之间也存在着很多冲突。有时候,个人愿望未必是组织所能满足的,组织上的安排也未必是个人需要的。尽管许多领导干部党性观念强,能够维护大局,以组织利益为重,但有时也面临着在组织召唤与个人愿望之间的矛盾,有的还比较激烈。比如,现在组织、纪检、公安、外事等许多重要岗位需要异地任职,有的交流干部长年累月待在他乡,从个人愿望上,许多干部也希望能够早日在自己的亲人身边享受天伦之乐,也希望有机会在工作环境、条件、待遇相对好一些的部门或单位任职,这也是人之常情。但毕竟自己是领导干部,是党多年培养教育的人,许多人在"为大家"和"顾小家"之间虽然有不同想法,但在选择态度上还是"一颗红心,两手准备",坚持党和国家利益至上,组织需要第一、群众百姓安危第一,这种心理愿望上不协调—协调矛盾冲突,丰富着领导干部的情感世界,考验着领导干部的责任与忠诚。为此,各级党组织要多理解干部个人的心理愿望冲突,在组织安排和个人需要之间尽量多考虑一些干部需要的实际情况,既要给领导干部提供干事创业的岗位平台,也要从激励保障措施上着眼,指导并帮助领导干部消除后顾之忧,使他们心情愉快地放手工作,尽量减少组织安排与个人需要之间的矛盾冲突。

2.社会期望与实际贡献的心理冲突

在领导者身上,既体现着组织的要求,又承载着社会的殷殷期待。领导形象不是给自己看的,更多的是给社会公众展示的。维护领导形象,满足社会期待,是领导者始终关注的话题。要满足社会期待,需要德才兼备,树立风范;需要政绩突出,成就显著;更需要勤政为民,拥护信赖。为此,要做到"德才兼备",首先要严格要求自己,在思想品德上不能放松,同时要善于学习,具有一定的文化知识水平和分析问题解决问题的能力;要做到政绩突出,要具备事业心和责任感,努力做到为官一任,造福一方;要勤政为民,获得信赖,就要具备实干吃苦精神,不能贪图享乐,做损害群众利益的事情。但是,从领导干部自身来说,也存在社会期待很高与实际贡献不够的地方。有的领导干部虽然勤奋努力,工作积极性高,但由于思路以及方法经验上的局限,工作效果并不理想,不但造成工作上的挫折,而且引起下属群众的误解;还有的忽视社会对自己的重要期待,不注意维护自己领导者的良好形象,不关心群众疾苦,热衷于形象面子工程,失去群众支持;还有的严重脱离群众,贪图享受,玩弄权力,与民争利,成为社会负面形象等。社会期待与实际贡献方面的不一致,往往是造成领导威信下降,甚至党群、干群关系紧张的一个重要因素。为此,作为领导干部,既要对上级组织负责,更要对下级群众负责,要多倾听群众呼声,时刻关注民生疾苦,积极维护群众利益,把社会期待化作自我激励,勤奋努力,积极有为的动力。

3.目标定位与利益矛盾的心理冲突

人生的目标选择与事业发展密切相关。领导者应当是关注并投身事业的人,拥有坚定的人生信仰与奋斗目标。但在目标选择中,由于受利益追求和价值判断的影响,也存在着冲突与矛盾。目标太高远,如果没有实现的可能性,会有挫折失落感;但目标定位太低或没有目标,奋斗就失去了动力,也不可能取得事业或生活上的成功。究竟确定什么样的发展目标,如何看待自己的努力奋斗,对于一个领导者的成长来说非常重要的。有的领导者对自己的目标认识比较清楚,不求闻达于天下,但愿无愧于我心,在事业目标选择上符合实际,当发展目标与现实利益发生冲突的时候,能够使利益矛盾服从于目标选择,并围绕目标坚持不懈;有的自我认识就比较模糊,在眼前利益冲突下动摇自己的人生目标,容易放弃自己的追求,陷入人生事业的困惑苦闷当中;还有的只顾满足眼前利益,动辄放弃目标追求,有的甚至怀疑生命的价值意义,导致自我怀疑和否定,造成发展心理危机。

4.人际交往与孤独失落的心理冲突

良好的人际关系是领导者交往心理的基本需要。从自我认知方面来讲,人际交往有助于增强个人自信心,提升个人影响力。许多领导者都有很强的交往意识和人际洞察能力,这是做好领导工作需要掌握的一项重要技能。几乎每一个领导者都需要有追随者和拥护者,希望得到人际支持和信赖,这也是领导者取得成功的重要力量。但在人际交往中,有的领导者却为表面的人际关系所累,被复杂的人际纠缠苦恼,有的则陷入更加孤独的负面情绪之中。应当承认,领导者具有天然独特的人脉资源优势,领导岗位本身就为领导者交往活动提供了便利条件。有的领导同志在位时间长,认识的领导朋友多,自然高朋满座;有的领导岗位重要,他几乎无求于人,可来访者却多求与他,在人际圈子里可谓左右逢源,风光无限。可这仅只是表面现象,在人际关系背后,也存在着一系列心理困惑与矛盾。主要表现在频繁的人际关系多是在领导者现任岗位中产生的,一旦岗位发生了变化,人际圈子自然跟着变化,最明显的是退位之后,人际关系的协奏曲可能会成为咏叹调,人走茶凉为常态,有的领导者心理出现严重落差;再者,有的领导者追求人际表面效应,虽然应酬很多,但相互间缺乏真诚深入的感情交流,未免感觉孤单失落;还有的对人际关系缺乏深入地了解洞察,在庸俗的人际关系当中被"朋友"拖下水的也大有人在。为此,如何使人与人之间彼此信任,坦诚交往;如何经常保持平常心;如何与同事既能合作共识,又能心心相印,如何正确处理人际关系中的心理困惑矛盾,这是衡量领导自我认知能力水平的一个重要方面。

5.理想自我与现实自我的冲突

理想自我指个体在头脑中所设想的关于自己的理想的形象,现实自我指个体此时此地的身心存在的总和。理想自我与现实自我的冲突表现在领导者的身上就是对领导形象的意识。领导者的自我观念指领导者对自己的认知、情感和行为的自我意识。心理学研究表明:你对自己的看法,以及你感觉到的别人对你的看法与别人实际对你的看法经常不一致。换言之,领导者心中想要达到的理想的自我形象,往往与现实自我有差异。有些领导者对自己的角色期望过高,而该角色实际上又做不到,最后带来的只能是大失所望,自我评价很低甚至产生自我冲突、自我怀疑或自我否定。领导者向群众许诺了过多,而实际却无法办到,结果给人一种无德无能、言而无信的印象,只能是遭受群众较低的评价,导致自身形象的贬低。领导者在担任领导职务后,代表的不只是个人形象,还有组织或国家的形象,理想的自我必然要符合领导形象的要求,领导形象具有强烈的制约效果,影响领导效能的发挥。领导者要体察客观的角色评价,吸收各方面的反映和意见,并结合角色认知,调整自己的角色行为,进一步树立自己的角色形象。

(二)自我认知心理障碍

领导者如何正确认识自我,直接关系到领导者的心理健康。如果领导者不能正确认识自我,就会出现各种心理障碍。领导者的自我认知心理障碍指的是在领导活动中,领导者所表现出来的不良心理状态,对其身心健康以及领导工作有许多消极影响。因此,从分析自我认知来剖析领导者的心理障碍,使其心理状态与客观环境达到平衡,具有十分重要的意义。在实际工作中,表现在自我认知方面的比较常见的领导心理障碍有以下几种。

1.唯我独尊

领导者在组织内担任一定的职务,掌握一定的权力。这种人民赋予的权力,本应是领导者履行岗位职责,实现组织目标,为人民谋利益的手段,但由于个人素质和思想认识水平的差异,使得一些领导者对权力的认识发生了偏移,在一定程度上出现了心理障碍。

2.自我萎缩

这类领导者不求有功,但求无过。不是积极进取,努力实现人生抱负,而是消极等待,退缩保守,"熬"年头、"熬"资格、"熬"待遇,以求得到暂时满足。其特点是对现实自我的评价过低,理想自我与现实自我差距过大,心理上常处于一种消极防卫状态。有的领导常常用自我安慰的办法来原谅自己,在一定程度上放弃理想目标;有的则表现为对新事物新变化态度冷漠,对外界变化无动于衷,自我认知处于消极状态。

3.自我混乱

在现实与理想选择之间左右摇摆,失去自我认知能力。其特点是内心矛盾的强度大或延续时间比较长,新的自我久久不能确立,积极的自我难以产生,自我调节缺乏稳定性和确定性。这类领导者动机冲突强烈,心理负荷较重。比如有的领导干部虽以"淡泊以明志,宁静以致远"自省,以"达则兼济天下,穷则独善其身"自勉,以"天行健,君子当自强不息"自励,但是面对市场经济条件下各种利益矛盾的纠葛,时时陷入情感与理智、个人与集体、索取与奉献的两难困境之中,其心境体验也十分强烈。

4.自我膨胀

出现认知偏差,失去自我判断分析能力。其特点是对现实自我过度高估,虚假的理想自我占优势,理想自我与现实自我的统一是虚假的。这类领导者的自我表现为虚幻中度日。孤芳自赏,刚愎自用,严重者可能导致反社会行为,甚至犯罪行为。

5.自我否定

由于理想与现实相脱离,主观与客观不统一,只盯住"黑点"不放,过分纠结工作中的失误与缺点,造成自我否定。自我否定是一种带有危害的消极心理现象。其特点是理想自我极度缺乏或丧失,对现实自我又深感不满,自卑心理严重,导致自我拒绝的心理,甚至出现理想自我与现实自我的对抗。这类干部虽是少数,但严重者可以导致精神分裂症或因绝望而轻生,必须认真对待。

以上领导者的五种心理障碍均由领导者自我评价、对自我与环境关系的认知等的偏差所导致,因此领导者如何正确认识自我,提高自我认知水平至关重要。

三、提升领导自我认知能力

自我认知是自我调节和人格完善的重要前提。如果一个人不能正确地认识自我,看不到自我的不足,觉得处处不如别人,就会产生自卑心理,丧失信心;相反,如果一个人过高地估计自己,就会骄傲自大、盲目乐观,导致工作的失误。因此,恰当地认识自我,实事求是地评价自己,提高自我认知能力,对于一个人的发展至关重要。

（一）客观观察，找准位置

要想取得发展，定位很重要，只有定好位才能找准方位，才能做出正确选择，进而有所作为。社会人生犹如罗盘，每个人都在社会系统中处于一定的位置，按照位置特点扮演角色，围绕自己的目标做出行为选择。领导者也不例外，领导者的定位对于找准发展方向，减少挫折失误至关重要。善于客观观察，准确定位，要学会"三看"。一看职责认同度。领导者的自我认知心理成熟水平，首先表现在如何看待自己所处的岗位职责，岗位的性质是什么，岗位胜任需要具备什么知识，需要具备什么能力，需要具备什么样的职业道德等都直接影响着领导在岗位上的工作表现力。只有在对岗位职责深刻理解并高度认同的基础上，才能找准位置，更好地扮演领导角色。二看自己的工作态度。工作积极性源于对职业的理解与热爱。领导者的爱岗敬业，首先要看自己对事业是否真诚热爱。领导岗位是领导事业发展的基石，"有位"才能"有为"，而"有为"的关键在于是否"有爱"。"爱"讲究的是责任心，关注的是热情与投入，推崇的是奉献精神。有了深切的关爱态度，领导者必然焕发出旺盛的工作热情，就会对自己的岗位倍加珍惜，对组织未来的发展充满自信与期待，也对自己的下属群众越加关爱，就能拥有更多的追随者和拥护者；三看自己是否有能力。领导绝不是无能之辈，即便是那些能力看起来一般的领导，在他身边少不了"能者相助"。所谓"一个好汉三个帮""众人拾柴火焰高"就是这个道理。有时候，领导者的"德"本身也是一种"能"，是一种能够让大家聚集起来共创辉煌的"能量体"。所以找准位置，需要提升领导如何看待自己能力水平的观察判断力，因为领导是始终走在前面的人，是带领大家克服困难战胜黑暗走向光明的人。为此，找准位置既要从客观环境往外看，更要透过责任要求往内看，要内外结合，才能准确定位。

（二）认知价值，树立威信

价值目标是事业追求的内在驱动力。从价值取向上看，领导者的价值取向主要表现在以下几个层面。

一是生命价值的认知。也就是说如何活得有意义，活得有价值，活得有尊严,得到世人的尊敬爱戴。应当说,领导的生命虽然具有个体属性,更多地体现社会属性和历史属性。领导者的"活着"不只是为自己,更多的是如何让"别人活得更好"。既要对自己负责,更要对社会负责,对历史负责,也就是如何把有限的生命与无限的事业追求结合起来。为此,在对生命价值认知上,领导的生命价值除了个体生命之外,还要考虑延续自己的政治生命。领导者的政治理念、政治抱负、目标信仰、政治力量等是领导生命价值的重要组成部分,一个领导如果忽视了积极维护并发展自己的政治生命,个体命运不能与国家、民族的命运融为一体,不能与群众百姓的生存利益息息相关,就等于在事业发展上已经失败了。

二是经济价值的认知。财富是能力的象征。如何看待财富,如何看待金钱,衡量着领导者的人生品格与职业道德。

三是权力的价值。权力是领导发挥影响力的一个重要因素。权力大小与领导影响力的大小密切相关。但拥有权力并不能证明个人事业上的成功,关键是如何对待权力。

(三)悦纳自我,增强自信

积极悦纳自我是形成正确自我认知的核心。有作为、有影响力的领导者总是在充分肯定并悦纳自我的同时,积极追求自我完善,努力实现自我。悦纳自我就是要坦然地接受自己的一切,无论是好的或坏的,成功的或失败的。要平静而理智地对待自己的长短优劣,要乐观开朗,以发展的眼光来看待自己;既不消极回避自身的现状,自欺欺人,更不以哀怨、自责甚至厌恶来否定自己。在此,肯定自我是建立在对自我充分了解的基础上,领导要对自己的需要、愿望、能力、知识以及性格品德有一个比较客观全面的认识,在自我悦纳当中,培养自信、自立、自强、自主的心理品质,从而发展自我、更新自我。为此,肯定自我,积极悦纳自我,需要注意从多个角度、多个侧面来客观评价自我。一方面,既要进行纵向比较,将现实的自我和理想的自我做比较,看到自己的差距;同时,也要将现实的自我与过去的自我做对照,看到自己的进步。另一方面,又要进行横向比较,与超过自己的、与自己相似的、比自己稍差的人做比较。要将上述各个方面获得的信息综合分析,以获得较为客观的评价。在肯定悦纳自我当中要注意克服自我欣赏,妄自菲薄的不良心理倾向,更要防止和矫正在个别领导者身上存在的狂妄固执,过度迷恋自我等心理障碍。

(四)自我激励,自我管理

自我认知的一个重要作用就是激发领导者的自我激励。一个人的成长进步,光有"他励"是不够的,"他励"只是一种外力,而真正起关键作用的应当是"自励"。在平常工作中,有的领导者自加压力,采用压力激励的办法鼓舞自己的斗志,使自己在困难压力面前知难而进,奋勇向前。有的以事业发展目标激励自己,使自己的行为始终与目标保持一致。在此,"自励"与事业心进取心密切相关。一个事业心强的领导者,总是怀有远大目标和坚定志向,严格要求自己;一个进取心强的领导者,总是不满足于现状,力求能够有所改变。

自我控制是指个人积极主动、定向地改变自我观念、态度、习惯与行为的心理作用过程。能够自励的人,一般是自我控制力强的人。对自我的有效监督和控制,离不开激励的力量。只有有效的激励才能做到对自我的有效控制。具体来讲,自我激励与自我控制需要从自珍、自重、自省、自警四个方面努力。一是自珍。珍惜自己的人生选择,珍惜自己获得的业绩成就,珍惜自己的价值追求,珍惜职业生涯的宝贵岁月。二是自重。尊重自己的人格,尊重自己的地位名誉,在工作中既要重感情,更要讲原则,言谈举止与自己的身份相吻合。在人际交往中,既能尊重别人,又要维护人格尊严。在领导工作中分清是非曲直,既要拿得起,又能放得下,为人公正无私,处事光明磊落。三是自省。自省就是自我反省,养成"吾日三省吾身"的习惯,经常反思检点自己的言行,及时发现并改正缺点错误,虚心接受别人的批评,赢得下属和群众的支持和信赖。四是自警。自警就是自己警示和告诫自己。自警有两种方式:一种是警告提醒自己不要违背政治原则和职业道德,要遵守道德规范;另一种是拿别人的教训来告诫警示自己,提醒自己不要重蹈覆辙。这两种自警方式,对于一个领导者提升自我认知能力来说都是必要的。

第二节　领导的人际沟通

一、人际交往,重在沟通

面对日益复杂的领导环境,要完成各项领导任务,领导者必须要处理好各方面的关系,赢得上级、同事和社会的支持。领导不仅要处理好自己的人际沟通问题,还要做好人际关系的协调工作,善于化解各种矛盾,清除领导行为中的各种人际交往障碍,保证组织领导工作顺畅通达。按照美国学者孔茨的说法,协调是领导工作的本质,领导的中心任务就是消除在方法上、时间上、力量上或利益上存在的分歧,使共同目标与个人目标协调起来,最终达到领导目标的实现。

(一)沟通从"心"开始

人际交往中"尊重"这个词听起来、说起来容易,做到却很难。"尊重"是一种很高的人际修养,是由里而外透射的领导人格魅力,而这种领导人格魅力是需要通过不断修炼积累才能得到的。作为成功的领导,要协调好各种人际关系,必须是发自内心的尊重每天与你交往的人,而不是时时拿利害关系来衡量和对待他人。只有在和别人交往中尽心竭力,才能为领导工作积累起良好的人际关系。

尽管领导容易操控社会交往的局面,但是这样往往带来最后的领导失败。良好的领导关系和人际局面本身就包含对他人的尊重。尊重身边的工作人员、尊重自己的部属、尊重领导工作中打交道的每一个人,这样的领导无形中就赢得了宝贵的亲和力。所以说领导工作的协调沟通要从尊重开始。尊重也就是从内心深处承认人性是平等的,关爱他人。当尊重他人成为你人格的一部分的时候,你也会受到真诚的回报,领导工作得到顺利地开展。

尊重别人特别是尊重下级和部属也是强化领导人格魅力的有效手段,可以从以下几个方面做起:

第一,视部属为合作者。不管上级、同事还是下级在人格上应该是平等的,在工作上只是扮演的角色不同而已，离开谁都难以成事，因此，部属是伙伴，我们应以"同事"称呼他们，这不仅是称谓的问题，更重要的是尊重的问题。

第二，随时肯定部属的成绩。在工作中，我们是否可以肯定多于批评，部属在被肯定之后会有更多的工作热情及创新。部属不可以乱骂，每一次责备都会使他们萎缩一次，要以肯定让部属有信心。有更多的自我期待，就会有更多的自我表现。美国科学家富兰克林说过："人总是向被肯定的方向求发展。"所以，尽量以建议来代替批评，效果会比较好。

第三，尊重部属的私人时间。有的领导一味地要求部属保持工作热情，总是希望下级加班，还希望下级可以为了工作牺牲家庭，甚至希望下级能将工作视为生命的重心。但是我们不能总是希望下级一天 24 小时时时挂念着工作，而应该尊重下级的人性需求，在下班后要求下级工作上的事项尽可能避免，如果无法避免也应以麻烦别人的心态和部属商量。

第四，尊重和包容差异。在我们的领导工作中，总是充满形形色色的人，即有各种背景的人、有各种性格的人、有不同生活经验的人，我们尊重个别的差异并找出共同点。一个好的人际氛围是能包含不同个性，塑造共同价值观的。人生而不同，但对我们工作都会有独特的贡献，切不可只用一种人，用一种方法来做事，身为领导要学习用不同的方式与不同的人打交道。要承认人的最大特点是人与人之间存在差异，克服自己的偏见，这样才能使人际关系更和谐，也更具效能。

第五，尊重部属的不同意见。有的领导不愿听取部属的意见，认为部属能力不足，意见不具备参考价值，这实际上是个误区。部属能力较你弱或许是事实，但并非他的每个意见都不高明，有些意见可能对方案有补充作用，或者可以通过这些意见本身了解下级在执行中会有什么心态及要求。总之，无论从哪个角度讲都有必要认真倾听不同意见，因为一个人考虑问题不可能十全十美，况且，就怎样做成一件事来说也很少有标准答案，我们要的是结果，如果大家齐心协力共同完成一个任务，就是很开心的事情。

领导的人际效能有多大取决于对人性尊重修炼到了何种程度，越是尊重别人，社会适应度就越高。领导就应该本着善心和爱心，以积极的心态、平等的态度、关爱的语言与人交流，创造优良的人际氛围。

（二）人情练达即文章

人际沟通是识别人才、建立关系的重要前提,也是衡量领导亲和力的一个重要指标。领导干部要充分发挥沟通积极作用,善于处理好方方面面的人际关系。和谐的人际关系犹如空气之于人,水之于鱼。每个人都是单翼的天使,只有拥抱在一起才能飞翔。"拥抱在一起"就会产生巨大的能量,从这个意义上说,人际关系也是生产力。现代社会,多元化、多层次化和急剧变化使得整个社会形成了庞大的人际关系网络。上下左右、四面八方的人际沟通成了领导活动的一个重要特征,人际关系的拓展为领导效能的提升创造了很多的机会,人际关系是领导力。成功学专家戴尔·卡耐基也说,成功等于15％的专业技能加上85％的人际关系和处世技巧。尤其是在创造性领导活动中,领导者有60％以上的时间和精力用来处理各种复杂的人际关系。这也表明,能否较好地掌握协调人际关系的领导艺术,往往是一个领导者是否具有影响力号召力的基本指标。

领导者属于社会的管理阶层,领导者的人际活动对社会的心理环境的影响是很深远的。如果长期的人际关系问题不和谐,随着人际关系的压力积累,会对领导者的心理健康带来很大的影响。如果他们人际关系出现很多问题,交往不适、协调困难,则容易造成决策失误、人际效能下降、领导工作的脱离常轨、领导效能下降和离心力增强等。这样也对社会心理环境非常不利。有人戏言,领导与各个方面打交道,能有处理不好的关系?领导经常出入各种场面,会有社交障碍?好像在领导者身上人际协调出问题是不可能的。事实上通过调查和访谈,我们了解到很多领导者都在不同程度上有人际关系困惑和沟通困难的问题。很多领导者在人际协调和沟通方面都存在心理上的误区,比如说领导者在人怀交往中的自大自恋倾向、猜疑心理、圈子心理、角色固着、关系依赖症和惧怕上级等。

因此,了解自己的人际关系状况,对自己的人际协调技能进行评估,有意识地通过训练提高自己的人际关系能力和协调技巧,是每一个领导需要长期重视的课题。通过树立"关系也是领导力"的观念,在实际的各项领导工作中积累锤炼,实现"工作好干,关系好处"。

（三）沟通也是领导力

"两个和尚抬水吃，三个和尚没水吃"，这是讲合作的好处，也讲到责任扩散的规律，"法不责众""众人拾柴火焰高""团结就是力量"等名句都从不同的角度告诉我们合作团结是多么的重要。但是在领导活动中有一个现象始终困扰着人们，那就是窝里斗现象，比如立山头、拉帮派、圈圈子。立山头也好，拉帮派也好，圈圈子也好，都会导致人际关系恶化，人际效能低下，班子凝聚力的下降以及彼此力量的相互抵消和耗损。

二、人际沟通的类型和影响因素

人际沟通是指人与人之间的信息交流过程，人类的大部分时间都是在沟通过程中度过的，比如我们与别人交谈、看电视、听讲座、看书等。沟通的深度和广度将直接影响到人类社会的生存质量，因此是非常重要的。狭义的人际沟通是指人们在互动过程中通过某种途径将一定的信息传递给另一个接受信息的人；而广义的人际沟通则是指人类的整个社会互动过程，通过这种互动过程人们可以交换观念、思想、知识、兴趣、情绪等信息以及相互作用的个体的全部社会行动。

人际沟通是当代社会心理学非常重视的一个研究领域，我们通过掌握它的一些基本特点来对它进行研究。首先，人际沟通双方都是主体，并且沟通的发生是不以人的意志为转移的。人际沟通的过程中是一个互动的过程，在这个过程中沟通双方都有自己的目的和动机，同时也关注对方的有关情况，他们积极主动地参与沟通交流，以争取达到自己想要的结果。其次，人际沟通是一个连续的过程，在这个互动的过程中人们根据不断接收的信息来调整自己下一步的行动。人一生的发展都是在不断的沟通中实现的。最后，人际沟通获得的信息是整体性的。我们在调整自己的行动时所依据的沟通信息，往往是所有各种沟通途径所能获得信息的一个整体，包括一举手、一投足、每一句话、语调、表情、姿势和对人的态度等，只有这样我们才能更为有效地进行沟通，理解别人。

(一)沟通的类型

1.语词沟通和非语词沟通

语词沟通顾名思义就是依赖语词符号实现的沟通,在所有的沟通类型中,语词沟通是沟通可能性最大的一种沟通,因为它包含了两种沟通形式:口头沟通和书面沟通。对于大多数人来说,口头沟通是最方便有效的沟通方式,也是运用得最广泛的一种沟通。领导者在工作中与人沟通时要注意谈话的技巧,特别是在和下属沟通时要学会换位思考,学会倾听,多鼓励,少批评,最大限度地使自己的意图能够被下属所理解和接受。书面沟通相对于口头沟通来说要比较正式一些,通知、广告、文件、报纸等都是属于这种沟通,领导者在具体运用这种沟通手段时措辞要准确精练,能将自己的观点表达清楚,同时所用的语言也要注意通俗,容易被别人所理解。

非语词沟通又被称为非语言沟通,主要是指除了语词沟通之外的其他沟通方式,比如姿势、动作、表情和接触非语词的声音及空间距离等实现的沟通方式。显然这种沟通方式和语词沟通一样重要,一个态度傲慢,跷着二郎腿的领导是无论如何也无法拉近与周围人的距离的。

2.正式沟通和非正式沟通

正式沟通和非正式沟通的区别在于沟通的情境,也就是在正式的社交场合还是非正式的社交场合进行沟通。领导者在公开场合的讲话是其领导能力的一种体现,要提高这种能力就要使自己的讲话充满激情和富有感染力,同时更要注意讲话精辟简洁、短而有用,这是成功讲话的必备条件。

3.群体沟通与大众沟通

群体沟通中除了有普通的人际沟通之外,还包含了许多新的特点,出现了沟通网络结构、沟通群体效益、沟通对群体士气的影响等新问题。而大众沟通主要是通过广播、电视、报纸、杂志等大众媒介实现的信息交流,它的显著特点是影响广泛而深远。作为新时代的领导,怎样利用好大众传媒来扩大影响,更好地实现与群众的沟通也是一个值得思考的问题。

(二)影响沟通的心理因素

社会知觉既是人际交往、社会化的前提,同时又是交往的结果,由于人及人

际关系的复杂性,在社会知觉过程中难免会存在一些偏差,影响人们有效地沟通。常见的主要有下列几种:

1.首因效应

首因效应是指双方在交往中形成的第一印象对以后活动的影响,所谓的"先入为主"。首因效应与第一印象不同,它主要强调的是第一印象的影响和效果。良好的第一印象将为人们以后的工作和交往提供很大的方便。相反,如果一开始就留下了一个比较差的印象,那么在今后相当长的一段时间里这种印象可能会给你的生活带来不必要的阻碍。

领导者在工作中应当尽量避免首因效应的影响,做到不以貌取人,以学历取人,或者以资历取人,在工作中要讲求实效,注重实绩,以事实说话,以成果说话。这样才能在组织中形成一种公平的气氛,有利于激发下属积极进取的精神,从而推动整个部门的进步。

2.近因效应

最近获得的信息给人留下的深刻印象和强烈的影响叫作近因效应。近因效应主要产生在与熟人的交往中,同样也存在于上下级之间。常常有这样的情况,一向被上级认为平庸无为的某个卜属因为最近在工作上的一个表现而使领导对他刮目相看,印象大为改观;同样,一向关系和睦的上下级之间因为下属一句无心之语而令上级耿耿于怀,从而影响原先对下级好感的情况也屡见不鲜。一旦出现这样的情况,作为领导者必须要保持冷静的头脑,正确分析,理性思考,摆脱近因效应的影响,以一贯的态度来工作和处理与周围人的关系,这样才能保证领导工作的正确性,建立和谐的上下级关系。

3.晕轮效应

晕轮效应,也叫作光环作用,是指在对人的某些品质特征形成了清晰鲜明的印象后,掩盖了对其余品质特征的知觉。领导工作中要摆脱晕轮效应的不利影响,首先,我们必须实事求是地根据我们观察到的信息客观地评价下级;其次,在观察下级的时候我们也必须注意要全面客观,不要只注意一些表面的、局部的个别特征,出现"一好百好"的情况;最后,在评价下级的时候不要加入任何已有的感情,当然也不要受第一印象的影响,在很多时候,晕轮效应和第一印象是直接相关的,不正确的第一印象直接导致晕轮效应的形成。

4.刻板印象

刻板印象,或刻板化,也叫定型化效应,是把通过直接或间接获得的对某一类人中的某一个体的认识推而广之,应用到全部的结果。其错误在于过度概括,即在极其有限的材料的基础上,做出了极其广泛的结论。刻板的消极作用是显而易见的,它不仅忽视了个别差异,经常导致对人的错误认识,而且刻板印象也是构成偏见的重要成分,它使人们的认识僵化,从而阻碍人与人之间的正常交往。

三、提升领导人际沟通力

领导者的人际沟通与一般人的人际沟通的不同之处在于其是以实现组织目标为唯一目的,它围绕组织目标的实现而进行信息、思想和感情等的沟通。重要的是在沟通的过程中必须保证沟通的信息是客观、真实而准确的。

(一)人际沟通主要心理障碍

人际沟通作为一种基本的素质是领导者所必须具备的。这要求领导者具有关心人、理解人、说服人的能力。在人际交往中平易近人、善于倾听、扩大接触面、建立广泛的工作关系、与周围人群沟通思想感情。如果领导者能够做到这些,那么他将可能成为下属的知音,在工作中必将获得下属的鼎力相助,事半功倍。但在实际工作中,也存在一些影响制约沟通的心理因素,其中有的个性心理因素对人际沟通具有重要影响。

1.猜忌

在人与人的交往中有这样一类人,他们怀疑一切,在交往中过度防备,认为周围的人都是假情假意,不值得相信。这种自我防备过度的表现可能和自信不足有关,也可能和以前的经历有关。不管是哪种原因所形成的多疑,一旦形成之后,将会使人不敢与别人交往,久而久之,形成恶性循环,最终将自己完全封闭起来,不再有任何朋友。

对于领导者来说,看他领导能力的强弱就要看他用人的水平如何,而多疑恰恰就是领导者用人的大忌。领导者如果多疑,表现为对下属缺乏基本的信任,也就是用谁都不放心,处处设防,这样做不仅会降低领导者本身的工作效率,也不利于下属工作积极性的发挥和潜力的发掘。作为一个成功的领导者应当用人不疑,不仅要敢于用人,用比自己能力突出的人才,还要敢于授权、放权,做到"将能君不御",只有这样才能吸引各种有用之才,最大限度推动组织的发展。

2.嫉妒

嫉妒,是伴随着人类社会产生的,它有着正反两方面的作用。适度的嫉妒可以使人振作、发愤图强、力争上游,这是一种积极的作用。但是在生活中我们常见的还是嫉妒的消极作用,嫉妒表现在交往中常常有强烈的排他性,随之将会产生一些嫉妒的行为,有些甚至是过激的。一个善妒的领导者一般情况下是无法成就大事业的,因为他无法容忍比自己能力强的下属,或者也无法容忍同级的领导者在业务上的提高、职务上的晋升等,一旦出现比自己强的人,就想方设法打压,最终使那些优秀人才离他而去,留下的只是那些平庸的人,这样的组织当然是缺乏竞争能力的。虽然说嫉妒别人的才能,特别是比自己强的人的才能是人的本性,但是作为一个领导者应当尽量克制自己有这样的想法,即使有这种心思也应当将之转化为忧患意识,努力提高自己的能力,特别是领导能力,学会驾驭各种优秀的人才。所谓"宰相肚里能撑船",只有那些有容人之量的领导者才能取得事业上的成功。

3.自卑

自卑是个人由于某些心理缺陷或一些其他的原因而产生的轻视自己,认为自己在某个方面或几个方面不如他人的情绪体验。在实际生活中,形成个人自卑的原因往往是个人心理方面的,主要是自我认识的不足。这一类人往往将自己的缺点同他人的长处相比,通过这样的比较,越比越没有自信,长此以往,很容易形成自卑心理。另外,性格内向也是形成自卑的一个重要原因。

自卑是领导者通往成功路上的一块绊脚石,领导者最需要的往往是自信。自信的领导者能听从旁人的建议,不怕手中的权力落到其他人的手上,这样就会有很多人愿意为他工作,当然他也能用到最优秀的人才。如果领导者的自信心不够,只敢用比他差的人,那么组织的前途可想而知。同样只有自信的领导者,相信自己的决策是正确的,才能自始至终地贯彻执行,而不会在重大问题上举棋不定,失去最好的发展机会。

4.自负

主要表现为自我感觉过于良好,喜欢自我标榜吹嘘,生活上吹吹拍拍,工作上刚愎自用,对下盛气凌人,对上挑剔藐视,固执己见。自负心理往往是造成领导关系紧张的主要诱因。为此,领导者要虚怀若谷,谦虚谨慎,要礼贤下士,尊重他人。在工作中以平等的态度对待下属,学会换位思考;对下属的个人和家庭中遇到的困难要加倍关心和照顾等,只有这样的领导者才是受下属欢迎的领导者。

(二)提升沟通影响力

1.与上级的沟通

任何一个人在组织中都有可能既是领导者,又是被领导者。要成功地扮演好以上两个角色就必须根据不同的身份而采用不同的沟通技巧。在领导工作中,作为一个下属在任何时候都要尊重上级,并在工作中积极配合和支持上级的工作。所谓的尊重,包括领导者的人格和领导者所做的决定,下级在工作中要努力维护领导的权威,但是这种尊重并不是说一味地恭维和溜须拍马,而是积极加强和领导者的沟通,充分领会领导者的意图,勤勤恳恳地做好自己的本职工作。在这个基础上主动为上级分忧解难,有时即使牺牲自己的一点小利益也要顾全大局,积极协助上级完成工作。

在工作过程中要牢记"下级服从上级"这个基本准则,在领导者的决策、做法有错误,或者个人和领导者有不同的看法时,也应该服从上级的安排,执行上级的决策,但在执行的过程中可以采取适当的方式向领导者说明问题的重要性并提出合适的建议,或者在实际的操作过程中有所保留,稍做修正和变通,但前提是保证组织目标的实现。

下级和上级在沟通的过程中要建立适当的人际关系,一方面,不能太疏远,缺乏沟通将导致不能正确领会上级的意图;另一方面,和上级的交往也不能太亲密,在工作中带入私人的情绪同样会有不好的影响。

下级在实际工作中要想创造性地完成上级布置的任务,不断地做出成绩,就必须掌握以下几点。首先,在自己的岗位上开展创造性的工作。一般情况下,对于具体的工作上级只是提出目标、计划、规则和一些指导性的意见,至于具体如何完成工作则完全取决于个人。下级一方面要领会上级的意图,另一方面更要根据具体的工作环境和条件,充分发挥自己的能力和水平来完成工作。其次,要充分了解领导的类型和特点,有时候下级即使有很好的意见但是不能被领导者接受而白费努力,因此了解领导者的特点,针对性地采用领导者比较能够接受的方式来说服领导者,将自己的意见变成领导者的意见,这也是作为下属必须要掌握的沟通艺术。通常情况下,下属在提意见时一般都会准备几个备选方案,给领导者一定的选择余地,每种方案都要直接说明利害,使领导者能够迅速做出决策。最后,作为下属在任何时候都要有明确的定位,坚决杜绝越位现象的产生(决策越位、表态越位、工作越位、场合越位)。只有在合适的时间、地点和场合说合适的话,这样才能和领导者保持一个良好的关系。

2.与下级的沟通

作为组织中的领导者,要想完成组织的目标,不仅要能够正确地做出决策,还要能够依靠执行者准确无误地执行决策,这就需要领导者加强和下属的沟通。在沟通的过程中作为领导者一般应该掌握以下原则。

(1)平等待人

这是搞好领导者人际工作的基础。干部首先要摆正心态,不要因为组织中成员的学历、经历、专业和性别等的不同而区别对待。干部的责任是使组织上下增进了解,相互理解,要倡导组织成员之间的坦诚相待,不仅要接受和自己看法一致的人,也要接受和自己看法不一致的人。这样就能在组织内部形成平等的民主氛围,保证有效的沟通。领导者在工作中应当尊重下属,有什么决定应当及时让他们知道,充分发扬民主,让他们感觉自己才是企业真正的主人。另外,领导者在工作中还应当多为下属着想,解决他们的后顾之忧,这样他们才能更积极地投入工作当中去。

(2)以理服人

领导在与人沟通的时候,切记不能够用自己的身份去命令别人做什么事,而是应该以理服人,摆事实,讲道理,使下属心悦诚服地接受。《弟子规》说过:"行高者,名自高。势服人,心不然。理服人,方无言。"为此,在与下属进行沟通时也要讲究沟通的技巧,要循循善诱、积极启发,学会换位思考问题。当双方意见不同时,不要以领导的身份去强迫下属认同自己的观点,而要保持冷静,耐心地与下层进行交流。一旦事实证明自己是错误的,要勇于改正,面对多种意见要学会认真比较,寻找其中的合理之处,从中得出自己的结论。

(3)出于公心

领导者是一个部门的负责人,他负责的是整个组织和集体的利益,因此在进行思想沟通的时候,沟通的起点就是组织的共同目标和利益。要在组织内部进行有效的沟通,领导者必须站在集体的立场,出于公心而不带一点私人的感情和私心,这样领导者就能得到广大组织成员的信任,这是有效沟通的前提。另外领导者还要以身作则,起到一个带头作用,带头执行自己的方案,并努力让下属认同,执行自己的方案。

(4)双向沟通

沟通本身就是一个双向交互的过程,领导者在进行人际沟通时,切记不可将沟通过程变成单向的任务传达。首先对于上级的意图,领导者必须要准确地领会,在和下级沟通的过程中也要注意采用合适的语言,因人而异,争取自己所传达的信息能最大限度被下属接受。当接收到反馈信息的时候、要认真考虑其中的意义以及应对的方法和措施,并及时传达给对方。一个优秀的领导者不仅要容忍下属提出问题,而且要鼓励下属提出问题,这样才能保证在组织内部信息的充分交流。在具体沟通的时候也要注意沟通技巧,以真诚的赞美与感谢为前提,在批评时讲究方法,更要注意沟通用词,并且学会换位思考。

(5)形式多变

沟通的形式有很多种,在具体的沟通中采取什么样的沟通方式比较合适,要根据具体的实际情况来加以选择,选择的原则要围绕实现组织的目标来进行。比如说情况比较紧急时,就没必要召开全体人员会议,而是有关人员可以召开一个现场工作会议,快速解决出现的问题;但是选拔和处理人员时就必须全体人员参加,广泛听取意见,做出正确的决策。

(三)与同级的沟通

在组织中一般情况下与上级和下级的人际沟通往往被人重视,但是同级之间的人际沟通却通常被人忽略。同级之间的人际沟通存在于同事之间,相同级别不同部门的人之间。这种人际沟通的特点是由于同级之间的级别、资历和文化程度等因素基本相同,所以不可避免地会存在一些竞争情绪,相互之间互不服气,甚至有时还会出现相互拆台的现象。要协调这一层关系就必须在沟通的过程中遵循豁达开阔、坦诚相见、互相尊重、平等对待、相互信任、为人正直、相互学习的原则。在同级之间要加强沟通,取长补短,发扬风格,淡泊名利,认真做好自己职责之内的工作,对别人职责范围之内的事绝不插手,真正做到"权利不争、责任不让、通力合作",甚至有时要委曲求全,牺牲一己之利而顾全大局。当对方取得成绩时,为之悦;遇到困难时,助其力。努力将与同级的关系上升到公开竞争与竭诚合作的高度上,从而形成一种良性竞赛、共同发展的局面。

第三节 领导的心理监督

一、监督对领导心理的影响

(一)监督对领导个性心理的影响作用

领导个性心理倾向性主要包括领导者的世界观、人生观、理想、信念、需要与动机、道德倾向、兴趣爱好等。监督对于领导者个人倾向性的形成、保持和逆转都会产生重要的影响。

1.监督对领导者的动机具有调节作用

领导者的动机对领导行为有明显的选择性与活动性作用。例如,具有某种动机的领导者,其行为总是指向于某一目的,而回避另一目的。在正确方向的督导下,领导者的动机越强烈,则其行为越富有积极的社会意义;反之,缺乏正确的督导,方向不正确,动机越强烈,其行为就给社会带来越大的消极作用。如有的领导者的动机是以权谋私,如果缺乏有效的监督,这种错误方向的动机力量就会恶性膨胀,给社会和党的事业造成破坏。领导者的动机是多种多样的,但是占主导地位的是社会性动机。这些动机受社会存在、社会生产方式的制约,具有社会历史性。

2.监督对领导者的理想信念具有督导作用

理想、信念体现了领导者的世界观与人生观,是领导者动机系统中最高层次的社会动机。领导者按照自己的世界观与人生观中的观点与原则,组成了最高层次的能被意识到的动机系统,以此来观察周围世界,并通过领导行为来影响周围世界。一个品德败坏的领导者,大都是在信念动机上发生了变化,他们不再以正确的世界观来指导领导行为。

3.监督对领导者的道德倾向和兴趣爱好具有制控作用

人们除了要受到法律等条文的制约外还会受到道德的规范,因而道德本身就意味着无形的制约与规范,作为起表率作用的领导者就更应该在社会公德、职业道德、家庭美德这些方面做得比普通人更胜一筹,这是对领导者素质的基本要求。然而个人成长环境不同，所受的教育各有差异使得领导者之间的道德素养参差不齐。良好监督机制能让领导者为人处世更符合社会、工作和家庭的规范，形成良好的工作和为人作风、高尚的道德境界。每个人都有自己的兴趣爱好，领导者也不例外，这是人的一种基本需要。兴趣爱好具有多样性和发展性的特点，兴趣满足会给人无比愉悦、乐在其中的心理感受，反之则会耿耿于怀。兴趣爱好对领导者的工作来说有两面性，一方面它可以使领导者丰富生活，以愉快的心情充沛的精力投入工作中。另一方面如果领导者一味沉迷于自己的兴趣之中，或是利用职务之便满足一己之好，那么它就会影响领导者的工作，甚至会变成别有用心者腐蚀领导者的糖衣炮弹。而良好的监督机制能有效地防止领导者玩物丧志、玩物丧德，使领导者引以为戒。

（二）监督对领导决策心理的影响

从领导方面来说，领导产生的影响力的一个重要方面是领导需要权威。目前实行的各级领导者负责制，就是加强领导的权威。但并不是有权就有威，这是一个复杂的社会和心理的问题。这里需要注意这样几方面：领导者与被领导者心理的融合；执行者对任务与自身利益关系的认识；领导者的个人品质和社会心理素质。权威不能只靠领导者个人的素质，不能有随意性，必须把领导者权威同被领导者的监督结合起来，这样才能真正形成权威。

监督影响领导决策心理变化，决策的心理特征是目标性、意图、自觉性、符合期望、行为监督。决策理论的创始人西蒙和马奇在《组织》一书中提出"决策人"模式，指出"决策人"应把学习、记忆、习惯等心理学因素作为其决策行动的基础。而他们所强调的这些基础正是一个人心理素质方面的因素。心理素质是心理健康状况、心理承受能力等多项指标综合的表现形式。它是领导实行决策的基础，对领导决策起着决定性的作用。

心理学家穆勒曾指出，人的行为是人的心理过程的反映。因此，研究领导行为也就必然需要研究其中的心理效应与心理作用。由于决策划分为四个阶段，各个阶段领导决策的任务不一样，行为也就不一样，因此，影响它们的心理效应与心理作用也不一样。

在第一阶段中，领导者的任务主要就是收集正确的情报并加以分析。所以这一阶段中所要注意的心理效应与心理作用主要是主观认识中可能会出现的一些心理过程。这些心理过程都是属于习惯化、固定化的知觉模式。第一阶段工作完成之后,决策随即进入第二阶段与第三阶段。由于这两个阶段都是围绕着方案的设计与选定,它们之间有着很强的关联性与延续性。因而,我们将这两个阶段所产生的心理效应与作用结合起来研究。它们主要为参与式决策的心理效应、权力性的心理效应、风险型决策的心理效应和不确定型决策的心理效应。

1.参与式决策中的心理效应

参与式决策是指领导者组织群体成员共同做出组织决策的行为方式。在现代生活中,随着生产力的日益发展,人们生活和工作的速度不断提高,领导决策所面临的问题也就更趋复杂。若单凭领导者的个人能力很难做出最优的决策。因此,领导者将不得不借助群体的力量来帮助决策。领导者需要群体成员参与提出方案、论证方案,需要集思广益。参与决策要求领导者在第一阶段搜集情报结束后,组织群体成员将当前掌握的情报资料和所需解决问题的性质与严重性告之他们,请他们提出解决办法。在方案提出后,领导者还需发动群体成员讨论、论证方案的可行性、可操作性与实际效果。在论证阶段,群体成员要有充分发表意见的机会,不作为任何权威的代言人。英国心理学家奥斯本在《应用的现象》一文中提出了"头脑风暴法",即让主持人提出待解决的问题,鼓励群体成员尽可能多地提出新颖创见,因而不允许互相批评。由于每一个体受到其他人提出意见的刺激和启发,激起发散性思维,结果在同样时间产生两倍于他独立思考时的意见数量。由此可见,参与决策的优势作用是明显的。但是,参与决策也同样存在着一些消极作用。在参与决策中,由于每个群体成员的知识水平、认知能力、实践经验等的不同,因而有些人参与决策的积极性很高,但有相当多的人存在着事不关己,高高挂起的消极态度。因此美国心理学家邓尼特也曾指由,独立思考时提出的意见较群体思考时提出的意见更多、更高明。因为在群体中采用"头脑风暴法",个人常因注意别人发表意见或自己的表达机会受剥夺,使自己的思维受到干扰而中断,因而无助于新思想的产生。所以,我们在进行参与式决策监督中,应防止以下几种倾向:防止领导将群众当作表决机器;防止领导失控;防止小集团意识;防止出现决策失误由大家共同负责变为大家都不负责,从而产生冒险性迁移心理。

2.权力性决策中的心理效应

权力性决策是指某种组织通过其领导者所拥有的合法权力对实现组织目标及其方法和途径的决断过程。作为领导者,由于其处于领导地位就享有与其地位相当的权力,这种权力是一种特殊的影响力和控制力。领导者行使自己的权力进行决策是领导者最基本也是最重要的职责。参与式决策只是为领导做出科学、高效的决策创造一定的条件,而决策真正地做出还是需要由领导者行使自身的权力。因此,最优决策的做出需要领导者自身具有科学的认知水平和敏锐的决断力等良好的心理品质。领导者行使权力性决策由于受权力行使正确与否的影响,因而会产生两种心理效应:一是积极的心理效应;二是消极的心理效应。

从积极心理效应上讲,首先,由于领导权力的合法性保证了决策具有权威性,使得决策的执行者必须以高昂的热情去执行,否则国家将以法律的形式强制执行。其次,由于其强制性从而保证了执行决策的高效率,避免了议而不决、决而不行的消极抵制。再次,领导权力的行使使得决策目标的实现成为可能。

从消极心理效应来讲,权力性决策产生消极的心理效应多为领导不当行使权力所造成的。第一,领导权力的专断性无疑将会压抑群众参与决策的积极性。专断必将导致群众对参与决策失去信心,产生压抑感与失落感,不再关心决策,使决策失去群众基础,增加决策的风险性。第二,领导者行使强迫性权力将加剧领导者与群众之间的矛盾,为决策目标的实现制造障碍。领导者由于错误理解权力的强迫性,变强制为强迫,只能制造矛盾冲突,不利于做出决策的科学性、客观性。第三,领导者因拥有最终决定权若产生骄傲自满等情绪,将导致决策失误,偏离组织目标。

为了保证领导者决策的科学性与可行性,必须依靠有效监督保证领导者正确地行使权力,发挥权力的积极作用。心理学家曾提出几点原则与方法:考虑权力影响以外的因素对权力使用效果的影响;使用权力时要建立选择有效权力方式的直觉;使用权力过程中要避免道德或偏见因素的影响;权力行使者要明确决策目标;行使权力要注意人际关系;避免绝对性原则。

3.风险型决策的心理效应

风险型决策是指领导者在进行决策时,由于存在不可控制的随机因素,使得一个决策方案可能导致几种不同结果时所采用的决策方法。风险型决策对于几种不同结果可以事前把握并掌握其出现的概率。由于领导在风险决策中事先对出现的结果及概率是可知的,因此,导致领导对决策的选择与领导者自身对随机因素的认识和把握是相关的,与领导者的个性、气质也是有关的。对于黏液质的领导者来说,由于其性格内倾,反应缓慢,办事按部就班等特点的决定,其必然会慎重决策,对失败率与成功率比较再比较,对决策方案考虑又考虑。因而其选择会比较稳妥,但常常是保守的,甚至会错失良机。对于多血质的领导者来说,性格外倾,乐观主动等特征必然影响其将着眼点主要放在成功的可能性上,而对风险考虑较少。这对于决策的迅速、果断是有利的,但也容易铤而走险、孤注一掷。前面两种领导无疑都有许多的缺点,对于高效的决策来说,真正需要的是理智的风险决策。这要求既要追求成功,又需尽量减少风险,严格按损益值与期望值的高低来选择方案,要求理智的冒险而非铤而走险。要达到这一点,必须建立有效的监督机制。

4.不确定型决策的心理效应

不确定型决策与风险型决策有类似之处,都因随机因素的出现使决策方案可能产生几种后果;不同之处在于不确定型决策对后果出现的概率是不可预知的。在不确定型决策中,由于风险系数大至不可预知的地步,领导者在各种方案比较时的矛盾冲突就更趋复杂,心理作用也就更为突出。其中主要有四种典型心理。

一是乐观心理。决策者在乐观心理的指导下会分析决策成功的可能性与效益的大小。若成功的可能性被认为较大且效益也大时就会确定这种决策。因此可见乐观心理下的决策是一种"大中取大"或"小中取小"的决策。它带来的影响是决策风险大,但成功将导致高效益。

二是平衡心理。平衡心理对决策者来说是一种较理智的心理。它要求平衡悲观与乐观两种心理,将所有可能出现的机会均等看待,反复考虑得失利弊,效益与风险兼顾。平衡心理要求决策者寻找效益与风险的平衡点,力求高效益低风险。

三是侥幸心理。侥幸心理其实类似于观望,见风使舵。决策者对每一个方案都不肯定也不否定,考虑到效益大就实行。然后对决策实施效果听其自然,寄希望于偶然机遇。若第一次决策受阻,他会选择下一个方案,然后继续观望,等待机遇。产生侥幸心理是领导者无能的表现。

四是悲观心理。这种心理作用下的领导者以悲观的心态来选择决策的方案。他们认为决策的负面效应要大于正面效应。悲观心理多产生于对信息掌握不全面,没有自信心,害怕承担风险这一类领导者中。他们会首先找出为应付最坏情况下的几种方案,然后再从其中选出一个较好的。悲观心理作用下的决策必然导致低效益。

决策进入第四阶段,需要对决策方法进行评估,对决策的运行效果进行监督,对决策出现的偏离进行纠正。因此,也就因追踪与应变两种对待执行的方法中产生响应的矛盾心理。对于原决策者而言,由于追踪决策与应变决策首先认同的是原决策不完善或错误,因而可能因为自尊心或情感因素的驱动使原决策者极力维护原决策,掩盖决策的真实情况,制造假象,从而迷惑追踪决策者与应变决策者。对于原决策的反对者而言,由于原决策被认定有误将激发他们本已失衡的心理,对原决策一概否定,以使受偏见与压抑的心理得到宣泄。对于原决策的决策对象而言,由于原决策已实行了一段时间,因而可能产生某些正面或负面的影响。所以对原决策的修改也将使得决策对象如同前面的推行者与反对者一样产生心理失衡与矛盾冲突。对这些消极的心理效应可以采用一些手段来避免。首先,应注意采取保密措施;其次,加强对原决策各方的讲解、说服工作,弱化他们之间的矛盾冲突,不得已时可以采取回避措施。

(三)监督对领导者行为心理的影响

从心理学来看,人的行为是由人的心理支配的,行为是人心理的外部表现。而人的行为又是受外部条件和环境制约的。

1.监督对领导者行为心理的制约力特点

(1)导向性

首先,领导行为的制约力的表现形式,如领导法规、领导制度、领导职业道德等,则受一定的领导价值观支配的,本身包含着一定的是非善恶的价值标准,制约力对领导行为的制衡,就以蕴含其中的既定的领导价值为准绳,规定着领导行为运作的走向和范畴。其次,领导行为的制约力服务于确定的领导目标和领导任务。制约力对领导行为的制约和规定,其目的就在于使领导行为运作的趋向与领导目标方向上的一致。再次,领导行为的制约力在一定意义上说,是被领导者即人民群众对领导者要求的一种意向体现。制约力对领导行为的规定和制衡,就是要求领导主体应该按照人民的要求而进行领导活动,对人民负责,代表人民利益,正确行使人民所赋予的公共权力,充分体现领导的服务本质。因而,领导者领导行为的制约力,如同规定领导行为运作走向的"轨道",体现出了鲜明的导向性特点。

(2)强化性

领导行为的制约力作为领导行为运作的必然要求,通常是以行为规范的形式发生作用的,使其合乎一定的标准和行为模式,因而体现出了强化性的特点。这种强化性主要体现在:当领导行为能导向正向性后果时,即领导行为符合公认的领导价值范畴和趋向于既定的领导目标时,制约力就会对领导行为产生积极影响,肯定激励其行为,以促使这种正向行为的发展;当领导行为带来负向后果时,即领导行为违背人们所认同的领导价值观,背离既定的领导目标的取向,改变领导的本质时,制约力就会对领导行为产生制约作用,否定、调节、控制乃至惩罚其行为,以避免负向领导行为的再现。通过这种强化,使领导行为运作于既定的领导范畴之内、符合人们所认同的领导价值标准。领导行为制约力的强化方式包括:硬强化,即运用领导法规、领导制度、行政命令等形式对领导行为进行的强化;软强化,即通过一定的领导价值观念,职业道德和领导文化等形式对领导行为进行的强化;外强化,即由外界来控制领导行为,强化领导行为;内强化,即由领导主体自觉地设置绩效评定标准,进行自我评定、自我调节和自我控制其行为。

(3)平衡性

动力机制与制约机制必须保持平衡状态,协调发展。发挥动力机制的激励功能与制约机制的制衡效用,必须坚持这样一个原则,即加强动力机制要以适度的制衡为条件,加强制约要以保证动力机制的充分发挥为前提,必须保持两种机制的平衡,协调发展。

其一,两种机制的平衡、协调发展,是保证领导行为正确走向的基本条件。只有两种机制的机能保持平衡,协调发展,才能保证领导行为的正确走向,否则,动力机能过大而制约不够,或制约机能运作过大而激励不足,都将导致领导行为运作走向的扭曲。

其二,两种机制的平衡、协调发展,是保持领导行为正常运作状态的根本保证。领导行为运作状态是否正常,与两种机制的功能的发挥是否平衡密切相关。不平衡,动力过大,制约不足,则领导行为容易导向过激行为,如武断,专断,自以为是,滥用职权等行为;制约过大,动力不足,则领导行为主动性相对弱化,成为一种被动行为,唯命是从,处于迟滞状态,就会导致行为的僵化、保守和教条,失去主动性、创造性。因而只有保持两种机制的平衡,才能在克服因不平衡而导致的领导行为的负向状态,保证领导行为既能"从心所欲",充分发挥其主动性和创造性,又能"不逾矩",即不违反领导原则、领导规律而科学运作。

不恰当的监督形式会对领导者的心理产生负面影响。近年来,鉴于领导干部的腐败行为大多发生在八小时之外,许多地方提出对领导干部要加强八小时之外的监督。但在实践中一直未能找到行之有效的办法。一方面八小时之外的监督有可能涉及领导者自身公民权利的合法保障问题;另一方面很难确定八小时之外监督的实施主体。

2.监督条件下领导者行为心理特征

领导者处于监督之中,在行为表现上常常出现以下几种心理特征。

(1)逆差心理

即领导者认为监督触犯了自己的权力和利益而产生的一种社会心理,表现为或多或少对监督的抵触情绪或逆反心理。应当说,权力具有无限扩张的本能和私人化的趋势,如果权力不受任何监督和制约,必然会导致权力独裁和以权谋私。因此,作为权力的拥有者,对来自任何一方的制约和监督都有一种本能的抵抗。权力监督中的逆差心理一般有以下几种型。

一是"观念型",指过去形成的僵化模式、固定观念、政治结构的"趋稳态",权力高度集中的管理体制,对于因改革而形成各种监督机制、监督制度,不仅不适应、不习惯,还认为是"非正统""乱了套",因而产生抵触情绪或反感心理。尽管这些都是观念性的东西,但往往会形成心理上的"负差"状态。

二是"利益型",是指人们的实际利益出现某种"负差"时产生的社会心理。这种"负差"往往是相对的,如在利益结构调整过程中,尽管一些领导者的利益得到同步提升,但与那些"一夜暴富"的富翁相比,仍在心理上产生相对的逆差感,在对待权力监督方面,也会形成心理上的"负差"状态。

(2)攀比心理

实际上是攀高心理。一般都是自发地,并凭主观设立的"高位指标体系"作参照物来进行横向比较的,即只比高不比低,从而产生失落感。这种攀比心理,有的是由于改革的不平衡,机会不均等,也有的是由于社会分配不公或认识的偏差等种种复杂因素造成的。

(3)失衡心理

社会心理平衡是相对的,而不平衡是绝对的。改革在一定程度上打破了原有平衡的基础及条件,使社会心理的不平衡更为突出。这期间,旧的社会行为规范被突破,而新的行为规范尚未成形,人们必然会产生许多不适应的心理"异向"。特别是随着市场经济的发展,经济成分、利益主体、社会组织和社会生活方式日趋多样化,给人们的思想观念和人与人之间的关系不可避免地带来一些影响,包括一些消极影响。

(4)模仿心理

模仿具有双向性,既可"正向"模仿,也可"负向"模仿;既可模仿好的,也可模仿坏的。但作为改革时期的社会心理倾向,却是指它的消极方面。社会心理学的研究表明,有两种人的行为易于被模仿:一是权威者的行为易被模仿,即所谓"上行下效";二是同类型的人之间易于互相模仿。

二、积极倡导领导者的心理监督

心理监督需要借助外力产生作用,更需要依赖领导者的政治自觉与个性修养,依赖个人的心理认知能力水平。积极倡导和完善领导心理监督,包括以下几个方面。

(一)树立全社会的监督意识

全社会的监督意识是对领导者实施有效监督的思想基础和前提条件。它的强弱直接关系到权力监督是否坚强有力,关系到社会监督机制是否健全完善。思想政治道德教育是增强党员监督意识的重要手段,是解决问题的关键。教育要有针对性,对不同对象进行不同的教育。对监督职能部门的同志,主要是进行职业道德教育,使他们充分认识到党内监督工作对加强党的建设的极端重要性,明确肩负的责任,积极研究探索新形势下加强党内监督的有效途径和方法,做到既敢于监督,又善于监督。对基层党组织和广大党员,要进行党员权利和义务教育,使他们以对党高度负责的态度,履行监督权利,放下包袱,勇于对上级党组织和领导干部进行监督。尤其是要对上级党组织的各项决策程序、制度的执行情况实行严格的监督。对正确的决策,如在执行过程中发现了问题,要及时向上级党组织反馈,使之及时做出补充和修改。

这里需要指出的是,强化监督者的监督意识,充分调动监督者的监督积极性,除了通过加强思想政治道德教育外,还应从以下三个方面努力:一是要真正造成一个扶正祛邪的良好环境。要在立功受奖、职务提升、职称晋级等方面,真正让勇于监督者受益。二是通过树立典型、表彰先进等形式大造舆论,创造一种勇于监督、监督光荣的氛围。三是领导干部要正确对待和妥善处理群众的监督意见,切实保护群众监督检举的权利,以增强群众监督的主动性、自信心和积极性。

(二)健全完善领导者监督软约束机制

党内监督软约束机制,主要是指通过思想宣传教育和道德教育等工作,使党员、干部强化自觉进行监督和接受监督的意识,使党内形成一种监督的内在力量。当前要建立、完善党内监督软约束机制,必须克服一些党员、干部监督意识淡薄的倾向,强化党员、干部的监督和自律意识。要引导党员、干部学习党中央关于搞好党内监督的一系列论述;学习习近平同志关于领导干部要讲政治,提高领导干部队伍素质等论述;尤其要深入学习党章及其他党规党纪,不断提高广大党员、干部接受监督的自觉性,增强监督的责任感。要加强领导者的理性修养。加强理性修养,就是从理论上武装领导者,使之养成理论思维的良好习惯。经验证明,好多领导者步入人生误区都与领导者的理性修养不够有关。理论思维差,认识能力弱,必然抵挡不了各种腐朽思想的侵蚀与诱惑,从理智上控制自己行为的能力弱,就没法不落入各种权、利、色的"陷阱"。

(三)积极营造心理监督文化氛围

加强领导法规和领导文化建设,是健全领导行为心理的制约机制的重要方面。

1.加强领导法规建设

一是健全组织法,使领导机关的隶属关系、职责权限、机构设置和员额编制等方面的法律规范日臻完善;二是健全领导干部法,使领导干部的任用、考核、奖惩、晋升、工资待遇、培训、回避、退休等问题程序化、制度化;三要健全领导监督法,保证各级领导机关及其领导者的全部活动在法定的范围内运作,把自上而下监督和自下而上监督、党的领导监督、国家权力机关的行政监督、群众监督和社会监督有机地结合在一起,建立完善的监督体系。领导法规建设必须以国家宪法和有关法律为基础,把客观需要与发展可能结合起来,把创制新法与理顺旧法结合起来,逐步实现领导行为运作的法制化、规范化、程序化,从而做到不因领导者的改变而改变,不因领导者的看法和注意力的改变而改变。

2.加强领导自身文化心理建设

领导文化心理从广义上讲是指领导者从事领导事业所依据的社会心理环境,狭义上是指影响规定领导行为运作的领导价值观点、领导思想、领导理论、领导职业道德和领导文化传统等。既定的领导文化是特定的领导行为的社会基础。领导文化对领导行为的影响虽不像领导法规那么直接和具有强制性,但它是一种潜在的、影响深远的、渗透性很强的内涵式的制约力。领导文化建设的根本任务,是不断激发和培养领导主体的服务意识,提高领导者素养。它包括塑造高尚的领导人格、树立高尚的领导价值观、培养良好的领导道德风范、健全的领导心理品质、高远的领导见识和高超的领导技能等。与领导法规相比,法规强调外在的强制制约,而领导文化则侧重影响领导主体的素质,以激发领导主体自觉地进行自我控制,这两个方面具有很好的互补性。

3.培养领导者良好角色意识

社会生活中的每一个人,都处在一定的社会体系之中,总是居于某种特定的地位,具有某种特殊身份,担任某种特定职务。心理学将个人在社会组织活动中所获得的身份、地位和职务,称为一个人的社会角色。社会角色与社会行为是紧密相连的,一般地说,处于什么角色应当表现出什么行为,这当然不是指角色行为的共性,而是指角色行为所拥有的个性。角色行为既有群体制定,也有约定俗成。个体扮演每一社会角色的过程,通常分为角色占有、角色认知和角色实践三个阶段。占有是基础,认知是心理上确定行为模式的过程,实践是将认知内容即行为模式表现于外在行为的过程。

强化角色意识,对领导者来说主要有两条:一是要明确自己扮演的社会角色应当具备的心理品质;二是明确自己与群众的关系。就心理品质而言,包括认识品质、情感意志品质和个性心理品质。认识品质是领导者有效进行认识活动所必备的各种特定心理特点,是应备的观察力、注意力、记忆力、想象力和思维能力的综合。情感意志品质是领导者对所认识和所做的一切,以及对周围事物的态度体验,即情操,包括美感、理智感和意志。一般说来,领导者应当是"独立型"兼"服从型"的双面性格的人才。"独立"才会有胆略,才能勇于开拓和富于创造,但没有"服从"就极易独往独来,形成抗上或专断。认清自己与群众的关系,对领导角色认知也非常重要,既要明白自己是群众的领袖、首脑、领路人,又要明白自己是群众的勤务员。认清前者,能够增强自我修养的紧迫感,严格自律,成为名副其实的领路人;认清后者,才能摆正自己的位置,端正对待群众的态度,成为群众的贴心人。如果既能成为领路人,又是贴心人,就能够正确对待手中的权力,自觉接受人民群众的监督。

(四)充分发挥新闻媒体及网络监督作用

新闻媒体及网络监督是指利用报刊、电视、音像、互联网等大众传媒,对国家政治生活事务以及涉及公众利益的社会事务,对国家机关及其工作人员的违法乱纪行为以及各种腐败现象,表达有社会普遍性的意见,以引起社会的广泛关注,并形成代表人民大众意愿的强大舆论力量,促使国家机关对施行不当的法律、政策和活动进行修正,促使国家工作人员对违法违纪行为进行纠正,对责任人予以处罚。舆论监督是党内外监督链条上的核心部分,是反腐倡廉的重要环节,是对领导者实施心理监督的有效手段。深入搞好反腐倡廉,应营造使广大党员干部以自觉接受监督为荣,逃避、对抗监督为耻的氛围。从而使广大党员特别是各级领导干部始终置于党组织和人民群众的立体监督之下。

与其他任何监督形式相比,唯有新闻网络监督最具有广泛的社会性,它可以包括社会所有阶层、组织和全体网民。此外,网络监督还具有监督方式的公开性和监督效应的快捷性等其他任何监督形式所无法比拟的突出特点。因而网络监督越来越受到世界各国政府的重视。

从新闻媒体实施舆论网络监督的效力机制来看,也主要依靠的是一种非强制的道德力量,而并非行政权力或其他强制力。这种监督作用能否发挥、发挥作用的大小,关键在于批评、建议本身的质量,即在选题上是否具有宏观性、针对性,在分析问题上是否具有客观性、科学性。在所提意见和建议上是否具有建议性、可行性,而不是靠言辞的尖锐和情绪的激昂来解决问题,更不是借助于主体本身的权威性或是法律赋予的权力单方面地发生作用,如果硬性规定被批评者有必须接受和改正的义务,舆论批评就成了"网络审判",网络媒体也就成了"审判机关"或法院。网络舆论监督是人类文明的产物,是全社会的权力,说到底,舆论网络监督是人民的监督,是人民通过新闻传媒及强大的互联网对社会的监督。

第四节　领导的健康心态

一、心态健康的重要意义

(一)心态健康是推进事业发展的基本保障

成功心理学研究表明,目标、智慧、能力、人脉、健康是决定个人成功的"五大因素"。其中,健康是个人生活与事业发展的基本保障。对于领导者而言,心态健康有其更为特殊的意义。领导者的身心健康不但是其职业生涯健康发展的客观需要,更是组织健康、社会健康的基本要求。在个人发展中,目标是第一位的,没有目标就没有前进的方向。一个人拥有拼搏奋斗的精神很可贵,但如果不知道自己努力奋斗的方向,这种拼搏奋斗的激情是短暂的,也会经常陷入迷茫苦闷当中;智慧是知识、经验、阅历、智力的综合体现,一个人虽然有知识和能力,虽然看了许多书,走了许多路,但没有体验和感悟,没有从中领悟到人生的深刻意义,就无法面对现实,也难以真正超越自己,能力是做事兴业的基本要求。一个人如果没有能力,就缺乏认识问题、解决问题的基本素质,也难以在竞争当中立足。"人脉"是人活着拥有重要感和成就感的基本需要。人的发展与人的社会化水平直接相关,一个人对待组织和他人的态度,一个领导者能否拥有追随者和拥护者,反映着领导的德、才、识、能,体现着领导者的威望和威信,决定着领导者的个人影响力。上述"五大要素"中的前四项要素是基本要求,而健康则是本质要求,是前四项要素发挥作用的关键所在。一个人如果没有健康,身心世界处于疾病状态,就难以完成目标使命,智慧水准就会受到限制,能力、人脉等都会随之失去光彩意义。为此,健康是人生的根本保障,是一个人成功的重要保障。做有能力、有业绩的人,更要做一个身心健康的人,做一个拥有积极心态的人。

(二)心态健康是身心健康的重要保证

中国工程院院士钟南山教授曾经说过:"一个人的情绪如果整天处在低潮,

体内抵御肿瘤细胞的能力就会下降 20% 以上,心理的健康与平衡对于生理的健康非常重要。"心理学研究发现:一个人在大发雷霆时,身体产生的压力激素,足以让小鼠致死。因此"压力激素"又称"毒性激素"。《黄帝内经》也曾说道:"百病生于气也。怒则气上,喜则气缓,悲则气结,惊则气乱,劳则气耗……"所以医病先医"心"。现代医学发现:癌症、动脉硬化、高血压、消化性溃疡、月经不调等,人类 50%~80% 的疾病与心理的压抑感有关。因此,这类病被称为心身性疾病。如果人整天焦躁不安、发怒、紧张等,令压力激素水平长时间居高不下,人体的免疫系统将受到抑制和摧毁,心血管系统也会由于长期过劳而变得格外脆弱。在现实生活中,人们也经常有所谓"癌症性格"一说,那些具有一些特定性格特质(比如神经质、易怒、悲观或是孤僻)的人群更容易成为癌魔狩猎的对象,而开朗乐观则有助于预防和治疗癌症。因为人在快乐的时候,大脑会分泌多巴胺等"益性激素"。益性激素让人心绪放松,产生快感,这种身心都很舒服的良好状态,可使人体各机能互相协调、平衡,促进疾病康复。

二、领导健康心态的主要标准

(一)良好的情绪情感体验

人是理智、有思想、有情感的动物,人的心理活动总是通过人的情感变化而影响内脏器官的活动。积极、愉快的情感对人的生活起着良好的作用,有助于发挥机体的潜能,提高工作效率,增进人体健康。近代医学科学实验研究已肯定消极情感对身心疾病的发生、发展过程起着不良作用。例如,无所依靠和失望的情绪会降低一个人的免疫力。美国心理学界经过长达 10 年对 100 多个国家和地区的 1 万多人进行了详细的调查,发现快乐是人类特有的一种心理感受,具有浓厚的主观色彩,它与种族、年龄、职业、地位、个人拥有的财富没有内在的联系,它就是一种主观感受。有人对中 500 万大奖的人做过调查,如果中大奖的人是抑郁型的人,起初确实会快乐,但快乐持续的时间最多半年,半年以后又会陷入抑郁之中。幸福心理学研究表明,快乐属于每一个人,也就是说每个人都掌管着令自己快乐的钥匙,当你感到愉快的时候,体内会分泌出内啡肽,免疫力相应增加,当你感到不愉快的时候,免疫力相应下降。如何拥有积极愉快的情绪情感体验,最主要的包括如下几点。

一是保持一颗平常心,拥有一份成就感。良好的情绪情感体验与精神状态直接相关,有的领导干部情绪反复无常,大起大落;有的干部虽然情绪正常,但心理世界比较脆弱,没有一颗平常心,一有风吹草动就做出极端的反应。希望我们的干部都能有颗平常心,实实在在做人,堂堂正正做官,勤勤恳恳做事,认清自己,把握自己,随时调整自己的情绪。再者,从发展的角度看,每个人都需要有一份成就感,自己应该很好地肯定自己,不要因为一点儿小小的事情惊慌失措,因小小的挫折否定自己过去的一切,动不动就情绪失控,垂头丧气,失去信心。

二是心理换位,积极调节。领导干部要学会心理换位,积极调整。当不愉快的时候,面对挫折的时候,想想自己过去是如何一步一步战胜各种各样的困难挫折走到今天,想想如果没有很好的努力,没有一个很好的精神状态是达不到今天的地位的。面对今天的挫折,想想过去一步一步坚强地走到现在也是一个激励。从发展的角度时刻审视自己的努力、奋斗的过程,时刻铭记组织的辛苦培养、学校的教育,时刻积极地面对挫折,避免情绪失控、垂头丧气。在挫折面前时刻给自己激励,在日常生活中站在不同的角度看待问题,那么情绪世界、情感世界会逐渐趋于平静。

三是知足常乐,适度满足。领导干部要学会知足常乐,但实际生活中知足并不见得常乐,只有知足加不知足才能常乐。知足——对状况很满意;不知足——想自豪地发展、自豪地进取,包括工作、学习、关系、健康等方面,都希望能有个新的成绩、有个新的状态。知足加不知足才能常乐,像水一样不要自满,也不要干枯,处在经常流动的状态中。在亏盈的世界里,一方面要知道自己的不足,也不要过度的自满造成傲慢自大;另一方面对自己过去的发展表现满意,肯定自己,同时对生活有新的追求。

四是情绪稳定,心境愉快。心理学研究把心境看得比较重要,我们每天都处在工作、生活、学习带来的心境感受中。有的人心情饱满愉快,说明心境是积极明朗的;有的人心情沉闷忧郁,说明心境比较消极脆弱,因此要经常转换心境,保持良好的状态。研究成功心理学发现,成功有三大心理因素:激情、目标、坚持力。激情、目标、坚持力是一个人成功最重要的心理因素。好的情感体验能让人受益,使人保持平衡不至于狂躁,不至于过分悲观,能够处理好人际关系,使自己在工作、学习中富有积极性。调查发现如果你的情绪不好,过分郁闷,过分压抑,不但影响自己的心理健康,对身体也不利。负面情绪对身体有极为不利的副作用,如果常年处于慢性压抑之中,血液中葡萄糖和脂肪酸都会升高,患糖尿病与心脏病的风险自然也就大了。另外,压力还会使人体胆固醇水平上升,也会更易诱发心血管病;当人处于沮丧、悲痛和冷漠状态时,体内的复合胺都会降低,复合胺能调节人对疼痛的感知能力,这也是为何45%有沮丧倾向的病人会有种种疼痛不适感的原因;嫉妒是害怕、担心和愤怒等情感的混合体,这三种情感会使人一触即发,怒火大发的人通常会血压升高、心跳加快、肾上腺素分泌增多、免疫力变弱、焦虑甚至失眠;如果在对抗中压抑自己的怒气,其死于心脏病、中风的风险会高两倍。怒火爆发之时,由于肾上腺素水平突然大幅增高,血压升高、心率加快,对超过50岁的人来说突发心脏病或中风的概率会高出5倍。对于干部来讲,一方面要很好地投入自己的工作;另一方面应该做情绪控制能力的模范,不但要控制好自己的情绪,而且要教导年轻干部具有很好的情绪体验,防止负面的影响造成身心疾病。

（二）健全的个性心理品质

心理健康的人,其人格结构,包括气质、能力、性格和理想、信念、动机、兴趣、人生观等各方面都能平衡发展;能够完整、协调、和谐地表现出具有自己特色的精神风貌;思考问题的方式是适中的和合理的;待人接物能采取恰当态度,对外界的刺激不会有偏激的情绪和行为反应;能够与社会的步调合拍,能够和集体融为一体。现代心理学研究表明,一个人的非智力因素(性格是其中一个重要方面)在一个人的成才中占有十分重要的作用。一个人具有优良而成熟的性格就能最大限度地发挥自己的精神力量,并能与环境中的其他人建立和谐良好的关系。一个人的性格还是其自身品德、世界观的具体标志,是其精神面貌的综合反映和集中体现。有人对享有盛誉、成就卓著的领导人的性格进行了研究,发现他们共同的性格特征是:实际、客观、求善、创新、坦诚、结交、爱生命、重荣誉、能包容、富有幽默感、悦己信人。这些性格特征是他们造福于人类的信仰的体现,对支持他们始终如一地为实现信仰而奋斗,起了重大作用。

美国著名的人格心理学家 G.W.奥尔波特的人格特质理论认为,具有"人格成熟型"人格的人,其主要特点:一是统一的人生观,即健康成人需要为一定的目的而生活;二是有自我扩展的能力,即健康成人参与活动的范围极其广泛;三是博爱宽容的情感,即健康成人能与别人保持亲密关系,没有嫉妒心和占有欲;四是情绪上有安全感,自我接纳,即能够忍受生活中的挫折与冲突,经得起一切不幸遭遇;五是具有现实性知觉,即是"明白人"而不是"糊涂人";六是专注于事业,献身于工作;七是客观地看待自己,对自己的所长和所短之处都十分清楚。

(三)正常的态度行为反应

正常,不一定是指智力超常(智力活动超常也属于智力活动正常的范畴),而是说注意力、观察力、记忆力、思维力、想象力都是正常的,能较好地胜任自己的工作,头脑清醒,不糊涂,反应敏捷,思维清晰,逻辑性强,该当机立断的时候就当机立断,毫不犹豫。正常的态度行为反应主要有四个评价指标:一是观察判断能力,二是信息整合能力,三是应激表现能力,四是环境适应能力。一个健康的人能很好地对环境做出判断,通过各种各样的信息对一些事情的来龙去脉进行整合,及时反应外界的各种刺激,并能够适应环境的变化;不健康的人,稍有风吹草动就惊慌失措,对外界刺激目瞪口呆,无动于衷。心理健康的人能做到审时度势,能够对周围的事物和环境做出客观的认识和评价,并能以积极进取的态度正确对待现实环境,既有高于现实的理想,又不沉湎于不切实际的幻想和奢望中,因而能应付比较复杂的局面,当发现自己处于不利的或困难的境地时,也不惊慌、恐惧,而是冷静地处理,将不利转化为有利,将困境转化为顺境,并且在这个过程中锻炼了自己的聪明才智。以环境适应能力为例,有的环境适应能力很好,有的环境适应能力很差,有的到一个单位往往格格不入,人事关系搞得很紧张,有的到一个单位后马上就能和大家打成一片,人际关系很融洽。

(四)清醒的自我认知

一个人最愉快的是肯定自己,最烦恼的是迷失自己,最痛苦的是否定自己。人都希望得到别人的理解,得到积极的评价,这是自我认知。人都有自我认知的这种需要,积极的自我认知有利于增进人的心理健康。当别人误解了你的时候,有种委屈、不愉快的感受。因而心理学把人分为三个自我:物质的自我、社会的自我、精神的自我。物质的自我是什么? 家、孩子、厨房、工资收入、穿着打扮、身体状况等都是物质的自我。社会的自我是什么? 是很好的人际关系,被同事朋友接纳,工作有成就,得到领导赏识,得到别人重视,这是社会的自我。精神的自我是什么? 人要做一个高尚的人,一个有道德的人,一个有创造性的人,丰富的精神家园可以降低物质自我的要求,不为名利所动,始终保持一种乐观的精神状态。人不是单纯满足物质需要的动物,其幸福感是建立在精神需要上,所以心理学研究证明我们感觉到真正的成功不是权利、职位,而是心理意义上的一种愉快和满足。人如果没有物质的自我就无法生存,但是如果没有精神的自我和社会的自我就没有快乐。

清醒的自我认知需要回答好以下几个问题:自己是谁? 从什么地方来的? 处于什么位置? 究竟能做什么? 向什么方向努力? 心理健康的人,一般都有"自知之明",能够正确认识到自己的价值,认识到自己在他人心目中的位置,认识到自己的能力、学识、水平,既不高估自己,不对自己的长处和优势沾沾自喜,也不自卑,过分地贬低自己,不无缘无故地抱怨、自责。有些领导干部心理失衡,主要原因在于自我认知能力弱,不能很好地看待自己,要么过分的自卑,要么过分的狂妄,要么过分的矛盾。尽管大部分人都不同程度地存在这些困惑,但是经常的狂妄、经常的自卑就可能导致自我否定。

(五)协调的人际关系

人际关系犹如空气一样包围着我们,人的一生都离不开人际关系的影响。协调的人际关系包含四个相互:一是相互理解。人都有相互理解的需要,相互理解才能经营各种良好的关系。生活中99%的矛盾是由于相互不理解、误解产生的,相互理解、相互关心就能有很融洽的人际关系。二是相互尊重。尊重别人的感情,尊重对方的愿望,甚至要尊重对方的各种需求。但在实际工作中,有许多领导者没有尊重下属的情感反应,只要求下属尊重自己,而自己不尊重下属,往往把自己与下属之间的关系搞得很紧张,无形中挫伤了下属的积极性。三是相互关心。融洽协调的人际关系,除了理解、尊重,就是相互关心。真正的关心是关心对方的成长、对方的进步，把对方的发展看作自己的发展，做到这点这个人的心理世界就相当的健康。四是相互激励。不单是领导干部需要激励群众、下属，而且群众、下属也要激励领导干部，激发领导干部做事创业的热情。领导干部要懂得相互激励的重要性，既要重视精神激励，也要重视物质激励。

评判人际关系是否健康有六大观察点：①总是显示出一种积极的、乐于与人交往的态度；②懂得如何尊重人、理解人；③能够平等、宽容、客观地了解、评价对方；④能够注意他人的长处，虚心地向他人学习；⑤当他人有困难时，采取真诚的、有效的帮助；⑥当与他人产生矛盾时，能进行较好的沟通，并以理智的、合理的方式解决。

三、增进心态健康调适能力

领导干部心理健康调试能力对领导干部的事业发展、生活幸福、人际关系都起到很重要的作用。如何才能增进领导干部心理健康调试能力，主要有以下几个调整办法。

（一）调整自己对现实的心态

心理学家研究成功者的十种心理品质：现实的自我觉察；现实的自我尊重；现实的自我控制；现实的自我动机；现实的自我期望；现实的自我意想；现实的自我觉察调节；现实的自我修炼；现实的自我范围；现实的自我投射。为此，要正确地面对客观现实，承认并接受现实选择。许多人对现实生活的认识是肤浅的，当主观愿望与现实的要求发生冲突时，更多的是埋怨现实，更多的是误解现实。有这样一则印度寓言：两个人面对一杯喝了一半的水，一个人说："我已经喝掉了半杯水。"另一个人说："我还有半杯水没喝。"前者的话语中，透露出的是无奈和苦涩，而后者的话语中则充满了希望。人到中年，恰似那已经喝掉了半杯的水。既然剩下的那半杯水迟早要喝完，是满怀愁绪、恋恋不舍地缅怀已喝掉的那半杯水，还是以快乐的心态去计划该如何享受剩下的半杯水，答案就掌握在自己的手中，可是，有不少中年管理人员在面对自己所处的地位和境遇时，常常是以前者的心态来应对的。

(二)调整正确对待自我的认知心态

认识自己的能力越强人的自我认知能力越高,能够接受他人评价的人的心胸世界是很宽容的,心境体验是比较明朗的。如果一个人连别人的评价都听不进去,那么这个人就容易自我封闭,造成心理世界得不到有效的互动。在对待自我意识方面,主要有五种类型:一是自我肯定型,评价认识自己很客观,自己肯定自己,自信心很强很乐观,心理世界很完整;二是自我否定型,过于被现实所压迫,无限扩大挫折和失败,否定自己的理想,否定自己的工作事业,否定自己的存在;三是自我矛盾型,一会儿觉得很有理想,一会儿又觉得这个理想太远大,在理想和现实中左右徘徊;四是自我混乱型,这种干部要么目标太远大,往往成了不切实际的幻想,总是沉浸在幻想当中;自我安慰、自我陶醉地打发日子,要么就陷入低落情绪当中。五是自我萎缩型,不想做事,害怕出事,不想创造,浑浑噩噩。

(三)调整自己对工作的心态

一是积极面对压力,要能把压力变成动力。对于工作如果能够胜任就很快乐,不能胜任就会感到痛苦。这时,要学会分析原因,学会学习,把压力变成动力,把工作中遇到的难处、不顺心的事情和矛盾变成自己攻克难关的一个新挑战。

二是泰然面对挫折,虽然失意但决不失态。人生百年,要面对很多挫折,在挫折面前虽失意但不能失态,失意表示暂时受到一些冷落,一旦失态的话就说明自己心理上的承受能力需要加强。

三是认真面对责任,能做好就尽量去做好。工作责任心太差往往造成各种各样的挫折,最后导致心里很困惑,因此要认真面对责任,能做好就尽量去做好。尽管不一定非要做得那么尽善尽美,但是一定要做到无愧于心,一定要做到尽心尽力,这样心里就会感觉比较舒坦。

四是自然面对荣誉,拥有一颗宁静平常心。当工作小有成绩得到表彰夸奖时,一颗宁静的平常心更加珍贵,荣誉都是短暂的、都是过去的,平常人生才是久远的,在平常当中才能见到自己的真正的品质,才能清楚自己哪些方面是最宝贵的。

五是冷眼面对诱惑,不属于自己的那份额外都有危险。对于外界的诱惑我们要深刻领悟老子那句话——"五色令人目盲,五音令人耳聋。"要防止自己在五彩斑斓的颜色中不能很好地进行鉴别,可能会看不清真正美好的景色。

(四)调整自己对他人的心态

心理健康的人乐于与人交往,不仅能接受自我,也能接受他人,悦纳他人,能认可别人存在的重要性和作用。人的交往活动能反映人的心理健康状态,人与人之间正常的友好的交往不仅是维持心理健康的必备条件,也是获得心理健康的重要方法。美国著名心理学家马斯洛提出心理健康的人,在对待自己和他人方面,具备十五个方面的"自我实现型人格"特质:①对现实有卓越的洞察力并能和现实保持适宜的关系;②对自己、他人和客观事物表现出最大限度地认可和接纳;③行为方式自然真实地流露,表现出朴实、纯真的美德;④以问题为中心,而不是以自我为中心,视野宽阔,常常关注各种社会问题;⑤具有超然独立的特性和离群独处的需要;⑥意志自由,不受文化和环境的制约;⑦具有清新不俗的鉴赏力;⑧能够产生某种神圣意义上的神秘体验和高峰经验;⑨更多地具有全人类的共性,爱人类并认同自己是全人类的一员;⑩拥有持久而精粹的人际关系;⑪具有民主的性格结构;⑫具有强烈的伦理道德观念,绝不为达到某种个人目的而不择手段;⑬具有良好的发展性的非敌意的幽默感;⑭具有创造革新的思想和能力;⑮能够抵抗消极的、适应现存的社会文化类型,具有处世独立的内在品质。

(五)调整自己对待情绪反应的心态

人们在感到痛苦时,常从三个方面获得安慰:大自然、社会和朋友。每个人可据自己的个性、爱好或习惯形成自己的保健方法。

心理学家给出了达到个人最佳健康状态:①有规律地进行锻炼;②保持饮食的营养平衡;③保持适当的稳定的体重;④确保每天 7～8 小时的睡眠时间;⑤每天都要适当休息和进行放松;⑥有安全意识,如开车系好安全带;⑦烟不沾、酒适量;⑧定期检查身体和牙齿;⑨保持乐观的情绪,发展友谊。一个持久的有效健康促进方法,可以使我们受益终身。比如,对音乐和艺术的追求,既可以陶冶我们的情操,又可以使我们从众多的紧张和压力当中解脱出来。欣赏音乐时,我们能够体验到美的享受,带来心理上的快感。常用的情绪心理保健有如下几个方法,根据自身实际情况能采用就采用。

宣泄。宣泄法不是哭闹打斗,有的人理解为哭闹完了就宣泄完了,宣泄包括内在宣泄和外在宣泄,它主要是对情绪进行疏导,让自己的心理世界逐渐归于平静,内在的宣泄是什么呢?如自我暗示、影响、想象。外在宣泄就是活动,登山、划船、健身、打球、游泳等,这些宣泄与你的体力活动有关,希望领导干部们有时间多去健身房锻炼锻炼身体,闲暇之余登登山、散散步。做任何事情都应该是心情愉快地去做,如果心情烦躁去做这件事情,效果就不一定好了。比如有的人散步登山咬牙切齿、满心怒火,这个山登上去就很难受。再如喝酒,借酒浇愁愁更愁,有些人以为喝酒以后会得到一种宣泄,其实不然。据有关专家研究,当你生气的时候,喝酒对人的身体系统损害更大,所以一定要心情愉快地做自己喜欢做的事情,这样的宣泄才是有益身心健康的。

投射。把不愉快的事情投到、联想到别的事情上去。当你遇到挫折、遇到打击的时候,应该看看生活中还有比你遭受的挫折更多、更重的人,相比之下发现自己遭遇的这些挫折可以忽略不计,那么心理世界就可能得到安慰,这种投射办法比较好。

淡化。不要把任何事情看得太重,生活中我们该做的事情很多,人生经历的风雨也很多。遇到一些重大的问题、重大的挫折时尽量把它淡化,适当地给自己宽宽心,退一步海阔天空,任何事情都是物极必反,生活中有很多事情没有必要那么苛刻,放缓一下,放宽一下。

升华。做有意义的工作、学会社交、学会创作等其实都有升华的作用。通过劳动,通过创造,忘我的工作,做自己感兴趣的事情,会让自己的情绪情感世界得到力量滋润,增强自己的身心健康水平。有关专家研究,增加幸福的十四条基本原则与我们的心理保健也有关系:①要活跃起来保持忙碌;②扩大社交圈;③做有意思的工作;④条理化;⑤不要焦虑;⑥降低期望和渴望;⑦积极与乐观;⑧关注当下;⑨培养健康的个性;⑩做一个外向爱交往的人;⑪做回自己;⑫抛弃消极的感情;⑬培养亲密的关系;⑭幸福优先。

第五章　领导的方法

第一节　领导科学

一、领导原则与领导观念

(一)领导原则

做任何工作都需要有原则,领导工作虽然是一项艺术性较强的工作,但也应该遵循一定的领导原则。领导原则是为了提高领导工作的有效性而应该遵守的准则。结合我国的实际情况,我们认为领导原则有以下几项:例外工作的原则、提高会议效率的原则、管理时间原则、全面物质利益原则、尊重人格的原则、积极激励的原则、信息沟通的原则、人人参与原则、相互领导的原则、适应情况的原则。分别介绍如下。

1.例外工作的原则

为了更好地保证领导者有时间和精力履行领导者职责,应当推行"例外原则"。所谓"例外原则",就是领导者只管条例、规章制度中没有规定的"例外"的事情,凡是已有规定的,就由秘书或职能部门按章办事即可。贯彻这个原则,可以使企业领导者减少日常重复性工作的指挥,可以集中精力抓大事,同时可使下级增强独立工作的能力和负责精神。贯彻例外工作原则,必须注意以下几点。

(1)推行工作程序标准化

首先,对任何工作都要问三个"能不能"。①能不能取消它? ②能不能与别的工作合并? ③能不能用更简便的办法代替? 其次,对确认要做的工作,要明确:由谁去干？谁来提供资料？怎么干？干到什么程度？什么时间干完？完了转给谁？这些要求都要通过标准化和业务流程图规定下来。各个流程衔接起来,就构成了企业全部工作体系。按这个工作体系的程序进行工作,就能做到忙而不乱、秩序井然,提高效率。

(2)领导者不干预下一层次的事

按照组织原理中的有关原则,领导者不干预下一层次的事。随意干预下一层次工作的后果必然是一方面浪费了自己的宝贵时间与精力;另一方面只会造成下级没有主见、没有责任感,又反过来加重自己的负担,形成恶性循环。必须牢记:"凡可以授权给他人做的,自己不要去做""当你发现自己忙不过来的时候,你就要考虑自己是否做了下级可做的事,那就把权分派下去"。以此来提高领导者自身的工作效率。

(3)领导者不直接回答下级的问题

领导者不直接回答下级的问题,只回答下级关于问题的建议。一个只会向上级提问题而不善于提出建议的下级,是不称职的下级,应予撤换。

2.提高会议效率的原则

在现代化管理中,利用开会的方式来进行互通信息、安排工作、协调关系、咨询以及集体讨论决策等工作是经常性的,也是十分必要的。但是,什么问题都要通过会议的形式来解决,这是领导者无能、管理水平不高的表现。如何提高会议的效率,我们认为必须掌握如下三条。

(1)开好非开不可的会

在企业的生产经营活动中,有两类会议是必要的,如下。

①决策性的研究会

主要包括讨论企业的目标规划、研究应急对策、方案论证及学术交流等。这类会议应充分发扬民主,百家争鸣,搞"群言堂",切忌"一言堂"。

②执行性的协调会

主要包括布置任务、协调矛盾、组织接力等。这类会议事先应有充分准备,届时不开展自由讨论。在这类会上发扬民主,百家争鸣,不仅容易思想混乱,使执行效率降低,而且往往议而不决,达不到会议的目的。执行性协调会议必须形成决议,每件事情都要落实。国外有所谓 5W1H,即 What(怎么回事)、Why

（为什么干这件事）、Where（哪个单位执行，在什么地方执行）、Who（谁执行）、When（什么时间执行，什么时间完成）、How（如何执行，准备采用哪些有效措施）。这套办法是值得借鉴的。

（2）做好会前的准备

做好会前的准备是开好会议的前提。会前准备，要注意掌握以下要点：①议题的提出。规定提议人事先要扼要说明事情及问题的内容。②限定出席人数。除法定人员以外，只有与议题有关的专家和部门的代表才能参加会议。③限定报告人及出席人发言时间，规定每个报告人发言最多不超过多少分钟。④坚决反对迟到早退。

（3）建立良好的会风

良好的会风是会议成功的保证。主要铭记"会议八戒"：①不开没有明确议题的会。②不开多中心（多议题）的会。③不开没有准备的会。④可开可不开的会议坚决不开。⑤不要请无关的人参加会议。⑥不要做离题的发言，要围绕议题的中心发言。⑦不要做重复的发言，要力求语意精练。⑧不要议而不决或个人做决定。

3.管理时间原则

企业领导者为了有效地利用时间，必须掌握以下三条基本原则。

（1）诊断自己的时间

诊断自己的时间，目的在于知道自己的时间是如何耗用的，为此，要记录时间的耗用情况。要掌握用精力最好的时间干最重要的事。精力最好的时间，因人而异。每个人都应该掌握自己的生活规律，把自己精力最充沛的时间集中起来，专心去处理最费精力、最重要的工作，否则，常会把最有效的时间切割成无用的或者低效率的零碎时间。

（2）分析无效的时间

首先应该确定哪些事根本不必做，哪些事做了也是白费工夫。凡发现这类事情，应立即停止这项工作；或者明确应该由别人干的工作，包括不必由你干，或别人干比你更合适的，则交给别人去干。其次还要检查自己是否有浪费别人时间的行为，如有，也应立即停止。

（3）排除浪费的时间

在日常生产经营活动中产生时间浪费的原因很多,如一个单位的制度不健全、环节过多、信息不灵、人浮于事、相互扯皮等都会造成时间上的惊人浪费。

时间毕竟是个常数,人的精力总是有限的,但只要领导者能够遵循管理时间的原则,便能提高管理工作的有效性,便能争取时间产生巨大的经济效益。

4.全面物质利益原则

人们奋斗所争取的一切,都同他们的利益有关。利益,从广义上来讲,包括了物质和精神两方面的利益,如工资待遇、生活福利、地位、人格尊重、安全感、社交需求及成就需求等。

这里主要是指物质利益。人们进行生产活动,直接目的就是为了物质利益。坚持社会主义物质利益的原则,是领导者实现有效管理的重要原则之一。它的基本要求是劳动者从物质利益上关心自己的劳动成果,关心整个经济建设事业的发展。物质利益包括个人利益与共同利益、局部利益与全局利益、眼前利益与长远利益,因此,企业领导者应当引导职工群众在关心个人眼前利益的同时,更要关心国家和企业的长远利益。要把国家、企业和职工个人三者的利益紧密结合起来,在此基础上引导职工,对物质利益全面关心,这就是遵循全面物质利益原则。

5.尊重人格的原则

职位有高低之分,人格无贵贱之别。人不仅是理智的动物,也是感情的动物,对于尊重他人人格的人,一定会产生一种"知遇"感,这种"知遇"感将促成他们在工作上的优良表现,企业职工能够在受到人格尊重的环境下工作,无疑会提高工作效率。

尊重人格是企业人员之间应有的基本态度,企业领导者必须积极倡导。我们通常说"敬人者,人恒敬之",领导者只有自己尊重职工,才会受到职工的尊敬,否则就得不到广大群众的爱戴。同时,也只有在尊重人格的前提下,人们才会把他们的聪明才智及能力充分发挥出来。

6.积极激励的原则

对于人的管理,不外乎两大方法:一种是消极性的制裁或惩罚,另一种是积极性的激励或奖赏。前者利用人的畏惧心理使之安分守己,但这只能保持最起码的工作标准;后者在于利用人的上进心理及荣誉感、自尊心,使人发愤图强,这可以使人的内在潜力得到最高的发挥,工作效率也可望达到最高的限度。

7.信息沟通的原则

信息沟通主要是指企业全体职工对企业的目标、方针、政策、计划及一切工作有共同的了解,使大家同心同德实现企业的目标。企业全体职工能否围绕企业整体目标团结一致,直接影响到企业的成败和经济效益。而使他们团结一致的有效方法就是贯彻意见沟通原则。这一原则是现代管理人际关系学派特别重视的一项原则。如巴纳德(C.L.Bar－nard)就主张建立完整的意见(信息)沟通网络,使企业人员能够彼此了解、认识、互助、合作。他提出了三方面的沟通路线:①上行沟通,下级以建议、请示或报告的方式向上级领导者(或上级机关)来表达他们的意见、工作上的困难或工作上的成果。②下行沟通。就是领导者(或上级机关)以指示、命令或希望达于下级。③平行沟通(或称横向沟通),就是部门之间、单位之间或无隶属关系的人员之间的意见、工作情况的交流,促使大家彼此的了解。企业领导者必须重视管理工作中的意见沟通原则,促使加速信息流动,实现有效管理。

8.人人参与原则

人人参与的原则,已成为世界各国现代管理工作中应贯彻的一项重要原则。我国的国有企业是社会主义全民所有制的经济组织,广大职工是企业的主人。企业实行职工代表大会制,对企业进行民主管理,让职工行使当家做主的权力,是理所当然的事情。尤其是在当代科学技术的发展日新月异的情况下,社会的生产领域愈来愈广,专业愈来愈多,生产技术愈来愈复杂,对生产中各种科学技术问题和管理问题的解决,仅仅依靠少数人所掌握的知识才能,是极为困难的。企业只有实行政治民主、技术民主和经济民主,才能充分发挥每个职工的聪明才智,集中各方面专业人才和专家的知识和智慧,解决好复杂的科技问题和管理问题。因此,人人参与原则也是实行有效领导的一项重要原则。

9.相互领导的原则

领导是自身影响力的运用。凡是能够改变他人思想或行为的力量就是影响力。因此,企业职工之间,只要某人对其他人员产生影响力,就可称之为领导。所以领导并不完全是上级对下级而言,如果下级的意见能够对上级发生影响,那么下级对上级就能起到一定的领导作用。正如职务最高的领导者,当他生病求医时,要遵照医嘱行事一样,从这一点看,下级的专业知识所表现出的影响力最为显著。

相互领导的原则,日益被现代行为科学家们所重视,主要是他们把组织看成是一个交互行为的动态体系,而不是仅靠权责分配所建立的体系。既然企业职工之间存在着交互行为,就必然产生影响作用,所以领导便不能只从命令与服从、由上至下等观念来研究,而必须遵循相互领导的原则。其实,在我国全民所有制企业中的职工代表大会,有评议、监督企业行政领导干部的职权,就是遵循相互领导原则的体现。

10.适应情况的原则

有效领导的适应情况的原则,也称领导的弹性原则。这个原则提醒领导者在选择领导方式和原则时不要死搬硬套,要一切从实际情况出发,根据实际情况,将上述各项有效的领导方式和原则有机结合,灵活运用,以提高领导的有效性。

(二)领导观念

1.关于领导成员的观念

传统观念:天赋论是传统观念中的核心思想,即认为领导才能是个人的天赋,领导人才是社会的天才,这是在古代社会中形成的唯心主义的领导观。

现代观念:修养论是现代观念中的核心思想,即认为领导才能是在学习和实践中经过自觉修炼而逐渐培养起来的,领导人才是在领导实践的磨炼中脱颖而出的,这是在科学思想和民主思想的基础上形成的唯物主义的领导观。

2.关于被领导者的观念

传统观念:矛盾性、服从性是传统观念对被领导者的基本认识,即认为被领导者与领导者之间的利益关系只能是矛盾的,对被领导者的基本要求必须是绝对服从。

现代观念:互惠性、能动性是现代观念对被领导者的基本认识,即认为被领导者与领导者之间的利益关系可以是互惠的,对被领导者的基本要求应该是充分发挥其能动性,以实现领导者与被领导者的共同目标。

3.关于领导效能的观念

传统观念:传统观念认为决定领导效能的关键因素是领导者个人,古代历史上只要是明君当朝就天下大治,如果是昏君当道则天下大乱,这是英雄创造历史的唯心史观的表现。

现代观念:现代观念认为决定领导效能的因素是综合性的,既有领导成员的因素,也有领导对象的因素,既有组织内部的因素,也有社会环境的因素,是多种因素有机结合、综合作用的结果。

4.关于领导权威的观念

传统观念:传统观念认为权力是决定领导权威的根本因素,所以领导者只要拥有绝对的权力,就拥有了绝对的权威。

现代观念:现代观念认为决定领导权威的因素是综合性的,包括职权、素质、组织、对象等各方面的因素,而领导者的综合素质是各种因素中最具有能动性的关键因素;同时认为不能使领导职权绝对化,而要树立权力互动、权力效价、权力对应等新的权力观,即权力的作用是双向互动的,权力的效价有积极的,也有消极的,应该根据工作职责适度分权以对应于工作职责的需要。

二、领导方法与领导艺术

领导工作既是一门科学,也是一门艺术。作为一门科学,表明领导工作是有客观规律可循的,必须遵循规律,从实际出发,实事求是地开展工作;作为一门艺术,表明领导工作是一项创造性的工作,领导艺术就是一种富有创造性的领导方法的体现。因此,领导要卓有成效地工作,不仅需要科学的领导理论作指导,还要善于从实际出发,灵活运用有效的领导方法,讲究精湛高超的领导艺术。由于涉及领导方法和领导艺术的内容非常丰富,这里主要介绍常见的领导方法和艺术。

(一)领导方法的主要内容

领导方法的主要内容主要体现在以下几个方面。

1.充分发挥影响力

领导的本质在于组织成员的追随与服从,因此,有效地发挥领导者的影响力是领导的核心内容。要充分发挥领导者的影响力,要求做到以下几点。

(1)正确使用权力

领导者在使用权力的过程中,要注意区别"正确使用权力"和"关于运用权术"的差别。"权术"是指依仗权势而玩弄计谋和手段。领导者使用权力发挥影响的最终目的是实现"组织效用最大化",而不是追求领导者"个人效用最大化"。在领导过程中,领导者运用"权术"虽然可能会取得暂时的效果,但从长远来看则会失去成员的信任与爱戴。

(2)有效地激励和鼓舞

合理、适度的激励和鼓舞能够调动下属的积极性,能够对下属的行为起到引导和强化作用,使领导者的意图得到有效的落实。

(3)善于沟通

领导者发挥自身的影响力离不开有效的沟通。在沟通过程中,领导者要能够采取正确的态度选择合适的沟通渠道,使用合适的沟通手段,将信息、思想和情感有效地传递给下属,使下属真正理解领导者的意图。同时,在沟通过程中,领导者也应该注意鼓励下属的上行沟通,并对下属的上行沟通予以有效的倾听和反馈。

2.提高领导者的个人魅力

领导魅力是领导者个人特质在领导活动中的综合反映,是一种能对下属产生强烈吸引的力量。领导者借助特有的个人魅力,可以充分发挥自己的影响力,取得事半功倍的效果。领导魅力要通过领导者的工作、学识性格、仪表和人格等方面表现出来。

(1)工作魅力

工作魅力是领导者在工作中所产生的对下属的吸引力,它与一定的工作方法、工作艺术相关。不同的工作方法和工作艺术对下属的影响效果不同,但只要运用得当,都能对下属产生吸引力和感召力。领导者在工作过程中要急而不躁、忙而不乱、难而不倒,时刻成为下属的表率和依靠。

(2)学识魅力

领导者的学识魅力与领导者本人的文化程度、知识水平密切相关。在知识经济时代,知识在领导活动中的作用越来越大。学识丰富、文化程度高的领导者对下属的感召力就大。

（3）性格魅力

性格是指个人对现实的稳定态度和习惯化的行为方式。领导者具备良好的性格会使下属在与其相处中产生融洽轻松的交往心情,使领导者更具亲和力。

（4）仪表魅力

领导者的仪表魅力与领导者的容貌、衣着、举止、风度相联系。仪表是领导者自信心与自信力的表现,能够反映领导者的精神面貌和个人修养。拥有良好仪表的领导者会使下属产生信赖与尊重。

（5）人格魅力

人格是一个人道德品质的总和,人格高尚的领导者才能够真正得到下属的尊敬和爱戴,才会真正拥有凝聚力和感召力。

3.提高情绪智商

情绪智商(Emotional Quotient,简称 EQ)是个人情绪稳定性、自我激励及人际关系的总称,是通过控制情绪来提高生活、工作质量的才能。现代研究表明:能力差距不大的情况下,情绪智商的高低是决定人们工作绩效差异的主要原因之一。

相对于组织的一般成员而言,领导者承担着更重要的责任,面临着更大的压力,因此,领导者更需要提高情绪智商。同时,由于领导者在组织中发挥的巨大影响力,其一言一行也会对其他成员乃至整个组织产生重要影响。因此,提高领导者的情绪智商对于组织而言也有重要意义。

领导者提高情绪智商,就是要提高认识自我情绪的能力、自我调节能力、自我激励能力、认识他人情绪的能力和人际关系管理能力。

4.正确处理与上级、同级、下级的关系

在处理与上级、同级、下级的关系时应做到:

对待上级:找准自己的角色和位置,努力而不越位;善于领会领导的意图;适应上级的特点和习惯来开展工作;在上级面前规矩而不拘谨;在多个上级之间,保持等距交往;努力做好自己的本职工作。

对待同级:积极配合而不越位擅权;明辨是非而不斤斤计较;见贤思齐而不

嫉贤妒能;支持帮助而不揽功推过。

对待下级:知人善任,调动下级的积极性;善于批评教育;关心爱护下级,帮助下级发展。

5.建设坚强的领导团队

在现代组织中,仅仅依靠一两个优秀领导者的个人努力往往无法有效地实现组织目标,拥有团结高效的领导团队使组织更容易取得成功。一般认为,高效的领导团队往往具有以下几个方面的特征:明确的目标;统一的价值观、规范和行为标准;良好的人际关系,成员相互信任和尊重;沟通渠道顺畅;强烈的归属感和认同感;团结合作、同心协力;勇于承担责任和技能上能够互补。

(二)领导艺术的主要内容

领导艺术的主要内容主要体现在以下几个方面。

1.决策艺术

决策,尤其事关组织大局和长远发展的战略决策,是领导者的责任和权力。作为最高决策者,首先,应抓住战略决策和非程序化决策,亲自主持制定。其次,抓住确立目标和方案决断这两个关键环节。要有永不满足、自我超越的心态,勇于发现问题、善于分析问题,抓住机遇迎接挑战,及时确立新的目标。要善于把定性和定量结合起来,对各种决策方案迅速做出决断。再次,对方案设计与评估时,要吸引下属参与,听取群众意见,善于利用外脑。领导者既要创造一个让人敢于讲话、敢于创新的宽松环境,又要善于协调和集中各种不同意见,形成和确立最佳方案。

2.用人艺术

组织目标能否实现,关键是人,执行决策的人。用人是领导者的最大学问。

领导者要有识人之眼,坚持用人标准,掌握各种考察别人的方法;善于发现每一个部下的可用之才,加以合理使用,从"小人物"中选拔大人才;敢于起用年轻人和新人。

领导者要有用人之能,了解每一个下属的所长和所短,将其放到合适的岗位上,扬长避短、化短为长;要建立一个科学的组织结构,在这个结构中,每个人既在年龄、性格、学识、能力、专长等方面各有所长,又在事业心、价值观方面有共同理想和标准,同中求异、异中求同,以达用长克短、互制互补之功效。

领导者要有容人之量,容得下各种人才,人才才能为你所用,有作为而又高明的领导者特别要容得下和敢于、善于任用有缺点的人才,比自己本事大的人才,反对过自己甚至反对错了的人才、被别人尤其是自己的"心腹"怀疑的人才。

领导者要有爱人之心,要时刻关心人,为下属人才提供尽可能好的工作条件和生活条件;要经常走访下属,了解他们的喜怒哀乐,帮助他们解决困难和问题;即使有些问题和困难现有条件无法解决,只要了解理解他们,下属也会心平气顺、和组织同舟共济;要注意保护人才,人才也有缺点,尤其是人才的真知灼见,往往一时不能被大多数人接受,甚至遭受非议毁谤,这时领导应站起来仗义执言,支持人才;当下属有过失时领导应为他承担一些责任,尽量保护,不正当地打击一个人,将会寒了一片人的心;要舍得培养人才,人的知识才能是有限的,光使用不培养会造成人才枯竭,是一种"杀鸡取卵"的短视行为,尤其是知识更新速度不断加快的今天,培养人才已成为组织发展的基础工程。

3.指导激励艺术

对下属进行工作指导,激励下属积极主动地完成任务是领导者的经常性职责。

首先,要正确运用职权,既要树立和维护领导者的权威,又要平易近人、和蔼可亲,让下属乐意接受你的指挥。

其次,要明确自己的职责范围,该自己负责的事,不拖延、不推诿、不矛盾上交、越级上报、不干预下属的工作职权,放手让下属独立自主地开展工作;不越级指挥,即使在深入基层时发现问题,也最好不要亲自处理,以保证指挥的统一。

再次,要在准确了解下属成熟度的基础上选择不同的指导方式,做到一把钥匙开一把锁,不同的人用不同的方式领导。

最后,要善于采用各种激励措施,恩威并施、赏罚分明,尤其要把激励的重点放到激发下属的主动性和创新精神上来;要掌握表扬与批评的技巧,多奖少罚,表扬中带有希望,批评时要有鼓励。

4.沟通交往艺术

沟通交往包括对内与下属沟通和对外开展公关活动。不管对内对外,以下要求都是必须注意的:①平等待人待己、协商一致,既不以上压下、以势欺人,也不要自贬身价,低声下气;不对别人威逼利诱,也不接受别人的威逼利诱。②要公正客观、与人为善,与人交往真诚善意,与人交谈和蔼可亲,尊重事实讲道理,不吹不捧、不贬不压,不先入为主、固执己见,不感情用事。③要以互利互惠、共同发展为目的,善于创造一个"双赢"的局面,不要损人利己,不要出现你败我胜、你失我得的结果,否则交往无法进行,已有的关系也会破裂。④承诺要慎重,一旦做出承诺,就要重约守信、说话算数,所以既不要信口开河,更不要背信弃义。⑤沟通交往要经常,关系要不断积累扩大,不能"平时不烧香,有事抱佛脚",尤其是逢年过节和重要时日,更应走访或问候。⑥领导者与人沟通交往是正常的组织活动,决不能将其蜕变为庸俗关系学。在人际交往活动中,要有法纪意识,遵纪守法。尤其是在市场经济条件下,更要注意避免采用不正当的交往手段。⑦领导者在开展社交活动时,要充分发挥职能部门的作用,不必要什么人都亲自接待、亲自交谈,不要陷入没完没了的应酬中。领导者要掌握对组织发挥举足轻重作用的交往对象,下大力做好沟通交往工作。⑧领导者要掌握沟通交往的一系列技巧,诸如日常迎来送往的技巧,包括服饰仪表、言谈举止、见面问候、分手送别等礼节礼仪,还有公务活动的交往技巧,包括会见会谈、参加会议、谈判协商、处理纠纷等技巧。再有塑造形象的技巧,包括如何进行自身塑造、怎样进行形象定位,以及怎样将形象推出得到人们的认可等,还有与上级交往的技巧等。

5.时间管理艺术

人类的一切活动都在时间中进行,都要占用一定的时间。但时间又是一个常数,且是不可逆的。时间对领导活动的意义在于是领导效率的决定因素。工作效率为工作成果和消耗时间的比。提高领导效率应从两个方面着手:一是真抓实干,在限定的时间内获得更多的效益;二是尽可能减少时间消耗。因此,科学管理时间、节约时间是重要的领导艺术。这方面的内容主要包括:①领导者要掌握时间管理的主动权,进行自我管理,不要把时间安排"交给"自己的下属,不要让别人随意打乱自己的时间安排。②领导者要对时间进行计划管理,应做到每天、每周、每月都根据自己的工作对时间进行合理安排、严格执行。③领导者对时间进行集中管理。要对自己一段时间内的工作进行 A、B、C 分类。A

类为必须自己处理且抓紧处理的事务；B 类为可以自己处理也可以让别人处理、可以现在处理也可以推迟处理的事务；C 类为不必自己处理或马上处理的事务。要集中精力和时间办好 A 类事务；对于 B 类事务，有时间再酌情处理；对 C 类事务可以授权下属处理。④领导者要对时间进行授权管理。要敢于、善于把一些不必自己花时间处理的工作交由手下或下属去办，自己只须加以督促检查。这样可以腾出时间集中精力抓关系组织发展的重大问题。⑤领导者对时间要进行科学管理。提倡开短会、说短话、写短文，以节约时间；学会利用现代信息处理技术，以提高工作效率，能打电话就不必亲自前往，能传真就不必写信或拍电报，能开电话会议，就不必把人召集在一起开会等。另外，领导者还应对会议进行时间成本核算，提高开会的效果。

第二节　领导者的思维与决策方法

一、现代科学思维方法

(一)系统论和系统论思维方法

1.系统论

所谓系统论就是要求人们按照客观事物所具有的普遍联系的特征,从事物的整体出发,探究整体与部分、整体与层次整体与结构、整体与环境的相互联系和相互作用。而将系统论用于管理的目的,就是要使管理系统中诸要素的功能统一地联系起来,使整体功能大于各部分之和。从企业实际看,树立系统观,必须切中要害地解决带有普遍性的几个薄弱环节,以保证整体的有效性。

科学的系统概念的创立是与马克思的名字密切相联系的。马克思的社会经济形态概念是第一个经过论证的科学的系统概念,马克思的《资本论》是运用系统性原则的第一部科学著作。著名的系统论学者、美籍奥地利生物学家贝塔朗菲在论述系统概念的发展历史时,多次提到马克思在这一方面的贡献。20世纪20年代贝塔朗菲的机体论生物学、30年代巴纳德的组织经营学、40年代美国贝尔电话公司和丹麦哥本哈根电话公司所采用的系统工程学、维纳的控制论、冯·诺依曼和摩根斯坦的对策论、普里戈金的耗散结构理论,哈肯的协同论等都为系统论的形成做出了理论上的贡献。在此基础上,20世纪50年代终于形成了作为反映世界一般规律的理论和方法的"一般系统论"。这一独立学科的出现,标志着人类思维方法的一大进展。系统具有三个特点:首先,具有不可简化性,即系统都是一个由若干要素以一定结构联系而成的有机整体;其次,系统具有可分解性,即系统可以分解为若干基本要素;第三,系统还具有不同于各组成部分的新的功能。

2.企业领导者运用系统论方法要遵循的原则

(1)整体性原则

整体性原则是系统方法的核心。整体性告诉人们:世界上各种对象、事件、过程都不是杂乱无章的偶然堆积,而是一个合乎规律的、由各要素组成的有机整体。但整体不等于部分的机械相加,整体大于各部分相加之总和。整体性原则要求企业领导者无论考虑什么问题、做什么事情,都要立足整体、统筹全局。比如企业发展,就不能只把思维局限在企业的小范围里,而要思维开放,立足企业,放眼世界;立足现在,放眼未来。这样才能站得更高、看得更远,确定的目标、方向才更有意义。

(2)相关性原则

这一原则认为,系统各部分之间存在各种各样的相关性,包括因果联系、必然与偶然的联系、系统联系、结构联系、功能联系、起源联系、环境联系等。比如企业提高劳动生产率,或提高产品的市场占有率,都受到许多因素影响。因此,运用相关性原则指导企业领导工作,有助于企业领导者突破原来的认识,进一步扩大视野、开阔思路,从多方面、多方向来综合解决企业所面临的问题。

(3)有序性原则

这一原则认为,系统的联系和关系并不是杂乱无章的,而是按照一定的规则和先后程序展开的。有序性原则已广泛运用于企业管理和企业领导工作中。比如科学决策就要求企业领导者遵守决策程序和步骤,才能尽可能避免决策的盲目性和失误。

(4)优化原则

系统方法最强调优化。首先是整体优化,但不反对要素优化。可以说,系统方法要求的整体优化是在要素优化基础上的优化,与强调要素优化相比,只是更强调整体优化。其次是结构优化,实现系统的优化运行。系统方法认为整个系统具有最佳层次结构尤其重要。因为在系统方法看来:①层次结构能充分利用有限空间,具有高产低耗的特征。②层次结构具有稳定性,能增强系统抗击环境变化而带来的冲击。③层次结构只需要较少信息传输量,能提高沟通效率。④层次结构可以使系统的复杂性与系统的规模相互无关。比如尽管企业规模越来越大,但只要按照层次结构要求运行,对企业领导者来说,管理的复杂性并无太大的增加。⑤层次结构容易实现优化的运行。

(二)控制论和控制论思维方法

企业领导者要使自己领导的企业优化运行,单靠系统论方法是不够的,还必须懂得运用控制论方法。

1.控制论

控制论方法具有一般的模式,即施控系统将指令、信号、行为等控制信息输进被控系统,再把被控系统的反应和变化反馈回施控系统,施控系统对反馈回来的信息再进行加工、整理、分析,同时和自己所要达到的目的进行比较,对目的加以修正,然后再对被控系统输入新的经过加工的信息,如此不断地进行,不断地反馈和修正,向目标逼近,最后达到符合目的性的要求。控制方法包括反馈方法、黑箱方法、择优方法和信息方法。

2.控制论思维方法

控制论作为思维方式具有如下特征。

(1)重视信息和信息的反馈

所谓信息,作为日常用语,是指音信、消息,作为科学术语,可以简单地理解为消息接收者预先还不知道或者还不能肯定的东西。控制过程中的自适应、自调节,首先取决于所获取的信息;自动控制系统之所以能够"自动",靠的就是信息的反馈。现代社会的飞速发展,使信息产生了质的飞跃,已经进入大规模社会信息流的阶段。因此企业领导者必须珍视信息,善于获取、加工、处理、储存和利用信息,从而达到企业与环境的协调发展;必须通过各种渠道和手段,及时、准确、充分地收集有关信息作为制定决策和检查决策执行效果的依据,并相应地对决策进行必要的调整。

(2)强调动态性

世界是瞬息万变的。系统要求时时调节、时时反馈,在动态中寻求优化。

(3)追求优化的目标

系统论方法的优化主要是通过优化的结构来实现的。而控制论方法的优化是通过信息反馈、自控制、自适应来实现的。首先要求系统有一个优化的结构,再辅之以优化的调节和控制,有了这双重优化,才算达到了控制论方法的优化。

企业领导者运用控制论思维方法:①要树立反馈观念。在领导工作中,反馈非常重要。实行及时、准确、灵敏的反馈会带来领导者思维方式和行为模式的变革。②要树立信息观念。在领导工作中,要通过扩展信息源,减少信息传递层次,建立有效的信息分析系统来提高领导效能。③要建立起垂直和水平相结合的控制系统。垂直系统是按职能划分的系统,如企业中的生产、销售、财务、人力资源等部门,垂直系统有利于上下统一,提高效率。水平系统是按区域或层次划分的系统,如企业的各分公司、分厂或地域公司。垂直系统和水平系统划分得当,纵横有机交叉结合,就能达到提高领导者控制水平的目的。

(三)模糊论和模糊论思维方法

与系统论思维方法和控制论思维方法有同等重要意义的是模糊论思维方法。

1.模糊论

20世纪60年代中期,美国加利福尼亚大学L·查德教授发表了一篇题为《模糊集合》的论文,提出了模糊论及其相应的现实模型。模糊论认为,从信息接收、思维分析和语言表达等一系列基本环节来看,人们思维活动的有效性、多样性、深刻性并非单纯来自精确的思维形式,与此相反,模糊思维方式在人们的交往活动和知识交流中具有更大的广泛性。虽然模糊思维关于对象的综合认识是模糊的、不精确的,但它能帮助人们简洁明了地从整体把握对象,使理论具体化,使科学解释的过程大大简化,从而使人们对类属边界不清晰和性态不确定的事物得出较为清晰、较为确定的判断。模糊论的产生引起了人们对思维方式的反思,有助于激发人们的思维创造能力。

2.企业领导者如何运用模糊论思维方法

(1)企业领导者要善于处理精确与模糊的关系

在人们的传统观念中,精确是好的,模糊则不好。模糊作为精确的对立面,代表了蒙昧和落后。但是随着模糊论的产生,人们开始重新审视"模糊"现象。按照模糊论的观点,思考问题并非只有精确好。

在一个系统中,精确性与复杂性是不相容的,当系统的复杂性增大时,其追求精确的能力就减少,到一定程度,精确性与复杂性相互排斥,也就是说当系统复杂程度增加时,对模糊的要求也相应增加。对企业领导者而言,所面对的是纷繁复杂的矛盾和问题,要处理许多人与人、人与事、人与物的关系,这时就得权衡轻重大小,对一般性的工作和人事矛盾,适度模糊,只要大局无碍即可。也就是说在企业领导工作中,不是事事都要追求精确,该精确的精确,该糊涂的糊涂。要在大是大非、大政方针、大局前途上保持清醒,其他小事、细枝末节适当糊涂。从这一意义上讲,郑板桥说的"难得糊涂"是有道理的。

(2)企业领导在领导工作中要善于抓大事

模糊论并非全部糊涂,是该精确的精确、该糊涂的糊涂。按照模糊论取大取小原则,企业领导者在领导活动中必须经常做出取舍。当面临许多模糊性问题时,要按照利取最大、害取最小的原则进行决策,对大事紧紧抓住不放,小事则交由下级按部就班、按规章制度处理,从而保证企业在发展过程中大方向不错、大事不乱。

(3)企业领导者要树立全局观念

模糊论着眼于整体性而不拘泥于细节。企业领导者有了全局性观念,就能以大局为重,该忍则忍,该让则让,既要有利于工作,又能节制私欲。在领导工作中,领导者要始终坚持追求崇高的理想,献身伟大的事业,不去纠缠一己之私利小利,做到"吕端大事不糊涂"。

二、企业领导者必须具有创造性思维

所谓创造性思维,就是能够产生崭新成果的思维。只有创造性思维,才能有创造性行为,才能运筹帷幄、应付自如。

(一)创造性思维是实践对企业领导者的要求

社会主义企业,是社会主义经济的基本单位,是专门从事生产、流通或服务的独立的商品生产者和经营者。企业领导者对企业生产和经营的领导过程,就是在本企业内,根据党和国家的政策法令,在平等竞争原则下,率领和指引全体职工,对外部环境的变动和刺激,采取有规律的反应引动,追求和实现合理而最大的企业利润的过程。创造性思维,就是企业领导者面对复杂多变的外部环境,采取合理有效的措施,竞争发展,有利于企业,有益于社会的需要。

1.创造性思维是实践发展、知识更新的需要

知识是思维要素的核心内容,知识的多寡优劣,会直接影响企业领导者思维的时空范围和结果。虽然一般地说,经过多年改革,今天我们企业的领导者

的文化专业素质,已经普遍有所提高。但是,人类社会正在从工业社会向信息社会过渡,生产力发展突飞猛进,科技进步日新月异,社会经济生活急剧变化,使"知识爆炸""信息膨胀"。

2.创造性思维是全面深化改革的需要

改革,是一种世界性的潮流。在我国,改革已经取得了举世瞩目的成就,虽然我们还面临不少困难,但只有改革才能克服困难,继续前进。企业的改革,是以城市为中心的整个经济体制改革的中心环节。实践已经表明和正在继续表明,企业生机和活力的增强,其源泉在于改革。企业经济效益和社会效益的提高,其出路也在于改革。没有改革的全面深化,企业的生存发展将寸步难行。

改革是纷繁复杂的群众的探索和创新的事业。改革需要创造,改革就是创造。整个改革过程,自始至终都是创造过程。如果说,改革伊始,我们还可以"摸着石头过河"的话,那么,当改革发展到全面深化的关键时刻,我们就要更为自觉地在科学理论指导下进行艰苦的创造。要创造,就需要创造性思维。

3.创造性思维是社会主义商品经济发展的需要

我国正处在社会主义初级阶段,我们的根本任务是发展生产力。为此,必须大力发展社会主义商品经济。

商品经济有其运行的特殊规律,每个企业都要在商品经济海洋的遨游中去把握它。竞争是商品经济的必然伴侣,每个企业都时时处在激烈竞争、优胜劣汰的环境中。在我国社会主义商品经济新秩序的建立,才起步不久,"双轨制"将继续存在。加之原料、能源短缺,交通运输紧张等因素,每个企业必然是困难多、压力大。怎样千方百计地改进技术,提高劳动生产率,降低各种消耗,提高有效产出;怎样集思广益搞产品更新换代,提高生产和服务质量;怎样不断增强劳动者的积极性、创造性;怎样把企业领导者的权威和职工的积极性结合起来;等等,几乎都没有一成不变的模式可供遵循,没有所向披靡的办法可以固守。企业要生存,要发展,要在竞争搏击中立于不败之地,企业领导者必须有创造性思维。

（二）创造性思维的特点

1.积极主动性

人的积极主动性，是人的主观能动性的突出反映，是人之区别于动物的一个基本特征。人类的历史，从某种意义上说，就是积极主动地改造客观环境，从无到有，超越现实的创造过程。

创造性思维是一种积极主动的思维方式，它和那种只适应环境，消极、被动地反应截然不同。它会使人处于一种搞不清问题的性质、成因或解决办法就不甘罢休的探求状态，会使人搜索枯肠，冥思苦索乃至达到入迷的程度。正是因为这种思维方式所特有的积极主动性，才使人们的大脑进入高度激发和异常清晰的状态，使人们的智力活动达到白热化的程度，把记忆所贮存的一切知识单元充分调动起来，把兴奋点高度集中在所要解决的问题上，从而产生出创造性的设想。

2.发散性

创造性思维的触角是向外扩散的，具有广阔的思维领域，能利用丰富的想象、联想、类比等具体思维形式，为创造思维提供充分的回旋余地，既异想天开、与众不同，又灵活变通、不拘一格，从而找到解决问题的多种办法、多种主意，并在这个基础上，进行集中思维，经过分析、综合、比较、判断，然后择其优而为之。

创造性思维的发散性，是思维广度方面的特点，它要求人们从思维对象的不同方向、不同途径和不同角度去进行设想。一件产品，可以从用途、结构、功能、形状乃至颜色等多方面去进行扩散发挥，让自己跳出原来思维的圈子，产生创新的奇想。就拿形状来说，就可以放大、缩小、组合、替代、添加以及颠倒等，市场上许多抢手的新产品，就是通过思维的发散问世的。

3.独到性

创造的核心在于"新"。创造性思维就是一种经过独立的分析综合，形成新联系，产生新成果，因而也就是具有新内容的思维。

"新"，就是前所未有，就是"最先"和"独到"，别出心裁，独树一帜。"独到"就是创造性思维深度方面的特点。它要求人们的思维深刻，能触及事物的本质及其规律。在现实生活中，新见解的形成、新理论的提出、新工艺的设计、新产品的开发等,都是创造,都是创造性思维的生动反映。

三、企业领导者的决策方法

(一)决策概述

1.决策的含义

所谓决策,是指人们在征服自然、改造自然的过程中,对某一特定目标的若干个可行方案做出选择的决定,是寻求并实现某种最优化目标的活动。领导决策,主要是指对一些比较重大的、属于全局性的问题所做的决定。

决策具有以下一些相互联系的主要特征:①它必须有确定的目标。如果没有特定的目标,或者目标不明确,那么决策就会带来盲目性,形成无的放矢的混乱状况,使决策无法进行。②它必须有多个方案可进行择优。只有对一定时期内需要达到的特定目标及实现这一目标的内容、方法、时机和措施等,做出符合客观规律的最优选择,才能制定正确的决策。而要进行最优选择,就应适当地制订出两个以上为达到同一特定目标且可以互相更换替代的备选方案,从中选择一个最优方案。这种选优是运用比较法进行的。③它必须是解决问题和能付诸实施的。决策如果不能解决问题或者不能付诸实施,决策便成多余的了,失去了其存在意义。④它必须面向实践。正确的决策必须建立在对现实实践的调查研究和未来实践的科学预测基础上。脱离现实实践基础和对未来实践发展变化缺乏科学预测的决策,是没有意义的,也是实现不了的。

决策是一个动态的过程。它不只是简单地对一些可供选择的行动方案做出抉择,而应包括在做出最后抉择前后必须进行的各种活动,即包括摆明问题,确定目标,制订、评估、优选可行方案直到付诸实施等一系列复杂的工作。

在上述整个动态过程中,一般认为下列两个互相联系的决策环节是至关重要的:①决策研究。即从确定目标到拟制可供选择的方案这一过程。它是在领导者的主持下由智囊机构进行的。集中体现在"谋"上。②决策行动。即从选择方案到确定方案这一过程。它是领导者的职能。集中体现在"断"上。

决策研究和决策行动这两个环节的"谋"和"断"构成了相对分离而又互相配合的决策过程,这是决策科学化的客观要求,是社会分工发展的必然趋势。

2.决策的类型

从不同的角度可以把决策分为以下几种:

(1)按决策目标性质,决策可分为常规型决策和非常规型决策

常规型决策是指在管理规范中重复出现的、例行的决策。这类决策通常有章可循、有法可依,因此基本上是有把握解决的。非常规型决策是指偶然发生的或首次出现的非重复决策。它难于预料,因此做出决策时往往没有确定的把握。常规型决策一般由管理人员按章法进行,领导者应将主要精力集中于非常规型决策上。应指出的是,这里的重复或不重复,是指目标的内容,而不是指工作的形式。比如规划是要经常拟制的,但由于每次规划目标不一样,所以属于非常规型决策。这种分类思想是西蒙首先提出来的。

(2)按决策目标要求又可分成最优决策和满意决策

最优决策是追求理想条件下的最优目标的决策。但实际上理想条件往往是不存在的,条件一变,最优目标就根本无法实现,甚至要付出沉重的代价。因此许多领导者不愿冒巨大的风险去追求最优目标,而宁可在现实条件下有把握地求得一个满意的结果,这就是满意决策。最优决策的成败取决于领导者是否有高超的直觉判断。最优决策在特殊情况下是可以的,但不可多用,多行难免有失。

(3)依据决策所具有的条件和可靠的程度不同,分为确定型决策、风险型决策和不确定型决策

确定型决策是指几个方案中都有一个明确的肯定的结果。风险型决策又叫统计型决策或随机型决策,是依照一部分资料对未来可能发生的问题做出推理判断,有一定的把握但不完全可靠,尚有不可控因素的决策。因此,在风险型决策时要选择最有希望达到目标的行动方案,准备好必要的应变方案并努力创造条件,化险为夷,使风险型决策变为确定型决策。不确定型决策是对未来的结果无法进行预测,没有任何客观资料作为依据,有很大的冒险性的决策。这类决策应"摸着石头过河",先试验后推广,既不冒进,也不保守,循序渐进。"摸着石头过河"是实施不确定型决策的有效方法。不确定型决策,包括竞争型决策,它是要在利益互相冲突的竞争对手之间进行争夺和角逐,有许多不可控因素,既有内部的也有外部的,既有自己的也有对手的,既有自然的也有社会的,

这些都加大了决策的难度。企业领导者所面临的许多决策属于此类。

(4)根据主客观因素在决策中所起的作用,可将决策分为理性决策和非理性决策

理性决策是一种客观冷静和排除了价值判断的决策,与之相对应的是非理性决策。理性决策要求人们在做出决定前对问题进行客观而冷静的分析,然后自主地选择对自己最有利的解决办法;非理性决策则指根据感情好恶或听凭命运。

此外,依据决策主体的决策方式可分为经验决策和科学决策;依据决策目标多寡可分为单目标决策和多目标决策等。

(二)科学决策制定的一般原则程序和方法

科学决策,是领导者按照一定的科学程序,依靠专家学者(包括企业里有丰富经验的技术工人),运用现代科学方法和先进技术进行的决策。要进行科学决策,就要掌握科学决策的原则、程序和方法。

1.科学决策制定的原则

科学决策制定的原则主要如下。

(1)科学的原则

决策必须以科学的理论为指导,运用科学的决策技术进行决策。就是说,没有科学的理论和方法,是不可能制定和实施科学决策的。这是一条首要的原则。

(2)实事求是的原则

一切决策必须依据客观存在着的事实,科学决策尤为如此。如果只凭决策者的主观想象或粗略估计,而不考虑客观事实,再好的决策都是无济于事的。

(3)择优的原则

只有一个方案的决策,不叫科学决策。不实行选优的决策,是没有意义的决策。只有在两个或更多的方案中选出一个最优的方案,才能称其为科学决策。

(4)讲求效益的原则

提高经济效益是一切企业工作的根本出发点。企业领导者的决策必须考

虑效益问题,力争使制定的决策达到以最少的劳动耗费获取最大经济效益的目的。

2.科学决策制定的程序

科学决策制定的程序,并不是凭人们的主观愿望任意而定的,而是必须正确地反映事物的内在联系及发展的先后次序,充分地体现出逻辑的和历史的一致性。决策是一个动态过程。这个过程的程序如下。

(1)提出问题

决策过程,从某种意义上讲,就是发现问题、提出问题和解决问题的过程。因此,这个过程就是企业领导者实行科学决策的首要环节,也是科学决策制定的第一个程序。这里说的"问题",是指已经发生和即将发生的问题。作为企业领导者,要善于发现问题、提出问题,注意把握构成问题的各种条件,准确地判断问题的性质,恰当地划定问题的范围,找出正确地解决问题的措施和办法,不断地把企业的各项工作推向前进。

(2)确定目标

任何一项决策,都应确定明确的目标,使人们的行为活动在一定的条件下达到预期的效果。现在,许多企业都实行目标管理,建立了年度目标责任制,将企业和部门的全年工作用总目标、大目标和子目标串在一起,从上到下、从左到右组成了一个结构完整、层次分明的目标体系,按照全面管理的"PDCA"循环法,分为现状(计划或目标)、对策(措施或方法)、实施(执行或展开)、检查(处理或结论)四个步骤逐步完善目标体系,有力地加强了企业管理,取得了良好的效果。当然,企业领导者在确定总目标时,要做出正确的判断。如果目标错误,主观与客观相分离,计划与实际相脱节,就会起反作用,挫伤职工的积极性和创造性,给企业的各项工作带来损失。因此,确定目标是企业领导者进行决策的极其重要的一步,并且贯穿决策过程的始终。必须强调的是,企业领导者在确定目标时,应该综合运用调查研究方法和预测技术这两个手段。通过调查研究,收集资料,掌握信息,执行政策,把握方向。通过预测技术,进行经济预测、市场预测、科技预测,按照企业生产、经营、技术、管理的客观规律,为决策提供可靠的依据,以便进行科学的决策。

（3）拟订方案

解决任何一个问题，客观上存在多种途径和办法。这就要求企业领导者要多考虑几个方案进行比较，"有比较才有鉴别"，通过比较，选择出一个最佳方案。所以，在这个意义上说，决策应该选优，决策就是选择。如果只提一个方案，没有余地可选择，是谈不上科学决策的。此外，提出的方案必须是可行的，不可行的方案也是毫无意义的。基于这一点，可以说企业领导者的决策过程前几个环节的成果集中地体现在可行方案上。诚然，企业领导者在制订方案时，要有勇于创新的精神，善于广开言路、集思广益，虚心听取各方面的意见，包括相同的和不同的意见，特别是要鼓励那些具有创造性的意见，认真考虑各部门的具体情况和特点，通过讨论和研究，使认识得到统一，使方案不断完善，达到切实可行的要求。

（4）方案评估

方案拟订后，必须进行评价和估计。就是说要对各种方案进行分析、权衡和论证，然后考察各种方案的可行性和有效性，决定对它们的取舍。因此，要做好下列三个方面的分析与评估：①限制因素的分析。决策的合理性，要以对未来的后果做出一定的判断为先决条件。即必须以预定目标的优劣及达到这一目标的难易程度为评价准则来判断，而这又是受到主客观条件等各种因素所限制的。因此，在对各种方案进行反复比较、论证和权衡时，必须对各种限制因素进行认真分析比较，才能做出正确判断，选出最佳方案，实行科学的决策。②效果的综合评估。进行效果的综合评估，不仅要研究决策对企业的各种影响，而且还要全面评估决策的经济效益和社会效益对自然形态的影响，防止片面性。③潜在问题的分析。潜在问题也是一种限制因素，对方案进行评估时，还必须对潜在问题进行分析。分析潜在问题，就是要预测每一方案可能发生的问题、困难和障碍，充分地估计到发生问题的可能性和严重性，找出原因，采取措施，预防问题的发生，并做到善于应变、及时补救。

在方案评估过程中，如果对几个方案都不满意，那就得重新提出问题、确定目标、拟订方案，再进行方案评估，力求获得几个合理的方案。

（5）方案选优

可以说，决策就是选优。方案选优就是在方案评估的基础上，对一系列可以采取的方案,做出在具体条件下相对最优的选择。如果对几个方案都很满意,那就要全面权衡,优中选优。如果一些方案各有长短之处,那么,企业领导者应将选出的最优方案加以分析研究,扬长避短,并参照其他方案进行适当的修改和补充,使之成为更加理想的方案。

(6)实施检查

实施检查是决策过程的最后一个程序。为了保证选定的最优方案的实施,企业领导者要研究解决实施过程中的各种问题的政策、办法和措施。如何让群众了解和接受自己的意图;如何规定各项合理政策,以适应各部门的具体情况;如何把决策目标落实到每个部门,明确其具体责任,并使其制度化;如何掌握决策实施的具体情况;等等。

在实施决策的同时,还必须加强检查。这是为了及时发现实际执行情况与决策目标之间的差异,并具体研究其差异程度和消除差异的措施。如果发现原来的决策缺乏科学性根本无法实现或实现了没有任何意义,就必须根据客观条件的变化和实践提出的要求,对各项决策进行必要的调查和修正,或重新决策,即进行追踪决策。

以上的一般原则、程序,企业领导者必须灵活运用,融会贯通,切不可死搬硬套,必须结合本单位的实际情况,进行全面、系统的研究,对每一个步骤和环节都不可忽视。

3.科学决策制定的一般方法

企业领导者要进行正确的决策,不仅要弄清科学决策制定的一般程序,而且要掌握科学决策制定的一般方法,对各种决策进行定性研究和定量分析,并要求将各种决策方法配合、交叉运用。

(1)专家意见法

专家意见法是指运用有关专家的专业知识和经验,在分析研究的基础上对发展远景做出判断。它是预测技术中的一个方法。其具体做法有两种形式:①以专家会议形式,对所要预测的问题进行充分的讨论和分析。②以采取函询调查形式,广泛征询专家意见。国外称这种形式为特尔菲法。这种形式是采取书信往来给参加预测的专家分发征询预测意见表,让他们填写预测内容、期限意见、依据和资料来源等意见,然后集中进行综合整理,将各种不同的判断和预测意见反馈给参加预测的专家,进行二次或多次征询,最后通过集中分析整理后得出预测结论。

(2)社会需求调查法

这种方法包括典型调查、抽样调查、全面调查和展销会、用户座谈会、用户调访、民意测验等形式。它也是预测技术中的一个方法。社会需求调查法主要用于了解市场信息,用户的购买意图和能力、需求以及变化趋势等方面。这很适合企业的以销定产,以生产出大批适销对路的产品,不断满足社会和人民的需要。

(3)可行性研究

可行性研究是指对某一项目的所有方面进行尽可能详细的调查研究,从技术和经济各方面进行系统分析、科学论证和效益评估,从而提出这一项目是否可行和应该怎样进行的具体建议,为决策提供可靠的依据。凡是企业的重大决策,都应当进行可行性研究。如企业的长远规划和发展、重大技术改造项目、年度计划、产品开发、新技术的应用等。在可行性研究中,要运用很多分析、比较和评价方法,并加以多方论证,以确定决策方案中哪些可行、哪些不可行的结论。就企业来看,可行性研究的主要内容有:①对市场需求和产品销售量的调查、预测。②技术、工艺、设备的选择和评估。③人力、技术力量来源与培训。④产品成本、利润分析与估算。⑤交通运输、水、电、服务设施和生活条件的保证。⑥投资效益分析。

(4)系统分析与系统论证

系统分析是结合科学决策实施的整体性原则,从系统整体出发,通过逻辑推理、科学分析和数学模拟等,对实现预期目标的各种可行方案进行全面系统研究从而选择最优方案的一种决策方法。它包括用现代数学方法和电子计算机技术,对系统进行模拟,以实现模型化、定量化、最优化。系统论证是用系统观点和逻辑步骤进行定性研究和论证,弄清每一问题的因果关系和内外条件及对系统整体的影响。系统分析与系统论证是分不开的,前者包含了后者。

(三)科学决策实施的一般原则程序和方法

决策的目的在于实施,实施决策的过程就是将决策的意图转化为群众行动的过程。企业领导者必须实事求是地按客观规律办事,了解和逐步掌握科学决策实施的一般原则、程序和方法。

1.科学决策实施的一般原则

企业领导者的任何一项正确决策的实施,都必须遵循以下五个原则。

(1)目的性原则

企业领导者在实施决策时必须有明确的目的性。这种目的性,就是要把决策目标作为实施的出发点和归宿,作为实施过程中一切工作的总目标。否则,就会失去方向。由于总目标要靠各项工作的具体目标来实现,因此,要实现决策的目标,就必须明确地确定实施过程中各项工作具体目标,并努力去实现这些目标。这就是实施目的性原则的基本要求。

(2)整体性原则

世界上的任何事物或现象,都是由相互联系、相互作用的各种要素或部分组成的有机整体。从系统论观点来看,事物都是以系统方式存在的。整体性是系统论的基本原理。这原理的基本内容是:系统的整体功能大于组成系统各个部分或要素功能的和。它要求我们在实施决策过程中观察和处理问题时,不能孤立地片面地只看到事物的局部功能或效益,而应自觉地坚持系统分析的方法,从系统整体性出发,去全面地把握系统的整体功能或效益,以期达到最佳效果。因为,有时局部功能或效益好,整体的功能或效益不一定就好。所以,坚持整体性原则是企业领导者实施科学决策的重要保证。

(3)关联性原则

系统的整体功能取决于系统内各要素或各组成部分的相互作用、相互联系和系统与外界环境的联系,在实施决策过程中,必须把握这种内外作用与联系,以确保实施目标的实现。这就是关联性原则。由于企业就是一个大系统,企业的各项工作都是相互联系、相互影响、相互制约的,也可以说是相互关联的。同时,企业这个系统必须与外界环境发生物质和能量交换,如原材料进来、产品出去等。因此,企业领导者在实施决策时,必须如实地研究和把握这种关联性,正确地处理好上下、左右、内外等纵横交错的关系,才能提高决策的有效性和保证它的顺利实施。

（4）预见性原则

任何正确的决策都必须研究未来,并以对事物未来发展趋势的科学预见为前提。决策的实施也是如此。这是因为,只有对事物的未来发展有科学的预见,对人们行动的未来结果做出科学的分析、判断和选择,才能对人们当前的行动发出正确的指令,才有可能实现决策所要达到的预定目标。这就是预见性原则。企业领导者在实施科学决策时,必须按照预见性原则,对某项决策的实施情况和效果事先有个正确估计和对策,以保证逐步达到预期的目的。

（5）可调性原则

可调性原则是指在实施决策过程中,如果出现预见不到的情况,能够及时采取应变对策和办法以提高适应性和应变能力,确保决策顺利实施。坚持可调性原则,就要求领导者在实施决策的过程中,既要保持决策有一定的稳定性,不能盲目改动,但也要根据实践的结果对原定方案进行适当的修正和补充,使其日趋丰富完善。这也是原则的坚定性和策略的灵活性在实施决策过程中的运用。

2.科学决策实施的一般程序和方法

决策实施的程序和方法应遵循其客观规律。由于决策本身的性质和内容不同,客观实际情况不同,实施程序和方法也应有所不同。但也必然有一些共同的东西。通常认为,决策实施的一般程序和方法是:制订计划,组织动员群众;抓住重点,搞好协调配合;落实责任,及时督促检查;反馈信息,不断完善决策。

（1）制订计划,组织动员群众

决策的实施首先是制订实施计划。有了计划就有了目标,有了目标就可以做到有的放矢。所以,制订实施计划是实施决策的重要和必要的步骤。

决策的实施计划应包括总体计划和阶段性计划。总体计划是个大概的轮廓,如责任范围、目标要求、一定的条件和目标期限等。阶段性计划是根据阶段性特点确定的具体实施计划,这种计划应该详细一些。计划是既严肃又灵活的东西,一经制订,就得力求去实现。当然,我们在制订计划的时候,要注意留有充分的余地,以便及时进行调整和补充。此外,还要使计划尽可能订得周密细致、具体、合理一些。

有了计划和目标后,必须组织和动员群众去实现。因此,企业领导者应该尽快地把计划交给群众,同时做好宣传教育和动员工作,让群众明白自己的意图,并倾听他们的呼声,统一认识,变计划为现实。这是一种精神准备。还有物质准备,它是决策计划实施的保证。两种准备构成人、财、物的相对集中,就能达到实现决策计划之目的。

(2)抓住重点,搞好协调配合

在决策实施的过程中,企业领导者要善于抓重点,即抓住决策实施的主要矛盾,然后组织力量,重点攻关,解决主要问题。所以,抓住重点,解决主要问题固然十分重要,但一般问题也不能忽视,必须在解决重点问题后,着手解决一般的问题。

要抓住重点,解决重点问题和兼顾解决其他问题,必须搞好协调配合。对企业来说,就要组织有关部门在统一目标的前提下,配合做好工作,防止出现打乱仗的现象,力求达到有条不紊地实施决策。

(3)落实责任,及时督促检查

落实责任是实施计划、解决问题的重要保证。落实责任必须建立严格的责任制,做到定员、定岗、定额、定质、定时,使职工既享受权利,又履行义务,提高工作效率,提高决策实施的有效性和透明度。

有了明确的责任,必须加强监督检查,这是保证决策实施的重要措施。督促检查就要建立和完善严格的制度,加强考核,运用精神鼓励和物质鼓励等方法调动群众的积极性,确保决策有效地实施。

(4)反馈信息,不断完善决策

信息反馈贯穿决策实施过程的始终。一项决策的实施在实践中得到检验后,自然而然地就有了信息反馈。通过信息反馈,就能知道此项决策是否正确。因此,企业领导者对这些不断变化的信息和信息反馈,要及时掌握,不然的话,可能就会造成决策的实施无法达到预期的目标,给企业的各项工作造成损失。

注意信息反馈,还有一个目的,那就是为了不断完善决策。因为决策方案不可能一成不变,按它实施的可调性原则看,决策方案总是在实施反馈中不断修正、补充和逐步完善的。这样,比较完善的决策才能顺利实施。

总之,掌握科学的决策理论和方法对企业领导者是十分必要的,它可以帮助企业领导者系统地去思考、分析和判断各种复杂多变的情况,有利于增强企业各项工作的主动性、预见性和有效性,不断提高其素质和决策能力,确保决策民主化、科学化和最优化。

第三节　领导者的用人与社交方法

一、企业领导者的用人方法

(一)用人在企业管理中的地位与作用

用人是企业领导活动的重要组成部分。企业管理的各项职能是一个有机的整体。其主要内容可以概括为四个全面管理:①以满足社会需要为目标的全面计划管理;②以发展产品品种、提高产品质量为目标的全面质量管理;③以提高经济效益、增加企业效益为目标的全面经济核算管理;④以开发人力资源、调动职工积极性为目标的全面人力资源管理。这四项管理之中,人力资源管理是基础。

全面人力资源管理主要是正确处理人与人之间的关系,并通过全面职工培训、科学的劳动组织、物质利益的合理分配等进一步发挥人的作用,为生产经营提供劳动力条件。人力资源管理能够为计划管理提供人员数量和质量信息,使企业的总体计划方案从人员的实际出发,因而更切实可行;人力资源管理还能为财务管理提供工资、资金、支出的依据,为技术管理提供技术工作人员,为企业提拔管理人员提供依据等。由此可见,企业人力资源管理是其他方面管理的条件和前提,是企业管理的基础。

传统的企业人事管理分为劳动管理和人事管理两部分。

劳动管理包括下述内容:①科学地组织劳动过程,合理设置企业机构和生产组织,合理配备、使用劳动力,组织好各生产车间、班组在生产工序之间的衔接,保证企业整个生产经营过程的连续性和协调性;②制定、实施和管理劳动定员、定额,研究提高劳动和工作效率的方法,提高劳动定员、定额水平;③开展劳动保护与安全卫生工作,改善劳动条件,保证职工的安全与健康;④制定劳动纪律管理条例,检查劳动纪律的执行情况。

人事管理内容包括:①企业职工的招收、录用、调配和使用;②企业职工的培训、考核、晋升、奖惩等;③企业职工的劳动报酬、劳动保险、福利待遇等。

　　上述劳动与人事管理是密切联系的。企业的任何一项活动都要靠人去实现,而对人的管理涉及整个企业各个部门和各个单位。在企业整个经营过程中,都离不开人的劳动以及劳动过程中人与人之间的协调。对劳动的管理涉及对人的管理,而对人的管理又渗透到劳动管理之中。从劳动管理的角度讲,它把人的劳动作为管理对象,而对人的劳动的管理,也就是对处于劳动过程中的人的管理,重点放在生产力的组织上;从对人的管理角度看,它把人本身作为管理对象,重点放在调整生产关系,即调动人的积极性上。过去企业人事管理是指对干部的管理,而把对工人的管理称为劳动管理,把两者截然分开,不符合客观实际,又不利于打破干部与工人界限,不利于调动人才的积极性,也影响职工之间的团结。而人力资源管理与开发不仅包含了传统意义上的劳动、人事管理,而且把重点放在了对人的资源的综合开发上。这一点是我们的企业领导者在用人时必须认真区分的。

（二）企业领导用人的基本原则

1.要坚持适才适用

　　企业领导用人,主要任务是发现人才、培养人才、使用人才。企业要生存和发展,人才是关键。人才大多具备某一方面或几方面的专业知识特长,能独立承担某一方面的工作,并在工作中有所建树。对于企业来说,合适的人才能在生产经营管理中单独完成和担任某一方面的工作,解决生产技术和经营管理中的问题,为企业的产品打开市场、占领市场做出贡献。任何企业的生存和发展都离不开先进的生产技术水平和管理水平。生产技术水平包括科技人员的科学技术知识、生产工人的经验和技能以及生产的设备和工艺水平等;管理水平包括管理人员的知识水平以及管理人员的管理经验的成熟程度和所采取的管理方法的科学程度。无论是先进的生产技术,还是先进的企业管理,都是通过掌握一定科学知识和具备一定经验的人来实现的。企业之间的竞争,本质上是人才的竞争。

　　坚持适才适用,要注意三点:①在选拔原则上,要坚持德才兼备;②在选拔方法上,要革新传统的委任制选人模式,采用考任制、招聘制、竞争择优等多种方式广纳英才、贤才;③在管理上要实行动态管理,做到优者上、劣者下,做到能者留、平者让、庸者去。

2.以提高企业经济效益为衡量标准

企业领导用人活动的成败最终看是否促进了企业经济效益的提高。企业领导用人活动为企业提高经济效益服务，一要选择高素质人才；二要使这些人才充分发挥作用，展现其才华；三要挖掘这些人才的潜能，培植新的工作能力。总之要通过选拔、管理、培植等途径，使企业经济效益提高所需要的人力资源能得到充分的供给。再者在市场经济条件下，企业的责、权、利紧密结合，企业的一切活动的目的都是为了提高经济效益，因此，企业的所有职工，对他们的录用、培训、考核、使用等，都必须围绕经济效益的提高来进行。

（三）企业领导用人的基本方式

企业领导用人的方式主要有选任制、委任制、聘任制和考任制四种主要形式。这几种方式各有长短，都有自己适用的范围，企业可以根据自己的实际情况灵活运用，不必局限于某一种具体形式，而应是兼容并举，根据需要加以选择。

1.选任制

选任制是近现代民主思想和民主实践在用人体制上的反映，是一种采用选举的方式确定任用对象的用人方式。一般来说，选任制能够较好地反映群众的意愿，体现民主管理的原则，特别是在民意代表或反映群众意志等方面的职员的聘任方面，它不失为一种较理想的方式。其次是这种方式通过民主选举可避免用人方面的重大失误。随着社会的进步，选任制的理论和实践也不断发展，选任制的具体形式也不断增多，如直接选举、间接选举、普选、差额选举等，对选举人与被选举人的条件、投票方式、表决办法等都有了一套较科学的规定。

但是选任制也有缺点：①有可能使各方面不突出、不爱得罪人的人当选，选出的不一定是最优秀者，反使有才或坚持原则的人落选；②容易为人操纵，近年不少地方选举中贿选事件层出不穷；③有许多专业性强、技术性强的职位不宜采用此制选拔人才；④选任制对被选人往往缺乏深入细致的了解时，极容易使选举带有主观随意性等。

采用选任制一要按照差额选举原则，增加选择空间；二要给被选者以舞台展露才能业绩,包括允许在一定范围内竞选,使选举者充分了解被选人的情况,增加选举的可靠性。

2.考任制

考任制也是一种有较长历史的选拔人才的方式。中国古代的科举考试和西方文官制度就是用公开考试的方法来考查被选拔对象的知识和才能,并以考试的成绩为依据,选出用人单位所需要的各种人员。由于考任制具有明确统一的价值标准,并体现了机会均等的竞争原则,因而它是一些国家聘用中下层管理人员的主要方式。同时它也适用于对企业业务技术人员的选聘、晋升等方面。

考任制的优点:一是标准比较客观;二是候选者来源更广泛;三是有利于保证被选拔者基本的文化水准。主要不足是难以反映被试者的创造能力、组织才能和应变能力,这些能力难以通过成绩反映出来。

考试的具体形式较多,如笔试、口试、操作表演、开卷、闭卷等;再细分还可以分为许多考试技术性项目,如问答、论述、填空、选择、判断、图解、模拟等。但是不管采用什么方式方法,采用考任制来选拔人才,最重要的一点就是必须测试出应选人员的真实水平。因而从考试的目的、命题、考试类别到成绩评定等都要求合理、公平、切实有效。

当然,和其他人事选聘技术一样,考试也不是万能的,它有一定的适宜对象和范围,对于知识性、专业性、技术性较强的职位的人员选聘是适宜的,而对于企业的高层领导者、决策制定者来说则未必合适。此外,也并不是每一次考试都能反映客观情况。所以在采用考任制时,还应注意做好以下辅助性工作:①参考过去资料,了解选聘对象的一贯表现和成绩,克服考试导致的偶然性;②选任后,无论是在试用期内或正式聘任期间,都应严格考核,以便验证所聘任的职员是否具有与考试成绩相符的实际工作能力。

3.委任制

委任制是一种历史最悠久的用人方式。我国相当长一段时间主要运用这一方式选拔人才,包括各类企业人才。应该看到,在我国企业半个多世纪的发展中,运用这一方式,凭着企业干部队伍的共产主义世界观、全心全意为人民服务的精神、大公无私的品德、传帮带的好方法,选拔造就了一批又一批企业管理和技术人才。

委任制是指有任免权的部门按照人事管理的权限直接指定下属工作人员。这种任用方式的优点是:权力集中,便于指挥,任用程序简单明确,能够根据各个职位的具体要求合理地任用各层次、各类别的人员。

4.聘任制

所谓聘任制是指用人单位用劳动合同的形式来选聘企业所需的各类职员,所以又称为劳动合同制。在合同中,明确规定双方的责、权、利以及有效期限。合同期满,经双方协商可以续聘,也可以解除合同。受聘者和用人单位完全是一种平等自愿的劳动关系。聘任制的实行,既可以保证合同期内用人单位和受聘者个人工作的稳定性,又有助于劳动力的自由流动。实行聘任制应遵循以下原则。

(1)经济效益原则

企业员工的聘任必须以实现企业生产经营目标为基础。企业各级员工的聘任实质上就是替企业选拔符合企业空缺职位条件的人才的过程,它要求通过市场机制按照企业用人标准选择合适而优秀的人才。因此,企业员工聘用要以企业生产经营的需要为依据,以保证经济效益的提高为前提,不能简单地扩充职工队伍,而是为了保证企业生产经营活动的正常进行,使企业的经济效益能够得到不断提高。从这个角度看,当企业生产发展感到劳动力不足时,首先应该目光朝内,挖掘内部的潜力,提高劳动生产率,通过劳动力的余缺调剂来解决。若确实无法满足生产经营需要,则可面向社会招聘新员工。

(2)任人唯贤原则

在企业员工招聘过程中,贯彻任人唯贤的原则,就是要求在选聘方面,从企业的实际需要出发,大公无私,实事求是地发现人才、爱护人才,本着求贤若渴的精神,重视和使用确有真才实学的人。中外企业发展壮大、取得成功的事例都表明,任人唯贤是企业走向成功的关键。

(3)因事择人原则

所谓因事择人,就是应以职位的空缺和实际工作的需要为出发点,以职位对人员的实际要求为标准,选拔、录用企业各类人员。因为聘用的目的是谋求人与事之间的有效配合,因此,只有根据实际的职位需要去选聘合适的人才,才能实现这一目标。否则必然导致机构臃肿，人浮于事，降低工作效率，给企业造成不必要的损失。

（4）量才使用原则

所谓量才使用，简言之就是根据每个人的能力大小安排合适的岗位。早在泰罗科学管理时代泰罗就认为：所谓不优秀的工人是指那些没有得到合适的工作的人。行为科学关于个别差异原则也告诉我们，人的差异是客观存在的，一个人只有处在最能发挥其才能的岗位上，才能干得最好。由此可见量才使用也是企业用人方面应遵循的一个原则。

对于每位管理者来说，在充分掌握每位职员的基本条件如知识、经历、智力、体力、气质、品质、兴趣、爱好、特长等方面情况的基础上，贯彻量才使用的原则，尽量把每个人安排到合适的工作岗位上，使其聪明才智得到充分发挥，这比了解本企业的产品更为重要。

（5）程序化、规范化原则

企业职员的选拔必须遵循一定的标准和程序。科学合理地确定企业职员的选拔标准和聘任程序，是企业聘任优秀人才的重要保证。只有严格按照规定的程序和标准办事，才能选聘到真正热爱企业、愿为企业的发展做出贡献的人才。

从我国目前企业人事管理的现状来看，贯彻这项原则尤其重要。多年来由于传统体制的束缚和影响，我们在人事选任尤其是企业人事选任方面，缺乏科学的标准和较规范的程序，人员的选拔和任用具有很大的主观随意性，导致了人事任用方面的"关系网""裙带风"等种种弊端。要铲除这些弊端，重要的一条便是要使得企业的人事选聘工作程序化和规范化，减少主观随意性，使得一些投机分子无机可乘。

（6）公平竞争原则

标准不严、机会不均、缺乏公平竞争是我国传统人事选聘体制的重大缺陷，这导致了我国企业在人事任用方面的不公平、封闭、平面、单一模式，使得众多的优秀人才无法脱颖而出；实质上也无法实现企业和劳动者的"双向选择"。这是影响企业职工队伍素质的一个重要方面。中外企业发展的成功案例和我国企业用工制度改革的实践证明：现代企业发展所需要的是开放、民主、科学、立体、多样化的人事管理新模式。坚持公平竞争原则,是企业人事选聘的质量保证。

从我们目前的实际情况来看,采用聘任制这种形式,有利于进一步促进我国劳动力市场的发育和完善,实现劳动力供求的市场调节。同时也有利于破除我国现行人事管理体制中实际存在的劳动力和人才的部门所有制和企业所有制,促进我国企业界人才的合理流动,解决我国目前存在的人才短缺与人才积压和浪费并存的不合理现象。

(四)企业领导用人的制度建设

1.现代企业制度的内涵

现代企业制度的核心内容包括:①完善的企业法人制度;②严格的有限责任制度;③科学的企业领导体制与组织管理制度。

建立完善的企业法人制度的关键是确立企业法人财产权,使企业真正成为独立享有民事权、承担民事责任的法人实体。严格的有限责任制度包含两方面的内容:①出资者以其出资额为限,对企业债务承担有限责任;②企业以其全部法人财产为限,对债务承担责任。

科学的企业领导体制与组织管理制度是指企业建立既相互独立、相互制约又相互协调的权力机构、决策机构、执行机构和监督机构,成为企业进入市场、独立经营的有效组织保障。

全面理解现代企业制度有三点特别值得注意:①防止把现代企业制度片面理解为股票上市、内部集资,或把企业翻牌为公司;②公司制是现代企业制度的典型形式,但不是把所有企业都搞成公司;③建立现代企业制度是一项系统工程,必须将改制、改造、改组、强化管理与解决目前企业存在的重点、难点问题结合起来进行。

2.建立现代企业制度的主要内容

(1)理顺产权关系,明确投资主体

建立现代企业制度的中心环节是政企职责分开。目前,实现政企职责分开的重要任务是理顺产权关系。对国家来说,要实现国家的国有资产所有者职能与社会管理者职能分开;政府的国有资产行政管理职能与运营职能分开。从国

家与企业的关系来说,要实现出资者所有权与企业法人财产权的分离。确立出资者所有权在企业中的法律地位。出资者派出的代表对出资者负责,使得出资者对财产权利的拥有和对财产权利的控制结合起来。由于所有者代表进入了企业,企业法人财产权就包含着对资产的占有、使用、收益和处分的权利。

（2）现代企业制度的主要形式

现代企业按财产权构成有多种组织形式,公司制企业是一种典型形式。在我国多种经济成分共同发展的情况下,公司制企业与独资企业、合伙企业和股份合作制企业等非公司制企业并存,形成我国的企业制度体系。

实行股东多元化的途径可采取投资入股、兼并入股、股权转让、吸收外资股、职工持股和非银行债权转股权等。国家股权在公司中占的份额,应根据产业政策和该企业在国民经济中的地位及股权分散程度确定。一般来说,竞争性行业中的企业,国家可以参股;支柱产业和基础产业中的骨干企业,国家必须控股。

（3）建立规范的法人治理结构

建立企业的激励和约束机制必须有科学合理的组织机构。企业根据权力机构、决策机构、执行机构和监督机构相互独立、相互制衡和相互协调的原则,建立由股东会、董事会、经理和监事会组成的公司治理结构,并通过公司章程确定权责,各司其职。

（4）逐步解除企业的历史包袱

从企业领导者用人活动上讲,主要是:一是减轻企业办企业负担。企业要下大决心,把自办的学校（包括党校、干部培训中心）、医院、托幼园（所）、餐厅、招待所等后勤服务机构,逐步从企业中分离出去,实行独立核算、自负盈亏。二是减轻企业冗员负担。企业改革中解除劳动合同和裁减的职工,应由社会保障机构提供失业救济;职工的养老、医疗等保险,应实行社会统筹和个人账户相结合,由社会保险机构统一承办。老职工养老不足是一个带普遍性的难点问题,要设法予以妥善解决。政府有关部门应根据实际情况,建立和完善劳动力市场,为失业人员提供再就业机会。要广泛组织各类职业培训,制定鼓励政策,支持企业分流富余人员发展第三产业。

上述几个问题都将对企业领导用人产生较大影响。

3.建立现代企业人事制度的基本框架

(1)要建立合理的法人治理结构

其中经营者拥有生产经营决策权、指挥权和用人权,经营者的选拔任用准确与否至关重要。在市场经济条件下,经营者的选拔主要有两个途径:一是市场途径,即通过市场竞争来进行;二是通过组织内部进行。经营者要树立风险意识,企业搞不好,经营者应当离岗让贤。企业厂长、经理是一种特殊的管理人才,需要用特殊的方式来运作。努力培育厂长、经理人才市场,有助于促进经营者的职业化和市场化进程。

(2)建立企业人才配置机制

一是要引导、促进企业人才资源的配置由传统的行政计划配置向市场配置转变。树立"企业用人找市场,人才择业靠市场"的观念,配置企业人才资源实行企业与人才的双向选择。改革人事部门及其所属的人才交流服务机构,为企业配置人才资源提供必要的政策指导、信息咨询和人员测评等服务工作。企业在人才流动过程中发生的人事争议纠纷,在有关当事人协商无法解决的情况下,可向政府人事部门申请调解、裁决。二是要搞好企业人力资源的开发和管理。企业人力资源开发和管理的首要任务,是选拔、培养、造就一大批高水平的企业专业技术人员和管理人员,合理配置,充分调动他们的积极性,发挥他们的聪明才干。其中人才培育要逐渐建立起政府宏观管理、企业自主办学、培训机构按需施教的新型运行机制。企业可根据自身发展的需要,制订继续教育计划,设立培训机构,确定办学目标和形式,并自行组织实施。大型企业的继续教育可自成体系。中小型企业,可借助行业的力量或与办学机构签订培训合同,通过委托培训等方式组织实施。要大力培训能够参与国际竞争的外向型人才。政府人事部门应积极支持企业培训外向型人才,并在出国培训方面提供服务。

(3)建立政府主导的企业人才宏观调控机制

政府在建立现代企业人事制度的过程中,要转变观念,改过去的直接行政管理为间接的管理,变微观管理为宏观管理。积极指导企业建立健全内部人事管理制度,帮助企业搞好内部人事管理,使之逐步科学化、规范化。要为企业加强人事管理创造良好的外部环境。积极培训和发展人才市场,调剂企业人才余缺,帮助企业妥善安置企业落聘、解聘的专业技术人员和管理人员,并对企业人才流动中的人事争议进行调解和仲裁;逐步完善人才信息市场;进一步发挥政府人事部门所属的人才交流服务机构的作用,为企业人才资源的合理配置提供良好的服务。

二、企业领导者的社交方法

(一)企业领导者应掌握的社交技巧

1.交际技巧

交际技巧是人们在社会交往实践中的经验总结,是人们步入社交之门的钥匙。

(1)拥有自信是交际时所必须具备的心理素质

它体现着一个人的意志和力量,牵制着人的思维和言谈举止,而怯懦和自卑是培养社交能力的最大心理障碍。企业领导者面对的是激烈竞争的市场,制造的是有利于宣传自我形象的各种场合和气氛,接触和要结交的是对自己有用而又位于不同层次的朋友,若想应付自如,首先要有不可动摇的自信。培养在社交中自信心的方法是:①刺激目标意识。信念是人类的征服者,一个胸怀远大目标的人会为此付出全部身心达到忘我的状态。这一状态恰恰孕育着一个真正自我的诞生。②充分肯定自己。在社交时,要经常意识到,作为一个正常人,你拥有人所共有的一切天赋,并且具有某种特长和优势。当你的心目中有了一个对自己彻底肯定的信念时,你的成功率必然很高。③主动去评估对方。如果你时时在意对方的评价,心理上总会有沉重感,进而会压抑自己的行为,这实际上就注定了你失败的命运。相反,你去观察对方的表情、服装和举止,找出对方的缺陷,由受评估的被动地位转为评估他人的主动者,产生与对方对等的心理关系,厌烦和紧张感就会减缓并逐渐消失。④主动进攻。当你与人初次见面时,应主动去打招呼,有力地握住对方的手,开个无伤大雅的玩笑,紧张感也会烟消云散。⑤幽默与自嘲。幽默感是克服自卑心理的良药。当你怯场时,为了不使自己陷入失败的懊丧之中,你若能超然于自我之上自嘲娱人,自信心会回到你身边。⑥仪表堂堂。整洁得体、考究入时的装扮,不仅显示出个人的精神状态,也使人在自我完美中得到心理上的满足、自信心会油然而生。

（2）取得信任是企业领导者获得社交成功的基础

企业领导者在社交中的信任包括两组关系，如下。

①上、下级之间的互相信任关系

首先是领导者对下属职工群众的信任。常言道，用人不疑，疑人不用。领导者应该信任下级，放手让下级去开展工作，同时要欢迎、尊重群众的参与意识。其次是领导者要取得下属职工群众的信任。这里主要靠领导者良好的政治品质、高尚的道德情操、卓越的领导才能和合乎规范的行为表现赢得下级的尊敬、信赖、佩服和亲和感。

②企业领导者与社会公众的互相信任关系

在这一组信任关系中，领导者主要以企业代表者的身份出现，首先，要求企业在经营管理中遵守诚信规则，向社会提供优质产品和服务；其次，企业领导者个人应遵守取信于人的要求，这样才能得到社会公众的信任和爱戴。

（3）注意一些社交规则，有利于社交的顺利进行

①寻找共同点，求大同

人际关系的建立和改善，必须建立在关系双方共同的利益与需要的基础上，在交际过程中，要清醒地意识到彼此需求的共振是关系双方的黏合剂。当然，共同是一个相对的概念，在选择朋友时，不要抱着求全的幻想，要大度，切忌斤斤计较、患得患失。

②知己知彼，因势利导

古人曰："知彼知己，百战不殆。"在社交过程中，要充分估计自己与对手在关系中所处的地位，了解对方的目的和要求、长项和弱点，估计自己能在多大程度上影响甚至改变对方的态度，根据对手的情况设计社交方案，行动时便成竹在胸。企业领导者还要有应付局势突变的本领，善于稳定自己的情绪，果断调整行动方案，迅速理顺各种利益关系。或者抓住时机，广交朋友，联谊四方；或者临危不乱，失意不失礼。

③了解心态，把握情感，重在交流

在社交中，注意了解别人的心态，善于观察他人，可以避免交往中的盲目行动；在社交中，要学会控制自己的情绪，同时，要尽量使自己的情感与要向对方输送的信息内容一致，情感的表达还要与信息内容在程度上相符。比如，表情

呆板或忧愁地向人祝福会引起别人的疑虑和不满,而春风得意地向人报丧则被人认为是幸灾乐祸。

企业领导者在交际中要尽量争取有用的朋友(沟通是主要技术手段)。相互交流是理解的桥梁,直接交往是交流特别是建立感情的最有效的形式。在面对面的接触中,双方使用口语,没有中介物,可以更直接、方便和集中地表达各自的情感,互相之间的影响力也会随之加大。

(4)掌握社交的基本技巧,树立良好的自身形象

社交的成功与否,最重要的是能否留给人一个良好的印象。把握下列几项社交原则,有助于树立良好的自我形象:第一,与人首次见面,一定要礼貌性地寒暄一番,表现出谦恭有礼的态度。第二,在穿着上表现出个性,服装力求整洁、庄重和协调,使人第一眼就留下美好的印象。第三,要经常面带微笑,微笑是一种无声的语言,有时会收到比语言更好的效果。第四,要记住对方的姓名,这样可以显示出你对对方的敬意。第五,与人交往时要善于倾听别人的谈话,使对方感觉到你的尊重与兴趣,否则是不礼貌的。

在社交中,要灵活运用与人交谈的技巧。与人交谈时,要保持谦恭的态度,一个言辞谦恭的人,在待人处事方面,将会得到好处和方便;尽量谈一些对方了解的话题,这样容易得到对方的共鸣和回应;说话时,还要注意分寸,避免使用口头禅。

在社交中,还要学会拒绝的艺术,同时,学会自己遭到拒绝时的应对方法。拒绝的艺术奥妙在于尽量减少对方的不快。具体方法是:①考虑到对方可能产生的想法,拒绝别人时,尽量明白无误地说出实情。②当你不得不拒绝对方时,最好尽早说明,让对方有所准备,另做安排。③降低自己以满足对方的自尊心,借此缓和拒绝造成的心理冲击。④拒绝他人时,要设身处地替对方着想,使对方感到你的拒绝是情不得已的。⑤以对方喜欢的话题做"种子",让对方自己说"不"。⑥部分地承认或称赞对方的说法,使拒绝变得易于接受。⑦让对方明白,此次被拒绝,还有下次机会。⑧选择合适的场所和位置,说明拒绝的立场。拒绝别人以及被别人拒绝是很正常的事情,当自己遭到别人拒绝时,要有点超脱精神。一旦遭到拒绝,要仍旧保持良好的风度,留给对方一个美好的印象;要及时撤出,不要勉强;迅速摆脱不快情绪干扰,另辟蹊径。

(5)社交方式多种多样,把握机会,做一个有心人

①参加"沙龙"活动,可获得与人们互相认识、交流和建立联系的机会。②学会聊天,聊天的场所没有限制,聊天的对象广泛而且方式灵活,它是社交中信息传递的一种形式。③举办或出席生日晚会,举办或参加舞会。④聚餐,可以有很多交谈时间,而且随便、自然、亲切。⑤赠送节日礼品,寄语节日问候,保持感情联系。

2.言谈技巧

在社交的言谈中,首先是要让人正确理解、领会自己所表达的语言含义,这是说话的最低目标。为此,除了文法准确、语句通畅外,还必须丰富自己的词汇,做到言简意赅。在此基础上,谈话者在交谈的过程中,掌握一些言谈技巧是必要的。

(1)选择好话题

为了使谈话能正常进行,必须选择好一个话题,使对方感到轻松愉快。几乎任何话题都有可能成为良好的谈资。只要我们平时处处留心,就可以发现许多引人入胜的话题。如体育运动和近期赛事,小说、电影、话剧、食物、烹饪、天气、名胜风光、电视节目、流行时装、畅销书、个人嗜好、个人的特殊经历等。

一般在社交场合中,与刚相识的人开始交谈时,因不熟悉对方的性格、爱好,这时宜从平淡处开口,而不要冒昧提出太深入或太特别的话题,最简单的是谈天气,或从当时的环境寻找话题。另外,还有一个中国人惯用的老方法:询问对方的籍贯,然后就你所知引导对方详谈其家乡的风物。这几乎是一个万通万灵的话题。不善言辞的人,平时可以多多留心观察别人的话题,吸收别人的长处,同时多看一些报纸、杂志,从中可以找到一些让人感兴趣的话题。在交谈时,要避免自己不了解的话题,一知半解,不仅不会给别人带来什么益处,反而给人留下虚浮的坏印象。

此外,选择话题还应遵从社会习惯和风俗,与人谈话,哪些可说,哪些不可说,也都有很多讲究。应该避免的话题有:令人不愉快的疾病详情,令人生厌的虫子或动物,别人的收入财产、对方的年龄和婚姻状况,对方的隐私和忌讳,对方以往的过失或隐痛,对于他人品头论足,一些尚未明辨的隐衷是非,男女之间的特殊关系,个人的恩怨和牢骚,自己的成就和得意处,等等。

有了话题,还要有继续交谈的内容,内容来自生活,来自你对生活的观察和感受。我们可以从一个人的言谈看出他的内涵和对生活的感情。

(2)适度幽默,轻松活泼

幽默总是与智慧和爱心结伴同行的,每一个具有幽默感的人都有着宽广的心胸、随和亲切的性情和洞察一切的智慧。幽默是思想、爱心、智慧和灵感在语言运用中的结晶,是一种良好修养的标志。

幽默能表现说话者的风度、素养,使人在忍俊不禁之中,借助轻松活泼的气氛赢得对方的好感。在人际交往中,当矛盾发生时,只有那些缺乏幽默感的人才会把事情弄得越来越僵,而幽默者却能使一切变得轻松自然。

做任何事情都有一个"度"的问题,幽默也是如此。场合、对象都是必须考虑的客观因素。尤其对于初识的人或长辈,幽默一定要慎用,否则很容易让人感到唐突,或者会认为你是在卖弄聪明与笑料。有时,幽默过了头,变成一种取笑与讥讽,就更糟了。

(3)聆听有益,聆听有术

在交谈中,更重要的是倾听别人的谈话。听,不仅可以获得必要的信息,丰富我们的情报资料,而且可以满足对方的需要。认真聆听对方的谈话,是对谈话者的一种尊重,可以了解对方是否真正接受了理解了你的观点,可以领会谈话者的真实意图。听,还可以使社会交往活动更有效,促使交往双方的关系更融洽。怎样倾听对方的谈话呢?至少应该注意以下几点:①鼓励,引导对方说下去。可以采用提问、赞同、简短评论、复述对方话头、表示同意等方法。②抓住对方所要表达的真正东西或实质性问题,不要被他遮掩或为言语技巧方面的缺陷所误。③不要打断对方,不要贸然地中途给对方的谈话下决断性的评论。④对自己没听懂的话,随时询问。⑤避免沉默出现。

(二)企业领导者社交能力的培养

社交能力不是天生的,后天的培养、修炼非常重要。企业领导者主要应从以下方面加强自身社交能力的培养。

1.树立高尚的社交品德

苏格拉底曾说:"不要靠馈赠来获得一个朋友,你应贡献你挚诚的爱。"在社交中用金钱、名利、地位建立起来的社交关系是不可靠的、不健康的,也不可能维持长久。高尚的品德应包括以下几点。

(1)诚实正直

在与企业职工打交道的过程中,我们发现,几乎所有人都把诚实、正直列为企业领导者应具备的首要品德。职工认为领导者应该是一个诚实、正直的人,要值得职工信赖。这就要求领导者在与职工交往过程中,一要说实话、真话,有一说一,有二说二,这样职工才会信赖。杜邦公司董事长理查德·赫克特说:"如果你总是讲真话,那么你就无须记住你曾经说过什么话。"二要说话算数。企业领导者不能信口开河,讲话要能兑现,讲的话、答应的事要能变成实际行动,有实际效果。三要办实事。在企业领导活动中,虚报假冒最易引起职工反感,领导者如果为了自己的所谓政绩而脱离实际,任意夸大企业成就,职工就不会信赖他,也不会愿意与他交朋友。

(2)公平公正

我们在对许多企业进行的调查中,发现很多职工对企业领导者不能公平公正对人对事有意见有牢骚。企业领导者的公平公正体现在许多方面:用人是否真正执行德才兼备的原则,是否有任人唯亲和因人设事的现象;赏功是否一碗水端平,是否做到了该赏的就赏、不该赏的就坚决不赏;罚过是不是对事不对人,包括罚与不罚、轻罚与重罚等都是不是坚持了标准、原则;交友是不是只搞小圈子,是不是只愿与上级来往,看不起下级;是不是只与自己亲近的人来往,从不与其他职工打交道;是不是固定和那么几个人玩在一起;等等。应该看到,从企业职工角度来看,领导者是否公平公正与领导者是否值得信赖几乎是一回事。这一点足以引起企业领导者的高度重视。

(3)谦虚谨慎

企业领导者位高权重,但是位高不能傲慢无礼、目中无人、自高自大;权重则更应处处时时谨慎。企业领导者做到谦虚谨慎,一是有利于摆正自己在企业领导班子中的地位,正确处理与班子其他成员的关系,这样才能与其他成员一道齐心协力,共同把企业的事情办好。二是有利于融洽领导与群众的关系。在职工群众眼里,企业领导者地位高,能与一般群众打成一片,功劳大不居功自傲,能力强不去贬低其他领导者,这样的领导者职工才佩服,否则职工群众只会厌恶反感。三是有利于企业领导者在取得成绩或工作顺利时能保持清醒的头脑,遇事能冷静思考,不被胜利、顺利冲昏了头脑,能在胜利时想到失败,能在顺境中想到逆境,能在富足时想到穷困。只有时时保持谦虚谨慎,时时注意自己的一言一行,才会在广大职工中留下好的印象,产生好的影响,为企业领导者与职工群众的顺利交往做好铺垫。

(4)胸怀宽广

企业领导者每天要经历不少人和事,在和人们打交道时,要认真计较的事实在太多了。如果企业领导者没有宽广的心胸,锱铢必较,那就会天天生气,经常痛苦不堪,不仅工作受影响,自己也不舒畅。因此企业领导者一定要能宽宏大量、善待他人。做到胸怀宽广,必须坚持以下几点:一是要有宽容精神。对一些人、一些事,只要不违反原则,就可以用一种包容的态度去对待,这样可化解很多矛盾,缓解很多冲突,减少很多纠纷。二是要能够忍让。"忍"字心上一把刀,要忍并不容易但对企业领导者是一种要求、一种必要的修养。它要求领导者以大局为重,必要时做出一定的牺牲;要求领导者遇事理智分析,不意气用事。二是坚持原则,不放任自流。对错误思想、不良行为或工作上的严重失误、错误必须严肃指出,毫不含糊,否则就是放弃领导者责任、无所作为的表现,职工群众是不会拥护和爱戴这样的领导者的。

2.打好深厚的文化底蕴

社交是一种人与人之间表面的、形式上的交流,但它反映的却是交往双方的文化修养等内在素质。一方面社交活动需要领导者有多学科的文化知识。企业领导工作是纷繁复杂的,它对领导者文化知识的要求也是全面的。企业管理学、领导科学、行政管理学等与企业领导工作有关的学科自不待说,就是心理学、人际关系学这些知识也不能缺少。在社交活动中,你不了解交往对象的心理动态,你就难以了解、理解对方,也就难以和其很好沟通。再者领导者社交活动毕竟是一种与领导活动有关的非领导活动,并无一定主题来约束交往双方,只要你知识丰富,信手拈来就是话题;否则谈天天不知、谈地地不懂,没有任何共同语言,这样的社交能否成功、效果如何是可想而知的。另一方面社交活动需要企业领导者有比较广泛的爱好。企业领导者要与各方面的人打交道。在人际交往中,共同爱好、共同兴趣可以使人们拉近心理距离走到一块儿去。以义会友、以诗会友、以牌会友、以棋会友等有助于交往中的人们融洽关系、深化感情。可是有的领导者没有什么爱好,与职工群众玩不到一块儿去,参加职工活动时总觉得自己是一个多余的人,这样与群众交往就会很困难。其实领导者有自己的业余爱好是正常的,也是必要的。在企业领导工作中,适当地发展爱好,工作之余既休闲放松了自己又接近接触了群众,是一举两得的事情。但要注意的是千万不能放纵业余爱好,如果陷入其中不能自拔,影响领导工作、影响家庭生活就不足取了。

增加企业领导者的文化底蕴的最好办法是学习。一是读书。与自己曾从事的专业技术工作有关的书要读,与现在从事的领导工作有关的书要读,其他的书只要对工作、生活有益的有帮助的也要读。读书的时候做好记录,写下心得体会,结合实践进行思考,长期下去一定会有进步,不仅会有利于工作,而且会有利于社交。二是广泛参加职工活动。有些同志确实没有什么业余爱好,建议他们至少要选择一种爱好,参加进去,和部分群众打成一片也是好的,至少没有完全脱离群众,没有不和群众相来往。

3.培养通畅的表达能力

表达能力,包括书面表达能力和口头表达能力。不管哪一方面,都是企业领导者社交活动中随时随地要用到、时时刻刻不能缺少的基本功。较强的表达能力,能使企业领导者充分地展露自己的才华,表现自己的学识和思想,取得职工群众的理解、支持、佩服甚至敬慕。

企业领导者的表达能力一般体现在下述场合。

(1)演讲

演讲类型。从演讲的内容看,可以分为政治演讲、学术演讲、法庭演讲以及社会生活演讲等;从演讲的目的看,可以分为宣传性演讲和社交性演讲,前者在于向公众介绍本企业的情况,争取公众对本企业的支持和理解,后者目的则在于广交朋友,融洽关系;从演讲的风格看,可以分为慷慨激昂型演讲、深沉型演讲、严谨型演讲和活泼型演讲。

演讲一般都具有下述特点:①公众性。演讲的对象是公众,所以内容、形式都要依据听众的情况来决定,特别要从他们的文化程度、理解能力、所关心关注的问题等方面来确定演讲的内容,这样才有感染力和说服力,听众才会愿意听。

②可讲性。演讲是演讲者和听众面对面地交流,是要通过演讲者的口头表达形式将演讲内容传达给听众。因此,要尽量口语化。③可听性。演讲有很强的针对性,其目的指向听众,是要对听众施加一定的影响,或让公众了解某些情况或使公众接受某种思想或观点,或是要激发公众的某种情绪。因此,演讲必须听起来顺耳,晦涩难懂的演讲是不可能受到公众欢迎的。一篇演讲,既要反映出演讲者的思想水平、学识能力并表明自己的态度,又要适合听众的口味,这样,听众才愿意听,并且听进听好。

演讲词的结构。演讲一般要有充分准备,特别是要准备好演讲词。而准备演讲词首先就要注意演讲词的结构。有的学者称,演讲词一般分为引言、正文、结尾三个部分,即引言提出问题,正文做详细论述,结尾做一总结、回应引言。有学者提出了"四步骤"结构模式,即:开场白,引起听众的注意和兴趣;引入正题,摆出论点,给听众以清晰的概念;阐发主题,给听众以深刻的印象;建议或结论,指出解决问题的办法,使听众受到某种启示。

演讲中应注意的事项:①要把握演讲对象的特点。一是要了解听众是谁,要对他们的思想状况、文化程度、职业情况甚至年龄、性别等因素有一个大致了解;二是要了解听众的心理、愿望,了解他们关心什么、他们想知道什么。只有对这些情况有较深入的了解,才能有针对性地适合听众特点,才能受到听众的欢迎和喜爱。②主题要非常明确。一篇演讲,主旨应鲜明,赞成什么,反对什么,表扬什么,批评什么,观点应明确,切忌含糊其辞。全篇演讲都要围绕一个中心意思展开论述,才能针对听众,有的放矢,打动听众的心,使观众获得深刻印象。③例证要真实、准确、恰当、动人。一篇好的演讲,光有主题不行,还要主题鲜明,而鲜明的主题须依靠透彻论述和恰如其分的事例的印证。只有搜集、选取生动的例证,演讲时才可能生动感人。④感情要深厚真挚。只有深厚真挚的感情,才能感染人、打动人、鼓舞人和教育人。所以,演讲必须注重感情上的表达,把说理和抒情有机结合起来。当然,也不能太直露,而要寄情于论理和例证之中。⑤语言要通俗易懂。要适合口头表达,尽量不用书面语言和生字僻字;切忌行话和专业术语连篇累牍。语言如果晦涩难懂,听众听不懂,接受不了,就起不到应有的作用。⑥要注意和听众之间的沟通交流。切忌不顾公众爱听与否,只顾自己高谈阔论,使听众觉得厌烦。⑦详略得当,时间长短要把握好分寸。注意不要面面俱到,失去重点。在时间安排上,要掌握听众心理,听众一般都厌烦啰里啰唆。要防止讲废话、重复话和客套话,而要开门见山,否则听众会感到是在浪费时间而无所收益。

(2)即兴演讲

企业领导者发表即兴演讲的机会是很多的。即兴演讲最显著的特点,就是临时性、不确定性和广泛性。它不同于事先有确定选题、经过精心组织准备的演讲,而通常是演讲者在没有准备的前提下站出来致辞。经常碰到这种情况,人们在某些场合突然被邀请出来讲几句话,有的人因毫无准备而手足无措、连连推辞,即使开了口,也是东一句西一句,不得要领、不知所云;而有的人却能从容自如,娓娓道来,赢得听众们的阵阵喝彩。两相比较,前者较之后者,除了可能存在口头表达能力稍弱或临场应变能力较差一些外,更大的原因,还在于前者是措手不及,在打无准备之仗。

第六章　领导力的开发与塑造

第一节　领导力的开发

一、领导力开发的概念与要素

(一)概念和要素

开发是指因为不同的学习经验而产生的持续的、动态的、长期的变化或者演变。具体而言,领导者开发被定义为能有效发挥领导作用和有效实现领导进程的个人能力的扩展。它关注个人并且给领导者提供管理工具来改善领导有效性。担当不同角色的领导者都可以用这些工具来改善其领导的有效性。领导力开发同领导者开发不同,尽管它们有关联,其差异在于领导力开发关注的是组织通过其多位领导者来完成任务的组织能力。这种差异是至关重要的,因为它们解决的是不同层次的开发问题。

1.学习的要素

学习涉及由经验累积而产生的行为、知识或技能相对永久的改变或提升。领导者要想开发自己,必须学习新的行为和技能。这些改变必须相对稳定、持久并能超越课堂或培训情境。学习解决的是变化的内容,领导力开发则着眼于变化的过程。因此这两点紧密地结合在一起。针对个体学习和开发,领导者必须首先意识到需要并且接受变革(解冻)。在实施一些变革之后,他们必须能支持和维持对新行为、技术或者知识的适应和使用(冻结)。持久变革是领导力开发的核心部分,它需要耐心和坚持。正如其他任何变革一样,它也可能会面临阻碍,如人们或许没有意识到需要变革,人们不愿意做出必要变革,或者由于缺少实践或支持从而无法坚持新学到的行为模式。个人和组织一定要认真地对待这种潜在的阻力。

学习的核心是由几个要素构成的。首先,个人必须认识到学习和变革是必须的。个人必须愿意学习,这需要动机和准备。认识和动机要素同变革的解冻期相关。我们大多数人都是和这样的领导者一起工作:他们既没有意识到自己的薄弱环节,也不愿意花费时间来改变。没有意识到或者不愿意学习和改变,就不会产生任何改变。近期领导力开发研究的重点是领导者需要深度探索并理解他们的动机、敏感度,识别成长中的潜在障碍。

除了学习动机,个体必须有能力将智力要素和个性特质有机结合起来。学习或许对于某些人而言容易些,同时对其他人可能更具挑战性。例如,认知水平高及智力好的人能快速领会概念,而情商高的人能快速学会社交技能和人际交往技能。同时,领导者必须能获取开发的经验,并且有机会实践和习得这些经验。例如,小公司的员工通常能接触到不同的经验,这是很好的学习资源。大公司的工作和职责范围狭小,也更专业化。但是大公司能提供很好的福利,其中有大量的培训和诸如教育福利的个人发展资源。例如,麦肯锡开发出一个专门的领导力培训项目,称为中心领导力,以关注女性领导者的培养。

此外,和机会密切相关的是鼓励自我效能的开发。它是成功的、积极的经历所带来的学习潜能的提高和个人信仰的培养。如果个体愿意且有能力学习,并遇到挑战,最后经历了成功,那么他们会培养一种与完成任务相关的自信、一种自我效能感。而研究显示,自我效能与领导的有效性相关。与简单的自信相反,自我效能与具体情境和任务有关。在领导者开发的情况下,为领导者在工作情境中提供成功的机会,可以改善领导有效性。

最后,组织文化必须支持和维持组织学习和开发。这种支持不仅以培训项目的形式出现,还会以评估组织学习、容忍尝试和失败的非系统因素形式出现。

学习需要不断地练习和坚持。当谈到诸如学习一项新的运动方式、一种新的工具或一门新的语言时,我们知道实践和坚持的重要性。但是,当我们在处理领导他人所需要的更复杂的技能和行为时,却倾向于忘记实践的重要性。良好和清楚的沟通,激励员工,在个人发展和学习方面辅导他们,以及提供反馈,这些正是领导好他人必备的复杂技能。学习它们中的每一项都必须坚持,都一定会犯错误,都需要重复。

2.开发什么:内容

领导力开发项目要解决什么问题? 需要开发的技能、知识、行为是什么? 领导力开发所涉及的典型领域如下。

(1)基础知识

与领导力有关的信息;定义;基本概念,例如沟通、反馈、权变奖励;通常通过课堂教育实现。

(2)个人成长

自我认识,了解自己的优缺点同个人的价值观、梦想和志向有关。

(3)技能开发:监督、管理和人际交往技能

如何运用知识;包含监督技能,管理技能,例如计划、目标设定和监督,概念技能,例如解决问题和做决策的能力;与发展人际关系相关的技能。

(4)创新能力

从新颖和创新的角度思考以及跳出既有框架思考的拓展能力。

(5)战略问题

发展组织使命;战略性计划。

其中内容是广泛和复杂的,反映了领导的丰富内涵和复杂程度。因此,上文所列出的部分远远不够。开发内容取决于领导者的层级,如基础知识和技能是特别针对管理者和中层领导者的,而战略思考则是针对高层领导者的。大多数开发项目针对高层领导者,给他们提供有关个人成长和自我认识的培训。此外,如果从单独和不同的类别呈现,开发内容涉及的领域是相互关联并且融为一体的。例如,作为一项基本管理技能,提供反馈是沟通技能中的一部分与沟通相联系的。类似地,诸如发展愿景之类的战略问题取决于概念抽象能力、沟通和人际交往能力,同时还需要创造力。

(二)有效开发项目的必备要素

不同的开发项目具有不同的目标,每个项目都有优缺点。其中有一些重要标准(与组织的适应程度和整合程度、组织支持、个人意识和动机、丰富和富有挑战性的经验、实践机会、提供评价、反馈和后续措施、角色典范等)可以用于评

价培训项目是否有效。虽然并不是需要所有标准,但是如果满足大多数标准,项目就变得更加丰富多彩,并且更可能产生长期的组织变革和学习。有效开发项目的第一条原则是它给参与者提供相关评估数据,如现在的优点和缺点、绩效和从他们的立场出发的一些项目目标和领导能力。应用有关自我信息能够激励参与者取得进步,并且在项目实施过程中成为衡量参与者是否进步的标杆。

有效开发项目的另一项原则是,评估数据有助于提升个体认识水平。为了学习,参与者必须认识到变革的必要性及其具体领域,以表示他们做好了变革的准备。这种认识来自正式数据,或者来自同管理者、工作伙伴、辅导者或者教练的非正式讨论。此外,一个有效开发项目能够丰富参与者的工作经验,以此挑战他们跳出自己熟悉的领域,并且推动他们尝试新技术、新行为和新方法,让他们提升自我效能。例如,安排新工作或者轮换到其他部门、其他团队,可能会丰富他们的经验。不管是通过新任务还是通过特定的工作,或者辅导日常活动,领导者必须有机会实践他们所学到的行为和技能。

一种办法是思考艺术家如何通过影视系统整合实践的机会——使用自我认知和来自多元渠道的丰富的反馈意见来实践的机会。这种艺术方法在许多管理领域获得了好评。如果没有这种实践机会,领导者无法获得他们绩效的相关反馈,而这是有效开发项目的另一个标准。正如评价开发项目一样,反馈也可以正式化,例如评价某人的绩效,或者执行 360 度反馈,或者与工作伙伴、辅导者进行非正式的协商。有效开发的最后两条标准是组织文化以及组织如何将开发项目同战略目标和领导者个人的需求相结合。支持领导者尝试所学的技能并且提供相应的培训资源、获得丰富经验的机会以及反馈等都体现了从组织获得的支持水平,也是组织整体上支持组织学习强度的一个信号。最后一个关键因素是个人、开发项目和组织目标之间的匹配和整合。虽然在领导力开发过程中,并非每一个标准都需要。但是,如果无法满足大部分标准,则该项目是不可能有长期影响力的,至多是提供一些具有短期效益的娱乐经历而已。其他有助于更有效地促进领导力开发的特定条件如下。

1.清晰的目标

这是同组织目标、领导者个人目标和现有条件下领导者将要面对的未来挑战相联系的目标。该目标必须事先声明,同时项目实施前后必须可以运用相应的评价手段。

2.奖励

和新的行为、技能和知识相联系的学习奖励。组织必须允许试验,而不惩罚错误或失败,尤其当领导者依然处于学习过程中时。

3.工具和方法相结合

提供相似的学习环境,同时强调不同的学习风格或者增加其他培训方法。例如,课堂学习可以和评估中心、辅导及新任务相结合。

4.评估和跟进

用来衡量变革、支持新的组织学习,并且确保在开发项目结束时新的行为、技能和方式没有被遗忘或者使用。学习需要实践和坚持。在培训期之外也应该存在这样的实践机会。

接下来我们将思考培训项目和方法的适用差异性程度,同时我们将根据它们与有效开发的标准匹配程度进行评估。

二、领导力开发的手段

领导力开发有许多不同的办法,范围包括从高度结构化和正式的项目,到课堂教育,再到观察和亲身经历。多种方法相结合是有效开发的关键,一如为每位领导者尽量提供定制化的培训项目一样有效。每种方法都有优点并且着眼于领导力的某个特定方面。

(一)自我认识

自我认识要素是领导力开发中里程碑式的发现。它是起点,也是基本的构建模块。维珍集团的创始人、首席执行官、企业家理查德·布兰森认为,自我认识是有助于领导者快速学习的一个因素。他说:"我发现,了解业务并了解自己有助于你认识到何时跟着感觉走。因此,你就有足够的勇气前进,而忽略反对者的意见。自我认识也有助于你坚持执行自己的计划。"

学术研究也强调自我认识的重要性。前面讨论的真诚型领导的概念就依赖于领导者对其基本价值体系的了解。有效领导当中自我认识的重要作用是贯穿本书和领导实践与研究的主题。自我反省和从他人那里获得反馈是发展自我认识的必要因素,这是双循环学习法的一项流程。还有一些研究表明,领导者的自我认识与下属较高的满意度和生产率相关。

增强自我认识的准则包括:①弄清楚一个人的价值观和关注点。这是一个过程,是自我认识的第一步;个体必须知道什么是重要的以及什么因素是需要优先考虑的。②寻求新经历。这对领导者提出了挑战,要求他们跳出舒适区而给自己创造学习机会,包括失败的机会。③观察自己的行为并反省。为此,要记日记,回顾成功的地方与犯错的地方,反省对你来说何者有效、何者无效。④寻求反馈。尽可能通过正式和非正式的渠道从众多不同的源头得到反馈。例如,从客户那里获得的一些行为模式的反馈,同从领导者那里获得的关于相同行为的反馈相比,或许非常不同,但是同样相关。

能找到和接受有关自我的信息,或许在某些程度上取决于个人的性格特质。例如,个人对经验的开放程度,即五大人格维度之一,或许起到了相应的作用。其他因素,如自我监控或许让领导者更容易从其他人那里察觉和接收反馈,并且更容易使他们改变行为模式。虽然自我认识在许多方面是所有开发项目的基础,并且是领导者愿意改变和学习的必要条件,但它并不是充分条件即领导者也必须具备变革的工具。虽然评估和个人意识以自我认识为基础构成了开发项目,但是它并不能丰富领导者的经验,提供实践机会,或者从组织那里得到支持。因此从自身而言,自我认识并没有满足有效开发项目所需的所有标准。

(二)经验

如果说自我认识是领导力开发的基础,那么经验或培养经验就是领导力开发的核心。人们是不可能通过坐在课堂里,阅读领导者的传记,或者观察其他领导者来学会如何领导的,也不能仅凭了解自己的价值体系来领导。通过课堂或者观察来传递信息是一回事;学习如何判断、理解复杂系统以及处理复杂信息则需要亲自实践。虽然信息和观察或许会增加我们对什么是领导和领导者做什么这些认知上的理解,但是它们并不能开发领导力。

尽管详细的信息和对领导行为的观察可以提高人们对何为领导、领导者行为的理解和认知水平,但是两者都不能培养领导者。培养领导者最有效的方法之一是实际领导他人的经验。这些经验也是培养领导者核心能力的有效方法。而核心能力又是适应能力的必要因素。几乎在所有的组织中,在职工作的经验都是领导极为重要的要素。

为了获得工作经验,并有益于领导者的培养,组织需要把领导者放到一个新鲜而富有挑战的环境中,以发挥他们的能力并且拓宽他们的视野。这些可以通过增加现有工作的职责,承担新工作,与不同的或不熟悉的全新项目团队一起工作,轮换到不同的工作岗位,国际化经历,甚至同一位很难相处的同事合作这些办法得以实现。所有这些经验给领导者不得不评价和理解新环境并且运用不熟悉的管理风格和行为方式提供了组织氛围。这种从实践中学习的方法能更好地建立自信和自我效能。

目前,已经开发出许多以实际操作为基础的领导力开发方法,这些方法试图接近实际经验。例如,可以通过员工参与小组活动、游戏、角色扮演、模拟行为,或者通过讨论和反思的方式跟进重要事件,来模仿经验。自我认识需要阐明一些核心价值观,例如忠诚、职责、尊重、个人勇气,及智力、体力和情绪特征的开发。该模型发展了特定内容的知识和技能,如技术和人际关系技能。最后,组织要鼓励领导者放手去做和从个人、组织和战略层次熟悉他们工作的不同方面。

（三）开发关系:教练和导师

教练和导师是有效领导的重要因素。教练会对某人的行为和绩效提供个性化和建设性的反馈,并聚焦于未来的改进。导师也是通过反馈和面向未来的方式对个体提供类似的关注,但是较少关注特定具体任务。导师是一种支持性的、长期的、正式的或者非正式的职业关系。导师可以是非正式的,而教练则更注重结构性和正式性。我们许多人都有导师和角色榜样给我们提建议和反馈。我们尊敬他们,并和他们建立长期的合作关系。教练一般用于特定情况并且是由组织安排的。教练和导师是开发关系的一部分。这种关系有助于领导者自我提高和职业成长。所有这些关系能否成功取决于领导者和教练或者导师之间能否建立一种信任与和谐。教练和导师都可以成为角色榜样,表现出组织所预期的行为。凭此并通过观察我们可以进一步提高学习效果。

1.教练

教练在许多方面都显示出它的有效性,同时它还能提高领导者的灵活性。它与外派经理人的成功相联系。

教练能够指出真实生活情境下存在的问题,因此提供了反馈和实践的机会,同时还可以从主管或同伴那里得到支持。由于教练关注特定行为,它缩小了行为的范围并且便于学习。非正式教练是主管和领导者应当掌握的、最有效的工具,以支持员工学习新的技能。与领导力有关的教练项目频频出现在高层管理者开发项目中,这些项目中,外部咨询导师或者成功的现任、前任高层管理者给领导者提供个人化教练。高层经理的教练花费相当多的时间来观察领导者、讨论行为和寻找可以选择的方案,并提供有关领导风格、行为和绩效各个方面的详细反馈。这种对于工作环境的个性化关注是领导力开发的一项重要内容。如果教练是组织内部人士,那么高层管理者能从组织的视角出发进一步获益。而外部教练则能带来新颖的思考角度和方法。有报告指出,随着投资的增加,教练项目也倾向于获得成功,因为有公司报告指出,它可以改善团队工作、人际关系和工作满意度。

当和其他项目结合起来,例如与课堂培训,与导师、评估中心和360度反馈结合起来使用,教练能将一般知识与其在日常活动的应用相结合,为组织提供一定的益处。这其中包括产生个性化评估和合理的挑战。同时反馈是丰富的且高度相关的。另外,领导者发现其所观察和讨论的经验正是他们受到挑战的内容。正式教练所需的资源和成本支出进一步证明了组织对接受教练的员工和开发整体领导力所做出的承诺。所有因素都可能让教练成为一项非常有效的开发工具。除了高层管理者在担当组织领导者之前就已经参加过许多培训,许多领导者并没有为他们成为高层管理者承担复杂的工作做好准备。高层管理者教练罗斯-泰勒表示:"组织期望新任领导者马上就可以取得成功,但是却没有对他们进行相应的培训。"教练能缩小这两者之间的差距并且支持领导者获得成功。

有效教练的因素包括:个体接受指导的准备情况和意愿程度、思考更广泛的组织情境和组织系统、思考个人的目标、价值观和需求、关注绩效和与工作有关的问题、真挚的关心和关注、支持自我认识、有意义的反馈和支持性氛围。同其他开发项目一样,领导者的准备程度十分重要。许多成功的高层管理者或许因为他们的成绩而抵制教练,或者因为他们接收的信息经过过滤并且只能获得正面的反馈,从而使他们相信自己不需要开发。正如比尔－盖茨所说:"成功是一位很差劲的老师。它让聪明的人相信他们不可能失败。"需要指出的重要之处是,除了给个人能提供支持和反馈,有效教练需要同更广泛的组织目标和组织系统整合起来。同其他所有开发项目一样,教练项目能否成功取决于个人需要和组织需要能否融合起来。

2.导师

正式和非正式导师是一项有效的领导力开发工具,并能在导师和学员之间产生长期的相互支持关系。一个更有经验的领导者可以给缺乏经验的领导者提供辅导和建议。虽然许多领导者在组织内部和外部同许多人建立了导师关系,但是正式导师是从组织内部得到任务。正如萨拉－塔克建议的那样,导师的方法是思考从那些坏榜样而不是好榜样身上能学到些什么。即使不存在直接的导师关系,也可以观察那些绩效很差的组织内部或外部的领导者,从中学到很多。一位商业作家表示,那些"反对导师"的人是值得相信的并且是前后一致的,因此能够成为非常好的开发资源。

建立富有有效性的导师关系的准则包括:①找到多位导师,而不是向一个人寻求所有意见。不同的导师能够给领导者提供不同的视角和专业上的帮助。②找到不同层次的导师。一般而言,虽然导师的地位更高一些,但是同伴、外部人士甚至下属都是提供支持和发展性意见的重要资源。③能提供非正式支持的非正式关系同样有帮助。④增加导师,如果角色和责任发生变化,或者作为领导者需要调至新工作岗位时。

虽然导师是寻求支持的重要资源,但它和教练并不一样,它没有相当强的开发职能。因为它的非正式和更强的普遍性,建议和反馈一般很少有针对性和特殊性。同时,它也缺乏用于快速和直接反馈的实践机会。

(四)户外挑战

户外挑战项目是一项非常受欢迎的有关领导力和领导者开发的项目。该项目让参与者投入体力和精力来完成逐渐增加难度的体育活动,如障碍训练、攀岩、体育竞赛和游戏。有些人建议开办一些一般的体育运动项目,无论是针对个人还是针对团队,这些体育运动将会是学习自我管理、自律和团队合作的良好资源。组织也越来越多地去寻找高参与且有娱乐性的工作室或培训项目,例如,采用诸如寻宝等方法。许多活动,例如爬竿、走绳索桥、过陷阱等,都旨在通过克服恐惧和挑战来增进个人成长和提升自信心。有些活动,例如由团队成员接住向后倒的人,或蒙住眼睛在合作伙伴的帮助下通过有障碍的路,则聚焦于培养部门、团队和组织成员间的信任。尽管这些活动常常振奋人心、令人愉快,但是它们对领导力开发项目的长期影响,还是少有文献记载。

三、领导力开发和文化

同领导的其他方面一样,组织文化从国家和群体层次影响领导力开发的进程。文化影响人们对学习情境的期望、项目辅导员的角色作用和领导者偏好的开发方式。我们必须在文化情境下思考如何进行领导力开发。对领导力开发影响最大的文化价值观如下。

(一)文化价值观

①沟通语境(高—低);指向性。②个人主义和集体主义。③行动导向。④不确定性容忍度。⑤对时间的察觉度。⑥权力距离和平等程度。

(二)对于领导力开发的潜在影响

①信息是如何沟通的;如何提供反馈;谁提供反馈;从评估和自我开发角度而言,信息的指向性程度如何。②开发关注的是领导者个人还是群组;开发和培训的准备。③开发和培训的内容是关注组织的实际问题和操作性培训,还是关注理论的理解和概念的发展。④对于新的挑战性情境的察觉度。⑤是关注迅速和短时间的结果,还是关注长时间的结果。⑥开发项目是提供给所有人还是仅仅提供给那些被认为具有潜质的少数人;360度反馈项目的执行情况。

第二节　领导力的塑造

一、领导者的魅力与权威

（一）领导者的魅力

领导者不仅要拥有权力性影响力和成熟的思想战略体系，更要拥有磁石般的人格魅力。

人格魅力是领导者的性格品质对追随者产生的吸引力，这种性格品质能为追随者所喜爱、所仰慕，像磁石般使追随者聚集在领导者的周围，跟随他前进。

人格魅力是非权力性影响力，是领导力的核心，决定了一个团队是否具有凝聚力。人格魅力来源于领导者做人、做事的风格，待人接物的方法，对待成功与失败的态度，时刻保持冷静的头脑以及爱才之心、用才之胆、容才之量等，主要由品格、知识、才能和感情等因素构成，是一种自然影响力。

1.形象魅力

为什么要把形象魅力放到第一位呢？因为在工作与生活中，与人见面的第一印象非常重要。英国著名形象设计师罗伯特－庞德说："这是一个两分钟的世界，你只有一分钟展示给人们你是谁，另一分钟让他们喜欢你。"领导者要给追随者留下的第一印象是看他就像个"领导"，才能让他们迅速地追随你。

（1）形象总是走在能力前

在实际工作中，经常有新的领导者来主持工作。如果领导者第一次与下属接触时，从形象上就让人感觉不像一个领导者，那在他以后的工作中要费九牛二虎之力才能征服大家，才能让大家把他当作真正的领导者看待。有的领导者言语不多，也不凶悍，可是大家都自觉自愿地跟随他，原因就在于领导者的人格魅力。在人格魅力中，最先影响到追随者的就是形象魅力，因为追随者已从外在形象中推测到了领导者的能力。

据形象专家介绍，别人对你的第一印象，一半以上受外在形象的影响。有句话说：假如你想从事一份能挣百万美金的工作，那么你的外表首先要让人一看就像是一张百万美金的钞票。假如你想展现你的领导力,那就必须首先多花一些心思来塑造自己的外在形象。因为领导力并不是力量与力量之间的角斗,它不须动用一刀一枪,甚至一言不发,仅用良好的外在形象就能产生强大的征服力。

形象可以产生领导力与影响力。世界上成功的领导者无一不在乎自己的形象,他们个性化的外表与人格化的魅力是能呼唤、吸引千千万万追随者的重要原因之一。

形象能够产生魅力,运用形象魅力是杰出领袖的智慧之一。但许多普通领导者却不能领悟这一"秘诀",不能卓越超群。一个成功的政治家、企业领袖靠的不仅仅是自己杰出的才华,也不单是自己能带给追随者的信念和对未来的承诺,更重要的是他们非常懂得运用形象的魅力,并能运用这种魅力把他们承诺的价值具体地表现出来,把属于集体智慧结晶的思想生动地表达出来,让追随者把领导者的形象与他们追求的未来合为一体。

形象并不是简单的穿衣、外表、长相、发型、化妆的组合概念,而是一个人在行动中将外表和内在相结合的综合素质,它包括穿着、言行、举止、修养、生活方式、知识层次等。一个成功的领导者展示给人们的是自信、尊严、力量和能力,能够让人感受到他浑身都散发着一个成功领导者的卓越魅力。

成功的形象可以为领导者的事业成功起到推波助澜的作用。优秀的领导者总是能用形象掌控追随者的心理,为自己创立一个神话般的形象,以确立自己的稳固地位。一个成功的形象不仅反映在别人的视觉效果中,同时也是一种提升自己的外在辅助工具,它让人们对自己的言行有了更高的要求,立刻唤醒内在沉积的优良素质,然后通过穿着、微笑、目光接触、握手等举动散发出一个成功者的魅力。

(2)审时度势,把握形象

在什么场合"扮演"什么角色、着什么装、说什么话、尽什么职等,需要领导者准确把握形势,找对自己的位子,以便更好地展现领导者的形象。如果领导者展露的风格能贴切地表现出本组织的风格,能让他人充分联想到本组织的实力,那么这种形象就堪称卓越领导力;如果领导者把握不准场合,不能使自己的职业形象与不同的场合相匹配,就会降低领导者在追随者心中的地位。

（3）领导者的形象举足轻重

领导者永远不能轻视对形象魅力的塑造，因为在追随者对领导者的心中画像中苛刻地要求"他的领导一定要像领导"。这个心中的祈盼说明追随者首先是对领导者的形象有所期望。

因此，作为领导者，即使在累了需要打哈欠的时候，也最好避开部下，否则很可能会破坏在下属心目中的完美形象。

领导者形象的好坏，直接影响着外界对他的态度，尤其是衣着。衣着应是领导者的包装、素养、格调之一，是与领导风格相统一的宣言，无声地帮助领导者与外界交流、沟通，告诉人们领导者目前所处的地位、个性、收入、职业和修养等。

（4）领导者的形象是一面旗帜

在公众心目中，一个有魅力的领导者才有巨大的感召力，才会给人留下不可磨灭的印象。一个有魅力的领导者的形象是在公众面前树立的一面旗帜，他的事业成功与否，个人形象发挥着举足轻重的作用。

有这样一种人，不论他们出现在哪里，都会立即成为众人瞩目的中心，即使他们不言语，就那么站着或坐着，也能带给人一种特别的感觉或深刻的印象，甚至能令人产生毫不保留的信任感。

真正能打动人的是气质，而不是漂亮的外貌。气质与外貌漂亮与否并没有太大关系，关键是看你能否通过面部表情、形体动作、语言等来展示你迷人的个性与气质。我们无法改变脸形，但是可以改变脸上的气质；我们无法改变身高，但是可以改变自己的力量。

2.品格魅力

（1）领导者的品格具有强大的号召力

领导者的品格包括道德、品行、人格、作风等。具有高尚品格的领导者容易使追随者产生亲近感和信赖感，并诱导他们去模仿和认同，从而产生巨大的号召力、鼓舞力和说服力。

（2）领导者的品格是一种无形资产

品格魅力是一种无形资产。如果能把品格魅力当成企业的无形资产延展到企业内部，将会给企业带来巨大效益。

在企业里,除了领导者以外,每个人身上都带着巨大的资产,如诚信、追随、付出、奉献、爱岗、敬业……还有人们都认为微不足道的笑容,都是无形资产。笑容不是黄金,但是可以换取黄金;笑容不是资产,但是可以换取资产。

3.知识魅力

(1)知识产生信任力

知识丰富的领导者指导工作、协调沟通关系时,很容易取得追随者的信任,使追随者产生这样一种感觉:他知道我不知道的东西,他可能是对的。当这样一种感觉通过事实得到强化时,追随者对领导者的信赖便会与日俱增。

虽然领导者不是做事的,不是做管理的,而是做道的、做思想的,但在关键时刻也需要展示自己的专业技能。

(2)领导者懂专业比做专业重要

领导者可以不去做专业,但是需要懂专业。在关键时刻,领导者的知识、能力是征服下属的重要"武器"。如果领导者对本行业知识一点儿都不懂,想做一个成功的领导者是很难的。

要想成为一个领导者,一定要有知识。无知者是无法吸引追随者的。

4.才能魅力

(1)才能使追随者心悦诚服

领导者的聪明才智、工作能力和专业能力是其能否胜任领导工作的重要条件。一个有才能的领导者能使追随者心悦诚服,这是一种心理磁力,能吸引人们自觉地接受其影响。

领导型人才需要具备的才能主要是:过人的眼光、决断的魅力、冒险的精神、挑战的勇气、独特的魅力和感召力。

(2)事件是领导者才能的发力点

领导力需要通过事件发生和延续,事件是团队领导力的发力点,也是领导者脱颖而出的契机。当大家感到无所适从时,正是领导者运用领导才能争取追随者的最佳时机。

按部就班地安排工作是管理者应该做的事,领导者应该是个处理不寻常事件的专家。企业做得越大,越要有抗风险的能力。很多人都说企业要做大做强,做大做强确实是重要的,但不是最重要的,最重要的应该是做久做长。

5.情感魅力

（1）领导者的情感可以化为生产力

人与人之间建立了良好的感情关系，便能产生亲近感，相互的吸引力就大，彼此的影响力就强。领导者待人和蔼可亲，与部下关系融洽，其影响力往往能使追随者心悦诚服。

（2）领导的智商、情商、胆商与逆境商

作为领导者，不仅要有智商，还要有情商、胆商和逆境商。智商注重的是做事的本领。

情商是指一个人的心理素质。情商高的人懂得做人的道理，说话得当，办事得体，言行适度。一个人一生中靠专业技能成功的概率只占 15%，靠情商成功的几率却占 85%。

有的人智商高但情商低，他的才能就很难发挥出来；有的人智商并不高，但情商却很高，他就能把自己仅有的一点儿才能发挥到极致。

胆商是指敢于承担决策风险的能力。

领导者逆境商的高低，决定着其领导力的强弱。领导者之所以伟大，是因为在面对同样的逆境，别人都失去信心的时候，他还在努力坚持实现自己的目标。

6.精神魅力

（1）精神魅力的大小在于能感染多少人

精神魅力指的是领导者在领导活动中的宗旨、主导思想及不怕苦、乐于奉献、永不言败等精神状态的外在反映。领导者精神魅力的大小在于他拥有的这种精神能感染和吸引多少人。尤其在逆境中的时候，领导者的精神魅力是最不朽的精神，只要领导者的精神不倒，他的事业就不会倒。

当企业遭遇困境时，如果领导者精神颓废，而且这种颓废的精神状态让下属看到，就会给下属一种敏感的信号，认为领导者撑不住了，企业快不行了，最终给企业的发展带来不利的影响。因此，作为企业的领导者，即使再疲惫，在面对下属时，也一定要有一个强者的姿态。

（2）精神不能倒

普通人会在顺境中笑，在逆境中哭，而领导者却能在顺境中静坐思危，在逆境中奋然崛起,让人们看到他那种打不败、挫不垮、愈战愈勇的精神,这就是领导者与普通人的区别。只要具备了领导者的素质,领导者就会与众不同,不论处于何等境地,都能一见阳光就灿烂,一遇雨露就发芽。支撑领导者的是气质、魅力、斗志、吸引力,而不仅仅是物质和财富。

(二)领导者的权威

1.权与威

(1)行政领袖用权,精神领袖用威

作为一个领导者,有了组织上的行政任命就拥有了"权",但有"权"并不代表能指挥一切。"权"是组织给的,行政领袖体现的是权力,使人顺从。而在具体工作中,要想让追随者跟随,领导者还要有"威","威"是自己树立的,是精神领袖,体现的是权威,它是领导力的本质,能够使他人服从。权威是建立在法定规范和领导者人格品性的基础之上的,是领导者的人气指数、感召力、威信等方面的综合反映。

在权威中,"权"体现的是权力性影响力,权力性影响力主要由职位、资历等因素构成,带有一定的强制性,它不一定体现出领导力;"威"是自己树立的,体现的是非权力性影响力,非权力性影响力取决于个人魅力,主要由品格、知识、才能和感情等因素构成,是一种自然影响力,它更能体现出领导力。

领导者通常运用的是一种非权力性影响力。在这个过程中,人们追随的不是某个计划,而是能鼓舞他们的领袖人物。如果领导者总是用"权"而不用"威",他的下属将不会支持他、跟随他;如果领导者用"威"来领导下属,自己的威信就会不断提高,就会赢得追随者的真心支持。

(2)成功领导者的权力行使

领导者的成功是因为他具有99%的个人威信和1%的行政权力。领导者通过把威信发挥到极致来影响他人的精神世界,使追随者愿意追随自己,从而实现组织目标。一个人之所以愿意为他的上司或组织卖力工作,绝大多数是因为上司拥有个人威信,像磁铁般征服了他的心,激励他勇往直前。

威信远胜过权力,与其做一位实权在握的领导者,不如做一位浑身散发无比"威信"的领导者。因此,领导者只有具备一定程度的威信与影响力,才能赢得下属的信赖和忠心。

(3)充当追随者的精神领袖

领导者与追随者在人权上是平等的,毫无特权可言。领导者手中的"奖惩"权力必须在追随者认可的前提下使用,否则,当员工炒你"鱿鱼"时,你会发现那些所谓的权力是无用的。而威信则是一种客观存在的社会心理现象,是一种使人甘愿接受对方影响的心理因素。任何一位领导者都应以树立威信作为自己的行为目标,因为它能使追随者对领导者产生一种发自内心的归属感和服从感,愿意以领导者为精神领袖。

如果领导者能在工作中将行政领袖与精神领袖重合,这个组织的领导力将会得到最大限度的发挥;当二者不能重合时,组织中的普通员工将倾向于行政领袖,而优秀员工则倾向于精神领袖。

2.树立威信"四力"

(1)巨大的感召力

领导者发令需要有人去执行,要做到令出则行、禁出则止,一呼百应,不仅服从者人数要多,指挥的灵敏度也要高。

领导者权威效应的力量是巨大的,它所产生的民众号召力、动员力和对社会心理的牵动力非常大。特别是处于某种特定的危难时刻或历史关头的时候,领导者的权威效应犹如巨大的光束,可以照亮整个社会舞台。

感召力来源于领导者的伟大人格,它能够让追随者自动自发、自觉自愿地去追随他的领导者,形成巨大的向心力。

(2)磁石般的亲和力

领导者要想成为一个受欢迎的角色,就要主动接近追随者,主动缩短心理距离,让追随者乐于与你交流思想,乐于倾听你的教诲。

领导者的亲和力是"政治亲和力"的灵魂和标志。没有领导者的亲和力,就谈不上行政过程中的政治亲和力,就谈不上扩大公民有序的政治参与,就形不成高度开放性、吸纳式、呈现春风化雨般"政通人和"的状态。毫无疑问,如今亲和力已经成为一个国家、一个地方、一个组织行政过程的一种内在目标。

亲和力不是嘻嘻哈哈,也不是简单的诙谐幽默,更不是刻意的形象作秀,它是一种内在的"和合"品质,是对于公共权力的自省、警策和对自我健康人格的一种积极、努力。当然,亲和力也可以通过适度的"表演"来营造形象和争取民众的印象分。

亲和力不仅仅是一种领导者与追随者互动的"力",更是一种追随者在情感上、形象上对领导者的评价因素,它是领导力的必要条件。

(3)无形的影响力

领导者的语言、行动、举止、装束等都将成为员工乐于效仿的目标,尤其是领导者的价值判断、思维方式和行动方式等,都会对追随者产生决定性的影响。

有些人不是领导者,却能成为无数人的精神领袖。他们用自己独特的人格魅力吸引了一大批追随者,并完成了很多常人无法完成的成就,从而成为卓越领导者的典范。

(4)向心般的凝聚力

追随者以一种归属的心理凝聚在领导者的周围,乐于接受以领导者为核心的组织机构。

二、培育与建设企业文化

(一)建设企业文化需要遵循的原则

企业文化对企业的创新及其发展的作用是毋庸置疑的,然而培育与建设企业文化是一项庞大的工程。在这一工程的建设过程中必须遵循一定的原则。

1.从实际出发的原则

一切从实际出发,是马克思主义的根本观点;塑造企业文化也必须从实际出发。这里的实际既包括企业外部的实际情况,也包括企业内部的实际情况。企业外部的实际情况,包括社会政治和经济体制、自然地理环境、历史时代、部门(行业)性质和特点,以及市场体系等;企业内部的实际情况,包括企业规模、产品及其生产经营特色、职工素质及其构成、生产技术和管理技术体系、企业内部制度及组织形式等。一般的,企业的外部和内部实际情况是各不相同的,有着不同的个性和特点。在建立企业文化的过程中,首先要对企业外部与内部的实际情况进行多方面的、综合性的考察,然后加以分析、综合研究,确定出建设具有本企业特色的企业文化的方向,并找出哪些客观情况或条件会产生不利于企业文化建设的因素,哪些客观情况或条件会产生有利于企业文化建设的因素。这样,才能扬长避短,建设具有本企业特色的企业文化;否则,不考虑本企业的实际情况,照搬他人的做法,或者脱离实际,凭主观设想建设企业文化,就会事倍功半,或者劳而无功,不利于企业的发展。所以,塑造企业文化首先要遵循从实际出发的基本原则。

2.塑造企业文化与政治思想工作相结合的原则

企业文化与政治思想工作是两个不同的范畴。企业文化属于管理科学的范畴,政治思想工作属于政治学的范畴。但是企业文化和政治思想工作都是以解决企业职工的思想、观念、意识问题为主要任务;企业文化与政治思想工作都是以企业职工为核心,通过做企业职工的工作,以企业职工为具体对象展开的。企业文化通过确定企业精神、企业价值观念,以及建立相应的制度法则和提高生产技能,形成相应的行为规范、道德品格、风俗习惯、精神风貌,使企业职工增强群体意识,树立与企业共存亡的意识。企业政治思想工作,则通过研究人的思想、行为规律,通过思想、信念的教育,调动职工在企业生产经营活动中的积极性、创造性和责任感。可见,企业文化和政治思想工作在内容和作用上是相容的。其实,企业文化的塑造是离不开政治思想工作的,没有政治思想工作,企业文化的塑造只是一句空话。因为党和国家的方针、政策对企业行为的约束和引导必然要影响到企业的经营哲学、指导思想和政治思想工作,同时又能够直接影响和感染职工的观念、意识、思想、道德准则、行为标准等,而这些都是企业文化的重要内容。当然必须指出,企业文化的塑造有助于加强和改进政治思想工作,企业文化把政治思想工作与企业管理有机地结合起来,使政治思想工作找到了一条新路子。可以说,建设企业文化是新时期政治思想工作的一种创新。所以,企业文化的塑造必须遵循企业文化与政治思想工作相结合的原则。

3.企业创新与企业文化的塑造相结合的原则

企业创新包括体制创新和技术创新;技术创新和体制创新是推动企业发展,振兴企业,增强企业活力的根本出路。塑造企业文化的根本目的也是为了增强企业活力,推动企业发展。因此,企业文化的塑造必须与企业的技术创新和体制创新相适应,使企业文化能够推动企业不断进行技术创新和体制创新。企业技术创新是对企业生产技术和管理技术体系的发展,它属于企业生产力的范畴;而企业体制创新是对企业制度和组织形式的发展,它属于企业生产关系的范畴。可见,企业技术创新与体制创新直接影响和作用于企业的生产方式,是对企业生产方式的推动和发展。企业文化的塑造如果脱离了企业的技术创新和体制创新,就脱离了企业的生产方式,也就等于脱离了企业的客观存在,这样的企业文化就不会对企业的发展起到好的作用,甚至也就不可能塑造出企业文化。所以,企业文化的塑造必须与企业创新相结合。

(二)建设企业文化的基本程序

企业文化建设是一个长期的、发展的动态过程,一般要经历提出、培植、提炼升华、发展四个环节。

1.企业文化的提出

企业文化的提出阶段是塑造企业文化首要的一步。在这一步中,首先要选择企业的价值标准,确立企业的价值观念。一般来说,一个企业在选择自己的价值标准、确立企业的价值观念时,必须考虑企业的性质、企业的行业特点、企业的成员及其构成、成员之间的关系等,以及企业的外部环境,包括政治、经济、民族、文化、法律等。企业家和有关领导者要充分考察企业内部和外部的客观情况,在认真分析研究各种因素的基础上确立起既体现企业特色,又为全体职工和社会所接受的价值标准,从而确立企业的价值观念。企业选择价值标准、确立价值观念是塑造企业文化的基础。

2.企业文化的培植

企业选择了价值标准,就需要进一步确立基本的价值观念,这就需要使企业全体职工接受这样的价值标准和形成基本的价值观念。这样,企业就要把价值观念具体化,确定企业的目标;制定为实现企业目标,企业职工应遵守的各项规章制度、行为规范;提倡体现价值观念的道德品格;把企业的价值观念具体化,渗透到企业的各个车间、班组,各个部门,落实到企业每个职工的行动之中,体现在企业生产经营管理实践的每件事之中。同时,党政工团要密切配合,创造企业文化生存和发展的各种有利条件,并且利用各种方式,广泛深入地宣传企业文化,在企业中形成一种浓厚的舆论气氛,使职工在耳濡目染、潜移默化中接受企业文化。通过一段时期对企业文化的培植,企业文化就会成为企业职工的一种群体意识。

3.企业文化的提炼和升华

作为一种群体意识,企业文化在培植阶段是否与企业的实际情况相符合,企业的精神风貌是否与新的经济、政治形势和社会风貌相符合,企业文化是否充分激发了企业职工的潜在能力和积极性,是否有利于企业的技术创新和体制创新,以及是否有力地推动了企业的发展,是应该考虑的问题;同时,还必须考虑企业的各项工作及其厂纪、厂风、厂貌等是否充分体现了企业文化的内容。这一切都需要给予认真评价。在评价的基础上,丢弃与企业实际情况和社会经济、政治形势及社会风貌不相符合,不能充分调动职工积极性,不利于企业技术创新和制度创新以及不利于企业发展的内容。同时,把为企业生产经营管理实践所证实的符合时代精神、有利于企业技术创新和制度创新、有利于激发职工的积极性和创造性,并能为广大职工所接受的内容,进行整理、归纳、概括、总结,最后形成本企业的企业文化。

4.企业文化的发展

企业文化的塑造经过提出、培植、提炼升华阶段,基本上告一段落。但是,企业文化的稳定性是相对的,因为企业内部和外部的客观情况是不断变化的,企业必须根据企业内部和外部客观情况的变化,丰富和充实企业文化的内容,同时对原企业文化的某些不符合客观要求的内容及时予以调整和修改。这是发展企业文化最基本的要求。事实上,随着时间的推移,企业内部和外部的客观情况有时变化较大,甚至仅通过补充和部分修改企业文化的内容还是适应不了新情况,这就要求改变企业文化的核心——价值观念。这是企业文化的变革问题,这就要求提出新的价值标准,确立新的价值观念,然后通过培植、提炼形成新的企业文化。这是企业文化发展过程中的又一次循环。可见,企业文化必须随着企业内部和外部客观情况的不断变化而不断发展,企业文化的发展是一个循环往复的螺旋式的上升过程。

(三)领导者在建设企业文化中的三重角色

现代社会心理学的研究表明,改变人们态度与行为最有效的手段就是劝导者的权威性、可信性与"魅力"。由于劝导者具有这种权威性、可信性与"魅力",

所以人们很容易相信他所倡导的东西具有不可置疑的正确性,愿意按照他的劝导来改变自己的态度和行为。

为了顺利地推进企业文化建设,企业领导者必须首先树立自己的权威性、可信性和"魅力",使广大职工对他产生信任、理解和支持,从而对企业文化的建设形成强有力的领导。

从某种意义上说,一个企业的文化,是企业家精神的化身,他的行为是形成企业文化的一种无声的号召,具有暗示和示范作用。企业家的经营观念、管理意志和领导作风,是通过企业文化的塑造、企业精神的培育而得以贯彻和实施的。因此,在塑造企业文化和培育企业精神的过程中,企业家或企业的最高领导者应当扮演三重角色。他不仅是"剧作家"——负责制订企业文化建设的总体方案,他还是"导演"——负责具体领导,指挥总体方案的实施,同时他又是"演员"——成为以身作则、身体力行、带头贯彻崭新的企业行为规范、发挥企业精神的典范和楷模。

作为一个"剧作家",企业家或企业的领导者要能够敏锐地把握住企业文化跳动的脉搏,深入地了解企业文化的历史与现状、企业文化的优点与缺陷、企业文化未来发展的趋势与前景;在这个基础上,他要能够提出符合时代要求和企业发展特点且能够为广大职工所接受和认同的企业经营价值观,并能在集思广益的基础上制订出切实可行的企业文化建设的总体方案及战略目标。

作为一个"导演",他要能够充分了解企业内部职工的思想动态,同企业职工群众建立彼此信任与彼此支持的亲密关系,善于抓住职工群众的心理倾向,向他们宣传塑造崭新的企业文化的意义和作用,激发企业职工的兴趣和热情,调动他们的积极性与创造性,并且能够根据企业文化倡导的新的价值观念,及时地发现作为这种新的价值观的化身的英雄楷模,予以宣传和表彰,以强化崭新的行为模式,使企业中的每一个职工都能从不自觉走向自觉地接受这套崭新的价值观念和行为模式。总之,在改变企业文化的过程中,管理人员必须不断地注意员工在日常作业方面是否有和公司文化不合的行为。例如,主管人员必须不断地依据重要的价值观念来考核员工日常的作业。

作为一个"演员",企业家或企业领导者不仅要知道如何向职工宣传和灌输企业的价值观,更要以身作则、身体力行、言行一致,对企业提倡的价值观念信奉不移,并把它贯穿到自己的言行中去。

一个大有作为的领导者,必须兼顾思想和行为两个方面。他们的思想必须在最高的抽象层次上,行为必须落实到日常的世俗琐事中。俗话说,打铁首先得自己硬;要让别人真信,自己首先要真信。企业领导者要想在企业内部推行、贯彻一套崭新的价值观,首先自己就要成为这种价值观的坚定信奉者,要在自己的工作中始终如一地遵循这种价值观,这样才能赢得职工群众的信赖,给职工群众做出表率。

(四)艺术地塑造企业文化的途径

企业文化是一种群体文化,它只有转化为企业职工信奉和遵循的心理习惯与行为模式,才能对企业的经营活动发挥自己的作用。

一种文化观念的转变,不仅需要个人的承认与接受,而且需要情境的压力与外在熏陶。美国著名文化人类学家本尼迪克特在阐述文化的一般特性时就曾这样说过:"个人生活史的主轴是对社会遗留下来的传统模式和准则的顺应。每个人,从他诞生那刻起,他所面临的那些风俗便塑造了他的经验和行为。"这也就是说,一个人所赖以生存的外在的文化环境,往往会对个人文化观念的成型产生决定性的作用。这种作用,有时是潜移默化的结果,有时是情景压力的结果。最初,人们迫于某种外在的情境压力,不得不仿效和顺应一定的行为规范与准则,久而久之,这种最初的仿效与顺应的行为就会转化成为一种自觉的行为,这种文化的价值观念及其行为准则也就被深深地嵌入这个人的心理深层中去了。

为了艺术地塑造企业文化,企业的领导者完全可以利用一般文化的上述特性。只要企业管理者能够在企业内部创造一种强大的情境压力,不断地对企业职工进行外在的熏陶,崭新的企业文化就有可能为职工所普遍接受。制造情境压力,提供外在熏陶,通常可以采用三种办法,即培训、宣传与强化。

1.对员工进行培训

塑造企业文化,意味着变革陈旧的企业文化。文化变革绝非一个随心所欲的过程。为了顺利地推进企业文化的变革,企业除了采取一些有力措施外,要特别重视用崭新的企业文化所倡导的新的行为方式对职工进行培训,以帮助他们顺利地完成观念与行为的新旧转变过程。

新的价值观念和行为方式的培训,不同于一般的基本工作技能的培训。它不像基本工作技能培训那样,有严格的、精确的控制指标与数据,它需要在彼此信任、相互理解与相互支持的气氛中进行。

除了思想培训之外,企业还可以利用实践培训的手段。任何一种新的价值观的形成、新的行为模式的确立,绝不是一蹴而就的。因此,为了使企业文化能够真正成为指导人们工作行为的准则与规范,不仅需要集中式的短期培训,更需要坚持不懈的长期熏陶。如果说确立一种企业文化需要集中式的短期培训,那么维持这种企业文化就需要持续不断的长期培训。

2.广泛地宣传企业文化

在现代大众传播时代,舆论对人的行为具有不可忽视的导向作用。一种舆论的环境,可以塑造一种行为时尚和行为习惯,更能使人确立一种是非标准和善恶标准。所以,作为企业的管理者,一定要重视舆论导向的作用,在塑造企业文化、培育企业精神的过程中,抓好舆论宣传工作,用建立良好的舆论环境的方式,影响职工对新的企业文化与企业精神的认同程度和接受程度。

建立良好的舆论环境,可以采用多种形式,如宣讲会、讲演会、座谈会、对话、文艺演出;可以利用多种宣传工具,如厂报、广播、黑板报、宣传栏、电视录像等。通过在企业内部形成强大的舆论宣传网,疏通各个部门之间的宣传渠道,大力宣传企业文化及企业精神,使广大职工群众逐渐明确塑造企业文化、培育企业精神的作用和意义,明确企业所倡导的企业文化与企业精神的内容是什么;在宣传的过程中,使职工受到教育,通过教育,使崭新的企业文化与企业精神深入人心。

3.不断强化员工符合企业文化的行为

新的行为必须不断强化才能巩固下来,变为人们的习惯行为。强化是指对获得效果的行为予以加强和削弱。强化又分为正强化和负强化两种,正强化是通过奖励和表扬的手段,对某个行为予以巩固和维持;负强化则是指通过惩罚的手段,削弱某种行为。

正强化不但能塑造行为,并能给人以教育,而且在这个过程中还改善了人们的自我形象。通过对符合企业崭新的价值观的行为的肯定、赞许与激励,在企业内部明确地向广大职工昭示企业鼓励什么、提倡什么,引导企业职工按照企业所倡导的崭新的价值观和行为规范从事工作。经过这种长时间的强化,崭新的企业文化才有可能成为支配企业经营活动的主导因素。

在塑造企业文化、培育企业精神的过程中实施正强化手段,还可以采取的另一个重要措施就是,对那些在实践企业崭新的价值观方面做出突出贡献的人物,给予提拔、晋升和委以重任。这样,一方面可以引导企业职工向他们学习;另一方面,这些被重用的人也会成为协助企业管理者积极推行崭新的企业文化管理模式的中坚力量。

培训、宣传与强化,是在企业内部形成强大的情境压力从而对企业职工进行熏陶与教育最有效的手段,每一个企业管理者都要正确地认识它们的作用,巧妙地利用它们,为塑造企业文化、培育企业精神服务。

三、创造优良的智力资本发展环境

每一个经济时代都有其最为稀缺的资源,农业经济时代是土地,工业经济时代是资金,而在知识经济时代,最稀缺的资源是知识和智力资源,即智力资本。智力资本已经成为知识经济时代的决定性资本。它不仅是一个国家、企业获取持续竞争优势的关键所在,也是未来创新和价值增长的主要驱动因素。

(一)智力资本概述

1.智力资本的定义和组成

智力资本是指一种以员工和组织的技能和知识为基础的资产。智力资本包括人力资本、结构资本和客户资本。人力资本是企业智力资本的最重要组成部分。企业的人力资本是指单个成员所拥有的知识和技能,以个人的形式存在,是企业智力资本的源泉。它之所以被认定是一种资本,是因为它可以为企业带来价值,但是如果没有员工本身参与,就很难产生价值。具体地说,它应该包括员工的经验与技术诀窍、高级技能、系统的理解、自主的创造性四个方面内容。人力资本本身如果没有利用企业的辅助资源,就没有什么价值并且很难为企业带来或者创造价值,这些辅助资源被统称为结构资本。结构资本是企业提供给自己的人力资本的支持或供其使用的基础设施。结构资本是企业在人力资本离开时仍然可以正常运作的部分,具体来讲,包括管理哲学、企业文化、管理过程、信息技术系统、网络体系、金融关系等。其中,作为结构资本主要内容的管理哲学、企业文化是企业良好运行的黏合剂,而管理过程、信息技术系统、网络系统及其金融关系则是支撑企业运行的框架,两者缺一不可。客户资本是企业与外部有关的资本项目,包括企业的用户、合作伙伴、渠道、有利的合同和协议等内容。

2.智力资本的特性

智力资本是一种特殊的资本,不同于传统的土地、劳动力等资本,具有其特殊性,主要归纳为以下几个方面。

(1)无形性

例如人力资本中的未编码知识,仅仅存在于员工头脑中;企业的独特方法不可触摸;知识产权也只是企业拥有的一种特别权利的象征。

(2)积累性

相对于物质资本如土地和资金都可以从市场上购得,而智力资本的形成需要靠智力劳动者长期劳动的积累。

(3)高增值性

智力资本不仅提高了物质资本的知识含量和利用能力,同时知识作为一种相对独立的生产要素具有价值增值的能力。物质资本因为使用而枯竭,其一旦出售则意味着企业不得不放弃其所有权,而知识可以被复制和无限制地重复使用,企业内部知识的共享使得双方不仅保持了原有的资源,而且这种交流本身可使知识得以放大和深化。结构资本特别是经营性资本,一般随着企业知名度提高不断增加价值。因此智力资本由于不断地创新和发展,而成为最具活力的资本。

(4)不确定性

知识具有较高的增值性,可是这种价值的增值也存在着高度的不确定性。作为未编码的知识,人力资本的客观存量会随着员工的学习和创造经常发生变化,员工的主观能动性会极大地影响到知识的创造和交流。而企业组织结构、经营领域、市场渠道等都会因外界环境的变化不断地发生改变。

(5)长期收益性

人类赖以生存的自然资源是有限的,消耗得越多,存留得就越少,就会变得越珍贵。而智力资源则是无限的,智力资本的开发不仅不会减少和浪费自然资源,而且还会节约自然资源和扩展自然资源的用途。智力资本一旦形成就可以使拥有者受益终身。

3.智力资本的影响因素

影响智力资本的因素包括个体因素、组织因素和社会文化因素三大类。

(1)个体因素

领导行为是个体因素中影响智力资本的最重要因素,特别是战略型领导,是影响智力资本的重要个体变量。战略型领导是有效执行战略管理程序,为组织指明方向的一种领导形态,它能够保证组织在其产业环境中的良好竞争状态,是组织领导个人特质、思考模式及有效管理方法的集合体。战略型领导能够提高组织中人力资本的质量,特别是能够增强中层管理人员预测、判断及授权的能力,帮助他们成为组织学习的领导者,有利于组织形成高效的高管团队。另外,对于组织内部的结构资本来讲,战略领导系统(创造愿景、拟定战略、激发员工)还能进一步强化组织的愿景、发展战略和弹性,形成强势的管理系统(控制与解决问题),以促进组织战略性变革的顺利推进。战略型领导对于组织中的人力资源、组织资源、关系资源、社会资源和知识资源等智力资本重要组成要素的提升,具有不同程度的促进作用,所产生的驱动性影响,对于智力资本的积累与发展具有重要的推动作用。另外,员工的受教育水平、人格特质、职业生涯发展阶段等个体变量对智力资本也具有不同程度的影响。

(2)组织因素

组织因素对智力资本的影响主要表现在人力资源管理、知识管理和组织学习三个方面。首先,人力资源管理作为组织内部的重要管理手段,是智力资本的重要影响因素。人力资源管理可以通过制订员工培训、激励及职业生涯发展计划,来提高人力资本的质量。同时,组织内部关系资本的建立,也与人力资源管理效率密切相关,有效的人力资源管理系统,能够消除组织内部的垂直障碍(不同层级之间的障碍)和水平障碍(不同职能部门之间的障碍),形成协同、合作的开放式组织环境,并通过建立组织内部的信息、知识交流平台,促进组织成员的相互学习与沟通,使他们之间形成良好的信任关系,从而促进组织关系资本的提升。其次,知识管理作为智力资本的重要驱动力,有助于组织知识从外显化向共同化和内隐化转变,从而促进组织智力资本的强化与发展。智力资本管理分为两个部分,第一部分是组织现有智力资本存量的输入,第二部分表现为财务绩效和智力资本变化量的输出。组织可以通过培训使员工获取更多对组织有用的新知识;在新知识获取方面,给予员工更多的选择学习内容或范围的权利。同时,在知识管理战略的驱动下,促进人力资本质量的提高。再次,组织学习系统能够通过促进组织知识持续不断地流动与转移,来提高知识的存量与质量,从而促进智力资本总量的提高。智力资本代表组织内部特定时点知识存量的总和,反映了组织已经获取的知识与信息,但知识并不是静止不动的,而是不断流动和增加的。随着组织知识的转移与学习战略的实施,智力资本也在不断发生变化,通过组织学习,知识得以扩展到个人、群体和组织的行为当中,从而促进了组织内部知识存量(智力资本)的提高以及新的知识和行为的产生。

(3)社会文化因素

文化是影响智力资本的重要因素。不同地区和社会之间的传统文化差异是造成智力资本差异的重要原因。文化背景对智力资本的形成与管理均具有不同程度的影响。例如,北欧(如瑞典)的公司倾向于提供一种轻松自然的文化环境,来促进智力资本的发展,而北美的公司则注重业绩与效率,强调以结果为导向的文化环境,来引导和促进智力资本的提升与增值。文化是影响智力资本的深层次因素,企业环境的变化对智力资本的发展是机遇还是威胁,关键还在于文化因素的引导。从智力资本管理的本质来讲,加强企业内部的沟通管理与应变能力,是提高智力资本附加值的重要手段,因此支持型和适应型文化更有助于智力资本的提升与增值。

(二)大力开发我国人力资源

智力资本的基础是人力资本,而人力资源的开发是人力资本形成的必要条件。人力资源开发的途径是多方面的、综合性的,而且还将随着时代的发展和科技进步而不断变化。就我国现阶段看,人力资源开发的途径可概括如下。

1.提高国民的整体素质

国民的整体素质,主要是指国民的思想道德素质、科学文化素质和生理素质,其中科学文化素质是衡量人力资源质量高低的重要标志,因而是人力资源开发的重点。在激烈的竞争环境中,国家的综合实力能否处于优势,关键就是看其国民的整体素质如何,而提高国民的整体素质主要是国家的任务,是国家整体性人力资源开发的重要组成部分。国家主要是通过加强国民基础教育,来达到提高国民整体素质的目的。只有下大力气抓基础教育才能迅速提高国民的整体素质和科学技术水平,进而促进经济的持续快速增长和社会的不断进步。离开了教育搞经济建设,就必然缺乏发展后劲。联合国教科文组织的研究结果表明,劳动生产率与劳动者文化程度呈现出高度的正相关关系。

2.提高劳动者的劳动技能

基础教育是人力资源开发的基础,它为社会培育大量的后备劳动力。但仅有学校教育所学到的知识还不足以使人成为一个合格的劳动者,因为劳动者必须掌握与其劳动相适应的劳动技能,而要掌握某种劳动技能还必须接受职业技能的专业训练,特别是在现代化的大生产中,生产过程的高度机械化、科学化甚至电子化、信息化,人与机器的关系日益密切,而要使人与机器的关系相互适应就必须进行职业技能的培训。职业技术教育和培训,是教育与经济的重要结合部,与经济的联系最为紧密,是直接为经济建设服务的。因此,提高劳动者的劳动技能,就成为人力资源开发的一项重要任务。

3.培养和造就各类人才

人才是人力资源中素质层次较高的部分,是人力资源中的精华。在我国人才又称为专业技术人才或专门人才,通常是指中专以上文化程度以及获得中级以上专业技术职务的人。人才资源是先进生产力的开拓者,在促进经济和社会发展中起着特殊的作用。第一,人才资源的劳动是以脑力劳动为主的。相对于以体力劳动为主的劳动较为复杂,在同样的时间里它比简单劳动能创造更多的价值,能加倍推动社会生产力的发展。第二,人类社会的发展需要不断有所发明、有所发现和有所创造,这种发明、发现和创造都是在已有知识、成果基础上向前进一步发展探索的结果,是探索性的劳动,而人才资源的劳动就带有这种深入前沿、开拓进取的性质。第三,复杂劳动具有不可替代的独立性。能够从事复杂劳动的人,一般都能替代简单劳动,特别是杰出专业人才的复杂劳动,一般专业人才是很难胜任的。复杂劳动的特点决定了专业技术人才在一定条件下可以发挥不可替代的作用。

(三)激励智力资本

1.实施全面薪酬战略

知识经济时代,员工的薪酬不再是简单的收入分配问题。令员工满意的薪酬并不单纯意味着高的收入,还包括许多金钱以外的内容,如先进的技术,激动人心的工作,在同一公司变换职业的机会,执行有挑战性的任务,在公司内部提升的前景,工作时间灵活,非常优厚的福利,等等。因为,知识型员工占有稀缺的生产要素——知识,使得他们的市场价值不断攀升,高报酬是很容易获得的。而一旦他们的物质需求达到了一定程度时,则关心更多的是自我价值的实现以及令人满意的工作环境等。因此,知识型员工对企业的期望和需求是全面的,既包括物质需求,更包括高度的精神需求,而实施全面薪酬战略,是实现对知识型员工全面激励的有效模式。

2.推进智力产权制度

智力产权制度主要是技术成果入股制度。技术资本在总资本中的比例应由市场决定,具体来说就是由技术持有者与资金持有者根据成果的研究成本、转化成本、市场前景等因素确定。

3.对技术与管理骨干实行持股制或股票期权制

这主要是针对企业高级人才的一种激励制度,为的是达到企业行为的长期一贯化。年薪制是企业高级人才短期收益的常见形式,它是以一个经营年度为周期,并把企业年度经营效益与高级人才的收益相联系。短期奖励计划的周期一般为一年,主要形式是奖金。目前国内外企业界运作效果良好的长期奖励计划是实行持股制或股票期权制。对技术与管理骨干实行持股制或股票期权制最大的功效在于,可以长期保留和吸引优秀的高级人才,把企业支付给高级人才的现金控制在最低的水平。由于股票的期权性质,使企业牢牢控制高级人才,日益积累起企业的庞大资产,使得他们在"金手铐"下积极努力工作。

4.加强教育培训、人才培养和选拔

管理大师彼得·德鲁克曾说,员工的培训与教育是使员工不断成长的动力与源泉。在知识经济时代,这种培训和教育也是企业吸引人才、留住人才的重要条件。为此,企业在发挥知识型员工作用的同时,需要加强对他们的全面培养,使之与企业的发展同步成长,并能在未来的发展中承担重任。为使优秀的知识型人才尽快成长,企业为其提供成长的阶梯是十分重要的。而从企业内部选拔领导人才,则是许多成功企业的共同经验。一是有利于公司内部员工的职业发展,使优秀人才获得充分的成长空间,避免造成优秀人才的流失;二是内部选拔的接班人熟悉公司的运作程序,具有丰富的工作经验和良好的人际关系,便于很快进入工作状态。

5.采取诚信的管理方法,实行弹性工作制度

德鲁克在剖析管理行为的实质时深刻指出,"人们从内心深处是反对被管理的",这一观点尤其适用于知识型员工。因为知识型员工对于自己所从事工作的了解要比老板深刻得多。他们在各种繁杂的规章制度束缚和"监工头"式的监督严管下,可能丧失所有的激情和创造力。大部分知识型员工,尤其是优秀的杰出人才,非常重视私人的工作空间,也更喜欢独自工作的自由以及更具张力的工作安排。传统意义的监督,对于知识型员工的工作过程来说,既不适合,也非必要。因此,企业可酌情对知识型员工实施弹性工作制,包括弹性工作时间、在家办公等多种方式。现代信息和网络技术的发展,为弹性工作制的实现提供了有利条件。

第七章　人力资源管理信息化

第一节　人力资源管理信息化目标与必要性

一、人力资源管理信息化内涵的把握与理解

人力资源管理信息化是指在管理部门的统一规划和组织下,在人力资源管理活动中充分利用现代信息技术、资源和环境,对人力资源信息进行管理、深入开发和广泛利用,实现人力资源管理的科学化、现代化。

人力资源管理信息化是国民经济和社会信息化的一个组成部分,将人力资源信息和人力资源各项管理过程数字化,通过信息系统加工和计算机网络的传输,实现人力资源的合理配置与有序、有效开发利用,实现人力资源信息的社会共享。可以从以下方面把握和理解人力资源管理信息化的内涵。

（一）人力资源管理信息化是一个具有丰富内涵和崭新意义的概念

简单地说,人力资源管理信息化是电子化的人力资源管理,是利用或引进各种信息手段的人力资源管理活动。随着互联网、电子商务理论与实践的发展,人力资源管理信息化是蕴含了电子商务、互联网、人力资源业务流程优化、全面人力资源管理等核心思想在内的新型人力资源管理模式。这是一个完整的有机体系,大体包括:人、计算机网络硬件、系统平台、数据库平台、通用软件、应用软件、终端设备;各种信息手段和技术的综合利用,如呼叫中心、考勤机等终端设备;一些核心的人力资源管理业务功能,如招聘、薪酬管理、培训、在线学习、绩效管理等;人力资源管理者和一般员工、经理及总裁等,都与人力资源管理系统的基础平台发生相应权限的互动关系。可见,人力资源管理的发展离不

开信息化,信息化又服务于人力资源管理的现代化。

(二)人力资源管理信息化包含三个层面

一是数据的电子化,把人力资源信息以一定的数据库格式录入到计算机里,以数字的形式保存起来,也称为随时查询的"数字化"过程;二是流程的电子化,把已经规范的一些流程以软件程序的方式固定下来,使得流程所涉及岗位员工的工作更加规范高效,减少人为控制和自行其事的管理行为,同时也能提升管理效率;三是对管理和决策的支持,通过对电子化的原始人力资源信息数据进行科学的加工处理,运用一定的计算模型,从而起到对管理和决策的支持作用。

(三)人力资源管理信息化是全新的管理模式

信息时代,管理模式与现代化信息技术的融合将是发展趋势。随着市场竞争的不断加剧,信息和时间已经成为越来越重要的竞争因素。求生存、求发展,增强市场竞争力,必须采用先进科学的现代化管理手段,应用计算机实现全方位的人力资源管理。由此可见,人力资源信息化是一种全新的人力资源管理模式,融合了互联网等信息技术和人力资源管理领域的最新理念,技术和新的思想相辅相成,共同推动人力资源管理系统向前发展,代表了人力资源管理的未来发展方向。

(四)人力资源管理信息化的实质是信息技术的应用

它是以信息技术为前提,创新管理理念,引入先进的管理思想和经营理念,实现观念创新、体制创新、机制创新、管理创新的过程。

(五)人力资源管理信息化建设是一场革命,是带动人力资源工作创新和升级的突破口

信息化是一个长期的发展过程,它意味着人力资源管理要进行深刻的变革,推动管理全方位的发展和进步。要不断采用现代信息技术装备人力资源部门,不断提高管理、决策的效率和水平,极大地提高人力资源管理现代化水平,

进而提高社会效益和经济效益。

随着信息技术的不断发展,人力资源管理信息化建设迎来了新的机遇与挑战。要转变管理职能、转变工作方式、转变工作作风,进一步提高工作质量和效率,增强服务能力,建立办事高效、运转协调、行为规范的人力资源管理体系,实施信息化的发展战略。

二、人力资源管理信息化的目标分析

人力资源管理信息化不是简单的技术创新,必须做好总体规划,明确工作目标。应该站在战略目标的高度,从实际出发,针对信息时代人力资源管理的新特点,遵循其自身的基本规律和特点,制定实施信息化的总体目标,确立发展原则,统一规划、统一标准。

人力资源管理信息化的目标是:在管理部门统一规划和组织下,全面应用现代信息技术,切实加强人力资源信息的合理配置和科学管理,实现人力资源管理数字化、标准化、系统化、网络化,满足社会日益增长的对人力资源、人力资源信息的迫切需求,提高人力资源管理水平,增强人力资源开发和利用的主动性,适应社会信息化的要求,实现人力资源管理的跨越式发展。

现代信息技术是以计算机与通信技术为核心,对各种信息进行收集、存储、处理、检索、传递、分析与显示的高技术群。科学化、数字化、网络化是实现人力资源管理信息化的必由之路,其主要途径有:实现人力资源管理过程的技术信息化,在人力资源管理的各项业务环境,充分运用信息技术;要建立自上而下、分层有序的人力资源管理体系,推广应用现代信息技术作为管理手段和工具;构建人力资源信息化的基本框架,建设单位内部的办公业务网;建设以因特网为依托的人力资源公众信息网;建设数字化人力资源信息库。大力推进网络应用水平,建成标准统一、功能完善、安全可靠的人力资源信息网络平台,建成各主要部门业务网络系统,建成基础性、战略性、动态性的人力资源信息库;建成网络与信息安全保障体系,使人力资源管理信息化建设和应用整体水平上一个新的台阶。

人力资源管理信息化的目的是提高人力资源的工作效率、改善服务品质、提升人力资源工作的价值层次。应该以人力资源管理的业务为主导,适当配合国家、企业信息化的整体布局,推动人力资源信息的数字化和网络化,促进人力资源信息接收、传递、存储和提供利用的一体化,通过内联网、因特网进行内外部信息有效交流,实现人力资源信息高度共享,实现人力资源管理模式的变革。

三、人力资源管理信息化的必要性分析

实现人力资源管理信息化是社会信息化的要求,是国家信息化整体建设的要求,是人力资源管理自身发展的要求。人力资源管理信息化建设,对于人力资源管理事业的新发展具有十分重要的现实意义和深远的历史意义。在信息化时代,信息技术的迅猛发展,人力资源管理信息化的重要性日益突出,人力资源管理信息化面临极好的发展机遇。适应人力资源管理信息化的新形势,跟上国家信息化建设的步伐,加快人力资源管理信息化建设的进程,实现人力资源管理的跨越式发展,是摆在人们面前的重要而紧迫的任务。

(一)社会信息化的必要性分析

1.信息时代的要求

新的历史机遇,使人们可以把工业化和信息化结合起来,以信息化带动工业化,发挥后发优势,实现生产力跨越式发展。21世纪,信息技术发展日新月异,信息经济成为世界经济发展的新动力和新增长点,信息产业升级为一些国家的支柱产业,信息化成为国际竞争的战略制高点。社会信息化浪潮冲击着整个世界,每个行业、组织都面临着较大的压力,人力资源管理同样将面临巨大的冲击和挑战。

以计算机技术、通信技术、网络技术以及多媒体技术为基础的网络环境逐渐形成,人力资源管理的职能、方式和手段将发生根本性变化,人力资源信息快速向数字化方向发展,电子信息大量产生和应用。如果人力资源管理信息化工作滞后,不仅会使人力资源管理与社会发展相脱节,而且也会影响和制约其他领域的信息化进程。实现人力资源管理信息化,是顺应信息时代潮流的最基本的策略。恰逢信息化快速发展这一历史契机,人力资源管理只有充分利用新的信息技术,适应新的社会环境,顺应时代的要求,积极寻求科学正确的应变之策,完善信息化的管理模式,建立先进的信息系统,深度开发人力资源信息,优化和提高人力资源管理能力,才可能化挑战为机遇,担负起时代赋予的历史使命。

近年来,各企事业单位正在大力推进人力资源信息化管理,力图使人力资源管理与社会发展同步。随着信息技术的发展,加速人力资源管理信息化的进程,全面提升人力资源管理水平,将成为今后人力资源管理发展的必由之路。

2.符合社会信息化发展的方向

社会信息化是社会生产力发展到一定阶段的产物,是一个使社会各方面发生深刻变化的复杂过程。社会信息化的实质在于在整个社会体系中采用现代信息技术,深入开发、广泛利用信息资源,实现信息资源共享,提高工作效率,从而丰富人们精神生活,拓展人们活动时空,加速国家现代化进程,促进人类社会进步。

社会信息化具有极其丰富的内涵,涉及政府信息化、企业信息化、领域信息化、区域信息化、社区信息化、家庭信息化乃至个人信息化等诸多领域。其中,政府信息化是社会信息化的基础。信息化的核心在于共享信息资源。

为争夺发展先机,世界各国争相实施信息化战略。信息化战略是需要各行各业相互合作、共同努力的一项全国性、长期性和综合性的系统工程,其内容包括信息技术研究、信息基础设施建设、信息产业发展、信息资源开发。

人力资源管理信息化是社会信息化的有机组成部分,丰富了社会信息化的内容。在社会信息化进程中,各行各业都处于数字化信息社会的环境中,人力资源管理也必然向信息化、数字化、网络化迈进。社会信息化使人力资源管理面临一个全新的生存环境与发展空间,把人力资源管理融入社会信息化的潮流,才能具有活力和勃勃生机。

3.信息时代科学技术的发展产物

人力资源管理信息化是应对全球科学技术迅猛发展形势的必然选择。人力资源信息化管理是以信息技术广泛应用为主导,人力资源信息建设为核心,信息网络为基础,信息人才为依托的人力资源管理模式。在信息时代,技术与管理是相辅相成的,技术参与管理,管理融合于技术之中。在这一背景下,无论是人力资源管理理论的研究还是管理实践,都需要信息化及信息技术的运用。在人力资源管理中,信息技术和管理模式的有机结合,使人力资源管理人员能够从繁杂的日常事务性工作中解脱出来,从而在复杂多变的环境中应对自如。

科学技术的发展给人力资源管理带来了新的机遇。抓住机遇,并努力学习和运用当代先进的科学知识与科技手段,加快人力资源工作融入信息社会的步伐,就能够推动人力资源信息化建设,就可以使人力资源管理事业和整个社会一起实现跨越式发展。

4.社会对人力资源信息的需求发展

在信息时代,信息是最重要的资源,已经成为组织生存和发展的命脉,决定着组织的效益。信息社会的一个重要特征,是社会衍生的信息和社会对信息的需求同时激增,社会信息服务和信息技术业空前发达。人力资源信息与社会活动的关系密切。人力资源信息的管理水平及其提供利用的程度,直接关系组织的效率,关系企业的竞争力。面对人力资源信息激增和社会对人力资源信息需求增加、利用广泛的新情况,要提高管理与服务工作的质量,充分发挥人力资源信息的潜在价值,离不开计算机技术和信息通信技术的运用。只有实现人力资源管理信息化,充分发挥计算机网络系统处理与传输信息速度快、自动化程度高、可控性强、信息资源的共享面广等特点,才能满足信息社会对人力资源信息利用的需求,提高人力资源管理服务水平。

(二)企业信息化的必要性分析

大力推进企业信息化建议,需要以人力资源管理信息化为基础。人力资源管理信息化与企业信息化是相互依存同步发展的,加强人力资源管理信息化建设,才能为企业信息化的发展,注入新的活力。

1.企业信息化是国民经济与社会信息化的基础和工作重点

21世纪初国家经贸委、信息产业部、科技部联合发起了"企业信息化工程",旨在推进企业信息化的进程,运用信息技术加快企业的技术创新、管理创新、体制创新,提高企业核心竞争力,实施以信息化带动工业化战略。

人才是企业的支柱和发展的动力,人力资源管理信息化是企业管理信息化的重要组成部分。21世纪社会经济发展主要依靠知识经济,知识的创造者与知识的载体——人将取代企业所拥有的其他资本,如土地、原材料、房屋、机器等,成为重要的战略性资源。谁拥有了具有国际竞争力的人才,谁将在竞争中占据优势。在这种发展趋势中,人力资源管理在企业管理中显得越来越重要,已成为企业管理的核心内容。人力资源管理的最终目标是促进企业目标的实现。当今的企业管理已经开始向信息化的方向发展,人力资源管理作为其中的一个极其重要的构成部分必不可少的要实现向信息化的迈进。

在推进企业信息化进程中,必须重视人力资源管理信息化的地位作用,提高对人力资源管理信息化重要性、紧迫性和艰巨性的认识,认识到人力资源管理信息化是实现企业信息化的重要保障,是应对经济全球化的基础。

2.加快企业整体信息化建设的步伐

人力资源管理与企业发展之间具有极为密切的关系。人力资源管理状况直接影响企业的效益与发展,而企业的运行状态与发展又给人力资源管理与开发提供了基本框架。因此,人力资源管理信息化作为企业信息化建设的组成部分,一定要把握企业信息化的发展走向,跟上企业信息化的进程,从而达到加快企业整体信息化建设的目的。

人力资源开发与管理的模式是建立在企业基础管理的平台之上的。在企业信息化过程中,财务系统、制造系统、销售系统等部门局域化信息系统已日趋成熟,在企业中发展成为彼此独立的信息系统。人力资源管理信息化的程度还不够高,人力资源信息系统还处于初级阶段,这就要求推进人力资源管理信息化的进程,从而加快企业整体信息化建设的步伐。

3.企业信息化的有效保障

20世纪90年代以来,以计算机为代表的信息技术在企业设计、制造与经营中广泛应用,对提高企业市场竞争力起到了巨大的推动作用,拉开了企业信息化的帷幕。企业信息化是指企业以业务流程重组为基础,在一定的深度和广度上利用计算机技术、网络技术和数据库技术,控制和集成化管理企业生产经营活动中的所有信息,实现企业内外部信息的共享和有效利用,以提高企业的经济效益和市场竞争力。而企业信息化的重要标志就是人本管理,即信息化企业的管理要以人为中心,通过调动人的潜能,最大限度地开发和利用信息资源,以推动企业信息化的进程。信息社会的发展,靠的是信息、知识和创新,而这三者的获取,只能缘于"人",人本管理是企业信息化建设成功的保证,是实现企业信息化的核心和发展方向。

人本管理促进了信息化企业组织形式的转变。企业信息化要求企业组织形式与信息输入、输出、控制相一致,而传统组织形式很难适应企业信息化的需求。在传统组织形式下,信息自上而下流动,经过管理层次多,容易造成信息沟通时间长,信息传递失真,很难适应日新月异的信息技术和社会环境的变化。因此,传统组织形式开始衰落,一种横向网络组织结构逐渐形成。

人力资源管理信息化与企业信息化关系密切。人力资源管理信息化服务于企业信息化,支持企业信息化目标的实现。人力资源管理信息化是以企业信息化为依据的,同时又影响企业信息化的进程。人力资源管理信息化程度高,就能更好开发人力资源,培养企业信息化建设人才,培养具有献身精神的员工,创造良好的工作氛围,这是企业信息化目标得以实现的有效保障。

(三)自身发展的必要性分析

当今社会的网络化趋势成为时代潮流,人力资源管理方法与模式发生着深刻的变化。为了确保人力资源管理在发展的社会环境中有效运转,必须根据新的技术环境和社会需求进行信息化建设,设计、建构整个人力资源信息管理系统的结构体系和运转模式,实现人力资源信息的网络化共享。人力资源管理信息化是其自身发展的必然选择。

1.提升人力资源的管理水平

社会信息化为人力资源管理的发展融入了新的观念、方法和技术。面对以计算机网络为主导的信息技术革命,人力资源管理的传统技术手段已远远落后于技术发展,传统的工作模式的局限性表现得更加突出。随着信息化的发展,人力资源管理者开始树立先进的人力资源管理理念,希望不断提升自身管理的层次,达到工作标准化、科学化,为中高层管理者及员工提供更好的服务。但是各种繁杂的行政事务、工作流程的运转、人际关系的处理束缚了他们的手脚,有必要运用信息技术提高工作效率和质量。在人力资源管理中,信息技术和管理的有机结合,使人力资源管理者能够从日常事务性工作中解脱出来,从而有时间和能力进行更深层次的管理。如:寻找企业最需要的人才,激励现有员工的工作热情,对全体员工进行公正的测评,最佳配置企业的技术和管理骨干,为全体员工提供最好的服务。要提升人力资源管理水平,必须解放思想,解放生产力,通过压缩例行事务的处理时间,使人力资源管理者考虑更多战略层次的问题。信息技术在人力资源管理中的应用,将有力地帮助人力资源管理者在多变的环境中应付自如,完成历史赋予人力资源管理者的使命。人力资源管理只有由传统管理向现代化管理模式过渡,才能有效地改变现有人力资源管理工作的面貌。

人力资源管理信息化能够提升业务管理水平。通过人力资源信息管理系统,对员工信息、薪资福利、考勤休假、工资发放、员工考勤、人员招聘、工作调动和岗位轮换工作进行管理,可以使管理更科学、更规范。

人力资源管理信息化能够提升决策管理水平。采用和实施人力资源信息管理系统,对信息进行整合,形成全面、准确、客观的信息,生成综合的分析报表,供决策者在决策时参考,让决策者对人力资源的现状有一个比较全面和准确的认识。如在薪资普调或薪资体系变更前,生成按岗位的历史薪资分析报告等,可辅助企业领导决策科学化。

人力资源管理信息化能够提升沟通管理水平。信息化推动人力资源的整合,又有利于人力资源的优化。人力资源管理软件的应用,可以实现人力资源管理者、部门主管、普通员工和分公司的管理人员在同一个系统平台上工作和沟通,实现数据的集中统一和广泛应用。各个层次的人员都可以参与到人力资源管理中来,使得人力资源管理部门与其他各部门和员工关系更加和谐,合作性更强,员工可以自助服务,降低人力成本。特别是对人的认识和管理,对“人”的价值的深层发掘,能够充分依靠信息进行科学系统分析,避免以感性为主,体现以人为本,达到有效的沟通管理。

总之,人力资源管理信息化建设的过程就是自身管理水平提高的过程。由传统的手工管理向现代化的计算机管理转变,由无序化管理向系统化管理转变,注重人力资源管理的主动性和策略性,管理的内容更加丰富,工作方式更加透明,实现人力资源管理的改进和提高,适应信息化发展的需要。人力资源管理信息化的建设将为组织人力资源管理工作的更好开展做出重要贡献,为今后企业进行信息化建设打下良好的基础。

2.努力实现人力资源的信息共享

随着人力资源管理信息化,人力资源信息网络的建立不仅使人力资源信息的检索、传输更加快速、准确,人力资源信息的提供能够超越时空,而且可以充分发挥信息网络对信息资源的共享、综合集成优势,一体化地提供网上人力资源信息。同时,借助于互联网络无处不及的用户终端,为分布各地的用户提供适时服务,使人力资源信息服务的内容和方式提升到一个新的层次。

特别是随着社会的信息化、工作过程公开化,大幅度提高了人力资源管理的透明度。组织的岗位选聘,将采取公开竞争、平等考试、择优录用的方式;员工的提拔或奖惩,采取以民主方式制定评估标准,经过公开评议,然后提出建议报批通过;工作的分配,要将岗位及任职条件公之于众,具体的管理程序及最后的分配方案要公开化,从而得到员工的监督。这不仅可以避免舞弊,而且提高了员工的参与程度,为人力资源信息的共享奠定了基础。

3.搭建人力资源管理的社会化环境

信息时代网络的开放性为人力资源管理提供了良好的社会化环境。发达的人才信息互联网络,提高了人力资源管理的社会化程度,人力资源管理信息化的建设将使人力资源部门逐步融入网络社会。随着市场经济的发展,人才的社会化程度越来越高,流动性更大。人才的高流动率要依靠人才需求的信息联网,人才资源市场上的人才供需信息要逐步实现全国联网,使任何人都可以通过各种现代手段,了解用人单位的性质、空缺岗位及岗位对人员的要求等信息,以实现人力资源信息价值的增值。信息价值是信息主体与信息客体间潜在的利用关系。人力资源部门一方面借助公共网络获取人力资源信息,将分散于不同部门或保存地点的人力资源信息通过网络联结为虚拟的整体,另一方面通过网络发送人力资源信息,网上的用户通过网络获取人力资源信息。互联网络将人力资源部门和现代社会紧密地联结在一起。人力资源部门与网上用户的跨时空交流,必然改变人们对人力资源价值的认识,提高人力资源信息的利用率,使人力资源信息价值增值。

4.不断规范人力资源管理的业务流程

计算机网络和信息技术为人力资源管理创新提供了有力的手段,将先进的管理思想和经营理念引入管理业务中,从人员聘用到员工离职,人力资源信息系统涵盖了从岗位、绩效、薪酬到培训方案、继任者计划等一系列工作模块,运用互联网和个人电脑,实现了人力资源管理工作的系统化、模式化和集成化,全面实施业务流程重组。

5.为企业与员工提供超值服务

人力资源管理的根本任务是忠实服务于企业管理层和员工。常规的事务性工作已经不能满足企业良性运转的需要,及时、准确的人力资源信息是实现增值服务的保证。一线经理们想要获取某一岗位任职者的最佳人选;部门主管希望了解哪些员工可以参与轮岗或轮班;管理层渴望知道谁是最佳雇员,哪些员工需要哪种类型的专业培训,谁是继任者计划的最佳人选,人力成本的构成和使用情况如何,等等。实现人力资源管理信息化,通过人力资源信息系统,可以满足企业管理层和员工的需求,提供超值服务。

6.积极促进人力资源管理效率的提高

人力资源管理信息化的最直接的结果,是工作效率的极大提高。传统的人力资源管理中,人力资源工作人员把大量的时间、精力花费在日常行政事务性操作上,被烦琐的日常工作所束缚,无暇顾及更为重要的策略性工作。技术的进步,办公自动化的实施,以计算机和通信为主体的现代信息技术的应用,使人力资源管理发生了变革,许多工作环节通过联网的计算机来进行,行政事务上的工作可以由电子化系统完成,工作人员的劳动强度降低,工作效率空前提高。人力资源管理者可以把工作重心真正放在服务员工、支持公司管理层的战略决策,放在公司最重要的资产——员工和员工的集体智慧的管理上,把精力放在为管理层提供咨询、建议上。人力资源管理信息化最终目的是达到革新管理理念,改进管理方式,优化人力资源管理。

人力资源管理信息化大大提高了人力资源部门的组织效率。局域网系统的建立及其与外部互联网络的接通,为人力资源信息的输入、处理和输出以及人力资源部门工作信息的流转提供了高速、便利的信息通道,减少了工作中的冗余环节和决策失误。

人力资源管理信息化进一步提高了人力资源工作的投资效率。网络环境下,业务过程中的物质流动和人员流动更多地让位于快捷高效的信息传递。无须再依靠纸质文件或纸质复印件来传递人力资源信息或工作信息,节约了制作这些传统媒体所需的资源。通过网上硬件、软件和数据信息共享,减免了不同部门、各个环节重复配置这些资源所需的投资,人力资源管理的投资效率提高。

7.带来社会与经济效益

市场化程度、全球化程度越高,越重视信息化带来的效应,信息化的带动作用也越明显。人力资源管理信息化的实质就是借助计算机、互联网等信息手段将人力资源管理流程现代化、人力资源信息数字化,使人力资源合理配置,从而使企业能够适应瞬息万变的市场经济竞争环境,求得最大的经济效益。

现代管理都是以提高效益为目的,管理效益是衡量管理工作的价值标准。现代人力资源管理作为一种重要的管理活动,其各个环节、各项工作都是围绕提高社会效益和经济效益展开的。人力资源管理部门将人力优化组合,使员工形成一个系统整体,产生整体功能,带来更大的效益。

人力资源管理信息化能够带来直接和间接经济效益。直接经济效益方面:减轻了人力资源管理人员的日常事务性工作时间,避免了重复劳动,只要将原始记录输入计算机,计算、分类、存储等工作都可由计算机自动完成;工作强度会大大减轻;通过数据挖掘,对人力资源管理的所有信息进行分析,形成各种统计报表和图表,为公司领导更好、更快地进行决策和解决问题提供支持。在间接经济效益方面:拓宽了沟通渠道,改善沟通途径,使得人力资源管理者、部门主管、员工和分公司之间的信息得以充分共享,提高整体工作效率和满意度。

企业管理内部网络的建立,使部门之间的工作衔接更加紧密,大大加快了业务办理速度,在一定程度上促进了资金周转速度的加快,从而为企业提高经济效益奠定了良好的基础。

第二节　人力资源管理信息化的主要任务与意义

一、人力资源管理信息化的主要任务

(一)建设人力资源管理信息化标准规范

标准规范是人力资源管理信息化建设的重要基础之一,是信息化快速、有序、健康发展的保障。只有在统一的规划和统一的信息技术标准的指导下才能真正推进信息化的发展。标准规范建设,应以面向业务过程的流程为主线进行考虑和分析。标准的制定,既要符合国家、行业标准要求,又应考虑与国际接轨。在充分调研的基础上,根据信息化建设国际标准和通用规范,逐步推出适合的相关标准规范,从管理、法制和技术等方面规范和协调人力资源管理信息化各要素之间的关系。

要全面贯彻推广与电子政务、电子商务相关的法规和标准;建立符合人力资源管理信息化要求的制度,健全人力资源电子文件归档、电子档案管理、信息公开和信息安全、网站建设与管理等方面的规章,制定人力资源信息采集、整合方面的标准,加快建立健全人力资源管理信息化标准实施机制,形成有效的人力资源管理信息化建设激励约束机制,促进管理能力、决策能力、服务能力得到改善和加强。要制定和实施一体化的信息资源管理法规和政策,实现对各种信息资源的有效控制和高质量的开发利用,规范人力资源电子文件归档和电子档案管理,规范人力资源信息标识、描述、存储、查询、交换、管理和利用等,逐步形成关于信息化的标准规范体系,促进人力资源信息开发利用的政策法规和标准的制定,保证人力资源管理信息系统的良性运行与健康发展,推动人力资源管理信息化建设有序进行。

(二)建设人力资源管理信息化技术设施

人类社会从农业社会到工业社会再到信息社会,每一次发展和进步都与科学技术的发展息息相关,人力资源管理信息化的关键是技术建设。

1.办公自动化技术

手工办公方式与不断增长的办公业务量之间的矛盾日益尖锐,人力资源信息量迅速膨胀与信息的社会需求迅猛增长之间的矛盾更加突出,依靠手工管理,利用人工手段进行庞大的人力资源信息的收集、处理、分析及科学决策已经不能适应时代发展的要求。因此,改变办公模式,将办公业务的处理、流转、管理过程电子化、信息化,实现办公自动化,是人力资源管理信息化的基础任务。人力资源管理现代化与办公自动化应同步建设、同步发展,建设自动化、网络化的电脑办公系统,实行联网运作、联网监控、联网审批。逐步实现文件、信息等主要办公业务数字化和网络化、文字材料的无纸化传输、各种应用资料的随机查询,以及文件制作及管理电子化作业。通过网络交换电子文件和资料,并逐步建立多媒体应用系统,为中心工作服务,为经济建设和社会发展服务。

2.软硬件基础设施建设

软硬件基础设施建设是加强人力资源管理现代化的前提,是人力资源管理信息化建设不可缺少的基本条件和重要保障,是人力资源信息开发利用和信息技术应用的基础,是人力资源信息传输、交换和资源共享的必要手段。软件设备主要涉及文字、数据、声音、图像处理系统以及各种数据库、管理信息系统、决策支持系统,实现系统的开发、新建、完善、推广或升级。软件投入将是信息化的重点。硬件设备主要有计算机设备、通信设备、轻印刷设备、信息存储设备以及电子会议支持设备等。为了实现信息化,购买必要的硬件设备是最基本的环节。在硬件投入方面更多的将是设备的升级与换代,使硬件平台不断完善。配置高性能的软硬件基础设施是人力资源管理信息化的保障,是充分发挥人力资源管理信息化的整体效益的前提。

3.网络建设

人力资源管理信息化的核心是网络建设。要利用现代信息技术来改善管理模式,架构一个共享资源的平台,提高计算机和网络技术在人力资源管理中的应用程度,逐步提高人力资源管理信息化水平。网络建设包括局域网建设、互联网建设。局域网的设立是各项工作的基本条件。近年来,相当数量的人力资源部门建设了内部局域网,实现了与办公自动化网络系统相连通,在互联网建立了站点。信息化以大力推进各级人力资源部门内部局域网建设和连接各单位的外部网建设为基础,以互联网网站建设为重点,在国际互联网上建立人力资源网站或主页,为人力资源工作公开和人力资源信息的更好服务开辟新的渠道,加强信息联系、沟通及互动交流。所有接入互联网的计算机严禁存储涉密人力资源信息,凡存储涉密信息的计算机必须与互联网进行物理隔离。人力资源信息网络建设,可以更好地提高工作的透明度,降低办公费用,提高办公效率、大幅度提高人力资源管理者的信息化水平。

(三)开发和利用人力资源信息

人力资源信息是社会发展的战略资源之一,它的开发和利用是人力资源管理信息化的核心任务,是人力资源信息化建设取得实效的关键。人力资源信息开发利用的程度是衡量人力资源管理信息化水平的一个重要标志。

1.人力资源信息库的建设

人力资源信息建设的重点是人力资源信息库。人力资源信息库包括社会就业、专业人才档案、人才中长期供需预测等信息。要以加快人力资源信息的数字化进程为基础,以电子文件的归档和管理为重点,充实与完善现有数据库,将人才供需信息上网发布,实现人力资源信息的电子管理和动态查询,采用相关技术将已有各类高质量的数据库实现互联,提高资源的利用率,加强人力资源信息建设。信息化建设,必须要从信息资源建设抓起,信息资源是信息化建设的基础和核心。

2.人力资源信息的有序整理

随着信息化时代的到来,在未来信息社会,决定一个国家和地区生产力发展水平的不再是自然资源、历史条件等,而是包括知识在内的各种信息,信息将成为知识经济时代最为重要的资源。可以说,以信息资源有效开发和应用为标志的信息化是一场信息革命,它意味着各种相关信息行业都必然随之进行深刻的变革,走信息化的道路,从而推动社会全方位的发展与进步,这是社会发展的潮流。作为信息资源重要组成部分的人力资源信息同样具有重要的社会价值,其价值实现的基础是人力资源信息的科学有序。人力资源信息的整理是使信息从无序到有序的过程,通过利用科学的原则和方法,对信息进行分类、组合,形成有机体系。它是人力资源信息有效沟通的保证,是信息开发和利用的重要手段,促进人力资源信息的社会共享,对人力资源管理具有重要的意义。

3.人力资源数字信息建设

信息技术和通信设施的存在,有力地推动了信息数字化。数字化是信息技术发展的重要特征。只有数字化的信息才能计算机化,才能通过数据通信网络进行传输。

人力资源信息的数字化是利用数据库技术、数据压缩技术、高速扫描技术、光盘存储技术、多媒体技术、网络技术等技术手段,将数据、图形、图像、声音等信息转化为二进制代码,系统组织成结构有序、整体统一的数字化信息。

现阶段人力资源数字化信息形成的主导方式是键盘录入和光学字符识别(OCR)扫描输入。键盘录入是一种手工转换,以汉字键盘录入而言,常用的录入方法主要有五笔字型、自然码、拼音码、音韵码、智能码等,缺陷是速度慢、效率低、成本高。光学字符识别扫描输入技术是一种较为先进的自动化信息资源输入技术,是信息资源数字化的主要手段,通过扫描仪将原文件转换为适于计算机处理、存储和高速传输的数字化图像。

利用计算机可以直接产生数字化信息。人力资源部门使用单机起草文件、制作文件目录等,形成的文件数据就是数字化的。在计算机模板中储存有各种常用的文件格式,只需输入文件各数据项目的具体内容,计算机便可自动生成具有规范格式的文件。在办公自动化系统中形成的文件数据或从网上接收、通过网络产生并向外发送的各类文件数据都是数字化信息。随着多媒体技术的广泛应用,办公自动化过程中产生的数字化信息形式多样,不仅有简单的文本形式,还有语音形式。语音处理技术可以通过语音识别与语言合成将人的语言转换成语音邮件在网上传送。通过软件转换,视频邮件也可转换成电子邮件,以数字化文本方式传送或存储。利用数码相机直接摄取的数字影像满足文件要求,也属于数字化信息。随着信息技术的普及和发展,公用信息平台与信息系统实现联网,人们借助计算机系统生成的人力资源数字化信息越来越多,可以提供目录网上查询,有选择地公布信息和提供信息全文浏览服务。

模拟转换过程中可以产生数字信息。模拟转换是将模拟信息转换成数字信息,以便计算机处理的过程。模拟信息要转变为数字信息要通过相应的转换设备。对于图像信息可以通过扫描仪将模拟图像分解为由像素构成的数字图像;若为影视图像则需要通过视频存储器或影视图像数字卡将模拟影视图像转化成数字影视图像。通常利用扫描仪将文件上的所有信息内容复制到计算机里,生成图像文件。纸质文件通过扫描可以形成数字图像,数字图像再通过光学字符识别(OCR)系统,进一步由图形文件转化成字符文件,字符文件可通过关键词达到全文检索等。

人力资源信息的数字化是信息化建设的一项迫切任务,是人力资源信息网络建设的基础性工作。为确保数字化人力资源信息的质量,实现人力资源信息数字化的既定目标,数字化工作必须遵循规范、安全、效率原则。规范原则是指人力资源信息必须按照规定的技术模式、文本格式和工作标准进行数字化,并尽可能采用通用标准,减少因存储格式和软件平台的不同而进行转换所造成的资源浪费,提高信息存储传输的效率,选择最佳的人力资源信息数字化方案。安全原则是指在人力资源信息的数字化过程中确保信息原件的安全,最大限度保持信息的本来面貌,避免数字化人力资源信息内容的失真,对具有保密性、不宜对外开放的人力资源信息,原则上不应列入数字化范围,对于内容敏感或者有使用范围限制的数字化信息,应采用密文方式数字化或为数字化信息设置必要的识读密令。效率原则是指人力资源信息的数字化工作必须讲究效率和效益,选择最优化的人力资源信息数字化方案,采用最优化的工作流程、最合理的技术模式和最适宜的数字化加工系统设施,加强人力资源信息数字化工作的社会化和协作性,从总体上提高信息数字化工程的投入效益。

(四)建设人力资源管理信息化应用系统

应用系统建设是信息资源开发利用和信息网络建设的技术保障。人力资源管理信息化既要重视软硬件基础设施建设,又要注重应用系统建设,根据实际情况建立和完善人力资源管理信息系统。

人力资源管理信息系统是信息化发展的重要进程,也是人力资源管理现代化的必然产物。人力资源管理信息系统是一个利用计算机硬件和软件进行分析、计划、控制和决策的人—机系统。以计算机为工具建立人力资源管理信息系统,获取支持自身发展的各类最新信息,处理日益增多的信息量,并通过人力资源招聘、考核、培训体系及时将信息转化为竞争力,能够提高管理效率、管理水平和管理效益,实现人力资源管理者办公模式的转变,实现人力资源信息的广泛交流。

人力资源管理信息系统的开发和运行能够产生巨大的效益,但必须具备一定的条件。要有领导的重视与业务人员的积极参与,要有高水平的专业技术团队,管理信息系统的开发、分析和设计应建立在科学管理的基础上。

(五)建设人力资源管理信息化人才队伍

人才是最宝贵的资源,人才队伍建设是信息化成功之本,是保证信息化建设持续发展的关键,对信息化其他各个要素的发展速度和质量起着决定性的作用。因此,要坚持以人为本,始终把培养人才、建设队伍、提高人的素质放在第一位。信息化管理涉及计算机信息管理技术、网络技术、企业管理,需要综合型、复合型的人才,要求他们具备坚实的现代管理科学的理论知识,熟练掌握现代信息技术手段和系统工程方法,具有创新思维和组织能力。要加大培训力度,有针对性地进行各种形式的业务培训,特别要加强对信息化理论知识、计算机知识与技术、信息开发技术、网络技术、信息化系统应用等方面内容的培训,不断提高信息技能。要把人力资源管理信息化建设的过程作为锻炼队伍、培养人才的过程,成为边学习、边实践,不断总结、不断提高的过程。

二、人力资源管理信息化对企业经营的意义

(1)有助于公司人力资源的有效管理。人力资源管理的信息化采用计算机技术实现。公司人力资源管理相关人员的,培训和就业可以逐步有效地实施,同时避免过度依赖人力资源,大大减少了错误的可能性,减少了人力资源管理所花费的时间,提高了效率。

(2)有利于提高人力资源管理计划实施的顺畅性。企业发展往往需要很长一段时间。业务发展过程揭示了机构和人力资源管理问题,了解业务管理问题有助于制定具体的问题解决策略并提高企业管理的效率,必须促进企业发展,提高企业经济效益。人力资源管理的信息化有助于实现上述目的,从而有助于实施各种人力资源管理决策。

(3)有助于提高人力资源管理水平。人是业务发展的基础,公司人力资源

管理的内部工作侧重于公司人员。为了最大限度地提高公司人力资源管理的有效性,有必要扩大人力资源管理的范围。与人力资源管理有关的若干方案应广泛适用于人力资源管理进程。这样,人力资源管理部门与其他部门之间的信息交流将更加顺畅,管理工作的实施将是"大规模"基于人力资源管理和内部人力资源信息的概念。

第三节　人力资源管理的信息开发与人才队伍建设

一、人力资源管理的信息开发

人力资源信息开发是根据大量客观存在的信息事实和数据,以各种载体和各种类型的信息为基础,运用判断与推理、分析与综合等多种方法,提供不同层次的信息服务。人力资源信息开发的目的,是对人力资源潜在能量的挖掘,促使人们更加充分有效地运用人力资源信息,发现人才、任用人才,实施人才发展战略。

（一）人力资源信息开发的作用

1.最大限度发挥经济和社会价值

信息技术的快速发展,为深度开发和广泛利用人力资源信息创造了前所未有的条件。树立和落实科学发展观,根据社会需要,全面、及时、准确地提供人力资源相关信息,充分开发利用反映劳动、工作、保险福利以及人力资源管理方面的信息,强化人力资源管理,能够加快人力资源管理制度的建立,使信息流更加有效地引导人员流、物资流和资金流,实现对物质资源和能源资源的节约和增值作用,带来直接和间接的社会和经济效益。

同时,随着政府、社会公共服务、企业上网工程的深入发展,办公自动化的普及和电子商务的发展,人力资源数字化信息数量不断增加,人力资源信息也越来越丰富,不断满足社会各项事业对人力资源信息的需要。人力资源管理部门要通过各种有效的方式,最大限度地发挥人力资源信息的价值效用,更好地为社会发展和进步服务。

2.发挥人力资源信息的价值

在信息社会中,信息价值往往体现在运动中。只有处于运动中的信息,才能被人们随时捕捉到,进而发挥作用。处于静态中的信息,即使蕴含巨大的价值,如果不能得到及时充分的开发利用,其潜在价值不能转化为现实价值,也就无法有效发挥作用。

人力资源部门保存并积累了大量人力资源信息,人力资源信息的存储和传递就是为了有效地提供利用,即把静态中的信息变成动态信息,进而无止境地开发利用,直接体现信息的使用价值。人力资源信息是人力资源活动的原始、真实的记录,及时、有序、系统地开发利用人力资源信息,就是揭示人力资源信息的使用价值,发挥人力资源信息富有生命力的独特作用。

3.加大人力资源的管理服务

在一切管理系统中,人是最主要的因素,是最活跃、最能动、最积极的要素。组织活力的源泉在于劳动者的创造力、积极性和智慧。要充分挖掘、准确识别和长足发展人的潜力和能量,必须开发利用人力资源信息。

加强人力资源信息的开发利用,是人力资源管理的基础和可靠保证,也是人力资源管理的根本目的。人力资源管理的各项活动都必须充分利用信息。参与决策、建立企业优秀文化、决定组织的结构需要信息;设立人事选拔标准、制定招聘计划、建立新的招聘市场、确定职业发展途径、制定员工开发计划要建立在充分信息的基础上;实施招聘计划、设立并运作控制系统、管理报酬项目、建立年度绩效评估系统、贯彻员工培训计划、安排员工上岗或转岗需要信息。有关人力资源招聘、培训、晋升等具体计划的信息的提供利用,可以便于员工据此制定自己的发展计划,有助于提高员工留任率。员工的教育、经历、技能、培训、绩效等信息的利用,可以帮助了解并确定符合某空缺职位要求的人员,对内部人员晋升非常重要。为了有效地进行工作设计,必须通过工作分析,全面了解和把握工作现状。只有获得工作单位以及工作本身所需完成的任务方面的详细信息,管理者才能选择适宜的方式来进行工作设计。

必须指出,现代人力资源管理是一个开放的系统,人力资源管理的发展过程是一个适应外部环境变化的过程。人力资源管理者必须时刻接受外界环境输入的信息,利用这些反映人力资源发展趋向与需求的信息,适时地改变人力资源管理的目标、战略、方式、措施、技术,才能使人力资源管理发生适当的变革,适应环境变化,服务于社会。

4.为决策者提供有效信息依据

决策对管理的影响作用大,而且影响持续的时间长,调整起来比较困难。进行正确的决策,需要完整、准确、真实的人力资源信息。人力资源的供需状况、人力资源的素质、人力资源的工作绩效与改进、人力资源培训与开发的效果等信息,可以为决策的确定提供内在保证;劳动力供给的状况、竞争对手所采用的激励或薪酬计划的情况以及关于劳动法等法律方面的信息,能够为决策制定提供外在依据。充分开发利用人力资源信息,才能保证客观、科学地进行决策。

5.积极促进人的潜能开发

人是生产力中最基本、最活跃、最关键的因素,提高人的素质,充分调动人的积极性、创造性,合理利用人力资源信息,是提高生产力水平的主要途径。人力资源信息对于开发人的智能,调动人的积极性和创造性,推动经济社会发展具有重要作用,是科学合理开发人才资源的必要条件。人才的筛选、识别和管理、制定人才机制、进行人才战略储备,都需要掌握大量的信息。充分挖掘人的潜力,提高人的素质,发挥人的聪明才智,关键在于对人力资源信息的开发和管理。人力资源管理部门以信息为依据,根据经济、社会发展的需要,从战略目标出发,有计划、有步骤地实施人才培养计划,进行吸收、选拔、任用等一系列管理活动,使人才的培养与岗位的要求,个人的发展与组织的目标相适应。

6.为制定人力资源规划提供数据

现代竞争的根源是人力资源的竞争。一流的人才才能造就一流的企业。人力资源规划是单位的长期人力资源计划。要做到规划的科学性,必须根据经济社会发展的需要,制定出一定时期人才需求规划。依据人力资源信息,才能根据社会环境状况、单位的规划、组织结构、工作分析和现有的人力资源使用状况,处理好人力资源的供求平衡问题;才能科学地预测、分析环境变化中人力资源供给和需求状况,制定必要的政策和措施,合理分配组织的人力资源和有效降低人力资源成本,确保组织的长远利益。

(二)人力资源信息开发的类型

人力资源信息开发的主体是人员;人力资源信息开发的客体是有一定实体整理基础的信息;主体要对客体进行作用,即人力资源部门要对信息进行重新整合加工,将信息中的内容与其原载体相脱离进行重新组织,使客体形成系统化、有序化的状态。在人力资源信息开发利用过程中,可以按照主体对客体的作用程度进行信息分类。

1.按照加工程度分类

按照对信息加工的程度,信息开发分为浅加工和深加工。浅加工是指对人力资源信息进行压缩提炼,形成信息线索并存储在一定载体上的过程,即信息检索工作。深加工是根据一定的需求,对庞杂的人力资源信息进行系统化、有序化的过程,以解决利用者需求的特定性与人力资源信息量大、有杂质的矛盾,即信息编研工作。

2.按照加工层次分类

按照对信息资源加工的层次,信息开发分为一次信息开发、二次信息开发和三次信息开发。

(1)一次信息开发

一次信息开发在人力资源管理活动中直接形成的原始信息,具有直接参考和凭证的使用价值。对一次信息进行开发有利于把无序的原始信息转变成有序的信息,节省收集原始信息的精力和时间,提高利用率。其主要形式有剪报、编译。

(2)二次信息开发

二次信息开发是对一次信息进行加工整理后而形成的信息,专门提供信息线索,供人们查阅信息来源。它是对信息加工而得到的浓缩的信息,容纳的信息量大,可以使人们在较短的时间对一定范围内的信息有概括的了解。其主要的开发形式有目录、索引。

(3)三次信息开发

根据特定的需要,在一次、二次信息的基础上,经过分析研究和综合概括而形成更深层次的信息产品。从零星无序、纷繁复杂的信息中梳理出某种与特定需求相关的内容,解释某种规律性的认识,并最终形成书面报告,从而为管理决策服务。三次信息是高度浓缩的信息,提供的是评述性的、动态性的、预测性的信息。其主要形式有简讯、综述、述评、调查报告。

(三)人力资源信息开发的不同形式

1.编写材料

(1)编写工作说明书

工作说明书的编写,是在职务信息的收集、比较、分类的基础上进行的,要根据工作分析收集的信息编制工作说明书,可以帮助任职人员了解工作,明确责任范围,为管理者的决策提供参考。工作说明书是对有关工作职责、工作活动、工作环境、工作条件以及工作对人员素质要求等方面信息所进行的书面描述,一般由工作描述和工作要求两部分组成。工作描述是对工作职责、工作内容、工作条件以及工作环境等工作自身特性所进行的书面描述。工作要求则描述了工作对人的知识、能力、品格、教育背景和工作经历等方面的要求。

(2)编写人员供给预测材料

人员供给预测包括内部供给预测和外部供给预测。要充分利用信息,对信息进行综合分析,进行人员供给预测。

要收集有关人员个性、能力、背景等方面的信息,分析研究管理人才储备信息,如工作经历、教育背景、优势和劣势、个人发展需求、目前工作业绩、将来的提升潜力、专业领域、工作特长、职业目标和追求、预计退休时间。在对信息进行综合分析的基础上,编制出"职业计划储备组织评价图",编写人员供给预测信息材料。

编写人员供给预测材料,必须收集和储存有关人员发展潜力、可晋升性、职业目标以及采用的培训项目等方面的信息;要获得目前人力资源供给的数据,包括个人情况;工作历史;培训经历以及职业计划;目前的工作技能;累计数据,如员工总数以及他们的年龄分布、教育程度等,明确目前的人力资源供给情况,有效分析人力资源的供给及流动情况。

2.编制统计表

统计表是用表格来显示各种变量的取值及其特征,是表现人力资源信息最常用的形式,是为统计工作提供统计数字资料的一种工具。它可以概括文字的叙述,科学合理地组织人力资源信息,使人力资源信息的排列条理化、系统化、标准化,一目了然,给人以明显、深刻的感觉,便于阅读和进行统计分析。

(1)统计表的结构

由总标题、横栏标题、纵栏标题和指标数值四部分构成。

总标题是统计表的名称,概括说明统计表所反映信息的内容,一般位于表的上端中央;横栏标题是横行的名称,表明信息反映的总体及其分组的名称,一般位于表的左侧;纵栏标题是纵栏的名称,说明信息指标的名称,一般位于表的上方;指标数值列在横栏标题与纵栏标题的交叉处,具体反映其数字状况。有些统计表还增列补充资料、注解、资料来源、填表时间、填表单位等内容。

(2)统计表的分类

按用途分类,分为调查表、汇总表和分析表。①调查表是用于登记、搜集原始统计资料的表格,只记录调查对象的特征,不能综合反映统计总体的数量特征。②汇总表是用于表现统计汇总和整理结果的表格。由两部分组成,一部分是统计分组,另一部分是用来说明统计分组各组综合特征的统计指标。汇总表能够综合说明统计总体的数量特征,是提供统计资料的基本形式。③分析表是用于对整理所得的信息统计资料进行定量分析的表格,能够更深入地揭示信息所反映内容的本质和规律性。

按分组情况分类:统计表按照内容的组成情况,分为简单表、分组表和复合表。①简单表指总体未做任何分组的统计表。②分组表是指总体按一个标志进行分组后形成的统计表。利用分组表,可以分析不同类型的不同特征,研究总体的内部构成和分析现象之间的依存关系等。③复合表是指统计总体按两个或两个以上标志进行层叠分组后形成的统计表。利用复合分组表可以反映研究总体同时受几种因素影响而产生的变化情况。

(3)统计表设计的一般原则与要求

统计表的设计应遵循科学、实用、简明、美观的原则,力求做到五方面:第一,标题要简明扼要地概括信息的内容及信息所属的空间和时间范围。第二,纵、横栏的排列内容要对应,尽量反映逻辑关系。第三,根据统计表的内容,全面考虑表的布局,使表的大小适度、比例适当、醒目美观。第四,统计表中的指标数值,都有计量单位,必须标写清楚。计量单位都相同时,将其写在表的右上角;横行的计量单位相同时,在横行标题后列计量单位;纵栏的计量单位相同时,将其标在纵栏标题下方或右方。第五,统计表中的线条要清晰,尽量表明各指标的简单包含关系。

3.编制统计

统计图是用点、线、面、体等构成的几何图形或其他图形表现信息,表示变量的分布情况,是信息分析研究的重要方法。利用统计图来表现信息,形象具体、简明生动、通俗易懂,能将信息所反映的复杂的内容,用简明扼要的形式表现出来。

(1)统计图的种类

常用的统计图形有圆瓣图、直方图、条形图、折线图、机构图等。

①圆瓣图。用一个圆代表研究对象的总体,每一个圆瓣代表研究对象中的一种情况,其大小代表它在总体中所占的比例。圆瓣图只表示变量的某个取值在总体中的比重,对变量取值的排列顺序没有要求。

②直方图。直方图是紧挨着的长条组成的,条形的宽度是有意义的。它用每一个长条的面积表示所对应的变量值的频率或频次的大小。

③条形图。条形图是以宽度相等的条形长度来表示指标数值大小的图形。条形的排列既可以纵排,也可横排。纵排的条形图叫柱形图,横排的条形图叫带形图。

④折线图。折线图是用直线连接直方图条形顶端的中点而形成的。当各条形的组距减小,条形增多时,折线将逐渐变为平滑,趋向为曲线。

⑤机构图。机构图是用图形来表示组织结构和管理体制的一种方法。典型的企业组织结构模式主要有直线制、职能制、直线职能制和事业部制。机构图与组织结构有着密切的关系,要根据企业组织结构模式设计机构图。

(2)编制统计图应遵循一定程序与基本要求

①确定编制目的

编制人力资源信息统计图,要根据实际需要,确定编制目的,以便进行信息的筛选、分析和综合,明确信息的表达方式和统计图形式。

②选择图示信息

信息的选择,应在反映所研究内容的一切指标中,选择符合制图目的、有价值、反映内容本质的重要信息,避免图示信息过多,内容繁杂,表达模糊。

③设计统计图

图形的设计要力求科学、完整、真实、清晰地体现信息的各种特征。图形的外观要尽量美观、鲜明、生动,具有一定的观赏性。标题要简单明确,数字及文字说明应准确无误。不同类型统计图的特点和运用的条件不同,应根据制图目的、信息内容和特点,确定编制的统计图形式,科学、准确地表达信息,使图形的布局、形态、线条、字体、色彩体现艺术性。统计图的形式应与利用需求相适应。

用于领导、业务工作参考和分析研究时,可采用条形图、折线图和其他几何图形,呈现内容可详尽些;用于展览、宣传教育,尽量采用条形图、直方图或其他鲜明生动的图形,图形的标题、文字说明、数字和单位的标示简明扼要、色彩鲜明、通俗易懂。

④审核检查

统计图编制完成以后,要进行认真的审核检查和修改,确保编制的图形客观地揭示信息,符合制图目的,图形结构简明准确、生动鲜明,图式线形、数字标示、文字说明等适用,注解具体,图面清晰整洁。

4.编写统计分析材料

统计分析法是对获得的人力资源信息进行量化分析,客观、准确、科学地揭示人力资源管理工作中的特点和规律,深入地反映人才资源状况,以此调整工作方式,提高人力资源管理水平。编写统计分析材料,能够精确描述和认识信息的本质特征,揭示信息的内在联系,使人们对信息的利用从感性认识上升到理性认识,为管理提供深加工、高层次、有价值的信息。

统计分析材料是充分表现统计过程、方法和结果的书面报告,为建立宏观人才资源信息库,为建立和完善人才市场体系、促进人才合理流动、实现人才工作协调发展、为人才规划的落实提供信息服务。编写统计分析材料有提炼主题、选择材料、拟定提纲、形成报告四个主要环节,编写要求是:针对性,明确编写目的、解决的问题和服务对象;真实性,尊重客观实际,以充分可靠的信息为基础,真实地反映客观实际,事实具体,数据准确;新颖性,在对原始信息深入挖掘、把握本质的基础上,提取新的信息,形成新的观点、结论;时效性,着眼于现实问题,讲求时间效果,在信息的最佳有效期提供利用。

(四)人力资源信息开发的方法

人力资源信息开发是在掌握大量信息的基础上,根据决策、管理、业务活动的需要,利用科学的研究方法,对现有信息进行系统的归纳分析,对各项活动的发展趋势做出判断和预测,提供全面性、高层次的信息,为工作活动服务。

1.汇集法

围绕某一特定的主题,把一定范围内的人力资源原始信息,按照一定的标准有机地汇集在一起。汇集法适合于反映一个地区或一个部门某方面的状况，当人力资源信息资料较多，反映面宽的时候比较适用。

2.归纳法

将反映某一主题的人力资源原始信息集中在一起，加以系统综合归纳和分析，以便完整、清晰地说明某一方面的工作动态。归纳法要求分类合理、线条清楚、综合准确。

3.纵深法

根据需要，把若干个具有内在联系，有一定共同点的人力资源信息，或几个不同时期的有关人力资源信息，从纵的方面进行比较分析，形成新的信息材料。可以按原始信息材料提供的某一主题层层深入，按某一活动的时间顺序或按某一事件的历史进程深入进去，要清楚问题的来源。

4.连横法

按照某一主题的需要，把若干个不同来源的人力资源原始信息材料从横的方面连接起来，做出比较分析，形成新的信息材料。采用连横法要选择最能说明主题的信息，从不同来源信息中选择具有一定同质性的信息。

5.浓缩法

通过压缩人力资源信息材料的文字篇幅，凝炼主题，简洁文字。使用浓缩法要主题集中，内容突出，一篇信息材料只表达一个中心思想，阐明一个观点；压缩结构，减少段落层次；凝炼语言，简明地表达含义。

6.转换法

人力资源原始信息中若有数据出现，应把不易理解的数字转换为容易理解的数字。

7.图表法

如果人力资源原始信息中的数据有一定的规律性，可以将数据制成图表，使人一目了然，便于传递与利用。

8.分析法

分析法是在充分信息的基础上，通过综合分析，进行人力资源的现状规划和需求预测，包括现状分析、经验分析、预测分析。

进行短期人力资源预测规划，要依据有关信息进行现状分析，预算出规划期内有哪些人员或岗位上的人将晋升、降职、退休或调出本单位的情况,根据预测规划期内的人力资源的需要,做好调动人员替补准备工作,包括单位内管理人员的连续性替补。

进行中、短期人力资源预测规划,可采用经验分析法、分合性预测法。经验分析是根据以往的信息进行经验判断,根据以往员工数量变动状况,对人力资源进行预测规划,预测组织在将来某段时间内对人力资源的需求。分合性预测法是在下属各个部门、机构根据各自的业务活动、工作量的变化情况,预测的将来对各种人员需求的基础上,进行综合平衡,预测整个组织将来某一时间内对各种人员的总需求。

进行长期的、有关技术人员或管理人员的供求预测,采用预测分析法。针对某些重大的变革和发展趋势而带来的人力资源供求的变化,向有关专家征求意见,并在此基础上形成预测结果。

二、人力资源管理信息化的人才队伍建设

(一)人力资源管理信息化人才队伍的素质要求

实现人力资源管理信息化,需要一批适应形势发展、德才兼备、有创新思维和创造能力的人才推进信息化工作的发展。必须充分发挥人的主观能动性,建设一支思想作风过硬、业务素质高、知识结构合理的信息化管理人才队伍。素质是一个外延广泛而内涵丰富的概念,是人的品质、知识、能力的总和。信息化人才素质是信息化的前提和保障,主要包括信息素质、业务素质、知识素质。

1.信息素质要求

信息素质也称信息能力,是使用计算机和信息技术高效获取、正确评价和善于利用信息的能力。信息科技特别是网络科技的迅猛发展,使人类的沟通与信息交换方式变为以人际互动为主的模式,终身学习、能力导向学习和开放学习成为新的理念。为满足知识创新和终身学习的需要,提高信息素质将成为培养人才能力的重要内容。

(1)信息素质的意义体现

信息素质是信息化建设的要求。只有提高信息素质才能保证人力资源发

展战略和信息化战略的实现。提高信息素质的意义主要体现在以下方面。

第一,人力资源发展需要信息素质。在信息瞬息万变的今天,市场的竞争就是人才的竞争,必须广、快、精、准地掌握与人力资源相关的政策、技术、市场、管理等全方位信息,进行科学决策,开发人才,才能从本质上全面提高组织的社会效益和经济效益。

第二,能够改善员工的知识结构。信息科学是一门新兴的交叉科学,涉及计算机科学、通信科学、心理学、逻辑学等诸多相关学科。随着科学技术的飞速发展,信息科学与其他学科知识一样,不断推陈出新。及时补充各学科的历史、现状和未来的信息知识,才能充分激发员工已有的业务潜能,改善员工单一的知识结构,重塑员工崭新的能力构架,使员工充分运用现代的信息工具,积极主动跟上时代发展的步伐,成为信息化建设的贡献者和受益者。

第三,使信息价值得到更大程度的体现与发挥。信息是科学决策的基础,在人力资源管理中发挥着巨大作用。普及信息知识,提高信息处理能力,能使人们在人力资源管理信息化过程中,充分挖掘信息环境中的各种有利因素,排除不利因素,了解过去、把握现在、预测未来,让信息化建设更加有的放矢。

第四,进一步提高组织的信息管理水平。人们既是信息的需求者,又是信息的提供者,互利互惠,互相依存,总体上的信息需求结构达到动态的基本平衡,在组织内部形成一个有效的信息增值网络。此外,普及信息知识还能激发人们潜在的信息需求,促使组织根据需求进一步完善人力资源管理系统的功能,对人力资源管理信息化提出更高的要求,最大限度地发挥人力资源信息的社会经济价值,促进人力资源管理信息化向高水平发展。

(2)信息素质的主要内容

信息化人才要做好本职工作,出色完成任务,必须具有较高的信息素质。信息素质的内容主要包括以下几个方面。

①强烈的信息意识

当今社会已经进入信息时代,信息无处不在,谁重视信息,谁就能赢得主动。人力资源管理者要有敏锐的信息意识,广泛收集人力资源信息,精心加工、准确提供、快速传递、充分利用,以适应人力资源管理信息化发展的客观要求。强烈的信息意识主要表现为三个方面:一是对信息的敏感性。指对人力资源信息价值的充分认识,对信息内容特有的敏感。对信息现象反应快的人,思维敏捷,机智聪颖,应变能力强,适应环境能力强,善于将信息现象与实际工作迅速联系起来,善于从信息中找到解决问题的关键。二是对信息的观察力。具有强烈信息意识的人,对信息的关注成为一种习惯性倾向而不受时间和空间的限制。无论在工作范围内,还是在日常生活中,都善于收集信息,并把这些信息与要解决的问题联系在一起。三是对信息价值的判断力。一个具有强烈信息意识的人,除对信息有敏感性之外,更重要的是对信息价值的发现以及分析加工的能力。要分析信息的价值,对有价值的信息充分利用。信息意识是在人力资源管理活动中产生和发展的,是在长期工作和学习中不断形成的。当对信息的开发利用变成一种自觉行动时,就会逐渐树立起信息意识。

②信息管理能力

信息管理能力指信息技术能力、认识能力、信息沟通和人际关系的才能、领导艺术和信息管理技能以及战略信息分析和规划决策的能力,即运用信息管理科学的基本原理和方法,提高在实际工作中认识问题、分析问题和解决问题的本领和技巧。

③管理信息服务能力

管理信息服务能力即围绕特定的管理业务进行的信息搜集服务、检索服务、研究与开发服务、数据资料提供和咨询服务的能力。信息服务工作的开展必须依据管理科学和心理行为科学的理论,根据服务对象的不同,进行用户研究和用户管理工作。

④信息处理能力

信息处理能力即获取和处理信息的能力,应该具备信息获取能力、信息加工能力、信息激活能力、信息活动策划能力、决策能力、指挥能力,这是人们认识问题、解决问题的本领。

2.业务素质要求

(1)娴熟的专业能力

系统掌握有关人力资源管理的理论知识,熟悉人力资源部门各个业务环节的基本技能,了解整个业务工作的流程及各项业务的有机联系,掌握人力资源工作的基本技能和基本方法,具备人力资源信息获取、加工、开发和交流的能力,精通本职工作。随着知识、新技术的不断更新,及时学习、补充新的人力资源管理业务知识和技能,适应新时期人力资源管理发展的需要。

（2）驾驭现代科技设备能力

随着现代科技日新月异的发展和办公自动化的普及,特别是电子计算机及现代通信技术在人力资源管理中的应用,人力资源管理的方法发生了深刻的变化,正在从传统的手工管理模式向现代化管理模式转变。只有学会新的思维方式,掌握现代科学知识,能够驾驭现代科技设备,熟悉计算机技术、信息开发技术、网络技术,并能运用科学的方法和技术,才能更好地进行人力资源管理,大力开发人力资源信息,加快人力资源管理信息化进程。

要具有掌握现代化办公设备的能力,能熟练使用电子计算机、打字机、传真机、复印机设备,掌握计算机操作技术、复印技术、打字技术、录音录像技术、光盘刻录技术等现代化手段。现代科学技术的突飞猛进,促进了人力资源工作设备与技术的现代化发展。电子计算机系统、缩微复制系统、声像技术系统、电视监护系统、自动报警系统、自动灭火系统在人力资源工作及人力资源信息管理中将日益广泛应用。这就要求掌握运用电子计算机储存和检索信息的技术,掌握缩微胶卷、胶片、影片、照片、录音带、录像带、磁带、磁盘、光盘等各种新型载体人力资源信息的保管条件、保管技术和利用手段,能够熟练地应用新技术进行人力资源信息的存储、自动标引、图形处理和自动利用,实现对人力资源信息的科学管理和开发利用。

要不断提高驾驭现代化科技设备的能力,提高设备的利用率,充分发挥其功能,变单机操作为联机操作,运用网络系统,实现人力资源信息共享,提升信息化水平。

（3）熟练的工作能力

熟悉社会信息化的发展动向和本单位人力资源管理现代化状况,把握社会对人力资源信息需求的变化特点,脚踏实地进行人力资源管理信息化建设,进行人力资源信息的开发和提供利用,提高人力资源工作的效率、质量和水平。有较强的处理问题、解决问题的能力,能根据利用者提供的关于时间、内容、作用等不同的信息线索,快速、准确地提供人力资源信息利用。能够利用互联网、多媒体技术拓展工作空间,提高工作效率,实现各部门的交互作用,使人力资源信息优质高效、无时空限制地进行资源共享,更好地为信息化发展服务。

（4）开拓创新能力

破除传统思想观念,建立现代化的创造性的思维方式,开创人力资源管理信息化工作新局面,发展人力资源管理事业。创造性的思维是多种思维方式的综合表现,主要体现为强烈的创新意识、奋发进取的创新精神、从容应对新情况和新问题的创新能力。观念的更新是提高人力资源管理质量与效率的基础。人力资源管理工作要在信息时代取得新的理论、实践、技术成果,实现信息化发展,就要求人们有创新思维。

3.知识素质要求

在经济全球化、社会信息化的背景下,人们意识到信息化战略的重要性,纷纷开始寻求信息化人才。既通晓信息科技,又熟悉组织策略、业务流程且精通电脑网络的人才,将在信息化建设中发挥越来越重要的作用。

信息化人才要具备广博的知识,既有横向的丰富知识又要有纵向的学科专深知识。现代科学技术的发展,各类边缘学科、综合学科和交叉学科的兴起,要求信息化人才有科学的头脑,善于学习,具有广博深厚的知识基础,不断更新自己的知识结构。这样才能融会贯通,有所发现,有所创新,使自己能跟上时代发展的要求,适应人力资源管理工作不断变化的新需要。

一般来讲,信息化人才的知识结构包括以下几方面。

第一,业务知识。精通人力资源管理的业务知识,是信息化人才必须具备的基本功。因此,必须学习人力资源管理理论,不断加强继续教育,更新知识,熟悉本专业的新理论、新知识、新技术,熟悉人力资源管理各项业务环节的专门知识,成为人力资源管理的通才。

第二,信息管理业务知识。信息管理业务知识指信息管理的基本原理和方法,以及与信息管理业务活动有关的计算机科学知识和信息技术知识。信息管理学是一门边缘学科,是计算机科学、管理科学、信息科学交叉形成的,涉及社会科学和自然科学的许多领域。要深入学习,综合运用相关知识。

第三,现代科学技术知识。科技的发展使人力资源管理日益科学化、规范化、智能化,应该学会熟练使用计算机进行人力资源管理,学习一些科学基础知识,如高等数学、物理学化学、电子学微电子技术、办公自动化、仪器设备维护及标准化知识等,特别是要掌握涉及电子人力资源工作方面的应用知识。

第四,现代信息技术知识。信息社会的发展不仅对人力资源管理提出了新的要求,而且使人力资源信息的来源、载体、管理方式、加工方式、传播方式发生了变化,只有具备信息技术方面的知识,才能有效地处理人力资源信息,加强人力资源管理。

第五,管理科学知识。人力资源管理信息化建设是一个系统工程,其实施必须建立在科学管理的基础上。因此,要掌握行政管理、经济管理知识,了解信息论、系统论、控制论知识,提高决策和管理水平。

第六,外语知识。随着网络化的进一步发展扩大,我国用户通过互联网与国际连接,大量的国外信息资源以外文的记录形式出现在网上。如果不掌握外语这个工具,就不能获得国际化人才信息和国外人力资源管理发展的信息。具备一定的外语水平,才能在信息海洋中迅速而有效地获取有价值的信息资源。特别是在信息和网络时代,全球的信息交流日益频繁和便利,学习外国先进经验与管理技术,与国际现代化人力资源工作接轨,参与国际学术交流,进行人力资源信息对外交流和服务,都需要熟练掌握一门或多门外语,达到能看、会听、日常对话及一般笔译的水平,以适应人力资源信息国际交流的需要。

人力资源管理信息化必须树立以人为核心的管理思想。如果信息化人才准备不足,势必会极大地影响人力资源管理的发展。因此,当前的首要任务就是要培养合格的信息化人才。

(二)人力资源管理信息化人才队伍的培养对策

信息时代的核心是科技,关键是人才。要培养造就一批人才,形成一支推进人力资源管理信息化的基本队伍。

1.注重人才队伍建设与加速人才培养

(1)注重人才队伍建设

信息时代迫切要求从领导到员工转变传统的管理理念,领导更要重视电子环境下的人力资源工作,在资金、人员和政策上加大支持力度,以新的方式、新的观念全方位发掘、培养、选拔人才,建立人才库和激励机制。要不拘一格选人才,着重解决人力资源管理信息化人才队伍建设中存在的突出问题,把工作重点放在高层次和紧缺人才上,注重人才队伍建设的整体推进和协调发展。

(2)利用各种途径加速人才培养

人力资源管理信息化建设急需大量的信息技术人才。要加强继续教育,通过委托代培、在职业务学习、专题讲座和学术报告以及业务函授、自修班和专业研究班学习等形式培养人才。要充分利用学校教育,从人力资源管理、信息管理专业的博士、硕士、本科、专科毕业生中选拔人才,为信息化人才队伍输送新鲜血液,不断充实信息化人才队伍。要强化社会教育,通过多种途径和手段,采取有效措施和政策,形成多层次、多渠道、多形式的人才培养体系,培养适应信息化发展的多门类、多层次的信息化人才,使之具有计算机知识和网络知识,熟悉数字化、网络化的环境,成为既精通信息技术又精通业务的复合型人才,在信息化进程中充分发挥作用。还可以制定引进人才的相关政策,创造良好的人才环境,吸引海内外优秀信息技术人才。

2.加强信息技术技能训练的培养

在信息化条件下,人力资源管理工作的技术性必然要求人们具备操作计算机等现代办公设备的能力,熟练地运用开发的系统;在信息检索方面能熟练运用计算机技术,实现提供利用自动化、在线化;能运用通信技术,熟悉信息系统软件和网络工具;能运用多媒体技术,提供图、文、音、像一体化的多媒体信息服务。因此,要进行专业人员的知识培训和技能的训练,使之具备现代化的管理知识,了解电子环境下人力资源管理的全过程和发展趋势,掌握应有的信息技术,确保人力资源管理系统更科学、更合理、更高效地发挥作用。

3.普及信息知识

一流的人才能造就一流的组织。实现人力资源管理信息化,需要人们具有信息观念和信息知识。通过多种方法和手段普及信息知识对提高人们的信息素质至关重要,必将对信息化产生良好的效果和积极的影响。

(1)普及信息知识的具体方法

一是专题讲座。举办专题讲座是提高信息素质的有效途径。主讲者可以是国内著名的信息学专家,也可以是对信息有独到见解和丰富经验的集团和公司领导,还可以是长期从事信息业务的工作人员。主讲内容以信息领域中某一方面知识的深入剖析为主,采取理论与实践相结合的方式,使人们既有感性认识又有理性认识。二是专题研讨。组织相关人员和领导就当前的信息化形势和单位人力资源信息系统现状进行研究和讨论,将有助于掌握更多的信息知识和技能,利于对已有信息资源深层次开发和利用。三是发行手册。用通俗易懂的文字或以图文并茂的形式将信息系统的软硬件操作手册或使用指南编辑成册,既有较广的发行面,又能具有一定的累积性,方便自学和备查。四是参观考察。组织相关人员和领导到信息行业的先进单位参观学习,获取信息,对比找差距,使信息系统更为合理而有效。

（2）普及信息知识的主要原则

第一,简明性原则。信息技术是信息化管理的工具和手段,因此普及信息知识,必须以简明、概括为原则,深入浅出,循序渐进,起到事半功倍的效果。第二,实用性原则。普及信息知识要注重实用性。以使用率高、能直接在工作中运用且具有明显收效的信息内容为主,尽量介绍与目前已建成的可操作的信息软硬件紧密相联的有关信息知识,如因特网的检索与电子邮件的使用等,这样才能增加学习的兴趣,达到学以致用的目的。第三,新颖性原则。进行普及信息知识的活动中,无论是内容还是形式都要与国内外信息化发展趋势、内外部信息环境、信息技术的最新动态保持同步,具有强烈的时代感和鲜明的新颖性,提高学习的效率和水平。第四,层次性。普及信息知识要因人而异,根据人们的知识水平、专业结构、职务职位、业务能力因材施教,做到授其所需补其所短。

4.强化信息化人才培训

信息化人才的培训,关系到全面、及时地提高人们的素养和知识结构、掌握基本技能与新的技术手段,增强适应不断变化的工作环境、接受新思想、新事物的能力。可以按照信息化人才素质的要求,建立培训机制,有计划、有组织、有目的、多渠道、多形式地开展队伍培训。

（1）信息化人才培训的主要方法

①理论培训

理论培训是提高信息化人才队伍理论水平的一种主要方法。可以采用短训班、专题讨论的形式,学习人力资源管理、信息管理的基本原理以及一些新的研究成果,或就一些问题在理论上加以探讨。可以通过研讨会、辅导、参观考察、案例研究、深造培训,提高对理论问题的认识深度。总之,各级各类组织在具体的培训工作中,要根据单位的特点来选择合适的方法,使培训工作真正取得预期的成效。

②岗位培训

岗位培训是根据岗位职责的需要,以受训对象的知识和实际工作能力与所在岗位现实和未来需要为依据,着重于岗位所需能力的培养和提高。岗位培训为人们不断补充和更新知识与技能,使其知识、技能与人力资源工作的发展保持同步;可以规范业务行为,提高管理的效率,减少工作失误;可以开发人力资源,发现人才,培养人才。

岗位培训的形式主要有:一是鼓励人员参加专业或相关专业的函授教育、自学考试教育、电视教育、网络教育等高等学历教育,系统学习科学文化知识;二是聘请专家、学者讲学,及时接受最新的思维观念、科学技术、管理理论和管理方法;三是在单位内开办培训班,对即将从事工作的人员进行岗前培训,学习组织的人力资源管理规章制度、操作方法;四是鼓励人员利用业余时间自学人力资源管理知识和相关科学文化知识。

(2)信息化人才培训的注意问题

首先,信息化队伍建设要与信息化目标相结合。要清楚地认识到,培训的目的是提高人们的素养和能力,以更好地适应现职务或新职务的要求,保证信息化目标的实现。

其次,充分调动积极性。针对参加培训人员的各自情况决定具体的培训内容,才能产生好的培训效果。应该精心策划培训内容,让每一个参加培训的人员真切地感受到培训是一次难得的机会,能够学到有价值的内容,从而积极主动参加学习。

再次,理论与实践相结合。在培训时,必须注重学以致用,把理论培训与实践锻炼有机结合。只有这样才能有效达到培训目的,培养出既有一定理论水平,又有一定的实践经验,素质和能力都较高的合格的信息化人才,形成一支推进人力资源管理信息化的基本队伍。

5.积极建设梯队的信息化人才队伍

人力资源管理信息化人才队伍建设,应重点突出,目标明确,形成梯队。

（1）信息化人才骨干队伍建设

重点抓好高层次骨干人才的培养，特别要注意发现和培养一批站在世界科技前沿、勇于创新和创业的带头人，具有宏观战略思维、能够组织重大科技攻关项目的科技管理专家及人力资源技术专家。探索新形势下加速信息化人才骨干队伍建设的新思路，把培养信息化人才骨干当成一项至关重要的任务来抓。

（2）青年信息化人才的培养

拓宽视野，不拘一格，注重发现具有潜质的青年人才，为他们提供施展才华的舞台。要重视培养年轻人的创新精神和实践能力，鼓励他们在信息化过程中和工作实践中努力拼搏。大力倡导团结协作、集体攻关的团队精神，努力培养青年人才群体。注意正确处理好现有人才与引进人才的关系，创造各类优秀青年人才平等竞争、脱颖而出、健康成长的机制，不断探索培养优秀青年信息化人才的途径。

（3）信息化管理人才的培养

信息化规划的实施与落实，需要引进、开发、投资建设一大批信息资源及网络基础设施。为保障信息化的快速、稳定、健康发展，需要一批具有较高专业素质的管理人才从事资源及设施的建设、运行、管理及维护工作。信息化管理人才的培养，要考虑队伍的稳定性，培养对象的选择，要注重是否具备较高的政治素质，是否热爱人力资源管理事业，同时在政策上要有良好的激励机制和制约措施。

（4）信息化技术应用型人才的培养

信息化建设的最终目标是要培养具有综合职业能力和全面素质、具有信息化意识，并掌握现代信息技术、计算机技术、通信技术、网络技术的适应现代化建设需要的应用型人才和高素质劳动者。这是检验信息化建设能否服务于人力资源事业体系的建立、服务于人力资源管理现代化、服务于经济和社会发展的标准。

应该充分创造条件，采用多种途径对信息化人才进行培训，尽快普及现代信息技术、计算机技术、通信技术、网络技术的教育，组织人力资源工作者参加社会认可的计算机应用资格证书考试，让更多的人参与到信息化建设工作中来。

6.重视加强信息化人才队伍建设的组织领导

人是社会信息活动的核心,人才问题是信息化的根本保证。从现在起就要有目的、有计划地培育和吸纳优秀人才,为信息化建设准备坚实的人才基础。为了培养综合素质的人才,逐步形成知识结构合理、层次配置齐全的信息化人才队伍,加快信息化建设的步伐,完成时代赋予人们的历史使命,必须加强信息化人才队伍建设的组织领导。

第一,重视人才队伍建设工作的领导。各级人力资源部门和领导干部要真正树立科技是第一生产力和人才是第一资源的意识,把信息化人才队伍建设工作摆上重要议事日程,引导人们特别是青年人树立正确的世界观、人生观、价值观,求实创新、拼搏奉献、爱岗敬业、团结协作,努力成为信息化建设的有用人才。

第二,健全人才建设的工作机制。建立和完善信息化人才交流制度,加强各地区、部门之间的联系、沟通,协调有关重要政策的研究、执行和工作部署、落实。

第三,加强人力资源管理部门自身建设。充实人力资源管理部门力量,配备高素质人员,并保持相对稳定。提供必要的工作条件,保证工作经费,加强对人员的境内外培训,提高综合素质、服务意识和信息安全意识。

第四,加强督促检查,狠抓落实。抓紧建立一支掌握先进科学技术和管理知识、政治素质好、创新能力强的信息化人才队伍,是事关事业当前和长远发展的根本大计。人力资源部门要结合实际,在抓落实上下功夫。定期对信息化人才队伍建设进行调查研究、督促检查。要进一步提高对人才问题的认识,把人才工作摆到更为重要、更为突出的位置上来,加快创造有利于留住人才和人尽其才的社会环境,切实加大工作力度,努力营造充分发挥人才作用的良好氛围,从而保证信息化目标的实现。

第四节　人力资源管理信息化系统建设

一、信息处理与服务功能

（一）信息处理功能

人力资源管理信息系统设置标准化计量工具、程序和方法，对各种形式的信息进行收集、加工整理、转换、存储和传递，对基础数据进行严格的管理，对原有信息进行检索和更新，从而确保信息流通顺畅，及时、准确、全面地提供各种信息服务。

1.数据处理

数据处理涉及设备、方法、过程以及人的因素的组合，完成对数据进行收集、存储、传输或变换等过程。将原始数据资料收集起来，输入计算机，进行文字处理，在机器屏幕上直观、方便地对文字进行录入、编辑、排版、增删和修改，方便地存档、复制、打印和传输，由计算机完成计算、整理加工、分类、排序和分析等信息处理工作，进行数据的识别、复制、比较、分类、压缩、变形及计算活动。数据处理实现信息记录及业务报告的自动化，通过对大批数据的处理可以获得对管理决策有用的信息。

2.电子表格

人力资源管理信息系统拥有丰富的人力资源数据，具有灵活的报表生成功能和分析功能。能够用软件在计算机上完成制表、录入数据、运算、汇总、打印报表等项工作，十分快捷地得到准确、美观的表格。系统直接利用来源于各基本操作模块的基本数据，既以信息库的人力资源数据作为参考的依据，又根据人力资源管理者提供的信息进行综合分析，提供从不同角度反映人力资源状况的信息报表和分析报表。如生成按岗位的平均历史薪资表，员工配备情况的分析表，个人绩效与学历、技能、工作经验、接受培训等关系的统合性分析报表，供日常管理使用和决策参考。报表提供的不是简单的数据，而是依赖于常规的人力资源管理与分析方法，从基本的数据入手，形成深层次的综合数据，反映管理活动的本质,指导管理活动。

3.电子文档管理

运用电子文件处理软件,实现文件的审定、传阅、批示、签发以及接收、办理、反馈、催办、统计、查询、归档等环节的计算机处理。用计算机管理文件材料,完成文件的编目、检索,进行文件信息统计分析,实现利用者的身份确认、签名、验证,办理借阅手续,方便利用者的查找,达到安全管理信息的目的。

4.图形与图像处理

图形处理是利用计算机完成条形图、直方图、圆瓣图和折线图等各种图形的制作,对图形进行剪辑、放大、缩小、平移、翻转等处理,满足不同需求的使用。图像处理是利用计算机将图像转变为数字形式,再用数字形式输出并恢复为图像。主要包括图像数字化、图像增强与复原、图像数字编码、图像分割和图像识别等。

(二)信息服务功能

人力资源管理信息系统的特点,是面向管理工作,收集、存储和分析信息,提供管理需要的各种有用信息,为管理活动服务。

1.整合优化管理

由于现代管理工作的复杂性,人力资源管理信息系统以电子计算机为基础,按照所面向的管理工作的级别,对高层管理、中层管理和操作级管理三个层面展开服务。按其组织和存取数据的方式,可以分为使用文件和使用数据库的服务;按其处理作业方式,可以分为分批处理和实时处理的服务;按其各部分之间的联系方式,可以分集中式和分布式服务。一个完整的管理信息系统,能够针对多层次的结构,以最有效的方式向各个管理层提供服务,使各层次间结合、协同行动。一方面进行纵向的上下信息传递,把不同环节的行为协调起来;另一方面进行横向的信息传递,把各部门、各岗位的行为协调起来。

人力资源管理信息系统,通过各种系统分析和系统设计的方法与工具,根据客观系统中信息处理的全面实际状况,合理地改善信息处理的组织方式与技术手段,以达到提高信息处理的效率、提高管理水平的目的。人力资源管理信息系统是为各项管理活动服务的一个信息中心,具有结构化的信息组织和信息流动,可以按职能统一集中电子数据处理作业,利用数据库构成较强的询问和报告生成能力,有效地改善各种组织管理,提高电子计算机在管理活动中的应用水平。只有这样,管理活动才能成为一个有机的整体,呈现整体化和最优化的局面。

2.组织结构管理

系统根据相关信息,形成组织结构图,提供组织结构设计的模式。通过职能分析,确定职务、职能、职责、任职要求、岗位编制、基本权限等,形成职务职能体系表,并根据不同职位的职责标准,进行职责诊断。系统根据需要对组织结构及职位关系进行改动、变更,对职位职责、职位说明、资格要求、培训要求、能力要求及证书要求进行管理,配置部门岗位和人员,生成机构编制表,进行岗位评价,实现内部冗余人员和空缺岗位的匹配查询。

3.人事管理

系统具有对人员档案中的信息进行记录、计算查询和统计的功能,方便人事管理。系统对每个员工的基本信息、职位变更情况、职称状况、完成的培训项目进行维护和管理。记录人事变动情况,管理职员的考勤,形成大量的声音、图像、VCD文件及其他各种形式的信息,并保存在信息库中。系统拥有人员履职前资料、履职登记及培训、薪资、奖惩、职务变动、考评、工作记录、健康档案等丰富的信息。可以按照部门人数、学历、专业、院校、籍贯、户口、年龄、性别等进行分类统计,形成详尽的人力资源状况表。系统通过众多的检索途径,直接提供满足各种需求的信息利用,在员工试用期满、合同期满时,自动通知人力资源部门处理相关业务。

4.招聘管理

系统能够为招聘提供支持,优化招聘过程,进行招聘过程的管理,减少业务工作量;对招聘的成本进行科学管理,降低招聘成本;为选择聘用人员的岗位提供辅助信息,有效地帮助进行人力资源的挖掘。

5.薪资管理

系统可以根据基本数据,在职务职能设计的基础上,进行岗位分析,确定薪酬体系,自动计算单位及各部门的薪酬总额、各种人事费用比例、各级别的薪酬状况,及时形成薪酬报表、薪酬通知单等单据,根据目前的现状对薪酬体系进行自我调整,形成详尽的薪酬体系表和薪级对照表,便于对薪资变动的处理。

6.绩效考核管理

系统的绩效考核功能,包括考核项目定义、考核方案设置、考核等级定义、考核员工分组定义、考核记录、考核结果。系统根据职务职能设计将人员分成决策层、管理层、基本操作层、辅助运作层等职级,分别设计考评的标准,对月份、季度、年度考核进行统计分析,并与薪酬、奖惩体系等进行数据连接,生成数据提供利用。

7.培训管理

系统制定培训计划,对培训进行人、财、物的全面统筹规划。在资金投入、时间安排、课程设置等方面实施控制。系统对课程分类、培训计划等提供了基本的模式,根据职位中的培训要求及员工对应的职位,能自动生成培训安排。员工改变职位后,其培训需求自动更改,可直接增加培训计划,也可由培训需求生成培训计划。系统能够获取培训过程中的各种信息材料,有各种培训资料收集途径信息,有大量培训组织机构的信息,逐步形成了专业的培训信息库,使个人的培训档案能够直接与生涯规划紧密联系在一起。系统可以从教师、教材、时间安排、场地、培训方式、培训情景等方面进行综合评估,检查培训的效果。

二、信息事务处理、计划与控制功能

(一)信息事务处理功能

人力资源管理信息系统能优化分配人力、物力、财力等在内的各种资源,记录和处理日常事务,将人们从单调、繁杂的事务性工作中解脱出来,高效地完成日常事务处理业务,既节省人力资源,又提高管理效率。

系统在审查和记录人力资源管理实践过程中,通过文字处理、电子邮件、可视会议等实用技术,以及计算和分析程序,进行档案管理、编制报告、经费预算等活动。集中实现文件材料管理、日程安排、通信等多种作用,辅助人力资源管理者进行事务处理,协调各方面的工作。人力资源管理信息系统的处理事务功能具有以下两个特性。

第一,沟通内部与外部环境之间的联系。在内、外部之间架起一座桥梁,确保信息交流渠道的畅通，及时、准确地获取有用信息，并向外界进行有效的信息输出。

第二，系统既是信息的使用者，又是信息提供者。系统与外界环境联系密切，在运行过程中产生并提供信息利用，管理者通过它获取有关组织运转的现行数据和历史数据，从而很好地了解组织的内部运转状况及其与外部环境的关系，为管理决策提供依据。

（二）信息计划与控制功能

人力资源管理信息系统的计划功能表现在系统能体现未来的人力资源的数量、质量和结构方面的信息，针对工作活动中的各种要求，提供适宜的信息并对工作进行合理的计划和安排，保证管理工作的效果。人力资源计划按重要程度和时间划分，有长远规划、中期计划和作业计划等；按内容划分有人员储备计划、招聘计划、工资计划、员工晋升计划等。系统可以对有关信息进行整合，形成完整的人力资源计划，为人力资源管理提供利用。

控制是人力资源管理的基本职能之一，而信息是控制的前提和基础。及时、准确、完整的信息可以保证对人力资源管理全过程进行有效的控制，做到指挥得当，快速应变。人力资源管理信息系统能对人力资源管理的各个业务环节的运行情况进行监测、检查，比较计划与执行情况的差异，及时发现问题，并通过分析出现偏差的原因，采用适当的方法加以纠正，从而保证系统预期目标的实现。

三、信息预测功能

人力资源管理信息系统不仅能实测现有的人力资源管理状况，而且可以对人力资源管理活动进行科学分析和组织，利用过去的历史数据，通过运用适当的数学方法和合理的预测模型来预测未来的发展情况，对人力资源需求、劳动力市场、未来战略、职业生涯和晋升等做出科学预测。

系统通过对行业信息、人才市场信息等做出测评，针对不同的岗位，按照一定人力资源规划的方法进行综合计算，预测某一时期单位及各职能部门的需求人数，并对人员的学历、资历、专业、工作行业背景、毕业院校等基本素质进行规划,最终自动生成详细的易操作的人力资源规划表,确定新进、淘汰、调动、继续教育的基本目标。对人员、组织结构编制的多种方案,进行模拟比较和运行分析,并辅之以图形的直观评估,辅助管理者做出最终决策。

系统可以制定职务模型,包括职位要求、升迁途径和培训计划。根据担任该职位员工的资格和条件,系统提出针对员工的一系列培训建议,一旦机构或职位变动,系统会提出一系列的职位变动或升迁建议,对人员成本做出分析及预测。

四、信息决策与执行支持功能

(一)信息决策支持功能

当今社会,信息变得越来越重要。真实、准确的人力资源信息是进行决策的坚实基础。所以,人力资源管理信息系统的决策支持功能非常重要。把数据处理的功能和各种模型等决策工具结合起来,依靠专用模型产生的专用数据库,针对某方面具体的决策需要,专门为各级、各层、各部门决策提供人力资源信息支持,可以达到决策优化。

决策支持功能的学科基础是管理科学、运筹学、控制论和行为科学。通过计算机技术、人工智能技术、仿真技术和信息技术等手段,利用数据库、模型库以及计算机网络,针对重要的决策问题,做好辅助决策支持。决策支持功能具备易变性、适应性、快速的响应和回答、允许用户自己启动和控制的特征。

决策支持的类型主要有:专用决策支持,针对专业性的决策问题,如招聘决策、人力资源成本决策,具有决策目标明确、所用模型与程序简单、可以直接在系统中获得决策结果的特点;集成的决策支持,能处理多方面的决策问题、模型、数据库和计算机网络处理的决策问题,具有更强的通用性;智能支持,由决策者把推测性结论与知识库相结合,用来解答某些智能性决策问题。

决策支持面对的是决策过程,它的核心部分是模型体系的建立,提供方便用户使用的接口。人力资源管理信息系统能充分利用已有的信息资源,包括现在和历史的数据信息等,运用各种管理模型,对信息进行加工处理,支持管理和决策工作,以便实现管理目标。它不但能在复杂的迅速变化的外部环境中,提供相关的决策信息,从大量信息中挖掘出具有决策价值的数据、参数和模型,协助决策者制定和分析决策,提高决策质量和可靠性,降低决策成本,而且可以利用各种半结构化或非结构化的决策模型进行决策优化,提高社会经济效益。

决策支持要求提供的数据范围广泛,但对信息的数量和精度方面要求比较低。它通过灵活运用各种数学和运筹学方法,构造各种模型来支持最终的决策。

决策支持主要帮助管理者解决问题,使管理者不受空间和时间的限制,共享系统提供的各种信息。当支持决策的数据变量发生改变时,分析出现变化可能带来的结果,帮助管理者调整决策。

(二)信息执行支持功能

主要服务对象是战略管理层的高级管理人员。它直接面对的是变化无常的外部环境。执行支持只是为决策提供一种抽象的计算机通信环境,而不同于决策支持为决策者提供某种特有的解决问题的能力。执行支持系统能以极低的成本和极快的速度向决策者提供有用的信息,从而保证管理者能进行及时的决策,避免耽误决策时机。为了方便高级管理人员操作,系统往往具有很友好的界面。

五、人力资源管理信息系统的开发与建立

(一)人力资源管理信息系统的开发

人力资源管理信息系统都是按照一定的管理思想,借鉴相应的管理理念开发出来的。人力资源管理信息系统的开发,要考虑系统的要素、系统的管理过程,分析系统开发的要求,在创造各种有利条件的基础上进行开发。

1.人力资源管理信息系统的要素

人力资源管理信息系统作为实现管理现代化的重要手段,是由相互联系、相互作用的多个要素有机集合而成的,执行特定功能的综合体。

(1)人

人力资源管理信息系统是一个人机系统,人员是系统的重要组成部分。包

括数据准备人员与各层次管理机构的决策者以及系统分析、系统设计、系统实施和操作、系统维护、系统管理人员。人力资源管理信息系统的实施,关键在于系统人员的管理。应该将参与系统管理的人员,按照系统岗位的需要进行分工和授权,使之相互配合,协调一致地参与管理过程。明确规定系统的各个岗位的任务、职权和职责,对系统人员承担的任务进行明确的授权;用客观、公正的评价指标和衡量优劣的方法,定期或不定期地对系统人员进行检查和评价;对系统人员进行培训,应对计算机专业人员与管理人员在内容上各有侧重。

（2）硬件系统

硬件主要指组成人力资源管理信息系统的有关设备装置,包括计算机及通信网络、工作站和有关的各种设施。主要是进行信息输入、输出、存储、加工处理和通信。计算机是整个系统的核心;通信网络可采用局域网、因特网或其他网络,以适于不同部门、不同区域的需要;工作站可以是简单的字符终端或图形终端,也可以是数据、文字、图像、语音相结合的多功能的工作站。

（3）软件系统

软件系统主要包括系统软件和应用软件两大类。系统软件主要用于系统的管理、维护、控制及程序的装入和编译等工作。应用软件包括指挥计算机进行信息处理的程序或文件等。

（4）数据库

数据库是指数据文件的集合。数据库对各种人力资源的数据进行记录和保存,将这些数据和信息转化成为人力资源管理信息系统可以识别和利用的信息,把所有人力资源信息纳入系统,使不同来源的输入数据得以综合,方便提供必要的利用。数据库的内容包括描述组织和员工情况的数据以及影响人力资源资源管理环境的因素,可以提供对于人力资源计划和管理活动具有广泛价值的多种类型的输出数据。应该把人力资源管理活动中形成的人力资源信息,按照数据库设计的要求转换成数据信息,及时更新、修改和补充新的数据,以便在满足基本业务需求的同时,适应不断增长的业务信息需求。

（5）操作规程

操作规程指的是运行管理信息系统的有关说明书,通常包括用户手册、计算机系统操作手册、数据输入设计手册等。遵循操作规程,整合优化人力资源管理,统一业务处理流程,就可以顺利完成管理信息系统的各项功能,如信息处理、数据维护及系统操作等,从资源规划和整合上优化人力资源管理信息系统。

2.人力资源管理信息系统的基本环节

一个完善的人力资源管理信息系统,包含有信息输入、信息转换、信息输出、信息反馈控制四个基本环节,其核心任务是向各层次的管理提供所需的信息,实现信息价值,体现了人、机、信息资源三者之间的关系。

(1)输入

向人力资源管理信息系统提供原始信息或第一手数据,即为输入。人力资源管理信息系统主要包括两个方面的信息:第一,组织方面的信息,主要是政策、制度、程序、管理活动的真实记录;第二,个人方面的信息,主要是自然状况,性别、年龄、民族、籍贯、健康;知识状况,文化程度、专业、学历、学位、职称、取得的各种资格证书;能力状况,操作技能、管理技能、人际交往能力、组织协调能力、语言表达能力、其他特长;经历,个人承担过的工作、职务、时间,是在个人职业生涯中形成的历史信息;工作状况,所属部门、职位、等级、绩效表现;培训,受过哪些培训、时间、成绩;收入,工资、奖金、福利;心理状况,兴趣、偏好、积极性水平、心理承受能力;家庭状况,家庭成员、家庭职业取向;部门评价,使用意见、综合评价等。系统要完整、准确、及时地记录数据,加快信息更新速度,丰富信息资源。

(2)转换

转换是指对输入的信息进行加工,使其成为对组织更有价值、更方便利用的信息形式。信息的转换要经过信息的分类、信息的统计分析、信息的比较和信息的综合处理等环节,要求确保信息的客观性和提高信息的可用性。系统对获得的原始信息材料作分类加工处理,就可得到许多能满足需求的有用信息,员工文化素质的结构、年龄结构、业务水平、培训情况等,使信息利用更有效。如输入员工每月的工作时数,就可得到其应发工资数、扣发工资数及实际数等项目。计算机和软件对信息进行转换,形成合成信息、深层次信息、计量模型和统计模型计算的数据,使信息转化为符合利用需要的信息,可帮助管理者做出科学的决策。用计算机系统进行信息加工,比手工的处理速度更快、更准确。

（3）输出

输出对加工处理后的信息成果，用报表、报告、文件等形式提供给系统外部利用。如工资单、招聘分析报告。信息输出的形式因利用者对信息内容和质量的要求不同而有差异。一定要根据存储量、信息格式、使用方式、安全保密、使用权限等方面的要求来确定。人力资源管理信息系统的最终目的是为用户提供技术数据、管理信息和决策支持信息。信息只有经过输出，才能实现价值，发挥作用，变潜在价值为现实价值。系统输出高质量的信息，是管理活动的基础和依据，能够起到辅助管理的作用。

（4）反馈控制

系统将信息输出后，输出的信息对管理活动作用的结果又返送回系统，并对系统的信息再输出发生影响的过程。利用系统提供的反馈信息，可以据此改变系统参数和重新配置人员，重新确定工作标准、配置人力资源、修订人力资源发展计划。反馈控制确保整个过程的实施，确保系统所预想达到的结果，以提高整个系统的有效性。

3.人力资源管理信息系统开发的一般要求

人力资源管理信息系统具有复杂的结构形式，既要反映业务活动的特点，又要反映组织结构的特征，而且时间、环境、个体因素都会对其产生影响。因此，进行人力资源管理信息系统的开发要遵循一定的要求。

（1）完整性与集成性

人力资源管理信息系统是基于完整而标准的业务流程设计的，能够全面涵盖人力资源管理的所有业务功能，是用户日常工作的信息化管理平台。对员工数据的输入工作只需进行一次，其他模块即可共享，减少大量的重复录入工作。人力资源管理信息系统，既可作为一个完整的系统使用，也可以将模块拆分单独使用，必要时还能扩展集成为一个完整系统。

（2）易用性

界面友好简洁，直观地体现人力资源管理的主要工作内容，引导用户按照优化的人力资源管理流程进行每一步操作。尽量在一个界面显示所有相关信息，并操作所有功能，使信息集成度高，减少大量对弹出式对话框的烦琐操作。

（3）网络功能与自助服务

能提供异地、多级、分层的数据管理功能，日常管理不受地理位置限制，可在任何联网计算机上经身份验证后进行操作。

为员工与管理者提供基于 Web 的企业内部网络应用，允许员工在线查看企业规章制度、组织结构、重要人员信息、内部招聘信息、个人当月薪资及薪资历史、个人福利累计、个人考勤休假等；注册内部培训课程、提交请假、休假申请，更改个人数据，与人力资源部门进行电子方式的沟通；允许主管人员在授权范围内在线查看所有下属员工的人事信息，更改员工考勤信息，审批员工的培训、请假、休假等申请，并能在线对员工进行绩效管理；高层管理者可在线查看人力资源配置情况、人力资源成本变动情况、组织绩效、员工绩效等各种与人力资源相关的重要信息。

（4）开放性

提供功能强大的数据接口，轻松实现各种数据的导入导出以及与外部系统的无缝连接。便于引入各类 office 文档，并存储到数据库中，规范人力资源文档的管理，并增加文档的安全性。能够支持所有主流关系型数据库管理系统以及各种类型的文档处理系统。

（5）灵活性

可方便地根据用户需求进行功能改造，更改界面数据项的显示。具有强大的查询功能，可灵活设置众多条件进行组合查询。支持中英文或其他语种实时动态切换。

（6）智能化

系统的自动邮件功能，可直接批量通过 E－mail 发送信息给相关人员，如通知被录用人员、给员工的加密工资单等，极大地降低管理人员的行政事务工作强度。系统设置大量的提醒功能，以便用户定时操作，如员工合同到期、员工生日等，使人力资源管理变被动为主动，有效地提高员工对人力资源工作的满意度。

（7）强大的报表、图形输出功能

提供强大的报表制作与管理工具，用户可直接、快速设计各种所需报表，并能随时进行设计更改。报表可输出到打印机、Excel 文件或 TXT 文本文件。提供完善的图形统计分析功能(如条形图、圆瓣图、折线图等),输出的统计图形可直接导入 MS office 文档中,快速形成人力资源工作分析报告。

(8)系统安全

对数据库进行加密,进行严格的权限管理,设定用户对系统不同模块、子模块乃至数据项的不同级别操作权限。建立数据定期备份机制并提供数据灾难恢复功能;建立日志文件,跟踪记录用户对系统每一次操作的详细情况。

4.人力资源管理信息系统开发的条件

人力资源管理信息系统的开发及运行能够产生巨大的社会经济效益,但是必须具备一定的前提条件,否则不仅不能获益,反而会造成人力、财力、物力和时间的浪费。一般说来,开发人力资源管理信息系统应具备以下四个基本条件。

(1)管理基础坚实

人力资源管理信息系统应建立在科学管理的基础上。可以说,系统的开发过程就是管理思想和管理方法变革的过程。只有在合理的管理体制、完善的规章制度、稳定的工作秩序以及科学的管理方法的基础上,完善人力资源管理运作体系,实现工作规范化、系统化,系统的功能作用才有可能充分发挥。

(2)领导重视

人力资源管理信息系统开发是一项复杂的系统工程,涉及统一数据编码、统一表格形式等多项协调工作,不能仅仅依靠专门技术人员单独实现。在某种程度上说,领导的重视程度可以直接决定人力资源管理信息系统的应用效果,因为在管理信息系统开发与应用的各个时期,对于资源投入、总体规划等全局性的重大问题,需要领导决策。领导要了解人力资源管理信息系统的优势,熟悉计算机基础知识和系统基本操作,重视并积极参与系统开发工作。

(3)相关人员积极参与

要明确规定系统开发相关人员的职责,协调相互之间的关系,充分发挥系统开发人员的作用。

系统开发相关人员要履行自己的职责,积极参与开发。方案设计人员,要具有非常好的计算机技术,熟悉自动化流程业务,负责整个项目的需求分析、方案论证和实施方案的设计。项目实施人员,负责整个系统的开发、测试和安装,保证系统实施过程中的质量,并定期将进展情况向其他人员通报。技术服务人员主要职责是用户的操作指导和培训,做好技术支持。资料员,负责提供和保管在系统开发实施过程中需要的各种数据和产生的各种文档。

业务人员主动配合对人力资源管理信息系统的开发与应用同样具有重要作用。在系统开发阶段,需要他们介绍业务、提供数据和信息;在系统建成之后,他们是主要的操作者和使用者。因此,他们的业务水平、工作习惯和对系统的关注与参与程度,将直接影响系统的使用效果和生命力。所以,要充分调动业务人员的积极性,使其能够很好地配合,主动参与系统的使用和部分开发工作。

(4)紧密结合实际

进行人力资源管理信息系统的开发,要做客观而充分的评估,了解人力资源管理现状,做出系统的预算,决定是否需要引入管理咨询,确定实施系统的范围与边界。既考虑满足当前人力资源管理需求,又设法确保系统为人力资源管理层次的提升带来帮助。要从实际情况出发,不盲目地贪大求全,准确定位,寻找到合适的解决方案。在功能层面上,根据人力资源管理的实际情况,规划实际有效的、能够产生价值的功能模块,比如招聘、培训发展、薪酬、沟通渠道、绩效管理、福利管理、时间管理、自助服务等。要具备完整的系统运行环境,如服务器、硬件设备、用户服务支持、数据处理和管理、流程控制等。

(5)高水平的专业技术团队

人力资源管理信息系统的开发和运行必须有一支具备合理结构的专业技术人员队伍。队伍的组成包括:系统分析员,主要进行系统开发的可行性研究,做好调查研究,对系统目标、系统功能、系统的效益预测、资金预算、开发步骤与开发方法等进行分析;系统设计员,是系统的具体执行者和组织者,既要懂管理知识、计算机硬件软件知识和经济管理知识,又要具有系统开发实践经验和组织能力,其主要任务是系统功能设计、数据库设计、系统设备配置安排、系统输入与输出设计、代码设计等;数据员,主要负责与业务人员一起共同收集、整理和输入数据;程序员,既要了解管理业务,又要具有程序编程设计能力。

(二)人力资源管理信息系统的建立过程

随着信息技术与管理现代化的发展,人们越来越意识到人力资源管理信息系统的重要性,运用各种信息技术建立人力资源管理信息系统。完善的人力资源管理信息系统的建立,具有很强的阶段性。应该根据单位一定时期的规模、发展速度、业务范围和地域以及信息化水平,针对各个阶段的特点,确定开发目标,明确各个阶段的主要任务,选择合适的人力资源管理信息系统及其实现形式,建立目标明确的人力资源管理信息系统。

1.系统规划

系统规划阶段的主要任务是明确系统开发的目的,进行初步的调查,通过可行性研究,确定系统的逻辑方案。

(1)明确系统创建的目的

根据组织发展战略及现有规模,针对管理的需求,明确系统建立的目的,弄清系统要解决的问题。要对系统进行规划,做好各种人力资源信息的设计和处理方案,确定系统发展的时间安排,建立系统管理的各项规章制度,使管理人员和员工了解人力资源管理信息系统的含义、用途和作用,明确系统目标。

(2)进行系统的调查分析

通过对管理现况的初步调查研究,重点加以分析,深入全面了解业务情况。认识人力资源管理的发展方向和优先次序,找准人力资源管理工作的瓶颈,确定系统的目标和可能涉及的变量,决定人力资源管理信息系统计划的范围和重点。

(3)建立人力资源管理信息系统逻辑模型

分析组织结构及功能,将业务流程与数据流程抽象化,通过对功能数据的分析,建立人力资源管理信息系统的运行模型,制定员工关系管理和人力资源服务模型电子化的目标、策略和实施计划,争取管理层的支持,力争获得资金和其他资源的支持。

2.系统设计

系统设计阶段的主要任务是确定系统的总体设计方案,划分系统功能,确定共享数据的组织,进行具体详细的设计。系统设计要立足于操作简单、实用,并能真正解决实际的业务问题。

要分析现有的信息,为人力资源管理信息系统提供有效的数据。确定系统中数据的要求、系统最终的数据库内容和编码结构,说明用于产生和更新数据的文件保存和计算过程,规定人力资源信息的格式和处理要求,决定系统技术档案的结构、形式和内容要求,确定人力资源信息系统与其他智能系统的接口的技术要求等。

进行系统设计要优化人力资源管理流程。了解用户的使用体验,明确系统的功能和技术需求,设计功能模块,构建薪酬管理、绩效管理、招聘、培训、人力资源评估、福利管理和不同用户的人力资源自我服务功能,为人力资源管理搭建一个标准化、规范化、网络化的工作平台。通过集中式的信息库、自动处理信息、员工自助服务、外协以及服务共享,达到降低成本、提高效率、改进服务方式的目的。必须考虑到人力资源管理信息系统的经济、技术操作的可行性,分析软件硬件的选择及配备、系统方案设计的合理性,分析人员组成与素质、人工成本,从成本和收益方面考察方案的科学性。要建立起各种责任制度,通过专家与领导对系统进行评审。

3.系统实施

系统实施阶段的主要任务是执行设计方案,调试系统模块,进行系统运行所需数据的准备,对相关人员进行培训。

(1)配置软硬件

购置硬件要注意选型。员工人数较少的单位可自行开发软件,开发的软件尽量简单、易用;人数较多,则适宜外购软件或请专家帮助开发。信息时代,人力资源管理从思想到行动都发生着巨大的变化,正在变革中的人力资源管理要求软件能够以不变应万变,适应变化了的需要,解决软件的灵活与操作的简单之间的矛盾,使软件具有生命力。

(2)保障系统的安全

由于现行的人力资源管理信息系统受到网络技术的制约,而系统安全问题也就显得尤为重要。要采取切实措施,保证系统内有关员工隐私和保密的数据,免受无访问权限的人获取和篡改。此外,人力资源管理部门对员工绩效评估程序以及薪酬计划的制定等内部机密,也应当得到有效的保护。

(3)系统的日常运行与维护

系统达到可行性分析提出的各项要求,并通过验收后,就可以进入日常运行和维护。系统的日常运行与维护涉及业务部门、人力资源部门和技术部门。

业务部门进行日常数据输入,用指标、表格及模型把相关数据进行整合,提出新的信息需求,开展授权范围内的信息处理、查询、决策支持服务,对系统运行提出评价和建议。人力资源部门进行数据使用与更新,根据各部门人力资源配置的新需求,整合信息,进行人力资源管理与决策支持。技术部门进行日常运行的管理与维护,对系统进行修改、补充、评价及检查。

人力资源管理信息系统投入使用后,日常运行和维护的管理工作相当重要。系统的实际使用效果,不仅取决于系统的开发设计水平,还取决于系统维护人员的素质和系统运行维护工作的水平。

要对计算机的硬件、软件系统进行检查,对系统的使用环境进行评估,确定输入—输出条件要求、运行次数和处理量,提供有关实际处理量、对操作过程的要求以及使用者的教育情况的信息,对人力资源管理信息系统的输入进行控制。

(4)对相关人员进行培训

实现人力资源管理信息系统的良性运行,需要对相关人员进行培训,特别是对人力资源管理者进行培训。既要对人力资源管理人员进行系统应用和简单维护的培训,又要对有机会接触系统的员工进行系统操作方法的培训。培训必须以授权访问系统权限的高低来加以区别。

系统管理人员负责整个系统的运行维护和日常操作指导,其培训的基本内容是:系统的设计方案、系统的安装调试和运行数据的组织、信息环境的配置、基础数据的定义、系统安全和备份、系统运行维护、系统常见问题的解决。

对于一般用户的培训内容主要是:人力资源管理信息系统的基本理论、各模块功能的基本操作、常见问题的处理。

第八章 互联网时代人力资源管理

第一节 互联网时代企业人才生态链的重构

一、人才生态链及其内在运行机理

说到人才生态链,首先就要提到人才生态系统。所谓人才生态系统,指的是在特定的区域与时间内,各类人才群体与其生存环境,如自然环境、社会环境、经济环境、政治环境和科技环境等,形成的有机复合体。而人才生态链就是人才生态系统中的人才队伍。

（一）什么是人才生态系统

人才生态链是指在人才生态系统中,模仿自然生态系统中的生产者、消费者和分解者,以人才价值（知识、技能、劳动成果、经验等）为纽带形成的具有工作衔接关系的人才梯队。

在人才生态系统中,各要素间存在着复杂的关系,既有上下游人才种群间的知识、能力、经验、教训和劳动成果的传递,也有政府、企业、人才市场及培养机构等提供的支持和服务。

按照食物链的分析方法,可以将人才生态系统中的各要素分成两大类:第一类是人才生态链,指的是人才生态系统中的各人才种群,按照生产者、消费者和分解者的关系分别处于人才链条的不同节点上,并按照食物链的运作规律进行价值（知识、技能、劳动成果、经验等）的传递;第二类是与人才生态链相配套的支持服务链,包括政府、企业、人才市场、培养机构等,从政策、环境、市场和服务等角度影响着人才生态链的构建和运行。

人才生态链是人才生态系统的主体,直接关系着人才种群的生存与发展;人才种群间相互激活、相互依存、优势互补、共同进化和发展,同时支持服务链的功能定位和服务取向。要想适应互联网时代的要求,现代企业人力资源管理使用的手段和方法就要针对人才生态链中的各要素提出。

(二)人才生态链的运行机理

人才生态链上各节点的人才种群相生相克、相互依存、相互竞争。为什么各人才种群能聚集在一起并按照食物链的关系成熟运作?要想回答这个问题,首先就要探讨一下人才生态链形成与发展的内在机理,包括人才生态链的形成条件、动力基础、内在机理及作用等。

1.人才生态链形成的条件分析

人才生态链是一个多要素、多侧面、多层次的错综复杂体,形成的关键是人才集聚。

人才集聚:人才集聚是人才流动过程中的一种特殊行为,是指人才由于受某种因素影响,从各个不同的区域(或企业)流向某一特定区域(或企业)的过程。人才集聚不仅可以实现人才自身的价值,而且还会产生集聚效应,如正反馈效应、引力场效应、群体效应和联动效应。国内外实践已反复证明,人才集聚效应既是人才生态链存在的合理解释,也是人才生态链不断完善和发展的重要推动力。人才群体的集聚化成长,必须依靠良好的吸纳和培育机制,以最大限度地发挥人才群体的集聚效应。人才集聚不是众多人才的简单集中,而是以专业化分工与社会化协作为基础,各种类型人才种群共生互补的生态化过程,随着人才集聚的日益成熟,将产生强大的集聚引力,从而不断增强人才群体竞争力因此、人才集聚是人才生态链形成与发展的基础,人才集聚产生的集聚引力,是人才生态链形成的必要条件。

竞争与协作:人才生态链的形成,仅仅依赖人才集聚这个必要因素是不够的。在人才生态系统中,人才生态链上各节点人才种群间不间断地发生着各种各样的关系,主要有互利共生的合作关系和优胜劣汰的竞争关系。在人才生态链上,生产者人才、消费者人才和分解者人才之间更多地表现为协作、共生关系,体现为知识与技能等的互补,从而促进了种群之间的共同发展,而多种群的共生也保持了生态的平衡,但是,人才种群之间并不总是表现为合作,一旦存在着对相同稀缺资源的需求,这些种群也不可避免地发生竞争现象,人才种群之间的竞争产生必要的张力,可有效防止人才沉淀,使人才个体始终保持足够的进取动力以及高度的警觉和灵敏性,并依靠协同关系在"优胜劣汰"的竞争自强化机制中不断发展壮大,推动人才群体组合能力的动态化发展。

2.人才生态链形成的动力基础

自然生态系统中食物链的形成往往是一个自然过程,而人才生态链的形成则更多地体现了"人为"的功能,是经济、生态、自我完善与发展等因素使人才生态链上各人才种群聚集在一起。

经济动因:在理性人假设的前提下,利益必定是各人才种群参与人才生态链的动力基础,而其他可能的动力源,比如生态性追求、自我完善与发展,还有信任或权威等只能作为补充和辅助的动力基础。这样,人才生态链形成有两个基本的经济动因:一是人才种群在人才生态链上所获得的收益大于未参与之前;二是参与人才生态链的人才种群较之其他未参与的同类人才种群能获取更多的收益,因此,人才生态链带来的经济效益是一种客观实在,它是人才生态链形成的基本动因。

生态动因:人才生态链是一个有机整体,它具有整体的结构和功能,而这个整体的结构和功能的优劣又集中体现在人才生态链生态效益的高低上,人才生态链上各人才种群间的竞争与协作会对该人才链的生态平衡产生一定的影响,从而直接关系到链上各人才种群的生态环境质量,因此,人才生态链的生态效益也是一种客观实在,在保证有较高的经济效益的同时,避免产生较差的生态效益。

自我完善与发展动因:在自然生态系统中,食物链是整个生态系统生存与发展的基础在自然生态系统生存与发展的过程中、必须考虑食物链各层级的平衡发展同样,在人才生态系统中,人才生态链是整个生态系统的能量基础,它的发展将直接影响和制约链上各人才种群的自我完善和发展,所谓人才种群自我完善与发展,是指人才生态链上的各人才种群,在满足整个人才链发展的同时,利用链上的整体优势,自身得到优化与发展,从而形成强大的吸引力,吸引种群外的其他相关人才;这将在一定程度上优化各人才种群内部的人才结构,提高种群对人才的吸纳能力,使各人才种群结构更加稳固,以应对来自外界的各种风险。

3.人才生态链形成的内在机理

实践已经证明,人才群体发展演化是以核心人才为种核的,能显示出强烈的人才种核效应。行业中的领袖级人物,通常都能对同类人才产生强大的号召力、向心力和凝聚力;他们是群体发展的生长基点和凝聚核心,能够将上下游人才聚拢在一起,并通过衍生、扩张与拓展等方式,造就更大范围、更大规模、更大影响的人才布局,形成景象壮观的"人才生态链"和"人才生态圈"。

一旦形成了人才生态链,在人才优势和发展前景的映射下,就会成功吸引和辐射到处于"观望"状态的人才,将外部优秀人才不断集聚到一起,扩大人才规模。如此,人才生态链就会越来越复杂,人才群体的核心竞争力和可持续发展能力也会越来越强;同时,在群体的感召力下,人才生态链上的人才也会产生持久的黏附力。

4.人才生态链的作用

在人才管理实践中,构建、延伸和优化人才生态链能有效促进新观念、新技术、新知识相互扩散,形成知识的"溢出效应",实现人才种群间的配合与反哺,提高人才种群的工作效率和产出效率,保证人才种群间的协同进化和发展,促进人才生态圈的恢复与平衡,最终为区域或组织的人才结构优化升级提供新思路。

促成核心种群:人才生态链有利于借助人才种核效应,促进人才结构的优化升级。领军人才是人才生态系统的核心种群,具有一定的凝聚力和向心力,不仅能对外部的同类人才产生强烈的吸引作用,而且能对种群内部人才产生持久的凝聚作用。因此,一个区域或组织在开辟一项新事业、创新一种新机制时,要引进和选拔那些高层次和拔尖人才,并以此为旗帜,建立强有力的人才种群凝聚核,以迅速吸引大批同类人才,从而有效改善现有人才结构,提高人才群体产出效能。

建立人才梯队:人才生态链有利于建立合理的人才梯队,优化人才的层次结构。人才生态链呈金字塔形状,越是处于基础地位的种群,数量相应越庞大;处于高端的则是少数;这种生态结构必须时时保持动态平衡,任何一个节点的弱化或缺失，都可能导致整个人才生态系统的崩溃。因此，一个区域或组织在引进高级人才的同时，还必须确保有相当数量的初中级人才与其匹配，以发挥整体优势效应，在激烈的竞争中促使一流人才和优秀团队"浮出水面"。

人才、知识的再生产：人才生态链有利于实现"人才再生产"和"知识再生产"，改善人才的素质结构。人才生态链上存在的三大功能类群（生产者人才、消费者人才和分解者人才），在其生态环境各生态因子的综合作用和影响下，面临较大的生态选择压力，这就促使它们积极开展协调动作，将从生态环境输入的物质流、能量流、信息流进行内化处理，实现"人才的再生产"和"知识的再生产"，从而优化和提升人才素质结构。因此，一个区域或组织必须保证人才生态系统内在功能有效化，以改善现有人才的素质结构。

总之，人才生态链展示了人才生态系统中各要素间的有机联系和复杂关系：人才的价值（知识、技能、劳动成果、经验）按照食物链的运作规律进行传递，而与人才相配套的企业人力资源环境将提供支持服务链，从制度、文化、服务等方面影响其构建与运作。基于此原理，人才生态链便对现代企业的人力资源管理的手段和方法提出了新的要求。

二、构建开放动态的人才生态系统

自然界中的生态系统通常都不是孤立存在的，需要跟其他系统进行能量交换。企业人才生态系统也是如此，需要跟外部供应商、客户和利益相关者形成人才生态系统，拓宽人才眼界。在供应商里，可能有企业需要的人才，还能帮企业发掘人才；在消费者中，也可能存在企业的人才，移动互联网时代的"粉丝"就是编外员工。

只有不断拓宽思路、构建开放动态的人才生态系统，企业才能自我更新、生生不息。

（一）明确基本概念

人才生态系统的基本概念包括人才个体、人才种群、人才生存环境系统。

人才个体：人才个体是指构成人才生态系统的基本单元，是人才生态系统研究的基本对象，也是发挥系统作用的核心部分。作为人才个体，他具有不同的需求,不同的知识技能特征,在不同时间行为的表现不同,随着环境的变化以及自身的特点会出现才能进化以及退化的现象,人才个体的各类特征直接影响到人才生态系统的功能发挥。

人才种群:人才种群是指由各类人才所组成的群体。这个群体可以由相同或相似的人才构成,在一个生态系统中可以存在多种多样的人才种群。根据不同的研究目的,人才种群也可以有不同的分类,如从商、从政、从事学术研究的种群或从事不同学科研究所形成的人才类别,在这个人才种群内以及种群之间都会发生各种相互作用及相互影响的关系,如种群之间的合作与竞争、种群内部的合作与竞争等。

人才生存环境系统:人才生存环境系统是指影响人才形成、生存及发挥作用的环境系统,主要包括人才培养机构、人才的投资者、人才的使用者、人才流动的平台,以及其他非生物因素,如政治、经济、文化等,该系统是发挥人才功能的重要保证。

(二)建立合适的人才生存链

在自然生态系统中,每个生物个体的生存发展都离不开它的食物链,离不开能量的获取与转换。同样,作为人才系统中的人才也离不开它的食物链,从而形成自己的生存链。

在人才的生存链中,不仅有知识与能力的吸收,还有知识与能力的运用,以及知识与能力的再吸收、再培训、再提高。通过这条生存链,人才才能在系统中获得能量,得到生存;通过知识、技能的转化,人才才能获得新提高如果在这个链条中无法获得所需的能量,人才可能就会枯萎。但人与自然生态还有一个显著的不同,就是人有主动性,人才可以主动流动,所以人才生态系统的建设者就要多关注人才的生存链,保证人才生存链不断裂。

(三)加强人才个体的建设,提高人才的适应性

人才在生态系统中的生存,不仅与他是否获得"食物"有关,更与他是否具有与外界的适应性有关。这里的适应指的是为了得到最好的生存和发展,个体生物对所处环境及变化在行为上做出的调整和改进。人才适应性是在特定环

境下人才生存和发展的适合性,也是与其他人才共处的和谐性,有利于人才的可持续发展。

人才的适应性指标有:能否长期待在组织而不被炒鱿鱼,待遇状况良好,如政治、经济、人际关系等方面;知识与能力等能否得到提高;在特定的组织中是否做出了明显的贡献与成果……

在现实生活中,很多人都说自己注重人才,也花费了很多的精力、财力,可结果总是不尽如人意,因为他们多半都忽视了人才与环境的适应性。所以,系统的建设者必须加强人才个体的教育与建设,帮他们提高系统中的自适应与相互适应能力。

(四)正确处理人力种群间的关系

人才生态系统不仅会以人才个体的面目出现,还会通过大量的人才种群发挥作用。

首先,在人才生态系统中,人才种群间总是在发生各种关系。这些关系主要发生在种群内部各成员间及各种群之间,一方面可以帮助各种群的共生,另一方面也可能造成相关种群的灭亡。其中,种群之间的关系主要是不同行业人才间发生的关系,或者人才上下游之间发生的关系,更多地表现为人才的共生现象,是一种合作关系,但也存在捕食现象,导致排挤。比如一线生产人员与管理者之间的关系、直线与辅助人员的关系、人才上下游之间的关系、不同产品线人员之间的关系等,这些种群之间更多地表现为协作、共生关系,体现为知识与技能的互补,能够有效促进种群之间的共同发展。多物种的共生也让生态保持了平衡。但是,种群之间并不是总能表现为合作,一旦需要相同的稀缺资源,群体也会出现竞争与捕食现象。

其次,种群内的关系表现为同行间的竞争关系,起源于资源的争夺,既有淘汰性竞争,也有共立性竞争,表现为群聚现象。群聚,不仅会受到相同资源的吸引,还能赢得更大的存活概率。通过合作,可以学习得更快,进化得更快,所以人们一般都愿意去人才荟萃的地方,而人才稀缺的地方,即使薪资高,也很难引进人才。当然,为了生存或追求某种目的,种群内个体也存在很多生存冲突。在稀缺性共生领域中,不同个体的生存水平是不同的,越具有竞争意识与竞争能力,越容易在竞争中获得更多的资源,人才发展也越茁壮。所以,系统建设者还要关注人才系统中种群内部与种群之间的关系,帮助种群内与种群间建立起良好的合作关系,形成一种种群的共赢局面。

(五)构建良好的人才生态环境

之所以会发生南橘北枳的现象,是因为生存环境发生了变化。同样,人才引进与使用中的环境不适也会导致这种情况的发生。不过,由于人才具有主观能动性,可以避免离开。

在人才生存的生态环境中,组织的人才制度、组织内种群关系、组织本身容纳人才成长的空间、组织业务的特征与人才特征的相容性、人才流动平台的合理性等,对人才功能的正常发挥都会产生重要影响。

如果环境与人才相容,人才就能健康发展,环境就会稳定协调;组织内部人心浮动、人才流动,组织效率就会急剧下滑,生态也会遭到破坏。但是,生态系统的稳定性并不是绝对的。一旦出现一个外在诱因或内在某一成分发生变化,就会引发生态系统的大变动,表现为人才流动、人才积极性发生变化、人才出成果难度增加等,所以,生态系统的管理者不仅要对系统变化提前做好思想准备,还要保证生态环境适宜所需人才的成长。

通过上述五个步骤,区域或组织才能建立起能够发挥整体功能的人才生态系统,每一个分步骤都不可或缺。

三、去中心化:重构人才生态

(一)如何让团队成员发挥作用

"去中心化"的人才生态注重能够让团队中的每个成员发挥作用。

性格及能力测试:现在有很多的测试软件能对一个人进行综合的评判,虽然不是百分百准确,但是八九不离十可以看出一个人有什么优点、缺点,在哪一方面更能发挥更大的作用,所以企业先要对全体成员做测试,这样才能知道每个人的优势、劣势,才能让他们发挥作用。根据每个人的测试结果安排到合适的岗位,并且在前三个月进行轮岗。到了自己擅长的领域还要看看这个人在其他领域怎么样,一是看看他的潜能,二是看看现在的岗位是不是最好的、最能发挥作用的。

提供发挥的空间:用宽容的态度和积极的心态给予员工或是带头人发挥的空间。看起来这一点很简单,实际上能够真正落实的并不多,企业一般都会干预员工的工作,都会按照自己的行为习惯去要求员工,其实有时候可能扼杀了员工的积极性和主动性。

下放一定的权限:下放一定的管理权限和业务权限给团队成员。权力是每个人都向往的,但是有多大的权力就有多大的责任,要发挥每个人的作用还要下放一定的权限给团队成员,让每个人都知道自己有权,但是也有相应的责任与义务。

配以绩效考核制度:以上措施都进行还不够、还要配合严厉的绩效考核制度,当然还要有一个监督管理者,不管是从整体利益考虑还是从团队成员个人利益考虑,有奖有罚才能树立起威信,也能让大家有据可查,发挥作用的前提是符合公司利益、符合团队利益,也不妨碍个人利益和价值。

值得注意的是,发挥每个人的作用是一件难事,有时候不要过于追求完美。因材制宜的道理在用人上也同样管用。

(二)发挥个人能力,需要扬长避短

为了充分发挥组织中的个人能力,就要重视人才的扬长避短之策。

在不同的情景和条件下,长与短都会向自己的对立面转化,长可以变短,短可以变长。长与短互换的规律,在辩证关系中最容易被人忽视。

团队成员中,有人性格倔强、固执己见,但他很有主见,不会随波逐流;有人办事缓慢,不容易出活,但他办事有条有理、踏实细致;有人不合群,我行我素,但有很多发明创造,硕果累累……优秀的管理者都会短中见长,善用其短。

第二节　互联网时代企业人性化人力资源管理

一、认识人性化理念在企业发展中的重要性

(一)人性化管理的概念与内涵

人性化管理就是科学的人性观基础上的"以人为中心"的管理,即在管理的过程中,把人看作企业最为重要的资源,重视人的地位,充分发挥人的作用。它反映了现代管理的新趋势,显示了企业管理文化发展的新态势,揭开了企业管理理论和实践的新纪元。

人性化管理的核心是以人为本,即尊重员工,给他们发挥才智的舞台。具体来说,人性管理的内涵主要有以下几点。

1.把人的因素当作管理中的首要因素、本质因素和核心因素

人性化管理的着眼点是人,它将资源中的人回归到了真正的"人"这个实实在在、有血有肉、有情绪、有思想的生物有机体,而不单纯是劳作的机器、盈利的工具。引用人际关系的一句老话:"你雇佣的不是一个人的'人',而是'整个人'"。人性化管理见人又见物,以人为中心;而其他类型的管理方式是以物为中心,见物少见人,甚至是见物不见人。

2.确定了人在管理过程中的主导地位

企业是人的集合,不是物的堆积,是由人以盈利为目的而构筑的经济组织。企业的盈利目的要通过对人的管理发挥其积极性,进而优化物质资源的配置才能达到。企业管理必须调动"企业人"在物质资源的配置和盈利过程中的主动性、积极性和创造性去开展企业的一切管理活动。

3.体现了员工是企业管理主客体的统一

员工既是被管理的客体,也是应当受尊敬的主体。企业所要实现的目标,既是企业的也是员工个人的目标。员工在追求组织目标的同时也充分发展了自己,组织目标达成之日就是个人目标实现之时。

4.突破了"使用"层面上重视人的局限

社会赖以持续发展的基础是人类的进化,而人类的进化包括人的智力的进化和运用资源的能力等素质的提高。通过人性化管理完善人的意志和品格,提高人的智力,增强人的体力,使人获得超越生存需要的更为全面的自由发展。这种"以人为目的"的管理才是人性化管理应有的哲学境界。这种至高境界在于创造一种促进人不断学习、积极发展的组织氛围和共同愿景,从而有利于人的全面发展。

(二)实施人性化管理的必要性和重要性

企业之所以要实施人性化管理,主要是为了加强对个体的重视。如果一份工作收入很高,但伤害人格,人们也不愿做;有些工作虽然收入低,但能得到信任、重视,有机会施展才华,他们往往更愿意做。

员工都希望管理者能将他们当作个体来进行管理,承认并尊重他们的价值和尊严,使他们觉得自己在企业中或领导心目中都是重要的;希望管理者关注他们的物质和精神需要,关心他们的处境和困难。因此,只有让员工体会到管理者的人情味儿,才能将他们的个人潜能激发出来,企业才能多一些生机和活力。

从"个体"心态出发进行管理与集体主义精神是不是背道而驰?不!从管理角度来看,"个人"利益确实是一切利益的根本。可是,"集体主义"是一个相对概念,必须放到具体条件下才能具备实际意义。

在企业发展中如何运用和贯彻人性化理念:

首先,要以人性化管理理念为导向,深化企业人力资源开发管理。如今的市场环境是多元化的,企业要立足人力资源的科学开发,创造可持续发展的动力。企业人力资源开发的基点在于,确立人性化管理理念,提高员工综合素质;要突出"人"的主体地位,员工是企业发展的主体,是企业价值创造的推动者;尊重"人本位"的基本原则,以员工的切实利益为出发点和落脚点,创造多样化的发展渠道;开辟员工职业教育途径,建立员工岗位竞争机制,让员工与企业建立命运共同体,互利共赢。

其次,要以人性化理念为发展契机,优化企业内控管理的内部环境。人力资源管理是企业内控管理的重要内容,企业要牢牢抓住"人"在企业发展中的重要作用。要在企业文化内涵、内部环境中渗透人性化理念,引导员工的思想行为;要关心员工、爱护员工和尊重员工,为企业文化注入新鲜血液;优化和调整企业内部环境,扎实企业发展基础。

(三)人性化管理的作用和意义

现实中许多企业的成功,很大程度上都是人性化管理的成功,沃尔玛的成功有很多理由,其管理的人性化是成功的助推力。

1.推动企业创新

经济社会的快速发展和市场竞争的日益激烈,对企业的创新能力提出了更高的要求,没有创新的企业将很难在激烈的市场竞争中生存下来实行人性化管理,为员工营造宽松的工作和生活环境,为每个员工发挥自己的聪明才智提供舞台,必将更为有效地调动员工的工作积极性,从而使企业的制度创新与技术创新成为可能。

2.提高企业管理水平

与传统的把人当机器管理的理念不同,人性化管理强调的是员工的自我管理在传统的管理方式下,员工只是把工作当任务,一切都是源于行政命令,员工总是想方设法地钻管理空子,而在人性化管理方式下,员工成为自己工作的主人,出于个人成就感的追求,员工的自我管理能力将大大提升,不仅工作目标的达成更容易,而且有助于提高企业的管理水平。

3.提升企业核心竞争力

现代企业的竞争归根结底是人才的竞争,优秀的人才正是企业最核心的竞争力;人性化管理所营造的尊重人、关心人、信任人的企业用人制度,为员工提供了发挥才能的空间。一方面,这种宽松的人才环境有利于人才的成长;另一方面,人性化的管理对人才的吸引力将进一步增强,有利于企业引进优秀人才。同时,宽松的人性管理氛围为员工提供了公司如家的温馨感觉,对于留住人才无疑非常有利。

4.实现企业可持续发展

人性化管理符合当今时代"以人为本"的理念,并与建设社会主义和谐社会高度统一。其对人才的尊重与关怀，不但提升了员工的工作积极性与创造性，从而提升了企业的竞争能力，而且向外宣传了一个负责的现代化企业形象，为企业赢得了广阔的发展空间，结合员工对企业的真心拥护和爱戴，使企业的凝聚力与创造力大大增强，为实现企业可持续发展奠定了良好的基础。

（四）企业如何实现人性化管理

1.建设人性化的企业文化

在企业文化中融入人性化的内涵，建设人性化的企业文化，是实现企业人性管理的必要手段，人性化的企业文化，体现了员工家人般的和谐氛围，有助于培养积极向上的企业精神，从而形成持续长久的凝聚力，要从培育激发员工积极的人性特质出发，并以此提炼企业精神，最终建设人性化的企业文化。

2.人性化与制度化相结合

企业制度是企业生产经营活动的准则，离开制度单论人性化并不是真正的人性化。一方面，要重视员工自主管理能力，以人性化的理念进行制度建设，多些激励，少些管制；另一方面，要强调人性化管理的制度原则，人性化管理不等于放任式管理，要在实现企业目标的前提下，坚持制度范围内的人性化管理，从而实现工作目标的驱动与员工自我的主动相结合，使员工既有压力更有动力做好自己的岗位工作。

3.有效授权，自我管理

人性化管理要求管理者充分尊重组织内的每一位员工，给他们自主的权力，从而让员工真正感觉到自己是企业的主人，使他们将企业的发展目标与自己的个人发展联系起来，变员工"撞钟"式的工作为主动参与式的工作，最大限度地释放员工的能量。管理者要相信员工能够管理好自己，进而管理好自己的工作任务，从而使员工主动地根据企业的发展战略和目标制订自己的工作计划，实现个人成长与企业成长的有效统一。

4.提供员工成长空间，提升员工素质

人性化管理，经济利益不是唯一。为员工提供可超越的空间，不断满足员工渴望得到社会认可的精神需求，才是更为重要的任务。要从制度上入手，制定科学的激励机制与员工晋升机制，使每一位员工明白，他们的努力付出是他

们成功的铺路石,从而在员工中营造人人争先的局面。在员工努力的同时,企业要结合工作目标的要求与员工个人发展的要求,提供各种有利于员工成长的职业培训,从而不断提升员工素质,为企业的发展储备更为强大的人力资源。

综上所述,人性化管理是现代企业管理的趋势,企业要清醒认识到人性化管理在管理发展中的重要意义。企业是人的集聚体,企业是由全体人员共同经营的。如果企业经营管理者能积极实施人性化管理,视员工为同舟共济的"伙伴",那么员工就会形成把个人生命价值与企业经济价值融为一体的团队,在团队中发挥个人潜力,充分施展才能,汇聚强大合力。在新时代的经济浪潮中,企业管理要赢得卓越,必须深刻理解和认识人性化管理的价值意蕴,重视人性化管理,树立人性理念,创造人性氛围,培植人性土壤,只有这样才能大力提高管理绩效,实现健康持续的发展。

二、理清人力资源管理的规范化与人性化的关系

(一)规范化和人性化是不同的管理方式

规范化管理追求精细化、规划化、标准化、制度的完善化,人性化管理注重人性和情感因素,构建和谐的干群关系,两者有不同的侧重点。

第一,人性化管理是道,强调构建和谐的团队文化,突出以人为本。

美国著名管理思想家丹尼尔·A·雷恩在《西方管理思想史》一书中说:人们并不是理性的,而是由本性支配的,因而通过理解这些本性,就可以揭开迄今未探索过的心灵的秘密。因此,仅有完善的制度和标准化的管理流程是不够的,人不是机器,不能完全受制于组织。任何好的企业理念与竞争战略,都需要员工来实现,而员工的态度与士气,决定了理念与战略的实现程度,决定了企业的执行力与竞争力。为此,要以人为本,营造和谐的人际关系氛围和天人合一的精神境界。

第二,规范化管理是术,强调标准化的工作流程。

规范是管理的原则和基本,完善的人性化管理要有完善的制度和标准化管理流程为保障。规范化管理要求制度标准化、措施具体化、决策程序化、执行规范化、业务流程化、控制过程化、绩效考核定量化、权责明确化。

(二)人力资源管理范畴内的规范化管理与人性化管理的关系

第一，规范化体现了对人力资源社会价值的认识与控制，人性化则是对人力资源自我价值的理解与尊重。从某种意义上讲，企业是在社会分工和相互协作基础上发展起来的。企业内部的分工使得两个及以上的人为了实现企业的共同目标产生了协作的必要，而为了保证这种分工和建立在分工基础上的协作得以有效运行，就必须制定相应的制度对员工的行为加以约束和规范，使个体的价值观、行为观统一到企业的发展目标上来，形成最佳合力。而为了激励个体充分发挥其潜力，就必须考虑人的主观想法和需求，在组织结构设计、岗位职责权限划分、工作设计与安排、员工培训与开发、绩效与薪酬管理、员工职业生涯设计与管理等方面考虑员工的需要，将员工的目标与企业的目标有机结合起来。

第二，规范化管理是人性化管理的基础与依据。从企业角度来说，为了保证企业正常运转和不断发展，必须制定严格完善的管理制度，对员工的行为进行约束和规范，形成决策科学化、监督制度化、工作标准化、考核系统化的管理模式；从个人角度来说，人都是有惰性的，管理松弛、职责不清、分工不明，员工就会生出惰性，虽然要尊重人性，但也要看到人性的弱点和消极面，要用健全的制度来约束和管控人性的弱点。因此，人性化管理必须以严格的管理制度为依据，基于人性特征来实施。

第三，人性化管理是实施规范化管理的前提和条件。人力资源管理的对象不是没有生命的物体，而是有理想、有追求、会思考、具有主观能动性的员工队伍。因此，研究制定人力资源管理的规章制度，实施规范化的人力资源管理，必须建立在对员工的基本状况和主导需求等因素进行充分调查论证的基础之上，充分考虑员工对各项制度的想法和建议。

(三)企业不同阶段的最优管理策略

企业在不同阶段，在管理上对人性化和规范化的要求的程度也有着很大的不同。一般来讲，企业发展阶段可分为创业期、成长期、成熟期、持续发展期。要建立人性化的企业规范管理体系，实现二者的协同和融合，就要在不同阶段把员工自我价值的实现与企业的发展目标相融合,依靠无缝隙的沟通协同制度,实现集体契约的最大共识,使管理更加高效、灵活、人性、规范和可持续。

创业期:最优的管理应该是沟通全方位、关注核心业务规范化的管理。企业创业之初,企业组织和流程不正规,但由于目标一致和创业的激情,大家能高度团结,创业的核心人物能够对每个人施加影响,在管理制度中,要调动员工最大限度地参与,收集员工的想法和意见,通过全方位沟通实现最大限度的集体共识。在此基础上,制定的规章制度没有必要面面俱到,能够保证企业核心业务流程的规范即可,从而使得组织成员的活力和创造力转化为完成组织使命的活力和动力,使组织成员的事业成功汇集成组织事业的更大成功。为此,要搭建多样化的交流平台,拓展情感沟通渠道,听其言、知其行,对员工的工作给予肯定赞扬,让员工认识到自己的价值所在,从而在工作中充分施展自身才干,促进企业兴旺发达。

成长期:最优的管理是导入全面规范管理并考虑个人目标和组织目标最大限度的整合管理。在成长期,企业业务快速发展,人员大量增加,跨部门的协调越来越多,并越来越复杂和困难,企业面临的主要问题是组织均衡成长和跨部门协同,仅靠人与人的信任和激情已经不够了,企业必须在关心员工目标发展和公司目标的契合的同时,着手企业全面规范化建设。全面规范化是保证成果,夯实基础,保证下一步持续发展的最有效途径在成长阶段,满足员工身心多方面发展需求的制度体系,会激发员工热爱自己的企业,激发员工为企业的前途和生存献计献策,由此企业的各项管理措施、任务目标就会得到落实;同时,最大限度地把组织的目标和成员目标共同凝聚在一起,并把这种契合的目标变成组织的规章制度,体现组织全体成员的共同意愿和组织目标、任务要求。通过做好员工的职业生涯发展规划,使员工的职业发展与企业战略发展的方向和目标相一致。企业要根据自身的发展需要和组织内外部环境的变化,为员工提供及时的、更多的培训机会,实现企业现有人力资源存量的增长和人力资源结构的调整和合理化。

成熟期:最优的管理应该是制度完善、流程优化、符合人性且考核量化、奖惩有据、鼓励创新的民主管理。由于创新和创业精神的渐渐淡薄,企业组织和流程已经逐渐固化,流程运作规范,效率低下;部分企业因为不能持续进行管理创新由封闭逐渐走向衰退、灭亡,也有部分企业经过剧烈的业务变革和管理的优化走向可持续发展阶段。这个时期必须要有完善的制度和标准化的流程作为基础,实现绩效考核的量化,决策符合程序,权责必须明确,管理行为要标准,达到愿景设计、沟通交流、授权支持、跟踪考核和酬赏兑现五个方面有章可依、有法可循。要控制整个管理的动态过程,管理者与被管理者要共同将工作分解得规范化、标准化,并通过双方的监督,评估考绩及适时反馈,不断地规范管理,全面提高一个组织的整体高效执行力。成熟期随着企业管理制度的标准化、流程化,企业成员更渴望公正,组织只有遵循公正的原则,才能取得组织内员工的共识和认同,使出台的各项措施获得最广泛的支持,进而顺利实施。特别是在关系到员工个人的绩效结果时,公正的考核制度使更大范围的员工受益,这种规范才能取得各利益集团的广泛支持和配合,这个时候就要求绩效考核的公正、公开、公平。要通过建立科学的绩效考核体系,切实从根本上、制度上保障企业绩效考评的客观性、科学性和考评结果的可靠性,考核指标尽量可量化、可实现、可观察、有时间限制,在确定考核指标时,要体现员工对组织的贡献,便于横向比较,须按照流程来制定奖惩激励措施,针对流程的最终效果来实施奖惩,而不是针对具体岗位个人来实施奖惩。

持续发展期:最优的管理是实现文化的管理且考核量化、奖惩有据、鼓励创新。持续发展期是一个企业各种管理制度成熟、运营规范而又有一定底蕴的时期,这个时期的管理制度具体、规范、成熟,且已经传承为员工的一种习惯,内化为员工的一种准则,企业实现了辩证吸收并优化外来的管理制度以符合自己企业实际情况的完美效果,这个时期的最优的管理是实现文化的管理。首先应该将优秀的企业文化作为内部管理的灵魂,文化可以塑造员工良好的行为习惯,可以营造员工集体认同的氛围,可以形成无形的规范行为。这个时期更侧重于关爱每一个员工,努力营造出宽松、舒适、张弛有度的和谐工作氛围和良好的干群关系;要通过丰富的文体活动丰富员工的业务生活,满足员工的精神需求;通过文化的规范和导向能力使员工形成共同的价值观和行为规范。

总之,人性化的制度和规范化管理是相辅相成的,最终都是为了最大限度地开发人力资源,调动人的积极性、主动性和创造性,实现组织的最大利益。正如著名企业家李嘉诚所说:"将人情与制度管理结合,充分发挥员工的主观能动性和创造性,调动员工积极性,使企业永葆生机和活力,这是知识时代对企业发展的要求。"

三、人力资源管理如何采取规范化与人性化结合的策略

规范化和人性化是贯穿企业管理全过程的一对矛盾综合体,正确处理好二者的辩证关系是企业人力资源管理的发展方向。从实践的角度来说,应该注意把握以下四项原则。

(一)人力资源管理的规范化与人性化水平在企业不同阶段应有所差异

企业生命周期的概念是在 20 世纪 70 年代由美国哈佛大学的格瑞纳教授首次提出来的。在企业的成长过程中,如同人的成长要经历幼年、青年、中年和老年等阶段一样,企业的成长也要经历创业期、成长期、成熟期、持续发展期等阶段。在企业不同发展阶段,人力资源管理如何进行规范化与人性化操作的呢?

在创业期,企业往往还没有正式的、稳定的组织结构,分工粗,雇员少,员工间多采用非正式的沟通与交流方式。此时,组织的管理主要表现为创建者的亲自监督,属于人性化的一种形式。

成长期是创业期的进一步发展。随着企业的发展、规模的扩大,企业内部开始建立按职能划分的组织结构,员工有了较明确的职责和分工,企业的管理制度初步建立起来,针对员工的激励制度与工作标准等措施开始部分代替管理人员的亲自监督方式。此时企业管理开始向规范化方向探索。

到了成熟期、组织内部已经建立了分工明确的组织结构,各级部门和人员主要按规范的规章制度和准则展开工作,管理效率会达到顶峰,过度标准化和规范化会在一定程度上制约员工工作的自主性和创造性,这是企业管理规范化水平的最高时期。

经过了成熟期的组织,意识到过度规范化的危害,开始从企业内部各个层面做出调整与改进,管理的人性化水平会慢慢提高,部分削弱制度管理的权限和范围。企业由此进入持续发展期。

（二）考虑企业的规模对规范化管理与人性化管理的影响

当企业规模比较小、员工比较少时（相当于创业期和成长期），员工日常工作一般都紧密而频繁，彼此之间比较熟悉，成员需要通过团体的情感互动来实现心理需求的满足，因此容易产生情感共鸣。采用人性化的管理手段，有利于增强企业凝聚力，还能提高员工的协作意识和合作精神。

反之，企业规模大、员工人数比较多时（相当于成熟期和持续发展期），生产规模的扩大使企业正常经营活动变得越来越多样化和差异化，此时，企业一般会使活动差别化以便获得专业化优势。为了有效指导员工的工作，各种政策、规章、规则和程序会越来越多，企业管理的规范化水平也会越来越明显。

（三）根据具体工作的性质与特点确定微观层次的规范化与人性化水平

比较而言，技术性、生产性岗位，比如财务、资产管理、生产管理等岗位，其工作内容往往比较稳定、岗位职责也非常明确、工作结果可预测性高，在这类岗位上个性的发挥往往容易导致企业的损失，所以必须实行严格的制度管理，用非人性化的规范规章来明确界定他们的职责、任务与目标。而管理、研发、营销等岗位的工作内容一般都不太稳定、工作过程难以标准化、工作结果受人力和很多非人力因素的影响，只有人性化的管理才能更好地调动在这些岗位上工作的员工的积极性和创造性。

（四）区分任职者的素质和层次，调整管理的人性化与规范化水平

根据人力资源管理的人性假设理论，企业员工的人性特征一般可以分为"经济人""社会人""自我实现人"和"复杂人"四种形式。

"经济人"是一种懒惰、被动、消极的人性特征，"自我实现人"正好与"经济人"相反，"社会人"追求更多的社会和心理需求的满足，"复杂人"则兼有以上三种人性的特征。在企业里，一般综合素质和工作层次低的员工"经济人"特征表现明显，而素质高、工作层次高的员工则"社会人""自我实现人"的特征表现突出一些。显然，为了保证"经济人"能踏实工作，规范化的规章和奖惩制度是必

需的;而为了激发"社会人"和"自我实现人"的工作热情和积极性,必须充分关注他们自身的各种需求,人性化管理才是有效的选择。

总之,人力资源管理的规范化与人性化,就像物理的两极一样,具有对立的特点。但是,在企业管理过程中,二者又不能截然对立与分离。有效的人力资源管理,必然是规范化与人性化的有机结合,用规范化的制度来提高管理效率,用人性化的手段来提高员工的满意度水平,二者协调统一,才能实现企业目标与员工目标的共同实现与双赢。

四、关注员工切实需求,构建企业与员工"命运共同体"

(一)经济待遇要"稳中有升"

员工生活好,是员工价值创造的重要基础。企业应建立完备的员工薪酬体系,并基于岗位设置需求,形成"梯度"薪酬制度,在激励员工价值创造的同时,也确保员工的经济待遇"稳中有升",并进一步提升"政治待遇"。

(二)建立完善的沟通机制

员工是企业发展的推动力,提高员工参与企业经营管理的主动性,是让员工更好地发挥主人翁作用的重要保障,因此,企业要建立完善的沟通机制,能够让基层一线员工的心声传达到企业管理层,让员工拥有参与权、知情权和决策权,让员工在工作中产生"归属感"。

很多管理者都忽视了沟通的重要性,而是一味地强调工作效率。实际上,面对面沟通所花的些许时间成本,绝对能让沟通大为增进,沟通看似小事情,实则意义重大。沟通通畅,工作效率自然就会提高,忽视沟通,工作效率势必下降。

(三)帮员工做好职业生涯规划

职业生涯规划指的是个人和组织结合在一起,对个人职业生涯的主客观条件进行分析、总结、研究,之后对自己的兴趣爱好、能力、特长、经历和不足等进行综合分析与权衡,根据自己的职业倾向,确定最佳的职业奋斗目标,并为实现这一目标做出行之有效的安排。

为了确保企业发展的持续性,为了员工更好地发挥职业创造力,企业应制定详细的文件,罗列出员工晋升渠道、所需具备的能力和职业发展前景,让员工在工作中以此为发展导向,提高员工价值创造的主动性。

五、优化与调整员工管理方式,积极营造民主、和谐的企业氛围

优化与调整管理方式,积极营造民主、和谐的企业氛围,是践行"人性化"理念的着力点。为此,需要强化"情感管理"、抓好"信任管理"、培育员工责任感与创造力。

(一)要强化"情感管理"

情感管理在管理中具有重要作用。情感管理强调的是以员工为主体、为利益中心,为员工创造一种温馨、充满人情味的人力资源管理模式。管理强调柔性因素的渗透,注重情感投资在人性化理念中的落实。

(二)抓好"信任管理"

信任管理强调的是为员工的价值创造、自我发展创造更加多元化的自主空间。企业与员工之间要相互信任,在相互发展中,创造各自的价值。

信任是最好的管理,可是一些企业却对员工不信任,喜欢拿放大镜来审视员工,将员工的缺点无限放大,对员工持有怀疑戒备之心,员工稍有差错,就严加训斥,全然不顾员工的内心感受,使员工心怀不满,与企业离心离德。

有些企业在创业之初能很好地信任管理,管理者与员工同苦共难,员工也能充分发挥主观能动性,为企业发展尽心尽力。但是企业发展到一定规模后,利益分配差距越来越大,管理者就会开始提防员工。随着信任的不断流失,公司就会弥漫着一种怀疑的气氛,员工管理变成了防卫式管理、监控式管理,疏远了人心,丧失了凝聚力,企业慢慢走上下坡路。

现在,很多企业都在倡导"以人为本"的企业文化和管理理念,而要真正将"以人为本"落实到实处,就要以信任为基础,尊重员工、相信员工、理解员工,充

分释放员工的潜力和激情,使员工真正将企业当作"家"来挚爱;对员工感情上融合、工作上放手、生活上关心,营造一种信任氛围,使信任成为企业和员工的黏合剂、连心锁,让员工管理自己、提高自己,最大限度地减少管理成本,使企业和员工共同发展。

(三)培育员工责任感与创造力

企业要培育员工责任感,在员工履行岗位职责的同时,激发其潜在的创造力。员工一方面要履行好自身岗位的职责,同时也要在不断创新的思维方式之下,更好地激发创造力,满足企业发展的内在需求。企业在员工开发的过程中,既要确保岗位基本职能有效落实,也要大胆任用,对优秀的员工可以破格任用,创造更好的发展平台,为企业创造更多的价值。

第三节　用创新思维构建人力资源生态圈

一、理顺责权利，进行管理机制创新

很多企业虽然有着先进的人力资源管理技术和制度，但很难落地，典型表现为各级管理者缺乏执行动力，甚至反其道而行之，忽视了既有规章制度，奉行人力资源潜规则。之所以会出现这一问题，主要在于，企业人力资源管理没有进行体制创新。

（一）人力资源管理面临的责权制问题

与国家体制是关于国家政治权力结构的安排类似，人力资源管理体制就是企业中各级管理者在人事方面的责权利安排。很多企业对各级管理者责权利的安排没有理顺，导致人力资源技术和制度层面的方案很难推动和实施。

第一种情况，责任大权力小。一些企业决策者总是要求负责人为整个企业或部门业绩负责，但在具体的人事安排上，该负责人连选择和配置副手的权力都没有，有些甚至还无权对副手进行绩效考核。如此，副手就会跟部门或负责人对着干，削弱负责人的领导力和团队战斗力，消耗掉人力资源的价值，人力资源制度也会变得形同虚设，毫无价值。

第二种情况，权力大责任小。一些企业或部门负责人的权力非常大，其可以决定提拔谁、任用谁以及如何分配各种资源，却不用为用人不当带来的不良后果负责，最后留下一个烂摊子和一群裙带关系提拔上来的人，自己依然高升走人。

第三种情况，责任大利益小。人力资源变革通常会涉及不同群体的切身利益，管理者需要承担人力资源变革的风险。可是，管理者的薪酬、职务晋升等切身利益却没有跟改革联系起来，管理者也就不会冒风险推动人力资源改革了。

如果真正想利用人力资源管理技术推动企业的创新和进步，首先就要理顺各级管理者在人力资源上的责权利，让管理者有动力去追求更加精细化的人力资源管理技术。反之，再好的人力资源技术和方案，也会形同摆设。

其实,促进团队开发一个重要的手段就是使用奖励和认可制度。管理层对团队协作进行奖励,员工就会更加有效率地工作。在项目中,领导可以把为了实现富有挑战性的目标而愿意加班的员工和那些愿意帮助同事的员工重新组织起来,给予他们一定的奖励。如果公司能给该项目经理多一点权力,使他在实际的施工过程中得到更多的可支配权,既能提高项目经理的工作效率,也能满足他个人的权力支配欲望。如果在认可了他的工作成绩后,适当提高他的提成比例,他多半会工作更加努力、更加积极进取,即使该提成比例实施的日期是下个月,甚至下个季度。因为他觉得,自己已经得到公司的认可,个人意见得到了领导的尊重。从这个例子不难看出,"责、权、利"是一套平衡的关系,正确处理好,公司就会像法拉利跑车一样,在竞争和风险高居不下的环境下高速前进。

(二)建立驱动创新的人力资源管理机制

员工对于薪酬提升有了新的要求,正在倒逼中国企业改革,国家经济增长方式和产业结构升级的要求也明确给出了创新的方向。更重要的是,知识经济时代的社会财富生产方式正在发生巨大变化,中国企业已经无法"躺在低劳动力成本的安乐窝里睡觉"。

未来,企业的发展方向是吸引和留住最优秀的创新型人才、激发人才的创造热情、进一步释放创新型人才身上隐含的巨大生产力,企业要建立一套驱动创新的人力资源管理机制,重视人才的创新潜力和工作动机,有效地对创造型人才进行薪酬激励和股权激励,努力营造一种团队合作和知识分享氛围,鼓励人才工作创新和内部创业,在组织内部形成一种安全气氛和创新气氛。

二、基于员工发展,做到人岗匹配

对人力资源进行有效配置和合理使用的基础是人岗匹配:一是岗位职责与员工个体特征相匹配,这是基础;二是岗位报酬与员工需要、动机相匹配。人岗匹配的关键是激励员工行为,也就是通过事得其才、才尽其用来实现员工的才能高适用、高发挥。

(一)人岗匹配与员工发展

自 20 世纪以来,似乎所有中国企业都在强调以岗位为核心的职责管理,但真正做到的很少。这是因为,在机器工业时代出现的"岗位职责"体系,更多的是要求员工被动地匹配岗位需求。对于这样显著的变化,中国企业应该根据员工能力的变化来配置相应的任务,这样才能收到好的效果。

　　未来企业人力资源管理首先要考虑人(员工)的发展、人的能力、人的兴趣,一定是基于人来匹配工作与岗位职责,而不是基于岗位职责来找人。这就要求企业在职位划分的基础上建立员工的任职资格体系或能力体系,对员工的任职资格或能力进行系统的培养和评价,根据员工的任职资格和能力等级来配置相应的工作任务。

(二)如何实现"人""岗"的高效率匹配

　　很多企业人力资源管理者依然寄希望于员工被动地匹配岗位变化,最明显的一个表现是,在企业的某个岗位职责说明中总有这样的一条:完成领导交代的其他任务。其实,"人""岗"的高效率匹配主要基于两个条件:①岗位职责和员工的能力比较匹配;②岗位的职责和员工的能力都相对稳定。但是,随着经营环境的动态变化,随着知识型员工强调终身学习时代的到来,企业不但岗位职责变动频繁,员工能力也发生了巨大变化,企业需要重新调整岗位职责和员工能力的匹配情况。

三、认识到平凡岗位的内在价值

(一)员工工作动机的三个层次和阶段

　　一般而言,员工工作的动机会经历三个层次和阶段,如下。

　　第一阶段,为了利而工作。人为财死,鸟为食亡,看到有利可图,人们才会努力。某个员工之所以要到某企业工作,就是为了赚钱。这时,货币薪酬激励就显得尤为重要了。

　　第二阶段,为了名而工作,员工希望通过努力工作,获得良好声誉与社会地位。他们认为人生的意义就是建功立业,事业就是人生的根本,人可以没有一切,但绝不能没有事业,有了事业才有一切,所以他们需要借助企业来展示自己的才能,获得成功。这时企业要及时认可员工的工作,让员工有荣誉感。

第三阶段,为了职业理想而工作。喜欢某项工作,员工就会将其做到极致。对于这样的员工,企业要鼓励他们选择自己喜欢的工作方向,鼓励员工创造更优秀的绩效,促使他们努力工作。

(二)唤醒员工的内在工作动机和热情

基于结果的目标管理容易让员工追求短期利益而损害长期利益,内在激励是员工努力工作的重要驱动要素,过分强调外在激励,会让内在激励逐渐弱化,进而变得越来越依赖外在激励。因此,管理者首先要帮助员工认识到看似平凡的岗位的内在价值在哪里,该岗位和组织存在的使命以及战略目标之间的联系在哪里。管理者需要唤醒员工的内在工作动机,还应该对工作内容进行扩大化和丰富化,推进员工建言系统的完善,这不仅是管理者成熟的表现,实际上也是在帮助员工成长。

第九章　科技创新

第一节　作为生产力的科学技术

一、科学与技术的本质

"科技"一词作为"科学技术"的简称,在当今社会的使用频率很高,但究其含义,在学术界却未有定论,所以会引起一系列的混乱和争论。在学术上,对科学与技术进行区分是复杂的同时也是必要的。一方面,从科学技术发展历史出发,考察科学转化为技术的演进历程,对今天科学转化为现实生产力,开展技术开发、技术创新研究具有重要的现实意义。另一方面,考察这些在生产实践中产生并以经验形态存在于技术之中的自然科学知识对于推动自然科学研究具有重要的推动作用。

(一)科学与技术的区别

在生产力的意义上,技术科学与自然科学是有区别的。与自然科学一样,虽然技术科学要成为直接的、物质的、本来意义上的生产力也需要一个转化或物化过程,但与自然科学比较起来,它和上述含义上的生产力的联系更直接、更紧密,从而向直接的、物质的、本来意义上的生产力转化的中间环节也就更少。例如,马克思在《资本论》及其手稿中所讲的工艺学、农艺学等,现代的微电子技术、自动化技术、能源和原子能技术、空间技术、有机合成技术、新材料技术等,都属于技术科学。马克思曾把技术称为"死的生产力上的技巧",他说,作为固定资本的社会生产力就包括"从直接劳动转移到机器即死的生产力上的技巧。"当然,技术同时也是活的生产力,即劳动主体的技巧,确切地说,技术只有首先作为活的生产力的技巧,才能进而成为"死的生产力上的技巧"。一般说来,技术是属于直接的、现实的、物质的、本来意义上的生产力,无论是把技术视为已经物化在劳动者身体上的技能(技艺),还是把技术视为装备、生产工具或操作方式、工艺方式的别名,其规定都属于直接的、现实的、物质的、本来意义上的生产力。例如,恩格斯所讲的作为决定产品的交换形式以及分配方式的"全部技术装备"指的就是技术。恩格斯的这一论述阐明了科学技术在生产力中所扮演的杠杆作用、革命力量的角色,为人们正确地看待科学技术的本质作用拨开了迷雾。

(二)科学的本质

科学意味着人理解自身和世界的努力。从这个意义上讲,科学的道路汇集了我们认识自然的独特思维方法和行动方式。科学始终在发展,人类对科学本质的认识也是不断深化的过程。

在古代科学时期,人类只能直观地认识自然界,并将所获得的知识包罗在统一的古代哲学之中。如古希腊自然哲学包容哲学和早期各门自然科学,那时哲学和自然科学还没有"分家",没有单独分立的学科,后人为了研究方便把有关世界本原论以及对于运动一般规律的认识提列出来归到哲学里,形成自然哲学独特的认知领域。中国古代哲学更是带有浓郁思辨性质的自然观。显然,古代人把自然界作为一个整体加以考察,古代自然哲学所关心的是那些诸如世界本原和运动的源泉问题,虽然从直观上对自然界的认识是综合性的,但还仅是对现象的描述、对经验的总结,有时还带有思辨性和猜测性,因而不可能深刻揭示自然界各种现象之间的相互联系。

在近代科学时期,人类已能对自然界进行了系统的观察、比较精确的实验,并初步建立起严密的逻辑体系。科学开始分化,形成了相当精细的专门学科,这与古代科学综合的整体认识相比,确实有了很大的进步。科学家着眼于自然界的特殊的具体问题,探索各种运动形式的特殊规律。为了揭示现象背后的规律,要求必须把自然现象从实际的生产过程和技术实践中抽取出来,在人为控制下加以研究,这就是近代自然科学所开创的实验方法。科学实验作为一种独立的实践活动从生产中分化出来,成为近代自然科学赖以发展的一个最切近的基础。恩格斯在总结近代自然科学的发展时指出,现代自然科学与古代人的天才的自然哲学的直觉相反,同阿拉伯人的非常重要的但是零散的并且大部分已经无结果的消逝了的发现相反,他唯一地达到了科学的、系统的和全面的发展。

但是,近代科学这种分化脱离了自然界综合的抽象,不足以真正认识自然现象的全部内在联系。在现代科学时期,科学的发展把分化与综合紧密地联系起来了,把人为分解的各个环节重新整合起来了。科学作为人对自然的理论关系,是以一套思维体系,经过不断的修正,而留传下来的一些深厚的、完整的、稳定的东西。特别是20世纪40年代中期以后科学活动进入国家规模,人们已把科学称为"大科学",认为"科学是一种建制",即科学已成为一项国家事业。进入21世纪,科学则已成为一项国际事业或产业,越来越多的科学家把科学事业列入第四产业。

归根到底,科学的研究内容和方法论性质的发展变化,都是由社会需要解决的现实问题的特点所决定的,是随着实践的发展而发展的。科学是在人类积极地适应、改造、调控自然过程中所表现出来的精神力量的主要构成,同时也是生产这种精神力量的主要部门。其实,马克思早在《1844年经济学哲学手稿》中就从哲学基本问题的角度正确地回答了科学的基本属性问题。他说,自然科学和艺术一样,"都是人的意识的一部分,是人的精神的无机界,是人必须先进行加工以便享用和消化的精神食粮。"在《资本论》中他更进一步地指出,不仅科学本身属于精神生产力,而且科学的应用也属于精神生产力。恩格斯也说,"科学的产生和发展一开始就是由生产决定的。""如果说,在中世纪的黑夜之后,科学以意想不到的力量一下子重新兴起,并且以神奇的速度生长起来,那么,我们要再次把这个奇迹归功于生产。"科学产生于人们在实践过程中技术的需要,"社会一旦有技术上的需要,这种需要就会比十所大学更能把科学推向前进"。

（三）技术的本质

技术的发生是人与自然的关系所决定的。人类从脱离其自然状态而上升为理性的人的时候起,就处在与大自然的既和谐又对立的关系之中。技术揭示出人对自然的能力关系,人的生活的直接生产过程,以及人的社会生活条件和由此产生的精神观念的直接生产过程。在人与社会之间,技术作为劳动资料,不仅是人类劳动力的测量器,而且是劳动借以进行的社会关系的指示器。人们往往把某一时代的主导技术作为这一时代的标志,如蒸汽机时代、电气时代、原子能时代、信息时代等。著名的科技史家辛格(Singer)在其主编的鸿篇巨制《技术史》中指出,"一个简明的观点,植物种子的播种就成为技术进化史的里程碑。"

当代技术形成的标志是 20 世纪 50 年代相继出现的原子能技术、电子计算机技术和空间技术。经过初期发展,当代技术于 20 世纪中期转入所谓"高技术"发展轨道。这些技术的问世被认为构成一场技术革命,这场技术革命的产物还包括自动控制技术、激光技术、遥感技术和化学合成技术。20 世纪 40 年代中期之后,随着经济与社会秩序的重建以及随之而来的"福利社会",西欧再度唤起了对技术问题的思考。现代技术已经与古代,甚至近代技术范式有着本质的不同。它不仅是人们改造世界的手段、方式、实践性的知识体系,而且本身就包含或体现着人与技术或人与人以及自然与技术的复杂关系,它是现代文明、经济运行和社会发展的重要组成部分和综合体现,是重要而复杂的社会实践过程。

虽然技术概念的外延发生了巨大变化,但技术作为人与自然之间的实践关系的本质并没有改变。可以说,技术的实践性是古代技术、近代技术和现代技术所共同的。所以说技术既是社会用以改造和利用自然的物质手段和方法,又是推动社会发展和变革的重要力量。正如马克思所言,"自然界不能造出任何机器,没有造出机车、铁路、电报、自动走锭精纺机等。它们都是人的产业劳动的产物,是转化为人的意志驾驭自然界的器官或者说在自然界实现人的意志的器官的自然物质。它们是人的手创造出来的人脑的器官;是对象化的知识力量。"人"通过实践创造对象世界,改造无机界,人证明自己是有意识的类存在物。""在人类历史中即在人类社会的形成过程中生成的自然界,是人的现实的自然界;因此,通过工业,尽管以异化的形式形成的自然界,是真正的、人类学的自然界。"随着人类技术实践的发展,自然界在愈来愈广泛的意义上成为"人化的自然界"。

二、科技一体化发展趋势

现代的科学更加技术化,现代的技术更加科学化,科学与技术逐渐一体化,这已成为现代科技发展的特点和趋势。从科学技术体系的内部来看,科学与技术是从相对独立、并行发展,走到了相互作用、形成了"技术科学化""科学技术化"的。科学进步与技术进步互为前提,互相推动,促进了科学技术连续体的形成。这种连续体的形成一般有两种途径:一种是科学的技术化与技术的科学化两个过程相对展开,衔接后由于实践需要的推动相互渗透与融合而成;另一种是由于科学实验装置的技术原理符合某种理论需要,科学的技术化连续演变成新技术。可见,科学技术化和技术科学化是发展技术和科学的两条基本途径,既要重视科学技术化,更要重视技术科学化。

(一)科学的技术化趋势

任何技术都蕴含着一定的科学原理,即便在原始技术中如飞矛、投杖、弓箭的发明也都暗含着一定的力学原理。任何科学理论的产生,都离不开现实的生活实践,尤其是技术的扶助。近代以来的实验科学,更是离不开技术提供的实验仪器等方面的支持。

一方面,科学的技术化成为一种科学技术观,早在20世纪20年代末期,美国哲学家杜威就在《确定性的寻求:关于知行关系的研究》中将科学视为一种借助行动来进行认知的知行合一的探究活动,而且强调科学的目的在于控制,知识的价值取决于操作结果,这是一种典型的实用主义的科学技术观。德国哲学家海德格在对现代技术与科学的批判时认为,现代技术与科学统一于现代技术之本质,现代技术与科学是一种操控性和制造性的实践。此后,西方科学哲学领域内的一些学者或者视技术为科学的内在要素,或将技术与科学整合进异质性的实践网络,或将技术与科学统一于人的知觉层面的现象,开启了对"技术化科学"的研究。他们关注物质性对于我们在世活动的深刻影响,使科学研究与技术研究开始融合为科学与技术研究,并从新经验主义、科学与技术研究(如后SSK)和现象学等不同的视角关注"作为技术的科学"。那种将技术视为低科学一等的"科学的应用"的观念被彻底抛弃,相反,从技术与科学相互交织的角度统观二者,深入到实验实体与现象创造、作为实践和文化的技术化科学、知觉拓展与工具实在等层面,形成了一组不同于基础主义的科学与技术意象的非表征主义的技术化科学意象。技术化科学对物质性与技术性的强调,体现了对人的在世生存的关照,这种面向技术化科学的科学哲学观不仅有助于把握当代科技的真实过程,还使我们能通过对兼具有效性和有限性的技术化科学实践的追问,审视当代科技活动的内在风险和价值负载。

另一方面,技术是科学的基础。科学的技术化还指在总体的科学研究活动中包含着大量的技术科学研究,技术发展研究和技术应用研究作为其辅助部分。这些辅助的技术活动并非用于科学研究成果向相应技术领域的转化,而是服务于科学研究活动自身的需要。

一些重要领域的科学研究活动不仅离不开现代化的昂贵的技术设备,而且研究的突破在很大程度上取决于技术上的突破。科学技术化中的"技术"是指来源于科学的技术,这时科学是技术的来源,技术是科学的应用。现代科学的发展在越来越大的程度上依赖于先进复杂的技术手段,如高能加速器、自动化检测仪器、射电望远镜、电子显微镜、电子计算机等,使现代科学技术研究有可能向新的深度和广度进军。而且现代科学研究工作本身越来越带有工程技术的性质和特点,离不开各种类型的技术人员的合作,科学研究活动也就技术化了,已变成预定的知识生产过程。所以,科学技术化是促进和加速科学—技术—生产循环的关键环节,重视科学技术化既是重视发展来源于科学的技术,也是对科学的丰富和发展。技术科学化中的"技术"是指来源于人类实践的技术,此时技术是科学的来源,科学是技术的提升。技术科学化也是促进和加速"生产—技术—科学"循环的关键环节,重视技术科学化既是重视发展和提升来源人类实践的技术,又是发展科学的途径之一。科学向技术的转化问题一直是制约我国经济发展的瓶颈问题,是落实科学技术是第一生产力的关键。这同以往技术产生的不同之处在于,它的技术原理和实践两个方面,不是人们长期经验的积累总结,而是首创的、源于科学理论,因而电力技术的产生和发展是科学技术化的重要标志。

(二)技术的科学化趋势

近代的一些思想家不仅比较明确地意识到科学和技术的区别,而且还初步探察了这两者间的联系:认为自然科学是一切知识的基础。例如,弗朗西斯·培根曾建议工匠要研究科学,掌握更多的科学知识,从而使自己的技艺向更高的层次发展。英国学者霍布斯(Hobbes)在《利维坦》一书中初步总结了近代科学的发展,论述了工匠劳动的重要意义。他指出,修筑城堡、制造兵器等技艺,有助于国防和战争胜利,但是,"产生这一切的母亲是一种学术——数学"。他在这里所讲的"数学",实际上就是指整个自然科学。马克思在《剩余价值论》中曾提到霍布斯的这段论述,并认为这段论述表明他已认识到"技艺之母是科学,而不是实行者的劳动",即不是实行者的狭隘经验。近代以来,科学已经开始走到技术的前面,同时蒸汽机技术的改进,内燃机技术的发明和化工技术的兴起也是科学指导技术、技术科学化的标志。可见,在得到科学指导以前,技术发明是偶然的、经验的,一旦得到科学理论的指导,掌握了规律,技术的进步就成了自由的过程。可以看出,以上科学对技术的作用,主要来源于两个方面:一是技术创造来源于科学理论和科学预见的物化;二是技术创造来源于科学实验的放大和扩展。现代技术的特征则是技术作为制造活动和制造物都依赖于对科学知识的运用。也正是从这时候起,科学原理开始对技术起决定作用。

当代技术表现出两个明显的特点。其一,与现代技术相比,它在更大得多的程度上运用科学知识,知识含量空前地高。当代技术的这种"知识密集"特征在于不是以单项技术而是以整个技术领域来运用科学知识。原子能技术、计算机技术和空间技术等都是庞大的技术领域,靠科学知识填充、支撑。同时,每个技术领域又都不是局限于运用单一的科学门类,而是跨学科综合运用多门科学的知识。其实,当代技术所以称为"高技术",意图正在于用"高"喻示对科学知识的"高度"运用和包容。其二,当代技术以自主性区别于现代技术的表征。这种自主性表现在当代技术按其自身的内在逻辑发展,独立于人的控制。无论哪个特点,都凸显着技术更加成为文化产生、形成和发展的物质基础、手段、动力和源泉。它还是文化的有机构成,表现在技术的各个层面中。

总之,一方面,技术的科学化是指已有的技术上升到技术科学,通过相应基础科学的指导,形成系统的技术知识体系,反过来完善和提高已有的技术。如工程结构力学和材料力学使建筑工程师不必像古代工匠那样反复用试错法才能找出新建筑的最佳结构,而只需运用该学科形成的技术科学体系就能设计出新的最佳结构。另一方面,技术的科学化是指技术创造发明根据已有的基础科研成果而得出,即技术进步以科学进步为先导。现代技术的发展也在越来越大的程度上依赖于科学的进步,许多新兴技术特别是高新技术的产生和发展,就直接来自现代科学的成就。以科学为基础而不是以经验为核心的技术,已变成物化的科学,技术活动科学化了。19 世纪后期出现的电力技术,20 世纪发展起来的电子技术、计算机技术、微电子技术、激光技术等就是先有基础科研的成果,其后由于实践需要的推动再转化为实用技术的。现代的尖端技术都是以坚实的科学理论为前提的,离开了科学理论的指导,重大技术的发明几乎不可能,这就是技术的科学化趋势。"技术的科学化"表明,科学是技术发展的动力,科学对技术起着理论的指导作用,为技术的发展提供理论的依据。

(三)科技一体化的意义

过去认为科学是认识世界,技术是改造世界,界限分明,现在已结合成为统一的科学技术系统,很难分清它们是科学还是技术了。

首先,科学技术一体化的趋势彰显着科学技术体系内部各学科的统一。现代科技发展表现出了一些新的特征,这些特征概括起来就是整体化、数学化、加速化。科学技术的整体化(综合化)、数学化是指各门学科、各种知识体系趋向综合统一。现代科学与技术的密切结合,一方面使得各自获得前所未有的发展速度,引发新的革命;另一方面,科学革命与技术革命相互交融,统一发展,不仅前次革命与后次革命的界限不清,而且科学革命与技术革命的分界也难以辨识,因而人们统称为现代科技革命或当代科技革命。此外,科学技术的一体化对科学与技术的研究方式及发展速度、价值取向产生了深刻的影响。当代科技革命的浪潮扑面而来,其快速的发展主要体现在以下几个方面:一是科学技术的总量以指数方式增长,人类在 20 世纪的 100 年间开发应用的发现与发明超过了人类前 2000 年发现与发明总和的 4 倍;二是世界范围内各国的科技投入大幅度增加,科技活动的规模不断增大,科学技术的发展与经济的关系更加紧密;三是在快速发展的社会经济推动下,科学技术转化为现实生产力的速度继续加快,并且在这转化过程中又不断孕育了更多更新的科学技术发展机会。由此,科学家大胆估计,未来 10 年所取得的科技进步将超过 20 世纪的 100 年。

其次,科学技术一体化的趋势体现大科学时代科技社会化和社会科技化的统一。现代科技发展趋势越来越表现为科技的社会化、社会的科技化。一方面,科学技术一体化是科技社会化的部分或阶段。在科学技术一体化过程中,社会因素不断介入。首先表现在主体方面,科学研究主体与技术开发主体都具有社会属性,他们要受社会诸多方面的影响,如文化传统、价值观、生活水平等。其次表现在科学的价值和生产功能通过技术化被社会认同,尤其是科学的经济价值。再次表现在科学的内容被社会应用,这不仅表现在经济方面,而且还表现在社会方面,科学不必通过技术同样也会对社会产生深远影响,如管理科学就可以直接(不必通过技术)对生产过程发生影响;此外,科学方法、科学精神、科学态度等对社会也有直接影响。最后表现为科学得到社会因素的支持、支撑、养育而成长、成熟。因此,科学技术一体化过程也是科技的社会化过程。另一方面,科学技术一体化也是社会科技化的一个具体表现。从科技与社会的关系视域看,伴随科技融入社会系统释放出巨大的社会功能的同时,形成了社会科技化的社会舆境。因为,任何科技活动总是在一定的社会背景下、基于一定的社会需求而产生的;科技活动的进行有赖于相关的社会条件,会受到社会条件的制约;科技活动又会产生一定的社会后果,这种社会后果可能是积极的,也可能是消极的,因而人类会按照一定的社会价值观念来对科技活动的后果进行社会评价,并且以评价作为杠杆,将科技活动的发展纳入人类的价值体系中。从系统论角度考察,现代"科技与社会一体化"社会舆境的形成是由不同维度的各种原因所导致的,这些原因主要包括:相对独立的现代科技体系结构是其"内在"根据;高度完善的现代科技社会建制是其组织基础和中介保障;现代经济社会对科技的需要以及相应的社会中介是其"外在"动因和社会保障;现代科技与社会经济、文化、教育等子系统的互动以及与此相适应的现代科技的"大科学"运行与管理模式等,它们相互联系、相互渗透、相互交织和相互作用,共同构筑了现代科技融入社会大系统的社会舆境。

第二节 科技创新的本质及模式

一、科技创新的本质

(一)科技创新的内涵

科技创新概念的提出与运用有它的历史必然性,是技术创新的深化与发展。科技创新有广义和狭义之分。狭义的科技创新主要是指工程技术或生产劳动体系手段的变革,如生产领域中对劳动工具、劳动对象、工艺流程、操作方法及劳动者的知识、技能等的改进、更新和发展。广义的科技创新是指在科学技术引入生产过程后,引起综合生产要素效率提高的宏观经济效应。它不但包括狭义的科技进步,而且还包括政策、社会等多方面的内容。

科技创新又包括科研创新和技术创新。科研创新是技术创新的基础和先导,技术创新是科研创新的延伸和向生产力的转化。首先,科学是一种创造性的精神生产。马克思把科学规定为一种高级的、复杂的"精神生产""智力劳动",爱因斯坦也认为科学是一种"高尚的文化成就"。其次,技术创新只是整个科技活动过程中的一个特殊阶段。20世纪80年代末期联合国经济合作与发展组织(OECD)在《科技政策概要》中就曾指出,"技术进步通常被看作是一个包括三种互相重叠又相互作用的要素的综合过程。第一个要素是技术发明,即有关新的或改进的技术设想,发明的重要来源是科学研究。第二个要素是技术创新,它是指发明的首次商业化应用。第三个要素是技术扩散,它是指创新随后被许多使用者采用。"科技创新一旦发生,就要求生产、管理等微观制度变革,科技创新的不断实现,会逐渐带来产业结构、消费结构、分配制度、企业组织和劳动者地位等宏观经济制度变革,进而国家政体、民主法治、精神文化等上层建筑领域也会出现相应变革。与此同时,这个时代比任何时候都迫切地需要科学技术走在实践的前面。所以,科学技术的发展及其走在实践的前面,已经不是单纯提高实践效率的问题,而是日益成为摆脱文明的困境、寻求进步出路及人类生存的问题。

科技创新是一个社会系统工程。科技创新必然要求其他社会系统创新,如制度创新、观念创新等,它们与科技创新一起构成社会进步的不可或缺的组成部分。科技创新在其整个创新体系中处于主导性地位。科技创新不断产生新发现、新发明、新方法、新知识、新思想、新工具、新手段,不断强化人们的竞争意识,激发人们不断创造、进取,推动经济社会进步,并对社会其他领域的创新活动起辐射和示范作用。其一,科技创新实践不断培养造就充满创造活力的高素质群体,使之成为社会众多领域创新活动的骨干和中坚,使全社会更具创造活力。其二,科技创新所蕴含的追求真理、崇尚创新、尊重实践、坚持理性质疑、鼓励竞争合作等科学精神,已成为全人类共同的精神财富。科学知识、科学精神、科学思想和科学方法的广泛传播,能够培养人们创新的兴趣,提高全社会的创新意识和公民的科学素养,不断拓宽人的视野、深化人的认识、升华人的精神境界。其三,科技创新促进形成激励创新、竞争合作、和谐共进的文化氛围。要在全社会进一步倡导讲科学、爱科学、学科学、用科学的社会风气,大力提倡敢于改革创新、敢为人先、敢冒风险的精神,营造有利于创新创业的良好社会环境。

(二)科技创新的过程

从创新阶段来看,这个过程一般包括"确定有待解决的问题—构想各种可能的解决方案—确立最优解决方案—设计实施最优方案"四个阶段,而且每一阶段的研究都有其普遍的合理性思维图式。

科技创新从问题开始。一部新旧科技的交替兴衰史就是不断提出有关科技问题的历史,是人们对问题的认识不断展开和深入的历史。问题就是人们意识到的矛盾和疑难,主要来源于对社会需求的准确把握和对科技目标的深刻理解。科技的社会需求可大体分为直接社会需求、间接社会需求和潜在社会需求三种类型。

方案构思阶段的主要任务,是提出解决问题的科技方案。科技创造学的研究表明,在科技创造的构思阶段,创造者的心理活动和思维过程一般可区分为如下几个小阶段:围绕问题了解创新的基本方向和待创造对象的本质;发散思维,寻找创新的各种素材、媒介和模型;信息处理,萌发一个初步的方案框架;集中思维,优化方案框架。方案构思过程又是证实和证伪的统一。在构思过程中,创新主体会不断提出一些新的设想,并对它的根据效果和实施条件给予自觉或不自觉的检验。

科技创新过程中的方案检验,是通过逻辑或实践的手段,对具体科技构思进行检核和验证的过程。科技方案的检验按其形式分为逻辑检验、实验检验和社会实践检验。构思方案经检验和优化处理后,一个新科技就随之诞生了。问题—构思—检验以及伴随检验而对方案的完善和优化,这就是科技创新的全过程。

(三)科技创新的主体要素

创新主体是分层次的,包括由国家、地区、行业、企业、研究机构、高校、工作小组和个人层次所构成的创新活动。所以,构成创新主体的要素包括政府、企业、用户、中介组织、高校、研究机构等。

不同主体的结构,既包括基础设施等硬件设施,又包括思想、信息、知识、劳动、资本等软件内容。

科技创新基础设施是国家或区域科技创新结构中的必需要素,包括技术标准、数据库科技情报信息中心与信息网络、大型科研设施、国家和地区重点实验室、科技开发与成果转化基地、虚拟科技园、孵化器、图书馆等基本条件。当前,特别要加快信息基础设施大型数据库、重点实验室和科技成果转化基地的建设。由于虚拟科技园是把互联网技术与科技园结合起来的网络园区,一方面通过互联网与创新中心联系,另一方面为科技创新活动提供地点,保证科技创新高效运行,因而受到国内外的广泛重视。

二、科技创新模式

根据科技创新过程及各国的科技创新实践,一般有如下几种创新模式。

(一)自主原发式创新

自主原发式创新活动主要集中在基础科学和前沿技术领域,自主原发式创新是为未来发展奠定坚实基础的创新,其本质属性是原创性和第一性。自主原发式创新是最根本的创新,是最能体现智慧的创新,是一个民族对人类文明进步做出贡献的重要体现。在实践中,自主原发式创新则是指独立开发一种全新技术并实现商业化的过程。有学者认为自主原发式创新即为根本性创新,是指采用新技术,包括新产品、新工艺或者二者的结合。美国学者纳尔逊在美国支持技术创新的制度研究中,探究了自主原发式创新能力在创新体系中的应用和基础研究中自主原发式创新的意义和表现形式,并且阐明了自主原发式创新需要创新思维、科学积累、探究者个人的学术积累以及科学的宽容精神。一般来说,一个国家和地区科技研发中,属于自主研发首创的填补空白的创新项目,都可以占领世界和国家级科研的前沿。例如,我国古代的四大发明——造纸术、指南针、火药、印刷术——就属于自主原发式创新,为全球的相关产业带来了突破性进展,具有划时代的创新意义。我国是中医药大国,中药新产品的研发大多属于自主创新项目。这种自主研发的新技术,它的自主性和首创性是不可替代的,也是受知识产权保护且不可侵犯的。

自主原发式创新动力的影响要素可以分为两个层面。从内部看主要包括企业家的创新精神和意识、内部激励机制和企业文化等。陈雅兰就曾提出,影响自主原发式创新的主要因素有原始积累、核心人物、创新文化、科研兴趣、激励机制、团队合作和原创技巧七个方面。从外部看主要有生产要素、市场价格、市场环境、需求牵引、刺激拉动力和政府等因素。其中创新氛围、激励机制(包括经费支持、合理的立项审查和成果评价体系、待遇等政体系及相应制度)为外在因素。从创新的阶段来看,在一个没有形成公认的潜在需求阶段,更容易产生自主原发式创新。

对一个创新型企业的发展来讲,对区域创新系统的知识配置能力、创新文化重视程度、政府支持力度、知识产权保护力度、金融市场完善程度、技术市场成熟度、人才市场成熟度、市场集中度、技术发展阶段、大型企业整体能力、企业生命周期等都是影响企业自主原发式创新的因素。

（二）引进消化后的再创新

引进消化后的再创新模式,是最常见、最基本的创新形式。其核心概念是利用各种引进的技术资源,在消化吸收基础上完成重大创新。引进消化后的再创新是各国尤其是发展中国家普遍采取的方式。

在经济全球化的大格局中,一个国家和地区不可能独立自主研发一切科技成果。中国改革开放后,积极引进西方的科研成果,在吸收消化中进行再创新。

(三)集成式创新

随着全球科技革命的深入开展,各种技术之间的关联性进一步增强。各种技术之间整合资源、互补集成成为一种科技创新的新潮流和新模式。例如,过去医疗技术与微电子技术是毫不相干的独立技术体系。

集成式创新是指将别的现有的产品或知识进行组合和搭配而形成新的产品或事物,实现新的功能和作用。集成式创新的主体是企业,企业利用各种信息技术、管理技术与工具,对各个创新要素和创新内容进行选择、优化和系统集成,以此更多地占有市场份额,创造更大的经济效益。它与原发式创新的区别是集成式创新所应用的所有单项技术都不是原创的,都是已经存在的,其创新之处就在于对这些已经存在的单项技术按照自己的需要进行系统集成并创造出全新的产品或工艺。

现在的创新,绝不是关起门来搞封闭的创新,而是要广泛整合全球的创新资源,走集成式创新的道路。

(四)链环—回路创新模式

传统的线性创新模式是对创新过程的一种描述性观点,它将创新过程视为一个从基础科学研究—应用科学研究—生产制造—扩散和市场化的单向度、逐次渐进的过程。但是,随着科学技术的发展,它受到了质疑。因为,现实情形往往是应用技术在前,基础科学研究在后。

这一模式主要说明了三点。其一,创新过程有多种,不是线性的,而是链环的。其二,强大的经济冲击决定或限定了科学活动方向,工业社会创造了一个广阔的、由经济需求限定的技术领域,这些领域限定了科学活动所需的物质流方向和科学所研究的问题。其三,创新是一个数次的反馈过程:重要的信息流从创新的后期阶段又反馈到早期阶段,整个过程存在紧密的内在联系。在线性创新模式中,创新的刺激主要来自研发的扩展,而在非线性创新模式中,同客户的紧密联系、与供货商或合作方在技术上的关系可以成为实现技术革新的路径。

（五）协同创新模式

协同创新泛指在科技创新中,企业、高校、科研单位要协同作战,密切配合,对相关科研成果融合再创新的一种新模式。协同创新包含两种协同:一种是同类单位之间(如高校之间、科研单位之间、企业之间)要整合力量,协同配合,集中智慧,群策群力再创新;另一种是不同类别和属性的单位,如"官、产、学、研"也要协同配合,打破行业界线,集中人财物力和科研成果,实现协同创新。在经济全球化的大平台,整合资源和科技力量,协同创新成为一种新流行、新模式。

三、科技创新动力

科技创新动力是指在科技创新活动中,能有效推动科技创新的主要要素条件。自 20 世纪 50 年代,国际上出现了五种有代表性的创新动力模型,即"技术推动"模型、"需求拉动"模型、"交互作用"模型、"一体化"模型和"战略集成与网络"模型。

20 世纪 50 年代,人们把创新看成是一个线性的过程,它开始于科学发现,通过产业研发、工程化和制造活动,以被市场接受的新产品和新工艺而结束。这在一定程度上促进了众多技术发明和创新的出现,科技与经济的发展进入到前所未有的阶段。西方国家最开始的技术创新大多数都是这种由技术推动而进行的创新形式,无线电、晶体管、计算机的发明和使用以及由此而引起的大量创新都属于这种情况。但研究与开发在创新过程中并非是起决定作用的唯一元素,因为科技创新过程中还有大量的非研究与开发的因素,它们也是创新成功所不可缺少的。

20 世纪 60 年代中后期,线性的市场拉动即需求拉动流行起来,该模型是从生产需要或者市场需求开始,经过研究开发、生产和销售,将创新引入市场中。相关研究表明,有超过 60% 的创新行为是由市场需求引发的。因此,对于大部分的企业和科研单位来说,市场需求拉动型的创新在实际中占据很重要的位置。在市场需求拉动的技术创新模型中,市场需求为技术创新提供了机会,而技术创新是市场需求拉动的最终结果。这种模型能让创新适应某一特定的市场需求,但只考虑了一种因素,也是一种简单的线性模型。

20 世纪 70 年代,出现了科学、技术、市场间"交互作用"的模型。该模型认为,技术创新是由技术和市场两者的共同作用所引发的,社会与市场的需求和新的技术能力都可以导致新构思的产生;同时,创新过程中各个环节之间创新与市场需求以及技术进展之间存在着交互作用的关系。与技术推动模型和市场拉动模型相比,技术创新过程的交互模型加强了市场与技术的连接,这就说明企业的创新管理是要将市场需求和新的技术能力进行匹配的。

20 世纪 80 年代又出现"一体化"模型,把创新过程看成是相互作用的过程。"战略集成与网络"则代表的是创新的电子化过程,它更多地使用专家系统作为开发手段,其中仿真模型部分地代替了实物原形,它把创新不仅看成是一个跨部门的协作过程,而且看作跨机构的网络过程。总体上说,创新的五种动力模型,从根本上反映着人们对创新本质的逐步深化过程。

四、科技创新趋势

当今世界,科技创新、转化和产业化的速度不断加快,原始科学创新、关键技术创新和系统集成的作用日益突出。科学技术在经济社会发展、人类文明进程中发挥了愈加明显的基础性和带动性作用,这具体表现在以下方面。

首先,科学技术呈现着群体突破的态势。无论是信息、生物、纳米技术,还是能源材料科学等,它都出现了新的同步发展的态势,而且它们之间创新突破往往是互相影响、互相促进的。与此同时,学科交叉融合进一步加快,新学科不断涌现。例如,生物学家做生物学工作离不开数学家和物理学家的帮助,离不开计算机专家的帮助,离不开仪器、高科技人才的帮助。再如,纳米技术的研制、应用绝不仅局限于物理和化学领域,同样也拓展到生命科学、生态环境、能源等领域。所以学科交叉融合已经成为一个大的趋势。科学家再不能局限于本学科领域方面的单纯研究,必须要注重跟其他学科领域的科学家共同探讨、共同发展、交叉融合、共同合作。

其次,科学技术推动社会组织结构和管理模式的变革。科技的发展改变着社会劳动力的构成,随着社会、科学的发展,体力劳动会越来越少,而且简单、重复的脑力劳动也要减少,更多的人要从事创造性的脑力劳动。推向市场、完全产业化,当然不能靠科学家个人去完成,而且要有一个完整的创新链条去实现。科学技术与经济、社会、教育、文化的关系日益紧密,国际科学技术交流与合作越来越广泛。科学技术推动社会生产力发生巨变,这同时推动着生产方式发生根本变革,机械化、自动化生产方式使人从笨重的体力劳动中解放出来,而信息化的生产方式不光代替了一部分脑力劳动,更重要的是原先封闭的生产方式转变为全球化的、开放的生产方式,使得全球的每一个生产资源都可以被带动、被优化、被组合,这就使各种要素在全球范围内得以优化配置。科技不断改变人类的生活方式,使得人们可以更加便捷地学习知识、欣赏艺术和享受生活,丰富了人与人之间的交流,激励了人的创造性的活动,使人们的生活面貌也彻底改观。

再次,科技产业化的速度越来越快。过去从一个科学发现到一项关键技术发明,再到规模的商业化过程,往往要经历半个世纪,后来缩短到十几年,像激光技术从发现到应用也要 2～5 年。但是现在一项新技术的出现,尤其是在新兴领域,几个月时间就走向大规模市场并传播到全球。当今世界科技,尤其是技术竞争和创新的激烈程度变得前所未有,项技术如果不能及时被应用,它就要被更新的技术所淘汰,它在科学史上占据不了任何位置。如果一项技术及时得到推广应用、造福了人类,即便今后被新的技术替代,也已经为人类的进步发挥了作用,它将记录在科学历史上。

最后,科技创新与文化创新的互动共进是现代人类文明演进的显著特点。科技创新活动是最具时代特征的创造活动,创新不仅是一个技术过程,更是一个科技与人文的整合过程。创新本身就是一种文化积淀,文化对整个创新系统具有无与伦比的渗透力。面向 21 世纪,文化理念、价值观的变革与创新对一个国家的科技创新、经济繁荣、民族振兴至关重要。当代科学技术发展日新月异,预计在 21 世纪上半叶,科学技术会出现重大原始性创新突破,将导致生产力的根本变革,并引发全球生产关系的全面调整和利益格局的重新分配。这种高速的变革,先进文化的引领与推动是前提,能否抓住这样的历史机遇,大力创建崇尚创新的文化,铸造民族创新之魂,构建中国特色的国家创新体系,全力提升民族自主创新能力,对于中华民族的复兴是一次历史性挑战。

第三节　科技创新文化环境

一、科技创新文化环境的作用

(一)有利于弘扬优秀的中华文化

中华文化历来包含鼓励创新的丰富内涵,强调推陈出新革故鼎新,强调"天行健,君子以自强不息"。建设创新型国家,必须大力发扬中华文化的优良传统,大力增强全民族的自强自尊精神,大力增强全社会的创造活力。

中华民族是一个富有创新精神的民族。我国古代辉煌的科技文明成就,为世界文明发展作出了巨大的贡献。如:春秋战国时代,百家争鸣的思想文化的解放,促进了自然科学的发展。医学天文历法、物理等方面的科学论著和创造发明不断涌现,同时,科技的进步又推动了社会经济的发展。从那时起,中国的科学技术水平开始领先世界。秦朝的都江堰工程是世界上第一个生态水利工程。汉朝十分重视科学技术的革新和创造,尤其是对实用性科学技术更是大力支持。还设立专门机构和官员,向全国推广大文、历法、造纸术、司南等划时代的科学发明。汉朝所取得的一系列科学成就,成为中国古代社会文明高度发展的标志。魏晋南北朝的科学技术出现"实用与理论结合"的趋势。刘徽的《凡章算术注》祖冲之父子推证球体体积的方法、以及对圆周率的推算,均有高度的理论概括水平。此时的天文、历法、化学和医学也取得了新的成就。宋朝的四大发明演进,火药配方的改进,被广泛应用于军事;指南针的改良,开始应用到航海事业上;出现了活字印刷和铜版印刷技术,纸张质量提高,还可以以纸制成衣服。明朝的科举制度规范化,书院教育兴盛。中国科技史专家李约瑟博士也认为,公元1100到1450年中国的海上船队是世界上最伟大的。

弘扬具有中国特色的创新文化,需要我们树立民族自信心和自豪感,深刻把握传统文化的精髓,真正认识和发挥传统文化在促进创新方面的积极作用,将传统文化与当代科学技术发展、当代文化思想融会贯通,构建具有丰富思想内涵和科学实践性的现代创新文化。中国文化承载了中华民族五千多年的历史,生生不息、绵延至今,依然富有生机和活力,是中华民族创造力的不竭源泉,是建设创新型国家的宝贵财富。

(二)有利于实现国家富强

文化是综合国力的重要标志。中国的传统文化维系了中国数千年的社会变迁。特别是面对外来入侵,中华传统文化所具有的凝聚力、融合力和进取力,使中国一次又一次地渡过难关。中华人民共和国成立以来,随着文化、科技事业的发展,中国社会主义文化勃发生机,从而在政治经济、军事等方面显现出中华文化和综合国力之强盛。因此,文化的强弱是国力盛衰的标志之一。

当今时代,国家间的竞争,已从单纯的经济层面上升到文化层面,创新文化成为一个国家最核心的软实力,一个国家创新能力的高低、创新精神的强弱,日益成为民族兴旺、国家富强的关键因素。创新文化不仅是构建创新型国家不可或缺的关键资源,更是国家竞争力的重要组成部分。联合国教科文组织在《文化政策促进发展行动计划》(20 世纪末期年)中指出:"发展可以最终以文化概念来定义,文化的繁荣是发展的最高目标。"

(三)有利于促进科技创新

一个国家的文化,同科技创新有着相互促进、相互激荡的密切关系。创新文化孕育创新事业,创新事业激励创新文化。创新文化是科技革命的思想启蒙和精神动力。春秋战国时期诸子百家争鸣,促进了我国思想文化的一次大繁荣,为后来汉唐中华盛世奠定了丰厚的文化基础。从人类历史发生的四次科技革命看,每次科技革命都是以科学理论的创新推动了工程技术上的一系列发明,进而使人类的自然科学和社会科学都得到巨大的成就和发展。

第一次科技革命发生在 18 世纪末到 19 世纪初,以英国的工业革命为起点,以蒸汽机的广泛使用为标志。以电动机为代表的第二次科技革命发生于 19 世纪 70 年代,结束于 20 世纪初,科技进步是这次革命的全部基础。以原子能、空间技术信息技术等为主要标志的第三次科技革命,兴起于 20 世纪的 40 年代,主要集中在信息、新材料、新能源、航天、海洋等领域。21 世纪以微电子技术为核心、以知识经济和创意产业为主要标志的第四次科技革命,将主要集中在生物工程技术、纳米技术、数字化以及其他改变人类生活方式的重大科技领域。

在新的科技革命阶段,一些重大的科技成果从科学发现到技术创新的时间越来越短。例如,摄影是 112 年,电话是 56 年,收音机是 35 年,雷达是 15 年,电视是 12 年,原子弹是 6 年,晶体管是 5 年。技术创新的迅猛发展也加速了科学技术的更新换代周期。18 世纪前一般是 80 年到 90 年,19 世纪到 20 世纪初,一般是 30 到 40 年,20 世纪初到 50 年代,一般是 15 到 20 年,20 世纪 50 年代后,一般是 5 到 10 年。科学技术的进步带动了时代的变速加快。人类经历了百万年蒙昧、数万年游牧、几千年农耕、几百年工商,现在正以半个世纪的速度由工业社会跨入信息社会。从过去的蒸汽机动力每小时 6 公里,到现在的磁悬浮动力每小时 400 多公里,人类世界正凭借着不断创新的高科技向着美好生活的未来飞驰。

二、营造有利于科技创新的文化环境

(一)从小培养国民的创新思维和创新能力

创新能力从根本上取决于产生和利用创意的人,人才是一个国家最重要的创新资产。所谓"十年树木,百年树人",大批的可持续供应和发展的创新型人才,需要经过几代人的长期努力;而一代人的整体科学素质的提高必须要从孩子抓起。

1.创新意识与创新思维

创新文化来自创新意识。一个国家的创新精神的树立,来源于全民族的创新意识提高。创新意识包括创新思维、创新思维指导和推动科技发展。

创新意识首先表现为有强烈的问题意识。具有强烈创新意识的人能够善于从生活中的各个方面发现问题,见微知著。他们不仅爱提问、喜欢刨根问底,而且往往能提出别人想不到的问题。有了问题才会激发人们去探索、去创造。其次,创新意识也表现为强烈的想象意识和开拓意识。世界著名科学家爱因斯坦曾经说过,想象比知识更加重要。知识是有限的,而想象能够拥抱整个世界,推动进步,促成发展,它在科学研究中是一个重要的因素。而开拓意识强的人从不墨守成规,往往能够打破现状,摆脱困境,并能从习以为常的事物中找出缺点,产生不满,从而导致创新求索欲望的出现。另外,创新意识也表现在有强烈的敢于克服困难的意识。具有创新意识的人往往会面对困难毫无畏惧,或者能巧妙地绕过困难而迂回前进。

创新意识中还要具有一种冒险的意识。微软公司愿意聘用那些曾经犯过错误而又能吸取经验教训的人。微软的执行副总裁迈克尔曾说过:"我们寻找那些能够从错误中学会某些东西、主动适应的人"。在录用过程中,"我们总是问应聘者:你遇到的最大失败是什么？你从中学到了什么?"在寻求有远见的冒险者时,微软喜欢尝试那些成功地处理过失败和错误的人。

创新思维需要系统思维。改革开放多年来,中国人的思维方式已经发生了巨大转变,从简单化、片面化、极端化的思维,已经开始向系统化、个性化的思维转变。系统思维具有这样的特征:承认事物及其组成要素的多样性;重视系统要素之间以及系统同外部环境的变化协调与发展均衡;对系统的具体运行不是简单地进行干预,而是遵从其内在机制加以调控,为其运行发展创造条件。

不同的思维碰撞也是一种创新。法国达能集团董事长里布曾给大家讲了一个故事来表明他的观点:创新不仅仅只是创新技术、创新科技,有时候一种不同的思维就是一种创新。

"实用化"的思维倾向会妨碍科学创新。目前我国的研发经费投入增长很快。但我们的总体创新能力和水平还落后于国际平均水平,大多数高新技术的核心知识我们还未掌握。中国古代天文观测是发达的,我国最早用甲骨文记录了超新星的爆发,但我们没有进一步研究为什么会产生这样的爆发;《墨经》对所有的几何光学现象都有记载,如针孔成像、放大镜等,但没有人问"光的本质是什么"。这种局限性也表现在科学成果的评价体制上,就是过于强调研究的短期产出。现在很多研究都是文章驱动,而不是科学目标驱动。

2.创新精神与科学精神

创新精神是科技发展的生命力。创新精神的核心是科学精神。马克思早就指出:科学是一种在历史上起推动作用的、革命的力量。

何为"科学"？"科学"指的是反映自然、社会、思维等的客观规律的分科知识体系,其研究范围包括:自然科学、社会科学和思维科学。美国学者斯蒂芬·梅森说:"科学主要有两个历史根源。首先是技术传统,它将实际经验与技能一代代传下来,使之不断发展。其次是精神传统,它把人类的理想和思想传下来并发扬光大。"

何为"科学精神"? 科学精神不仅是科学家们所具有的职业精神,也是整个人类社会的实践活动中所具备的基本精神。人类认识自然、改造自然,从而达到整个人类全面、自由、和谐地发展,科学精神就是人类追求真理的精神,也即追求人类发展的客观规律,由理性精神和实证精神所支撑,求真务实则是科学精神的核心所在。

20 世纪 50 年代后,杰出的经济学家、思想家顾准刻苦攻读了马列著作,其《科学与民主》一文论述道:"我所说的科学精神,不是指哪一门具体的科学上的成就,而是:①承认人对于自然、人类、社会的认识永无止境;②每一个时代的人,都在人类知识的宝库中添加一点东西;③这些知识没有尊卑贵贱之分;④每一门知识的每一个进步,都是由小而大,由片面到全面的过程;⑤每一门类的知识、技术在每一个时代都有一种统治的权威性的学说或工艺制度,但大家必须无条件地承认,唯有违反或超过这种权威的探索和研究,才能保证继续进步。"

三、营造有利于科技人才成长的社会氛围

科技创新需要科技人才的努力,而科技人才的成长需要宽松和尊重的社会氛围。

(一)形成对科技(创新)人才的社会共识

科技人才是具有独立思考能力的创新群体,属于知识分子范畴。知识分子在社会中的地位和作用不可忽视。西方对知识分子的定义为:具有明确而稳定的价值观,不被强权左右,能以牺牲自己的声誉、财富、安宁为代价追求正义的一群人。中国现代知识分子可以定义为具有独立人格和系统思考能力,能以各种媒体形式(包括发明某些物质形式)充分表达自己的话语权,并为社会提供批判性或借鉴性思想言论和成果的一类群体。

科技人才也是创新人才。创新人才是与常规人才相对应的一种人才类型。所谓创新型人才,就是具有创新意识、创新精神、创新能力并能够取得创新成果的人才。而所谓常规人才则是创新意识、创新精神、创新能力不强,习惯于按照

常规的方法处理问题的人才。创新型人才与通常所说的理论型人才、应用型人才、技艺型人才等是相互联系的,它们是按照不同的划分标准而产生的不同分类。无论是理论型人才、应用型人才还是技艺型人才,都需要有创造性,都需要成为创新人才在对创新人才的具体理解上,社会应当逐步形成这样一些基本共识。

1.创新人才的基础是人的全面发展

创新意识、创新精神、创新思维和创新能力并不是凭空产生的,也不是完全独立发展的,它们与人才的其他素质有着密切的联系。因此,创新人才首先是全面发展的人才,是在全面发展的基础上创新意识、创新精神、创新思维和创新能力高度发展的人才。

2.个性的自由发展是创新人才成长与发展的前提

大学要培养具有创造性的创新人才,就必须首先使他们成为一个作为人的人、真正自由的人、具有个体独立性的人,而不是成为作为工具的人、模式化的人、被套以种种条条框框的人。虽然不能说个性自由发展了人就有创造性,就能成为创新人才,但没有个性的自由发展,创新人才就不可能诞生。因此,创新人才相对来说就是个性自由、独立发展的人。

3.当代社会的创新人才,是立足于现实而又面向未来的创新人才

应该具备以下几个方面的素质:博、专结合的充分的知识准备;以创新能力为特征的高度发达的智力和能力;以创新精神和创新意识为中心的自由发展的个性;积极的人生价值取向和崇高的献身精神;强健的体魄和毅力等。

(二)提倡科技人才的创新献身精神

要大力弘扬以爱国主义为核心的民族精神和以改革创新为核心的时代精神,增强民族自信心和自豪感,增强不懈奋斗、勇于攀登世界科技高峰的信心和勇气。在科技创新的浪潮中,只有充分具备这种自信心和勇气的创新献身精神,才能成为永立潮头的骁勇。为此,我们要:

1.剔除阻碍人才成长的传统糟粕

中华文明五千年悠悠历史,文化积淀厚重,既闪烁着许多利于培养创新型人才的精华,也不乏阻碍创新型人才脱颖而出的糟粕。今天,虽然有人常以“天

行健,君子以自强不息"的古训砥己励人,但同时"枪打出头鸟""木秀于林,风必摧之"的禁忌仍不绝于耳。于是,敢于冒尖者被视为"冒失",打破常规者被看作"异类",富有个性者被当成"不成熟",这样的认识观念,阻碍了很多探索的步伐;这样的文化心理,泯灭了很多创新的火花。

因此,在提倡科技人才树立创新献身精神的同时,我们要不忘积极剔除不利科技创新人才成长的文化糟粕。另外,我们的视野还应再开拓一些,思维再活跃些,把眼光置于世界的大环境下,善于吸收现代文化的精髓,让古老的中华文化与现代文明相融合,兼容并蓄,以此产生"杂交效应"和"发酵效应",让创新文化的内涵更为丰富,创新型人才更多地涌现出来。

2.提倡为真理而奉献的创新精神

冯友兰先生曾经把人生喻为四大境界:自然境界、功利境界、道德境界和天地境界。其中的第三、四境界就是创新人才追求真理所崇敬的主要人生境界。当今,我们在科技创新中要为值得奉献的目标而付出艰辛的努力,奉献精神往往与职业精神紧密联系一起。倘若一个人的职业同时是他的志向,会自然体现出最高的职业精神:不计较报酬、不在乎功名,所做的一切,只为追求一个完美的境界。在这样的境界之中,他会发现自己生存的意义,感受到活着的幸福和自我满足。德国思想家马克斯·韦伯认为,人们之所以有职业精神,是因为有一种"天职感",用中国话来说叫作"使命感",相信自己从事的工作,是神圣事业的一部分,即使是最卑微的工作,也会从中获得某种超越的人生价值。创新需要这种奉献精神。

在创新中我们要为人类共同理想奉献,不要为谬误和权威而屈从,这是区别封建的"奉献"论与现代民主的"奉献"论的分水岭。现代民主则强调公民在为理想、事业奉献中同时实现自身的价值与崇高使命的完成。在以信息网络高科技为特征的新世纪中,我们所提倡的"奉献与创新"精神,就是要高举为真理(创新)而献身的大旗。

人类实践活动中,要弘扬以下五种精神:一是理性的怀疑精神,这是从追求真理的前提出发,包括独立思考精神等。对"奉献精神"我们要作理性思考:为何奉献? 如何奉献? 奉献价值? 二是勇敢的探索精神,这是就追求真理的勇气而言,包括求证和实验精神等。三是大胆的创新精神,这是指追求真理的特性所在,包括继承和开放精神等,我们提倡和发扬"奉献"精神不能与民族的优秀文化传统隔离,又要与时俱进。四是和谐的合作精神,这是适应追求真理的环境场所,包括团队和民主精神等,在"奉献"中,我们既提倡人人为社会奉献,同时也强调团队的奉献比个人的奉献更加伟大壮丽。五是无畏的献以精神,这是所有追求真理的职业精神,包括宽容和自由精神等,这是指"奉献精神"中的最高境界。

(三)形成宽容失败、容忍犯错的社会氛围

如果说创新是一个系统工程,是人类不断探索真理的过程。那么,我们必须承认:失败与成功是一对伴随人类社会发展每一个脚步的孪生兄弟。一部人类社会发展史,就是成功与失败交织的历史。

1.失败是通向成功的阶梯

"失败是成功之母",意味着失败是成功的先导,人们往往能从失败中吸取教训,变失败为胜利。许多科学家和发明家在科学探索道路上取得成功,正是从"失败"中走过来的,他们是从失败的记录中找出成功轨迹的。

诸葛亮说过这样一句话:"善败者不亡"。诺贝尔研制炸药,不但屡遭失败,还为此失去了亲人。卓越的科学家无一不是经历无数的失败,才最终摘取到成功的花环。古语有云"失之东隅,收之桑榆",也比喻在某方面失败了,有可能在另一方面获得胜利。从一般道理上看,失败和成功是一对矛盾,但失败之所以是成功之母,是因为世界上任何事物都是对立的统一,任何事物都存在矛盾着的两个方面,但任何一方都不能孤立地存在。矛盾双方都因一定条件而互相联结,并向其相反的方面转化:失败与成功也是对立的统一。

2.人类的认识过程必然包含失败

创新是一种有风险的试验性和探索性活动,既可能成功,也可能失败。创新愈有突破性,失败机率也越高。学者从系统的一般特性、知识的可错性和行动的不可逆性这三个方面,对宽容失败的合理性进行了理论分析。系统具有四个一般特性:复杂性、不透明性、内部动态性、无知和错误假定。因此,系统的一般特性为行为主体的规划和行动设置了客观障碍,成为宽容失败的合理性依据之一。学者引用波普尔、皮尔斯、密尔这三位西方思想家、哲学家有关"知识可

错论"的观点,指出:正是因为主张知识的可错性和不确定性,而不是坚称知识的绝对正确性,宽容意识才得以慢慢生长出来。真正的宽容是激励人们去追求真理,而不是为了权宜之计放弃对真理的追求。学者最后归纳指出:因为系统具有复杂性、不透明性和内在动态性,所以人们对系统可能是无知的,或者只能做出一些错误的假定;因为知识的可错性,所以任何人都不可能拥有绝对真理;因为人类行动的不可逆性,所以没有他人对行动后果的宽容,行动者就不可能继续新的行动。正是缘于以上三点,我们需要宽容失败。创新是一个系统工程,它集中体现了人类在知识和行动方面的局限,所以创新尤其需要宽容失败。

(四)加强科研职业道德教育

1.健全完善有利于科技人才成长的培养机制

职业道德教育与人才培养机制密切相关。伟大的创新事业需要大量的科技人才的不断涌现,科技人才的涌现需要良好的培养机制。首先我们要从思想上认识到,科技人才的培养,是实施科技创新战略、振兴中华文明的一项重大而紧迫的任务。其次要通过"本土培育"与"外来嫁接"的有效结合,加大科技人才的培养力度。还要建立健全科学的科技人才评价体系和科技人才的使用激励机制,以高层次人才队伍建设为重点,推进科技人才资源的整体开发。

在人才培养机制上,还需要注意的是:

(1)以提高创新能力和弘扬科学精神为核心,加快培养专业技术人才

一是完善政策体系吸引创新人才。借鉴国内外的成功经验,研究制定各类人才的引进、培养和使用政策,逐步实现人才管理的制度化、规范化和法制化,为优秀人才脱颖而出和人尽其才创造有利的政策与法制环境。二是搭建创业平台吸纳人才。坚持正确的用人导向,给肯干事的人以机会,给能干事的人以岗位,给干成事的人以回报。一方面,大力发展科技型、专业型、配套型的中小企业和民营科技研究机构,并增强它们聚集人才的能力;另一方面,加快培育和发展专业技术人才载体,加强企业博士后科研工作站建设,为高层次人才创业、创新发展提供平台、创造条件。三是创新管理机制激励人才。把物质激励与精神激励有机结合起来,建立全方位的激励机制,最大限度地激发人才的工作热情和创造潜能,使人才积极致力于提高创新能力,为推动经济社会发展作贡献。

（2）不断拓展创新思维，形成创新人才继续教育的新机制

继续教育要以高层次人才和创新人才培养为重点，以改革创新为动力，全力构建起终身化、网络化、开放化、自主化的继续教育网络体系和人才终身教育体系继续教育主要是围绕新理论新技术、新技能、新知识和新信息，对各类人才的知识结构和业务技能进行补充、更新、拓展、提高，培养各类人才的自主创新能力，从而促进他们更新知识、提升能力。

在创新人才的继续教育中，我们要着力提高创新人才的实践动手能力，形成创新人才脱颖而出的新机制。实践锻炼是全面提高人才工作能力的根本途径。我们可采取让新上职业岗位的人才到一线锻炼、重点人才重点培养、建立专门实验室等方法，帮助他们在实践中快速增长胆识和才干，增强解决实际问题的能力。同时，还要强化各类高层次专业培训，让他们掌握生产经营、企业管理和科学实验的新知识和新理论，培养一支"会管理、懂经营、能实验"的技术和管理力量。

（3）新人才的个性培养

第一，要从小培养孩子自信、自立、自强的独立人格，注意发现和培养孩子的兴趣特长，顺其特长而不是遵从家长意志去发展，让其在选择自己成材道路方面有更多的自主权，大胆放手让孩子去做。建立自信、自强的品格，是创新人才所必须具备的心理素质，是素质教育的基本要义之一。第二，要培养和激发创新的激情。创新激情源自浓烈的兴趣、远大的抱负、成功的欲望、执着的追求，它将大脑的每根神经最大限度地调动起来，把智慧潜能激发出来，把全部心血投入进去，聚精会神废寝忘食，使其特长大放异彩，这是创新成功必有的精神状态。第三，创新人才的团队合作训练也要与个性培养紧密结合。一项伟大的科学发现或技术发明，最终形成科技成果，往往需要一个强有力的科技实验的团队合作完成。不同的个性思维容易在碰撞中产生创新的思维火花，从而形成卓有成效的集体智慧成果。

培养创新人才健全的心理素质，良好心态决定创新人生，积极的心态是成就事业的基础。创新过程中，我们会面临无数次的失败和艰难，我们要学会在困境中找到求生的希望，只有努力前进才能达到创新的目标。

2.建立有效的科技创新激励机制

建立有效的科技创新激励机制,也是加强科研职业道德教育,构建科技创新文化环境的重要组成部分。一个行之有效的激励机制,能起到鼓励作用,能推动科技创新。

建立科技创新激励机制的三大要素如下。

(1)创新激励机制的建立,是一个新旧制度的调整

以某公司电路部门的改革为例,该部门为了实现其使部门成为一个员工热爱工作,不断改进创新的工作场所这一目标,进行过多种计划和方案的尝试。每一次的效果都只是短期的,激起的只是一刹那的火花与兴奋。该部门自成立以来,几乎就是靠公司内部的独家生意舒舒服服地过日子。如果该公司的其他部门可以向外界采购的话,电路部门就再也不能像现在这样高枕无忧了。最后,主管们决定取消公司内购的规定,引入竞争。从此电路部门的环境焕然一新,四处充满活力。新旧制度的不断破立、调整的过程,才是符合创新激励机制的科学发展规律的。

(2)创新激励机制要自主创造,使全体成员的共同参与

领导层制定激励机制,可以参照其他组织的做法,寻求灵感。但是,最好的激励机制就算不是全盘创新,至少也是针对某一独特情形的特别改编。因此,它是个组织中全体成员的参与与创造的过程。虽然有些机制需要借鉴高级主管的意见,但更多创新的机制并非由最高管理阶层所创造。

(3)要允许激励机制及时修正,不断进化

一个创新机制在实际的运用当中,可能会产生各种意想不到的负面效果而需加以修正。即使是一开始就运作得很完美,也需不断地加以改进。

第十章　科技创新管理的基础

第一节　科技创新过程中的风险管控

一、科技创新过程中的不确定性

（一）"创新时代"下科技创新活动的特点

既然要立足于所谓"创新时代"的背景之下来讨论风险管控，那么为了更好地理解科技创新风险形成的原因和可能造成的影响，必须先理清"创新时代"下科技创新活动的几个主要特征。

第一，创新时代的科技创新活动具有创新主体多元化的特点。20 世纪中叶以来，随着科技的发展以及市场竞争的失灵，许多行业的竞争并非是一个企业所能左右的。有限的自然资源更激发了政府之间占有性的竞争。科技发展成为影响国家政治、经济的重要因素。因此，各国政府均出台了多项科技政策，从各个方面来推动科技发展。一方面，由政府成立相应的研究机构或科技管理机构，加强对科技创新的引领。另一方面，通过经费资助或合作的形式，激励企业在政府导向下进行科技创新研究。此外，政府也在一定程度上希望吸引更多公众参与科学研究。这样一来，便形成了政府主导下的企业、科研机构、社会公众组成的科技创新联盟。

这种宏观上的科技创新主体的增加也让具体的科技创新主体随之增加。如今的科技创新活动由多个学科的科学家、多种专业的技术人员、多个部门的管理人员，以及公众等共同完成，这些主体遍布于基础研究、实验开发、生产、销售乃至产品回收等各个环节。科技创新活动的主体不仅有生产者，还有消费者;不仅有受益者,也有受害者;不仅有直接参与者,还有间接参与者。这些主体构成了一个复杂而稳定的网络,并逐步形成了多种利益群体,影响着科技创新活动的走向。

第二,创新时代的科技创新活动具有创新客体集群化的特点。创新客体是科技创新活动中的被动方,是创新主体所指向的对象,一般有两大类:第一大类是具有新价值、新效用的新思想,是创新主体的思维产物,常表现为概念、原理、理论与思想体系。另一大类是具有新价值、新效用的新方法,是创新主体的物质产品,常表现为工具、方法与规则。在创新时代,科技创新不再是单项发展,而是相互渗透,综合发展。各学科之间、各领域之间的联系越发紧密,创新周期越来越短,科学创新与技术创新的关联度也越来越高。因此,高质量的科技创新活动不但要有某些单项的技术优势,更要有综合技术或技术集成化。

进入创新时代以来,政府与企业对高新技术的关注和重视更凸显了技术集成化的重要性。目前六大主要高新技术群(信息技术、新材料技术、新能源技术、生物技术、精密制造技术、海洋和空间技术)皆为多学科、多领域、多专业相互渗透、相互交叉的综合技术群,需要在基础研究、应用研究方向上同时推进。因此,只关注某个单一技术的发展远远不够,必须系统性地对待整个技术群。

第三,创新时代的科技创新活动具有竞争全球化的特点。美国著名经济学家莱斯特在《二十一世纪的角逐》一书中指出,谁能更好地利用由科技的发展形成的包括资金、原材料、技术、信息在内的全球资源信息网络,谁就能在国际竞争中取得主动。综合国力的竞争实质上是高科技的竞争。在经济方面,以依靠技术垄断技术市场的特点越来越明显,抢占技术制高点者便能占据优势迅速崛起。不仅如此,在计算机、网络越发成为日常生活中不可或缺的一部分的情况下。科技创新的竞争结果所带来的影响绝不可被小视。

第四,创新时代的科技创新活动具有功能双重化的特点。20世纪中叶以来,科技进步对许多国家国民经济增长的贡献率高达60%以上,不仅为其经济增长提供了原动力,同时也提供了充足的物质产品和丰富的社会服务。例如,运用农业中的基因工程改变了生物结构,通过提高农作物的抗病能力增加产量,解决了更多人的温饱问题。但在科技创新收益倍增的同时,科技创新的成本越来越高,不确定因素越来越多,风险也越来越大。这是现代科技的复杂性、系统性使然,需要投入更多的人力、物力、财力等成本资源。

对于整个社会来说,科技活动也使人类面临新的困境。除了众所周知的生态环境污染、自然资源过度开发与消耗等,一些技术更迭的副作用可能要在很长时间之后才能显现出来。例如,人类通过科技战胜了一些疾病,却也因科技的应用产生了新疾病。又如,使用核电能够减少二氧化碳等温室效应气体的排放,但其辐射性也成了新的风险源,甚至成为能够毁灭全人类的隐患。这种对应用新技术的担忧反作用于科技创新活动,成为影响力巨大的风险来源。

总而言之,在新时代的这些特征背景下,考虑科技创新活动的风险,就不能单纯地将风险视为客观的、不变的存在,更为恰当的做法是深究风险的主观性、建构性本质。

(二)科技创新活动不确定性与风险概念区分

正因科技创新风险具有主观、建构的本质,所以目前仍无一个对风险的准确定义。美国化学工程师学会对风险的定义是:某一事件在一个特定的时段或环境中产生我们所不希望的后果的可能性,即不幸事件发生的概率。国际标准化组织对风险的定义是:风险是衡量危险性的指标,是某一有害事故发生的可能性与事故后果的组合。国际性职业安全及卫生管理体系评审的系列标准对风险的定义是:风险是指某一特定危险情况发生的可能性和后果的组合。《信息安全风险评估规范》标准中对风险的定义是:人为或自然的威胁,利用信息系统及其管理体系中存在的脆弱性导致安全事件的发生及其对组织造成的影响。虽然这些描述存在差异,但共同之处在于风险具有不确定性。

在一般的论述中,风险与不确定性经常被混为一谈;但在近来相当数量的研究中,此二者的区别已得到厘清。例如,倘若评估某一创新项目可能遇到的"风险",说明此前已出现过类似的情况,因此有经验可供参考;若是开拓一个全新领域或开发一种新技术,那种难以设想的迷茫前路则更应被视作"不确定性"。

20世纪60年代初期,肯尼迪·阿罗便指出了科技创新过程中的不确定性,认为不确定性存在于科技创新过程中的每一决策中。克里斯·弗里曼认为,"基础性研究与基础性发明"是"真正的不确定性","重大的开创性产品创新、公司以外开创性的生产工艺创新"是"很高的不确定性"。一般认为,不确定性是指人们对事物发展的趋势与结果无法做出准确判断。基于对客观不确定性(客观存在的未来的可能性,是事物发展结果本身的不确定)和主观不确定性(主观认识和预计的可能性,是对事物发展认识的不确定)的认识,有不确定性可度量说和不可度量说之分。可度量说把不确定性与概率事件联系起来,用随机变量的方差来刻画不确定性的大小,即用概率来描述不确定性。主流经济学认为不确定性是可以概率化处理的,并在此基础上建立预期效用理论,提出风险学说。

对于科技创新风险,目前有如下几种解释:一是如美国明尼苏达大学的艾荣所说的,科技创新中的风险是"项目的失败概念";二是如意大利的风险专家奥特威的论述,科技创新的风险是"技术灾难";三是美国的阿伯纳西的观点,认为科技创新风险是信息不足导致项目行动的种种失败;四是我国学者赵玉林认为,科技创新风险是指"存在于科技创新过程中,信息不足或信息使用不当造成的某种损失的可能性"。无论如何,风险描述的是可能发生的各种损失,强调主观预期与实际结果的偏离,是主观与客观相互作用的结果。

总而言之,科技创新风险源于其不确定性。从另一个角度来说,风险是对失败的一种量化表述,风险只会带来损失;而不确定性却可以被视作一种环境,其中可能蕴含多种机遇。在理想的状况下,人们如果能够通过总结各类经验,不断细化创新过程中的不确定性,那么就可以从根本上消除各类风险。

作为一种探索性的人类活动,科技创新(根据性质可分为基础研究、应用研究和试验发展)本身的不确定性表现为,对任何一个研究客体的研究方式和研究路径可能是多种多样的;以人类现有的知识基础和行为能力,对未知事物的分析和判断也可能是千差万别的,因此科技创新是允许失败的。如果从不确定性的角度来定义科技创新风险,则恰如美国项目管理学会在其经典著作《项目管理知识体系指南》中所指出的,科技创新风险是指由于创新项目所处环境和科研条件本身的不确定性以及项目组织者、项目客户/业主或项目其他相关利益者主观上不能准确预见或控制的因素,整个项目最终结果与当事者的期望产生背离,从而给当事者带来损失或机遇的可能性。从理论上讲,科技创新的风险可以通过风险管理来降低,但是却无法完全消除。

具体来说,造成科技创新风险的根本原因可分为以下三点。

第一，人们的认识能力有限。世界上的任何事物都有各自的属性，这些属性是由各种数据和信息加以描述的。但由于人们认识事物及其特性的能力有限，因此在认知深度与广度两方面，对于许多事物属性的认识仍然存在着很大的局限性。这种局限性的本质是人们获取数据和信息能力的有限性和客观事物发展变化的无限性这一对矛盾造成的。

第二，信息本身的滞后性。从信息科学的角度看，造成事物信息不完备的客观原因是信息本身的滞后性。信息只有在事物发生之后才能获得，还要经由人们的加工处理。对于一个尚未实际发生的创新项目，可用的信息都是根据过去事件做出的推断，从而导致项目信息的不完备。当然，随着项目本身的进行和发展，人们对它的认识会不断深入。

第三，项目及其环境的不确定性。对于任何一个创新项目，其内外部都会面临环境发展变化所造成的不确定性。在项目内部，资金、人力、采购等各方面因素都有可能对项目的最后结果产生影响；在项目外部，项目投资人的利益、项目的时间计划、科研环境的变化以及社会对项目结果的认可程度等都会对项目产生重大的影响。这些项目的环境和条件发生变化以后，项目本身就必须进行变更以适应项目环境的发展与变化。

显然，相比自然灾害这类客观不确定性造成的静态风险（由自然力的非常变动或人类行为的错误导致损失发生的风险，如地震、火灾等），人们在风险管控中更为关注的会是人为不确定性（如经济、社会、技术、政策、市场等因素的变动，研究开发、市场调研、市场营销等方面管理的不到位）造成的动态风险。通过树立风险意识，完善风险管理，能够在一定程度上防范和控制风险损失的发生和发展，使受控的科技创新活动向预期目标发展。这样虽然无法完全消除风险，但能够有效地提高科技创新成功的概率，或有效降低项目失败造成的沉没成本。

二、科技创新活动风险管控的工作流程

（一）科技创新活动各阶段工作重点

为了更好地理解、管控科技创新过程中存在的风险，一般将科技创新全过程大致分为立项阶段、实施与控制阶段以及项目后续阶段,分别讨论各个阶段可能出现的风险,最常用的管控步骤为识别—评估—制定相应管控策略——实施,循环往复。下面将分别简要介绍科技创新活动这几个阶段中的管理工作及风险管控的一般步骤。

创新项目的立项阶段(有专家也称其为项目的定义与决策阶段)即整个项目的基础阶段,涉及项目开展过程中的各个前期准备的工作内容。立项阶段的主要工作是定义一个具体项目的产出物、工作流程和相关规定,并据此进行可行性分析。可行性分析是通过对项目的主要内容和配套条件(如市场需求、资源供应、建设规模、设备选型、环境影响、资金筹措、营利能力等),从技术、经济等方面进行调查研究和分析比较,并对科研项目可能取得的财务、经济效益及社会环境影响进行预测,从而提出该项目是否值得投资和如何进行建设的咨询意见。

在创新项目的实施与控制阶段,主要工作是项目的实施和管理控制工作,主要内容是:第一,制定整个项目实施阶段所需的各种管理依据和基准;第二,信息更新及纠偏行动,这是此阶段最重要的管理工作,采取各种行动去纠正项目实施中出现的各种偏差,使项目实施保持有序和处于受控状态;第三,定期对项目实施工作进行绩效度量,生成考核报告,也就是将实施工作的实际结果与项目控制标准进行对照和比较。这三方面工作将给出项目实施情况与项目标准之间的偏差、造成偏差的原因和纠正偏差的各种措施等。

创新项目后续阶段是知识成果转化为社会产品和社会生产力的过程。在此过程中,知识产品必然与社会需求及社会价值观等发生可适性的选择。如何让那些在实验室取得成功的研究结果适应社会的价值需求,是这一阶段的关键工作。

(二)风险管控的一般步骤

不同的创新项目具体遇到的项目风险也有不同,但管控风险的步骤基本是一致的。首先是风险识别,风险识别是指用感知、判断或归类等方式对现实的和潜在的风险性质进行鉴别的过程;是系统地、连续地识别并记录可能对项目以及相关人与物等造成不利影响的因素,包括列出所有与项目相关的过程、参与者及存在的问题,从中确定风险的来源和产生条件;是认识和发现所考察某事件在一定时期内遭受某类风险损失的潜在隐患的过程。风险识别是风险管理的第一步,也是风险管理的基础,只有在正确识别出自身所面临的风险的基础上,人们才能够主动选择适当有效的方法进行管控。风险识别过程就是跟踪影响事件或行为的有关事项或因素,关注风险源、分析风险形成的过程。

风险识别的目标包含以下几点:其一,识别并确定项目有哪些潜在风险,这是风险识别的第一目标;其二,识别引起风险的主要影响因素,基于此把握风险的发展变化规律,进一步对风险进行应对和控制;其三,识别这些风险可能引起的后果以及后果的严重性。风险识别的根本目的就是要缩小和消除项目风险带来的不利后果,同时争取项目风险可能带来的有利后果。

为了达到这一趋利避害的目的,就必须对项目可能遇到的各种风险做一预判评估。从科研项目风险评估中存在的各种不确定因素的分析入手,借助分析项目风险事件一旦发生时项目各种评价指标的变化,来分析和预测项目风险,以及人们是否能够承担这些已识别的项目风险,最终给出一个评估结果,即项目的可靠程度。项目风险评估通常包括盈亏平衡分析、敏感性分析、概率分析和仿真模拟分析等多种方法。

完成科研项目的风险评估之后,需要针对可能发生的项目风险确定该项目的风险管控方法、工具和技术以及相关的管理规定。此后便具体实施所定的风险管控策略,基于创新项目风险产生的基本原因,风险管控策略的关键在于突破团队知识结构瓶颈、应对突发风险事件。

首先,随着创新项目的不断推进,项目本身可能会对整个研究团队的知识结构和综合能力提出更高的要求,团队人员必须及时更新自己的知识内容、扩大知识容量、优化知识结构。其次,在整个项目进程中,可能会遇到各种各样的突发事件。这其中包含的风险因素是对整个科研项目的重大考验,也很可能是决定整个科研项目成败的关键环节。在这一过程中所产生的信息,也会进一步改变人们对项目风险的认识和把握程度。因此,科技创新风险管控本身是动态的,需要不断根据实际情况进行调整。

(三)影响风险管控过程及结果的几个因素

这一结论带来了一个新的问题:即便管控科技创新风险的步骤大体相同,

对于每个具体项目可能遇到的风险及管控策略,那些看上去可靠的先例所能提供的经验是否真的具有较大的参考价值? 如果回到科技创新风险的人为不确定性本源上来思考这个问题,答案可能并不乐观。

显然,科技创新从来都不仅仅是一个科技的问题,在当下这种技术和市场需求日新月异的形势下,科技创新对制度环境、融资环境、人才资源环境和信息环境的要求更高,受其影响也越来越大。甚至可以说,制度对科技创新的影响甚至比科技本身更大。

首先,科技创新受到经济体制的影响,市场经济和计划经济体制下的科技创新系统有所不同,只有适应了经济制度,科技创新才能得到发展。

其次,科技创新受到法律制度的影响,科技创新的重要成果不是产生了物质的产品,而是设计制造产品的技术以及其他相关的知识。具有独创性的新知识只有受到法律的严格保护,才能保证创新者获得相应的垄断利益。随着现代科技创新活动的投入和风险越来越大,如果不能对其应该得到的利益进行切实保护,必然会损伤创新者的积极性,最终影响整个科技创新的进程。

再次,企业制度也是技术创新的重要制度环境,产权分配影响到科技创新活动参与者之间的利益分配,影响到参与者的创新热情和创新效率。教育和人文环境的作用也不可小视,科技创新中知识的发展、技术的转化、组织管理、市场营销等活动无不需要高质量的专业技术人才和管理人才。知识的取得和人才培养以及人才知识技术的发挥,需要发达的教育系统与适应人才的工作环境。

最后,资金支持和融资环境可以说起到了关键性作用。科技创新活动是高投入的活动,资金支持是创新成功的必要因素,创新成果转化阶段更需要大量的资金投入。科技创新过程的任何一个组成部分如果得不到足够的关注,都会导致整个创新活动的失败,尤其是在成果转化阶段,如果缺乏资金支持,将会在很大程度上影响科技创新的成败。

此外,信息环境的支持同样重要。由于影响科技创新过程的因素有很多,项目管理者需要不断跟踪技术发展现状,了解技术发展趋势,了解市场需求,甚至了解竞争对手的行动内容,良好的信息环境是很有必要的。

综上所述,即便科技创新活动中的风险管控步骤大体相同,倘若创新项目在时间、空间、人员、背景、知识基础、目标、资金状况等任一方面存在不同,那么便不能轻易认为风险管控的侧重点和结果必然类似。

因此,风险管控经历了很长一段时间的发展之后,其内涵得到了极大丰富,变得更加注重实际情况和分类讨论,这也是创新时代的特殊情况导致的必然结果。

三、科技创新活动中各类风险的管控策略

(一)科技创新活动的内部风险与外部风险

在科技创新风险管控的操作中,一般将各类风险大体归为两类,即内部风险和外部风险。内部风险是指在科技创新系统的本体创新子系统活动过程中,项目本身的复杂性、外部环境的不确定性,以及科研开发者能力的有限性,而导致科研开发项目失败、中止、达不到预期的技术经济指标的可能性。最终表现为项目的失败、中止、撤销、延期或与预期目标不符。内部风险主要是科技创新主体自身的风险,如科研院所、企业等主体在新技术开发过程中未能实现预期的目的,而使创新受阻或产生损失。在科技创新的不同阶段,技术本身不成熟、实现技术难度太高、技术生命周期的不确定性、技术被模仿的影响等造成的风险都属于内部风险的范畴。

具体来说,内部风险包括技术风险(创新主体在创新过程中,技术实现的困难性、技术本身尚未成熟所造成的风险)、生产风险(企业或研究机构无法按预定成本完成生产计划而产生的风险,如引进新技术后,设备与管理不到位而出现生产过程发生意外中断等)、财务风险(创新主体收支状况发生意外变动,造成财务困难而引发的风险,经常表现为研发经费超出预算或融资困难等)、人事风险(作为科技创新主体的科学家、工程师等人才缺乏造成的风险)。这些风险根据实际情况会被细化为具体的名称,得到不同的管控措施。

科技创新外部风险是相对于内部科技风险而言的。科技创新系统观不再认为科技创新活动仅仅是研发部门的工作,而是从系统论的观点出发,将技术创新活动看成一项复杂的系统工程。科技创新从新设想开始,经过研究,到产品设计、试制、生产、营销等一系列过程都在高效地进行知识创造、交流和应用。

因此,需要作为创新主体的职能部门、企业与用户、上下游企业、供应商、大学和研究机构,乃至全球的创新机构之间建立更为密切的联系。科技风险的内涵不断扩大,不仅包含内部科技风险涵盖的内容,也包括存在于创新系统各子系统内部、外部以及技术生命周期每一阶段的不确定性所造成的损失。

相对技术风险等科技创新内部风险,外部风险一般表现为环境风险(外部环境变化,如国家宏观经济政策变化,打乱了创新主体预定的研发计划)与市场风险(市场结构发生变化,如经济危机造成市场需求不足,使创新主体无法按既定策略完成研发)。随着社会环境的变化,科技创新"双刃剑"的属性越发明确,在一部分群体受到积极效应影响的同时,势必会有一部分群体遭到负面效果的影响,诸如环境污染等科技发展副作用的后果更是全人类不得不共同面对的难题。这些利益受损群体的反弹造成的科技创新风险经常是滞后和隐蔽的,同时也是影响巨大的,相比相对可察、可控的内部风险,以及外部风险中的环境风险和市场风险,此类风险更加受到重视。

从作用对象来看,外部风险也可分为三类,即对其他主体的风险、对已有物的风险,对已有社会秩序的风险。一是对其他主体的风险:新的科技应用使一部分人受益,而另一部分人可能是受害者;或者使人们在一方面受益,另一方面则饱受威胁。例如,汽车的大量应用使交通更加便捷,与此同时尾气污染等也相当严峻。又如,随着人类基因组计划的顺利开展,人类基因组研究取得了巨大进展,但也带来了诸如对基因隐私权的侵犯和倡导基因决定论而导致的基因歧视等道德风险,转基因研究成果应用也具有不可预测性等问题。

二是对已有物的风险。创新物的形成常常是根据人类的需求而设计的,其功能具有单一性。对已有物的风险识别主要关注在创新物的使用过程中,可能对其他已有物或人的影响。因此不但要识别显性风险,还要识别潜在风险,并分析是静态风险还是动态风险;是可控风险还是不可控风险。

三是对已有社会秩序的风险。在科技创新竞争全球化的趋势下,率先取得技术研发成功的国家或企业在市场竞争中必然占有优势,在专利获得、行业标准或产品税标准的制定中都对科技活动中的弱者构成风险。抗生素、核武器等新技术的滥用会造成许多社会问题;科技发展的不平衡也将导致全球文化冲突,对已有社会结构、各种管理制度等都会产生冲击。另外,不合理的制度又会制约科技风险的正义分配，制度风险同样不可忽视。

（二）几种关键风险的管控策略

科技创新过程中的各种风险是如何一步步影响一个项目的走向的，美国超导超级对撞机（SSC）项目正可以做出解释。SSC是物理学家为了实现高能质子之间的碰撞"击碎"质子，而计划建造的一台巨型加速器。其目的是验证粒子物理学的"标准模型"理论。这一项目由美国能源部主持，但其高昂的预算从一开始就受到多方质疑和批评。不少人认为，在20世纪80年代，建造SSC是不合适的，它将是美国财政一项难以承受的负担。最终，出于各种原因，在美国财政赤字问题越来越突出的同时，SSC的估计造价不断飙升。

另外，该项目是一项基础性科研项目，目的在于探索宇宙与物质构成的奥秘。因此，其遭到反对的一个原因是很难看到经济回报及军事上的战略回报。作为决策者的美国议员并没有耐心等待SSC的成功，也不愿意冒风险对这种基础科研投入巨额经费。此外，SSC最初能够启动，一个强有力的卖点在于其能够为4 000人提供饭碗，政府还可以以此吸引工业资金与高科技人才。也就是说，美国政府对SSC的支持更多源于政治、战略的需求。当这一项目最具吸引力的部分被其他项目超越时，便会立即失去政府与公众的支持。在正式启动不到5年时，SSC黯然终止。而另一个由美国NASA主持的自由号空间站项目得以保存，原因正是空间站项目具有重要的军事战略意义，并能提供7 500个就业机会。

这一案例至少可以总结出，技术风险（研制对撞机难度巨大）、财务风险（预算严重超标）等内部风险，环境风险（美国政府不再支持）、舆论风险（公众的反对）、市场风险（基础研究项目成果很难迅速转化为商业成果用来谋利）等外部风险共同作用于一个项目，不断对其造成负面效果，最终使SSC项目难以为继。推而广之，对于任何一个科技创新项目，"关起门来好好干"不再是成功的充分条件，那些能够有效管控多种风险的创新主体才更有可能取得成绩。

基于当代科技创新风险的多层次组成，科技风险管控也必将成为一个复杂系统。一方面，对于识别出的各种特定风险，会有相应的管控思路。例如，要管控技术风险，就要确定可能引起技术风险的关键因素，包括基础理论不完备、实验设备不能满足要求、研究目标不切实际、研究难度超出可控范围等。对于这些因素,可以在研发初期先行投入人力、物力进行基础研究,升级实验设备,根据实际情况制定完善可行的研究计划和研究方案等。

要管控财务风险,首先要多次议定合理的项目预算,尽量充分考虑到可能发生的各种意外。在整个研究过程中,少量多次地根据阶段性验收情况分批发放经费,"不把鸡蛋放在一个篮子里",避免经费空投造成的浪费。与财务风险紧密相关的是人事风险或合作风险。一般来说,完成科技创新活动的主体不止一个,这些主体能否按时按质地完成研究任务,能否良好地开展合作,都直接关系着科技创新活动能否顺利进行。因此,有必要在选择对象时充分考察候选者的资质,择优合作,并严格执行阶段性的成果验收和评估,对不能完成目标的创新主体,或协助其更改研究目标或研究路径,或直接终止合作。

要管控环境风险,最好的办法是与政策制定者和利益相关人群保持密切联系,建立有效的沟通渠道。一方面随时掌握最新的政策风向,便于调控项目进展;另一方面避免因了解不足造成的负面影响。与环境风险类似的是市场风险,一般来说,基础性研究成果会面临比应用性研究成果更大的市场风险。但无论是哪类研究,创新主体都可以利用自己在市场中的力量,将市场风险化整为零,逐步消解。而对于作用与其他主体、已有物和已有社会秩序的风险,鉴于其滞后性和隐蔽性特点,识别和管控难度较大,必须严格遵守相关的科技创新活动准则和国家、国际法律法规。此外,"他山之石,可以攻玉",倘若创新主体能够充分利用座谈会等咨询方式的力量,听取各方意见,也有助于更加深入地识别、评估风险,制定行之有效的管控策略。

(三)科技风险管控的宏观新思路

由于科技创新活动具有特殊性,探讨各类风险的管控策略无可避免地带有"头痛医头,脚痛医脚"的色彩。近年来,风险管控领域的研究者们开始关注更为宏观的管控理念,将科技创新风险按照阶段分为形成前、形成中和形成后三个类别,探讨各方力量在各个阶段所能采取的风险管控策略,目的是在风险真正形成并产生影响之前,便减弱其有害性。这一新的思路同样具有指导意义。

对科技创新风险形成前的管控,主要强调的是科技咨询与非政府组织参与的作用。科技咨询一般是专家介入政策评议的过程,即科技专家通过不同行政部门的咨询机制,依据其专业知识提供政策意见。科技咨询是风险管控的一种有效方法,可以通过不同的主体,从不同的方面识别风险。由于科技创新风险已成为社会风险源之一,除了专家,公众与非政府组织也必然成为参与咨询的主体。此外,专家们对科技风险防控的屡屡失手直接导致了公众与非政府组织对于专家、幕僚科技风险咨询的不信任。因此,通过协商、监督、维权参与到科技创新风险管控中的公众和非政府组织,充分体现了创新时代科技创新活动的多元主体特征,有利于科技政策的合理制定和实施、相关社会制度和法律法规的形塑,以及科技创新活动后果的及时沟通。

对于科技创新风险形成中的管控,主要强调一种预警。预判可能会形成哪些风险、何时发生、会有哪些危害,有助于降低创新主体和利益相关群体的焦虑,并提前给出解决方案。只要是科技创新活动,就可能带来未知的后果,如果能够借助先前发生的一些案例,在已知风险存在的前提下预判风险的表现形式和后果,提前寻求解决之道,也能有效地规避风险。

对于科技创新风险形成后的管控,关键在于明确责任方和风险的有效分配。科技风险责任分配包括风险主体与受体、风险归责、风险承担。其中,科技风险归责是要确认制造风险的主体,即谁是科技活动的直接主体,并分析风险形成的原因、损害的对象。有责任的科技活动行为主体不仅有预防与弥补自身损失的义务,还有主动承担对其他主体的施救与补偿的义务。为了更加有效地完成科技创新风险的责任分配和责任承担,有必要借助市场的导向作用,同时完善科技创新风险分配立法与实施,加强国际科技风险的合作管控,鼓励多元主体参与风险分配。

第二节　推进负责任的研究

一、"负责任的研究与创新"的内涵

目前西方学界关于负责任的研究与创新的定义主要基于社会、伦理的视角，避免创新带来的消极影响。其中使用较为广泛的定义是："负责任研究与创新是一个透明互动的过程，在这一过程中，社会行动者和创新者相互反馈，充分考虑创新过程及其市场产品的（伦理）可接受性、可持续性和社会可取性，让科技发展适当地嵌入我们的社会中"，同时为了更好地理解负责任创新的界限，他还从反面给出了非负责任的研究与创新的范围：单纯依赖技术推动的创新活动、忽视道德与社会伦理准则的创新活动、单纯依赖政策拉动的创新活动以及缺少预先评估与结果预测的创新活动。

对于中国来说，负责任的研究和创新的前提是增强自主创新能力。提升自主创新能力是加快经济增长方式、推动产业结构优化、增加综合国力以及保障国家经济安全的根本途径。为此，我们应当警惕科技创新中的效益陷阱，避免过度依赖技术引进。在科技创新方式上，存在这样一种观点，认为要避免自主创新陷阱，后发国家发展科技有两种方式，一种是引进技术，一种是自主研发。到底哪一种比较好，要考虑成本与效益的关系。对于中国这样的发展中国家，在绝大多数情形下，引进技术的成本远远低于自行发明技术的成本。但计算成本不应只看每一项具体科技成果的价值比。

西方国家总结了科技创新的曲折历程，将负责任作为科技创新中的一项核心要求，这对中国的发展具有借鉴意义。"负责任"一直是研究与创新实践中的重要主题，在不同的时期有不同的责任概念，当代的责任有必要以未来为导向，要求行为人在行为发生之前就能预见行为完成之后可能的结果，并努力克服其中的负面影响，具备"预防性""前瞻性"的特点。例如，20 世纪 70 年代，面对新兴的重组 DNA 技术，科学界主动发起关于其可能产生的危害的讨论，建议暂停重组 DNA 研究。创新是一种创造未来的活动，给世界带来新的东西，同时也改变了世界自身，在谈到负责任的研究与创新时，我们必须认识到创新中的责任，关照创新对未来的影响。

二、"负责任的研究与创新"的实现路径

为了践行负责任的研究与创新的理念,落实创新主体的责任,使得科技创新以适当的方式嵌入社会,可以把负责任的研究与创新的实现路径归纳为以下三个方面。

(一)创新的目的要遵循伦理原则

从创新目的来看,负责任的研究与创新应当符合公共利益,尊重人的基本价值与权利。负责任的研究与创新的目的包括了这样一些问题:为什么做这些研究? 谁将从研究中受益? 创新是否符合公众的利益? 对这些问题的解答,必须回到创新的根本出发点。以往创新追求经济利润的最大化,一味提高生产率,然而负责任的研究与创新应在考虑利益原则的同时兼顾伦理责任。它要求创新过程满足多方面利益的诉求,坚持以人为本,尊重人的基本权利,追求责任与公正,注重公开与透明,具有伦理的可接受性,尤其是在产品设计阶段要遵循基本的价值原则,其中价值敏感性设计为实现这一目的提供了一条路径。

价值敏感性设计的主要思想是在设计阶段,研究者依据人类伦理价值来改善技术创新设计,尤其强调研究者的道德自觉和伦理责任。价值敏感性设计有助于我们审视创新的目的,将更多的伦理价值纳入创新最初的设计过程。创新的目的在于增进人类的福祉,在开展创新活动前必须对这一前提进行审视,将创新的伦理价值置于首要位置。研究者需要具有一定的价值敏感性,依据人类价值观和行为方式改善技术设计过程,自觉地将伦理价值因素考虑到技术设计情景中,使技术更好地为人类服务。以电子病例系统的设计为例,医院是电子病例系统的直接利益相关者,在系统设计过程中,设计者大多考虑的是系统操作的便利性、系统安全稳定、提高医疗工作效率等,往往忽略了患者对个人隐私的要求,对储存和保护患者个人信息重视不足,可能导致患者个人资料的泄露,侵害患者的隐私权。应用价值敏感性设计这一方法,电子病例系统在技术设计的初始阶段,就应将患者"隐私"的保护置于伦理价值考量的内在要求之中。通过道德设计和责任设计保护个人健康数据和隐私权,解决医疗保健效率与个人

隐私的冲突。

（二）创新的过程需保持开放与互动

从创新的过程来看,负责任的研究与创新是一个透明和互动的过程,通过包容与协商实现不同价值观念的融合。开放创新过程意味着科技创新不再仅仅局限于象牙塔内,而要将各种目标、期望渗透其中,让多元化的主体参与科技创新过程,听取利益相关者的不同立场和观点,发挥公众知识的在创新中的作用,通过协商、权衡、妥协,形成最终的创新结果。传统的决策模式是一种自上而下的权威模式,决策过程比较封闭,即使决策失误也很少产生严重且影响深远的后果,而如今的社会是一个科学技术负载的社会,科技的应用会放大一个失误决策的后果和影响,如核电站建设。所以在科学技术有关的决策中,尤其是涉及公众利益的时候,需要一个更加开放的决策平台,让科学、商业、政治和社会都参与到对科技创新的思考中,并发挥重要的作用。实践中,存在多种不同形式的沟通对话平台模式,共识会议是其中较为成功的代表。

共识会议起源于丹麦,是社会公众对科技议题进行公共讨论的方式。这一公众参与科技决策的模式产生后,迅速被世界许多国家所效仿。20 世纪 80 年代以来,丹麦政府经常需要做出科技使用的各种决策,决策的范围涉及交通、能源、农业、教育、健康等,对公众的利益有重要的影响,为了保证技术决策最优,丹麦在 20 世纪 80 年代中期成立了丹麦技术委员会,负责推动共识会议。丹麦共识会议的选择议题范围广泛,丹麦技术委员选择那些对于大部分人来说具有重要影响的议题。议题必须具有技术相关的内容,并且是那些有可能引起冲突和决策困难的有争议性的问题。丹麦技术委员会讨论的议题包含了哥本哈根地铁系统、转基因食物、公共部门的电子自助服务等不同内容。通过这些讨论项目,可以在利用相似技术时更有效率,可以遏制新技术的错误使用,培养未来的先进技术。通过共识会议,技术委员会在一定程度上回答了如今最难的民主问题:普通公众在面对复杂和多变的技术创新时如何才能做出聪明的决定? 答案是:为公众代表提供高质量的信息和培训,让他们展开有质量的讨论并对技术创新做出反应和行动。

(三)创新的结果要降低社会风险

为了实现对创新结果的反思,在开展负责任的研究与创新过程中,要有预见性地描述和剖析科技带来的潜在的经济、社会环境等影响。英国技术哲学家科林格里奇在《技术的社会控制》一书中提出了"科林格里奇困境",即在技术发展早期,无法对技术进行有效控制,当技术已经广泛扩散和被使用时,对其进行控制将需要很高的代价而且进展缓慢。负责任的研究与创新力图破解这一困境,科学家和创新者必须要思考科技创新可能带来的不同后果,基于已有科学证据分析潜在影响。创新结果不能只考虑市场利润,社会目标也要纳入考量体系之中。为了实现这一目标,技术评估是一种可供使用的方法,运用这一方法并非旨在预测,而是为了揭示那些很少被讨论和关注的可能产生的后果和影响,将伦理价值纳入技术创过程,并以此展开深入、客观的讨论,使决策者对未来不同的情形都做出准备。

技术评估能够充分评价技术对环境、生态乃至整个社会、经济、政治、文化和心理等可能产生的各种影响,在技术被应用之前就进行全面系统的分析,从而做出合理的选择。创新不仅是新技术的诞生,这些技术最终将改变我们的社会,甚至改变人类与世界互动的方式。技术评估为降低技术可能带来的负面社会后果提供了一条可行的路径。尽管人类的评估行为可以追溯到史前,但一般认为现代技术评估发端于 20 世纪 50 年代开始盛行的技术预测,即试图预测技术发展的趋势,帮助大的公司和政府机构制订技术的投资计划。

三、中国推进负责任的研究与创新的策略

(一)不同领域的推动策略

中国的科技发展经过不懈努力,在一些领域已处于世界领先水平,如蛋白质研究、干细胞研究、高新能计算技术、新兴材料技术、深海技术、空天技术、增材制作技术、网络与移动通信技术等。以网络与移动通信技术为例,中国实现了中国传输实验在容量上的突破,可以用一根光纤同时通话;突破并掌握了光子集成共性关键技术,研发制作了多种典型功能光子集成芯片和模块。对这些

科技领先的领域,中国应当着重关注这些前沿技术的社会、伦理风险,增加对科技风险的研究和投入。负责任的研究与创新需要科学共同体转变意识,认识到自身对科技创新的责任,将伦理责任意识纳入日常的科研活动中。值得肯定的是,科学共同体正在朝这样的方向努力。如果等到纳米安全性都搞清楚后再发展纳米技术,那就为时已晚。纳米技术和纳米安全性研究必须同步,科学家的责任在于弄清事实真相,而非因噎废食,以保障纳米技术造福于人类。这说明,技术的伦理、社会影响已成为科学共同体在研究与创新的活动中关注的重要维度,而在纳米技术研究中,科研人员率先将纳米安全研究推进到世界领先水平,也充分说明,中国的科学共同体有能力在负责任的研究与创新过程中发挥其应有的作用。

(二)不同地域的推进策略

中国创新能力呈"逆地形"分布,中西部地区与东部地区在科技与创新能力上差距明显。在人才培养、经费投入、成果转换方面均呈现"东部高,西部低"的"逆地形"。科技创新能力的差异也影响到在不同地域的经济发展与产业结构,西部地区科技创新资源不足,中小微企业创新能力薄弱,大型工业企业屈指可数,造成经济落后;而沿海地区具有良好的工业技术和较强的科研开发能力,对东部地区产业的形成及其产业结构升级注入了新鲜活力,其经济发展良好。在这种背景下,推动负责任的研究与创新应根据不同地域科技、经济等水平的差异,采取差别化的策略。

一些大城市和地区集聚了大量科技创新资源,对地方经济产生了极大的推动作用。科技发达地区集聚全国最优质的智力资源,科技管理者充分利用科技资源优势,发挥科技人才的作用,加强科技创新的服务,营造良好的科技创新环境,推动实现重要领域的科技突破。同时坚持关注科技创新的社会影响,加强科技风险的投入与研究,推进绿色技术的应用,加大食品安全监测技术、风险评估、溯源预警以及安全控制等方面的科技研发与应用。

对于中西部科技、经济等方面欠发达的地区,推进负责任的研究与创新要优先解决经济与民生问题。科技扶贫是推动地方发展的重要路径,政府通过星火计划、火炬计划、中小企业创新基金、科技富民强县专项等科技计划,扶持了大量农户,带动了地方支柱产业的发展。

(三)不同主体的推进策略

1.加强公众的科技风险意识

自科学引入以来,中国一直存在着科学主义的观念。科学主义将自然科学视为决定社会发展的主导力量及调节和改善社会关系的唯一正确有效的指导思想,认为人类面临的一切问题,唯有借助科学的力量才能解决。科学主义在中国现代思想发展中占据了重要地位,表现为政府和公众对科学技术有过高崇拜。近年来开展的一系列公众调查也发现,中国科学家拥有崇高神圣的社会形象和极高的社会声望,得到了公众的高度信任。科学主义的盛行固然为科技事业的发展奠定了良好的社会基础,但与此同时,由于坚信理性或科学能解决人类的一切难题,认为科学的发展是无限度的,就会忽视科学可能的负面后果。同时,也应注意到公众的技术风险意识的提升。随着公众生活水平的快速提高,其权利意识和安全意识也显著增强,一种追求安全、善待生命的安全与健康文化观念正在形成。与此同时,随着公众教育水平的提升和媒体开放性的逐渐加强,公众对科技风险与科技负面后果的信息也有更多了解,对科技风险的担忧有所加剧,风险意识迅速提升。这就使得中国公众越来越关注科技的社会影响等议题,对科技创新的社会责任和伦理提出了更高要求。例如,在转基因技术中,公众和社会舆论作用在其中发挥了主导性的作用。因此,积极调动公众的关注,推进负责任的研究与创新,不仅可以促进科技创新的公众参与,也可以提升全民的科学素养。

2.改变政府威权式管理模式

多年以来,自上而下的决策和管理体系是中国政府实行社会管理的典型模式。在这一模式中,政府在决策中发挥主导作用,对市场和社会起着支配作用。改革开放以来,市场在资源配置中的力量得到增强,但相对而言,社会仍是弱势的。这样的现实跟负责任的研究与创新倡导的自下而上的参与是不相融合的,负责任的研究跟创新注重全社会共同对创新负责,既包含对创新的过程负责,即公众在科技创新决策中发挥积极作用,借助人民知识的智慧,提高科技创新的决策质量;也包含对创新结果的责任,即社会共同承担决策的后果和责任,降低政府单一化决策的风险。社会和经济领域的管理从靠单纯的政府权力控制和管理机制,转变为需要公、私双方的协调管理,政府以外的一些其他机构和行为者成为公共事务管理的组成部分。治理则体现了现代社会这些重要的变革和特征,在科技领域,公共协商是负责任的研究与创新的重要路径,政府的现代化治理则是指"建立一种机制,使科学和决策过程以有效、可信、负责和透明的方式一起工作",包括信息公开、预警原则、公众参与等内容。为了使科学服务于公共利益,各国政府都开始从管理转向治理,寻求与公众的交流,着力开展负责任的研究与创新。

3.强化科技工作者的社会责任

科学成为一种专门的职业,是社会分工发展到一定阶段的结果,这使得科学不再是满足科学家自己的求知欲,更重要的是科学对社会福祉的促进。科学的社会功能使得西方国家主要通过科学共同体,以及科学家会议制定准则、宗旨、章程来规范科学家的科学活动,使科学家履行自身的社会责任;而中国则更加强调科学家通过内省自律,构建良好的自我道德约束机制,以履行社会责任。中国科技工作者的社会责任主要包括以下方面:一是要坚持科研诚信,每一位负责任的科学家,都要如实公布自己的科学发现,客观陈述遇到的问题,确保试验数据的准确性,推动科技事业发展,这是科学家最重要的社会职责。二是要避免科学成果对正常社会秩序产生不利影响,避免科学研究课题进行伦理道德和社会价值上的评估。科学家要承担为自己的祖国和人民服务的社会责任。科学无国界,但科学家有自己的祖国,为祖国和人民服务,是科学家的基本职责。三是要参与科学决策,影响政府行为,科学家有责任根据自己对科学发展总体趋势的把握对国家的科研规划提出意见和建议。四是要参与科学传播,尽可能地提高公众对科学的理解程度,普及科学知识,在尽可能大的范围内动员民众参与各种类型的科技活动。

正如德国社会学家贝克所指出的,由现代科学技术飞速发展所带来的各种可能风险在一定程度上已经超越了人类思维所能达到的范围,当人类试图去控制自然和传统,并试图控制由此产生的种种难以预料的后果时,人类就面临着越来越多的风险。为了实现社会可持续发展,负责任的研究与创新是我们的必然选择。倡导负责任的研究与创新并不意味着对科技创新发展的阻碍,而是在保证国家和民族生存和发展的前提下,进一步考虑社会的可持续发展,对科技发展的方向进行动态调整,使之符合国家和民族的长远利益,确保科技在正确的方向上,以对国家和民族负责任的态度构筑科技发展的宏图。作为科技管理者,要加强科研伦理意识,反思科技创新的目的,关注科技创新中的风险问题,通过技术评估等方式,增加对科技发展可能性的了解,增加决策过程中的开放与沟通,让更多的公众意见体现到科技创新的管理工作中,让科技创新成为公众事务,成为全体社会的一项长期责任。负责任的研究与创新是现代政府科技管理中的重要理念,在当代中国的国情下,必须兼顾创新能力建设与科技风险治理。在推动科技创新活动的过程中,科技管理者应当根据自身所处的领域、地域、管理对象的差别,实现差异化的负责任的研究与创新治理。

第三节 创新文化和创新思维

一、创新文化的内容

在讨论了创新文化的内涵之后,最需要探讨和解答的问题是:我们需要怎样的文化以及如何建立起适合于创新的文化,并以此激励、推动创新且使创新发挥其应有的作用。为此,我们引入"范式"的概念。

每一种文化的背后都存在一个范式。关于创新文化范式,已有不少学者进行了探究。观点一:从创新型国家建设的角度提出了合作型的创新文化和生成性的创新文化观点;观点二:从新价值主义的视域分析了创新经济背景下的创新文化范式构建问题;观点三:参照世界各国创新文化的具体形态,提出了创新文化的三种模式,即个体模式、群体模式和主从模式。

虽然以上探究有许多很有价值的发现,但对于创新文化范式如何生成、有哪些类别、具有怎样的特征等问题依旧缺乏完整而明晰的概括和分析。这里认为,创新文化范式是指创新文化的内容、要素、结构、功能、情境、活动等互为一体的静态和动态模式。由于创新文化是一种与时代互动最直接、传播渠道最多样、变化形式最丰富的开放型文化形态,因此其范式也呈现出多样性、可变性和难以定型化的特征。在此,根据创新文化形成及创新实践轨迹,从动力源、主导力量及结构形态和作用方式等方面考量,将创新文化范式归结为三种主导性范式,即"新价值主义"范式、"创新型国家主导"范式和"产消合一革命"范式。

(一)"新价值主义"范式

"新价值主义"范式是一种裂变式的创新文化范式,它是基于价值观念的更新转型,在具备全新的价值发现、价值管理、价值评断、价值创造的基础上形成的创新文化范式。新价值主义是一种基于创新经济的超知识竞争环境下的范式假设。"新价值主义"范式的动力源泉在于对新价值的期冀与持续追求。21世纪的经济被称为创造力的经济,创造力是财富和成长的唯一源泉,人力资本是最重要的资本。在创造力经济中,组织最大的任务之一就要让每个人都能自由表达自己的想象力,尝试自己的创造设想,实现创造愿望,进而推动企业不断发展和价值增值,使企业竞争的焦点从产品和技术等显性知识竞争转为想象力、创意和创造力等隐性知识竞争。

企业的竞争优势更多地产生于价值的创新。企业进行创新、创造,其主要动机是为了更好地服务顾客,为顾客创造超额价值,而新价值实现的高低则取决于企业对这份超额价值的发现、管理及价值创造乃至价值评断的能力。新价值主义创新理念的最大特点在于企业自身的自强自富而不是竞争对手的疲弱。在动态的竞争环境中,企业为了保持竞争优势,必须不断地自我否定现有的竞争优势,建立新的优势。速度成为企业赢得竞争最为关键的要素,企业只有比竞争对手更快地识别新的机遇,更快地做出战略决策,更好地将新的战略付诸实施,才能立于不败之地。创新包含着创造与革新。从历史上看,创造对经济发展的推动作用要远远大于革新,如蒸汽机、发电机、电话、计算机、因特网等的发明,就对经济乃至整个人类社会的发展产生了极其巨大的推动作用。如果说革新对经济发展也有推动作用,那么它与创造的一个重要区别就在于革新的推动作用是渐进性的,而重大创造对经济发展的推进则往往是质变性的、飞跃式的。在当今时代,创造与革新相比,其作用和地位日益重要,已成为不争的事实。例如,在顾客的需求日趋个性化、市场瞬息万变的情况下,仅有革新是不够的,它只能将原有的市场作进一步的细化,而不能创造出一个全新的市场。因此,必须推行一种彻底的革命,即以顾客的需求为导向,创造能够满足顾客新需求的产品或服务的新流程。由此带来的创新经济也为创新的价值及其形态注入了新的思想内容,进而产生了一种新价值主义。新价值主义取代此前的知识竞争文化范式的过程,是创新文化快速发展的表现,也是新旧文化范式变迁更替的过程。

"新价值主义"范式对创新起到巨大的牵引与主导作用,它鼓励超越竞争战略,或者说把消耗能量的竞争转化为增强实力的协作与共赢。在创造力经济中,唯一不变的就是变化:竞争规则不再既定不变,竞争对手的反应方式也不断改变,顾客的需求偏好也在不断变化。因此,在创新经济时代,把新价值主义确立为一种主导文化范式,对于加快观念更新、加速企业转型、促进以价值创新为核心的创新文化的形成有着重要的引领和推动作用。

（二）"创新型国家主导"范式

"创新型国家主导"范式是一种以政府为主要推力、以创新制度文化为主要特征的创新文化范式，它是一种融合中西方文化、注入创新精神、体现国家意志、引导社会风尚的文化形态。

"创新型国家主导"范式的动力源在于国家创新体系的建设和追求。国家创新体系概念于 20 世纪 80 年代中后期由英国著名学者弗里曼提出，20 世纪 90 年代初被人们普遍接受。20 世纪末期，源于知识经济的时代要求，中国科学院启动了"知识创新系统"试点工程，标志着我国"国家创新体系"建设的开始。国家创新体系包括四个主体，即政府、企业、研究所和院校，其中政府是创新的发起者、组织者和推广者，也是创新型国家建设的主导力量。政府在国家创新体系中的主导作用表现为通过创新制度设计实现对创新活动的宏观调控和正确引导。

国家创新体系本身就是一种制度创新，把有利于技术创新的制度从经济制度中剥离出来，使有关的法律、制度、标准、政策形成相辅相成的技术创新体系，促使研究人员利用自己的知识进行创新，调动创新思维，完成技术创新。国家创新政策之所以重要，是因为技术创新的风险性、效益的外部性使得技术创新出现市场失灵，国家创新政策则从全社会利益出发，通过各种政策手段形成一种机制，使国家创新系统内部各要素不断创新，从而达到提高国家整体技术水平的目的。

创新文化是国家创新体系中不可或缺的关键资源，是将国家创新意志转化为社会风尚的重要途径。国家通过制度设计、制度创新和制度文化建设，强化对全社会的科学普及机制，着力于营造有利于科技发展、技术创新、科学家成长的良好环境和条件，为创新型国家建设奠定最广泛、最坚实的社会人文基础。具体而言，一是加快建立开放的科研机制和宽松的科研环境，努力减少和消除各种不必要的行政壁垒，以加强和促进科技系统内部的开放；二是确立公平竞争的机制，本着"开放、流动、公平、竞争"的思路，促进各类创新机构在开放的条件下加强能力建设，在流动的前提下加强资源配置，在公平的环境下鼓励参与，在竞争的基础上择优选拔；三是改革科技评价机制，根据不同的创新目标，完善相应的激励机制,逐步形成为社会和科技界公认的科学评价体系,特别是要高度关注年轻人的创新灵感。

总之,"创新型国家主导"范式体现出制度文化的刚性特征,制度以硬性的规范对相关的创新要素进行约束或激励,从而为社会创新能力的提升提供制度保障。

(三)"产消合一革命"范式

"产消合一革命"范式是一种自组织、自成长的文化生成范式,开放合作、共创共享是它的显著特征。

"产消合一革命"范式动力源蕴藏在生产者与消费者之间所形成的一种新型关系中。未来学家托夫勒在其新书《财富的革命》中提出,新技术正使得生产者和消费者通过根本的融合合而为一,成为一个词,即"产消合一者"。创新的新模式正在日益消除"制造与服务""生产者与消费者"等对立双方的界限,生产者与消费者都参与共同的创新过程,用户不再是被动的,生产者与消费者也不再是彼此对立的,而是参与同一个创新过程。

"产消合一革命"范式是一种协作型创新文化新模式,在这　情境下,共创共享成为创新文化的一个最为显著的特征。举例说明,网络中的许多数据、信息和知识都是出自许多默默无闻的生产者,其中有科学家、专业技术人员,更有数以亿计的普通社会大众,他们时刻不停地在增添、改写一个个信息和数据,形成了无比庞大的生产体系。这些数据与信息的准确性是值得商榷的,但这些网络上的产品许多都成了市场化的商品。而与此同时,包括这些生产者在内的许许多多的人,又从网络产品中汲取营养,实现价值,实际上成了消费者。由此,他们共同构建起充分开放的网络状的价值创造和价值管理体系。这种开放合作、共创共享的创新生态体系,不仅有利于发挥出创新主体创造的热情和创新的个性,而且最大限度地满足了消费者的价值需求,也有利于将知识创新、技术创新与社会创新统一到一个有效的交流平台上,进而大大推进三者的发展。

"产消合一革命"范式加快了创新的速度。托夫勒认为,"产消合一者"迅速创造知识、传播知识,将知识存储在电脑网络里,用于以知识为基础的经济。

"产消合一者"以不计报酬的权威者、指导者和平等关系的老师或顾问的身份,相互培训如何使用最新技术,而且培训成功的速度与最新技术的发展速度一样快,由此加快了技术创新的速度。新的更强有力的技术将提高"产消合一者"的生产力,打造出新的百万富翁,并对新经济以及世界上的一些大公司和产业提出挑战。"产消合一革命"范式当前还处于被人低估的状态。从创新文化角度上说,在追求创新价值最大化的过程中,创造和保持一个自我调整又统一协调的价值链将是至关重要的,这种价值链不仅包括相关创新主体内部资源活动所创造的价值系统,而且还拓展至产业外部的价值网络。因此,创新价值网络日益成为不同利益主体间主动合作、提升价值创新能力的有效模式,而合作关系、伙伴关系和共生关系若处理不当,将给创新带来阻碍和困扰。

最后还需要强调的是,以上三种范式是从三个不同角度对创新文化发展模式的观察分析:"新价值主义"范式是以作为创新主体的个体性的"人"为观察点,其动力源在于价值观的革命;"创新型国家主导"范式是以作为创新主导的整体性的"国家"为观察点,其动力源在于创新型国家的建设;而"产消合一革命"范式则以生产者与消费者的关系为观察点,其动力源在于生产关系与消费方式的变革。

二、创新思维的内容

由于创新思维的本质在于对现有思维方式的超越,因此就决定了阻碍思维创新的主要因素必然来自于被超越者——思维方式本身。也就是说,现有思维方式必然地以本能的形式来阻挠思维创新,干扰思维对思维要素实现新的组合,干扰思维对自身结构的突破。由于在思维方式中,观念、方法占据着主导的地位,对于整个思维方式的功能起着统摄的作用,因此,又决定了在思维方式中,阻碍思维创新的主要因素有两个,一是固定观念,二是由运用观念和方法进行思维而形成的思维定式。下面我们进行具体的分析。

第一,固定观念。观念是内化于人脑潜意识中的观点和认识。人们在实际的思维过程中,反复地运用某种观点、某种认识去思考、评价问题,经过多次重复,久而久之,这些观点和认识被积淀到大脑深层意识之中而达到"无意识""下意识"状态,这就形成了观念。观念作为思维方式的主要构成要素,对人的思维起着巨大的制约作用。在人脑的思维加工过程中,主体对材料的选择、组织,对问题的评价、解释,即主体面对思维对象,能够选择到什么样的信息,对选择到的信息如何进行组合,对问题如何进行评价、解释,在什么样的思维空间里去探求解决问题的思路,等等,都在很大的程度上取决于观念。也正因为观念是人的思维长期积淀的结果,所以它一旦形成,就具有相对的稳固性和不易更改性。当实践向前发展了,时代向前迈进了,那些深藏于人们头脑中的观念则不愿随着实践和时代的改变而改变,而成为一种思维的惯性。这时,原本适时、适用的观念就变成了过时的、不适用的观念。这样的观念,就是我们所说的固定观念。

固定观念是思维创新的重要障碍。它本能地维护着它赖以存在的实践和社会基础,反对和阻挠思维对现存事物的超越。受固定观念的影响,人们就会因循守旧、墨守成规,习惯于用老眼光、老套路、老办法去面对新问题。它使人的思维受原有的思维空间的限制,跳不出原有的框架,因而就无法实现对原有认识和现存世界的超越。因此,固定观念是阻碍思维创新的重要因素,是思维创新的大敌。

第二,思维定式。所谓思维定式是指心理活动的一种准备状态,它影响和制约着人们思考、解决问题的倾向性。当人们思考问题时,或多或少就会在头脑中留下一种思维惯性,这种思维惯性使人们在解决问题时,倾向于按照原有的习惯性思路进行。因为人们在思考问题时,必然会使头脑中所贮存的知识和信息之间建立某种联系。这种联系每发生一次,都会使之得到巩固和加强,以至于它们一旦被牢固地建立起来,就很难改变,并最终形成一种习惯性思路。这种习惯性思路就像条件反射一样,它使人一碰到类似的问题,就回到老路上去,重复同样的思维线路。思维定式与上面所说的固定观念不同。虽然观念也会形成定式,但是,定式并不都是来自于观念。思维定式,它更多地来自于以往思维过程所形成的某种习惯。

思维定式对于解决经验范围以内的一般性的、常规性的问题是有积极作用的。它可以使人们熟练地运用以往的经验,驾轻就熟,简洁、快速地处理问题,从而具有很高的效率。但是,它对于那些超出了经验范围的非常规问题,对于那些需要运用新的思路和办法创造性地加以解决的问题,则往往成为一种障碍。它使人们局限于某种固定的反应倾向,跳不出框架,打不开思路,从而限制人们的创造性思考。所以,思维定式是思维创新的又一重要障碍。

上面我们讨论了创新思维的本质和阻碍思维创新的主要因素,这些研究为我们进一步探讨创新思维的基本原理奠定了基础,因为几乎所有的创新思维原理和方法,都是围绕着创新思维的本质而展开的,因而都是创新思维本质的要求,是冲破创新思维阻碍因素的需要。在上述对创新思维的本质和阻碍因素进行研究的基础上,我们认为,创新思维的基本原理至少应该包括以下四个方面的原理。

(一)陌生原理

所谓陌生原理,是指我们在认识事物的时候,要学会用陌生的眼光看问题。也就是说,当我们在认识事物的时候,无论这个事物在过去有没有遇见过,都要把它当作陌生的事物来看待,哪怕再熟悉的事物也不例外。要善于对事物从根本上重新接以思考。很显然,运用陌生原理是为了帮助我们冲破头脑中的固定观念和思维定式的束缚,使我们在思考问题时能够把眼前的事物和头脑中已知的东西分离开来,做到"暂时忘掉已知的东西""专注于此时此刻""进入一种纯真的忘我的状态"。因为只有这样才能够撇开那些已知的东西、熟知的东西,以及由此而产生的思维定式的影响,看到别人看不到的东西,发现别人发现不了的规律,实现思维的创新。

运用陌生原理,要求我们一定要确立怀疑批判意识。对于前人留下的东西、他人的看法,都要用一种怀疑批判的眼光去审视它,即使是权威人士的意见也不例外。特别是那些被认为是"天经地义"的、"不言而喻"的、"毋庸置疑"的东西,也要敢于大胆地怀疑批判,要用审视的目光去对待一切。要能够自觉地对传统的东西进行反思,要懂得影响我们创新的往往不是未知的东西,而是"已知"的东西。

(二)归本原理

所谓归本,就是归结到本质、本原和事物的本真状态、原初状态。归本原理是指我们在解决问题时,要努力抓住事物的本质、本原,抓住事物的本真状态、原初状态,在此基础上寻求问题的解决办法。可见,归本原理也是人们的思维超越现有思维方式,突破传统观念和思维定式的需要。因为事物的本质、本原,事物的本真状态、原初状态是事物内部的深层次的要素,它们在事物的发展过程中往往起着决定性作用。这些要素需要通过事物的外在的特征、形式来表现自己。当我们深入事物的内部,抓住了它的本质、本原,弄清了它的本真状态和原初状态,那么就可以撇开事物的外在方面,撇开我们在接触该事物的过程中所形成的观念和定式的束缚,实现思维的创新。

运用归本原理,要求我们在解决问题的过程中,要善于回到起点,要努力弄清原先的出发点和解决问题的初衷。因为在人们解决问题的过程中,往往会出现这样的情况,即从起点出发时,目标和方向是清楚的,但是在向目标前进的过程中,为了排除来自这个方面或那个方面的困难和干扰,结果使得人们完全或部分地偏离了原来的方向,忘记了原来的预定目标,这时候就需要我们运用归本原理,使自己的思维返回到起点和初衷上来,以矫正自己的目标和方向,使问题的解决重新回到正确的轨道上来。

运用归本原理,还要求我们善于从功能的角度去把握事物。唯物辩证法告诉我们,世界上的事物都是作为系统而存在的,事物都是由一定的要素,按照一定的结构而形成的具有一定功能的整体。要素和结构是构成系统的基础,但功能是系统存在的目的。一个系统存在的意义,归根结底在于它的功能。因此,系统的功能比起它的构成要素处于更高的层次。它是系统的本质、目的、意义和价值的体现。在认识事物、解决问题的过程中,我们要善于跳出从要素、结构的角度把握事物的"实体性"认识方法,而采用"功能性"认识方法。因为这样的认识方法可以帮助我们准确地把握事物的本质,把握事物的目的性、本原性的东西。

(三)诉变原理

诉变,就是诉诸变化。它是指人们在解决问题的过程中,要善于在思路上进行变化、变换,以求得问题的解决。运用诉变原理,就是要求我们通过变换,来打破头脑中的固定观念和思维定式的束缚,达到思维创新的目的。运用诉变原理,要求我们在解决问题时,要善于变换思考的方向和角度。它要求我们在碰到新的非常规问题时,一定要自觉地变换思路,有意识地强迫自己去尝试不同的甚至相反的思路。人们通常说的"逆向思维"方法,实际上就是对诉变原理的运用。运用诉变原理,还要求我们善于对问题的结构进行变换。人们解决问题的思维,总是紧紧地围绕着问题的目标进行的。所谓问题,就是理想状态与现实状态之间的差异。人们解决问题,就是设法消除这个差异,使事物由现实状态达到理想状态。事物的现实状态,构成了问题的起点,人们所预想的事物的理想状态则构成了问题的目标。人们解决问题的过程,就是围绕着问题的目标,依据现有的条件,由问题的起点出发,探索、寻找实现目标的手段、途径,并最终达到目标的过程。由于事物之间的相互联系,问题的目标之间往往存在着一定的层次性,即某个问题的目标,可以分解为若干个子目标,这些子目标又可以进一步再分解为更具体的低层次目标。反过来说,我们解决了某个问题,实现了某个目标,往往是服务于解决更高层次的问题,服务于实现更高层次的目标。

(四)中介选择原理

所谓中介,是连接问题的起点和目标的桥梁和纽带,是人们解决问题、由起点到达目标所必须经过的路径和环节。中介选择原理告诉我们,在解决问题时,必须尽全力找出由起点通向目标所必经的那一中介环节,并以此为突破口和指导原理,来确定解决问题的策略和实现目标的途径,从而实现问题的解决。很明显,中介选择原理是我们打破常规,在关键点上取得突破的重要方法,因此它也是创新思维本质的要求和体现。运用中介选择原理,首先要求我们在解决问题的过程中,一定要善于寻找由起点通向目标的关键点和必经环节。在人们解决问题、由起点通往目标的道路上,往往需要采用多种措施,而这些措施在解决问题的过程中所处的地位是不一样的。其中有的措施带有根本性、关键性、不可或缺性。如果离开了或缺少了这些措施,那么问题就无法得到解决。因此,在解决问题的过程中,我们一定要着力去寻找这些根本性、关键性的措施,一旦我们找到了它们,那么就有可能使整个问题解决过程出现突破性进展。

三、创新文化建设的意义与关键

创新作为人类社会的一种活动,深深根植于社会的文化氛围之中。甚至可以说,创新文化是创新的灵魂,具有最终的影响力和决定力。具体来说,文化会影响组织成员是否愿意,以及在什么时候、以什么方式、在何种程度上进行创新。有什么样的文化,就会有什么样的创新方式,也必然会产生相应的创新结果。创新能力的提高有赖于包含制度建设在内的优良创新文化的形成。所以说,文化是提高社会和组织创新能力的关键。

进一步来说,创新文化是从以下几个层面来提升创新能力的:①精神、理念、价值观层面。观念性文化构成创新的内在动力。精神、理念和价值观对主体的自主创新活动起先导作用,构成创新的"灵魂"。体制与环境的创新也在一定程度上取决于观念的创新,观念创新贯穿、影响创新的全过程。在世界科技发展史上,如果没有文艺复兴运动引起的思想、观念大解放,就没有近代欧洲一系列的科学发现、发明;如果没有多元价值观"共振"引起的观念创新,也就没有美国的硅谷。而在中国的科技发展史上,如果没有先秦诸子百家争鸣引起的思想解放,也就不会有后来两汉农业文明的进步及其他科技发明。不同的科研群体或个体创新成就大不相同,重要原因就在于他们的创新精神、毅力不同。②制度、体制层面。创新有赖于动力机制与制度安排,开放、合作、互补、共生的创新机制能够起到良性作用。从某种意义上说,制度创新比技术创新更重要。文化既可视为一种非正式制度(包括精神文化、价值观念、社会风尚等内容),也可内生、激发制度变迁,产生出有助于创新的一系列制度、机制。日本学者汤浅光朝指出,世界科技活动中心总是朝着政治体制和社会文化先进的地方转移。从17世纪前后到20世纪50年代,世界科技中心先后从意大利转移到英国,又到法国、德国,再到美国。美国之所以涌现出许多诺贝尔奖获得者,具有很强的创新能力,原因之一是其科教一体化的体制及其他激励创新的一系列完备制度。③外部环境层面。任何创新活动都离不开一定的创新性环境,特别是离不开创新的社会氛围。英国历史学家汤因比研究过人类历史上曾出现过但后来消亡的21种文明,发现其原因无一例外地是因为无法适应环境变迁与外部挑战,不再具有创造活力。实际上,创新环境与创新文化以循环的方式相互影响,良好的创新环境包含尊重个性、崇尚创造、团队协作、宽容失败等要素,会极大地促成创新成果的产出,而创新能力的提高亦会反过来完善、深化创新文化的内涵。

由此可以看出,创新文化对创新能力的影响是极为根本、深远的;或者说,以提高创新能力为目的,革新创新制度、改善创新环境、完善创新理念、培养创新精神,本身就是从各个维度来建设创新文化。当然,创新文化包含的各个层面都有其复杂性,同时随着不同时期的时代特征和国家需求呈现出不同的特点,这就需要我们抓大放小,牢牢把握其中的关键,而对细节因地制宜、随机应变,塑造适应当代创新活动特点、符合新的发展理念、满足我国经济社会发展新要求的当代创新文化。

第一,必须坚持解放思想、实事求是。面对复杂的新形势、新挑战和新问题,不可固守教条。正如熊彼特所说,创新者的"独特任务"恰恰在于打破旧传统,创造新传统。因此,必须不断地通过解放思想,探寻新的发展道路。我国之所以能够在经济发展、科技创新中取得令人瞩目的成就,之所以能够探索出有中国特色的社会主义道路,走向社会主义市场经济,一直坚持解放思想、实事求是的思想路线起到了重要的作用。当前我国经济转型进入关键期,体制改革进入攻坚区,更需要解放思想,破除制约创新的思想屏障。

第二,必须树立系统的思维方式。当代创新研究表明,创新是由不同参与者和机构大量互动作用的结果,是多个行动者相互协作的系统行为。因此,理解当代的创新实践,制定行之有效的创新政策,就必须树立系统的思维方式,不仅要强调不同主体的创新,而且更要系统地考察不同主体之间的相互关系和相互作用,形成不同的行动者有效互动、相互促进的创新体系。建立良性运行的创新生态系统和国家创新体系,对改变我国在长期的计划经济体制下形成的部门分隔、条块分隔的状况有特殊的意义,对促进新知识、新技术生产、传播与应用的高效结合,破除制约创新的组织障碍和制度藩篱尤为重要。

第三,必须拓展开放合作的全球视野。开放式创新是当代创新活动的重要方式,在全球范围内配置创新资源也是全球化时代的重要特征。伴随着全球化进程的不断推进和我国经济的快速发展,我国经济正在深度融入全球经济之中,既面临着更加复杂、更为激烈的全球竞争,也面临着在创新链的上游、价值链的高端实现更广泛的国际合作的战略机遇。要适应这种新变化,抓住提升全球竞争力的新机遇,需要更加自信、更加主动地拓展开放合作的全球视野,形成全社会面向世界、面向全球的文化心态。

第四,必须弘扬遵循规律、崇尚科学的求真精神。当代创新活动的一个重要特点,就是新知识、新技术成为越来越重要的创新要素和创新资源。要最大限度地促进新知识、新技术的生产、传播和应用,充分发挥科技创新在全面创新中的引领作用,不仅要不断提升科技创新的水平,更重要的是要培育科技创新赖以发生的文化土壤和社会氛围,其中遵循规律、崇尚科学的"求真"精神就是这种文化土壤最为核心的组分。坚持不断探索真知;倡导理性怀疑的批判精神;不断摆脱旧的理论教条和陈规陋习的束缚,不迷信权威;在多元探索、理性怀疑、平等交流的过程中不断发现真理,不断追求卓越;形成宽容失败的社会氛围,都是"求真"精神的确切表现。

第五,必须倡导负责任的研究与创新。创新具有风险,以往人们关注的是创新可能失败,投资者可能因此颗粒无收甚至负债累累,因此更强调如何激励创新者勇于承担风险进行创新。但今天人们在激励创新的同时,也越来越注意到创新在带来巨大的经济回报和生活便利的同时,也有可能导致污染环境、破坏生态和侵犯部分公众合法权益的消极后果。特别是随着科技的迅猛发展,人类改造自然和改造自身的能力空前提高,应用新知识、新技术的创新行为可能带来的环境、社会和伦理等问题更加受到人们的高度关注。要使创新真正推进绿色发展、和谐发展,必须提高研究者和创新者的责任意识。

第六,必须尊重广大民众的首创精神。在传统的创新理论中,创新者是企业家和科技精英,广大公众更多的是创新被动的受益者和接受者。这种观念正在不断受到挑战。诺贝尔经济学奖获得者埃德蒙·费尔普斯曾经在《大繁荣》一书中指出,经济大繁荣的源泉是现代价值观——参与创造、探索和迎接挑战的愿望。这样的价值观点燃了实现广泛的自主创新所必需的"草根"经济活力。大多数创新是由千百万普通人共同推动的,他们有自由的权利去构思、开发和推广新产品与新工艺,或对现状进行改进。正是这种大众参与的创新带来了庶民的繁荣兴盛——物质条件的改善加上"美好生活"。特别是随着互联网技术在创新活动中的应用日益广泛,以及创客运动的蓬勃发展、个性化制造的兴起,以"众包""众筹"等形式出现的新的创新模式正在不断涌现,大众参与创新和创业的格局正在形成。在这种新形势下,尊重广大民众的首创精神越来越成为当代创新文化的迫切要求。

第七,必须努力推动传统文化的创造性转化。中国传统文化蕴含着丰富的创新思想和创新精神,强调推陈出新、革故鼎新,更强调兼容并蓄、和谐发展,同时还蕴含着以人为本、辩证思维等优秀的理念,这些优点与当代创新求变的时代精神高度契合。纵观人类历史,中华文明是迄今为止少有的得以延续的文化,具有极强的生命力。15 世纪以前,以四大发明为代表的中国科技一直领先于世界。20 世纪 40 年代末期以来,在新的时代背景下,出现了"两弹一星"精神等具有新内涵的创新精神,以及钱学森、邓稼先、袁隆平、王选等杰出的科学家。丰富的创新思想和创新精神,是中华民族源远流长重要的文化基因,需要在新的历史条件下不断赋予其更鲜活的内涵。

综上所述,创新文化建设对于提高我国自主创新能力的重要意义不言而喻,而创新文化的内涵又是丰富而复杂的,受到多种因素的影响。中国的传统文化中既有深刻的创新精神底蕴,又有不利于创新的消极方面。在新的时代背景下,需要正视优势和不足,立足于创新文化建设的关键点,不断夯实科技创新的根基。

创新是引领发展的第一动力。早在 20 世纪初,熊彼特提出创新理论来解释经济发展的奥秘,就发现了一个朴素而深刻的道理,经济增长不等于经济发展,经济发展必须引入执行生产要素和生产条件的"新组合",必须要依赖创新。创新是发展的根源,也是发展的动力。创新驱动发展,如何驱动创新?历史的发展证明,时代的进步离不开新文化的引导,社会的变革离不开文化的再造。一个国家在经济快速发展、社会有序转型时期,一定伴随着文化的重生。美国硅谷的实践也表明,推动创新最为重要的成功因素是要形成能充分发挥人的创造力、造就创业的栖息地的机制和文化。因此,要实施创新驱动发展战略,推动社会变革和国家的转型发展,必须大力弘扬创新文化和创新精神。

创新思维的本质是对现有思维方式的超越,阻碍思维创新的主要因素是固定观念和思维定式;创新思维的基本原理主要有陌生原理、归本原理、诉变原理和中介选择原理等。研究创新思维基本原理,对于构造一个科学完整的创新思维理论体系具有至关重要的作用,其主要目的在于进行创新教育,在于对全体民族成员,特别是对干部和青少年进行创新教育,以开发他们的创造力,提高他们的创新思维能力。

当今社会的创新行为正在表现出许多新的特点,人类的发展观念具有不断丰富的新内涵。我国经济社会的发展也进入结构优化、模式转变和动力再造的"新常态",在这种新形势下,要实施创新驱动发展战略,切实贯彻并自觉践行五大发展理念,不但要把创新摆在国家发展全局的核心位置,把发展基点放在创新上,而且要努力塑造适应当代创新活动特点、符合新的发展理念、满足我国经济社会发展新要求的当代创新文化。

第四节 科技创新政策的运行

一、新时代科技创新政策的重点

我国经济已由高速增长阶段转向高质量发展阶段,对强化现代化经济体系建设的科技创新战略支撑提出了更高要求。高速增长阶段对科技的需求是及时缩小与世界先进水平的差距,更好地发挥比较优势、实现效率驱动;高质量发展阶段对科技的需求则是塑造高效的高质量知识生产和应用体系,通过原始创新孕育颠覆性的新技术,进而更好地发挥先发优势、实现创新驱动。建设现代化经济体系将带动广泛领域的科技创新,广泛领域的科技创新则将进一步塑造更多引领型发展。要前瞻部署 2035 年中长期规划,加快实施"科技创新 2030——重大项目"和国家科技重大专项,强化精准脱贫、污染防治等关系民生福祉的重点领域技术供给,以创新高地引领区域协调发展;要围绕增强原始创新能力,强化战略科技力量,加快建设国家实验室,夯实科技强国的基础研究;要围绕激发各类创新主体的积极性和创造性,深化财政科技计划和资金管理改革,破除束缚创新和成果转化的制度障碍,推动创新创业上水平;要围绕加强创新能力开放合作,加快牵头组织国际大科学计划和大科学工程,主动布局全球创新网络,全方位提升科技创新能力和科技创新治理国际化水平。新时代科技创新政策制定必须围绕推动高质量发展的要求,促进科技创新加快实现从跟踪学习型向创新引领型转变,为现代化经济体系建设、现代化强国建设提供全面的战略支撑,促进发展从要素驱动、效率驱动转向创新驱动,重点抓好三个方面的政策。

(一)完善基础研究政策

国家创新发展"长周期"依赖于扎实的基础研究和繁荣的创新创业共同催生出新一轮科技革命和产业变革机遇,同时伴随着新兴国家崛起和国际竞争格局调整。一个国家能否在新一轮科技革命和产业变革中占得先机、获得较长时间的持续发展,与该国的基础研究实力密切相关。投资基础研究,虽然不能马上获得回报,但其衍生效应却非常深远。在全球竞争加剧的情况下,一个国家基础研究的整体水平和原始创新能力高,对于提升该国的国际竞争力、保持国家强盛至关重要。首先创造并应用重大基础科学突破的国家掌握了巨大的技术先发优势与持久的创新影响力。因此,世界主要科技强国和创新领先国家的科技创新政策既重视科学自身的发展,更强调科学如何持续供给经济社会创新发展的基础知识。

基础研究是创新型国家的基础支撑。中华人民共和国成立以来,特别是改革开放以来,我国基础研究工作成绩显著,正在经历以自由探索为主到自由探索和重大需求引领并重的转变。

中国科技、经济发展已深度融入科技、经济全球化进程。我们已经建立起相当数量的高水平研究基地和基础设施,科技创新取得长足进步、科技实力明显提升,我国已成为具有全球影响力的科技大国。但与新时代建设社会主义现代化强国的宏伟目标和建设现代化经济体系的战略任务相比,我国还要加强国家创新体系和创新治理体系建设,强化战略科技力量,夯实建设世界科技强国的地基,强化基础研究、加强应用基础研究,促进前沿领域交叉会聚,尽快补上原始创新能力不足的短板,为关键核心技术创新提供丰沛的源头活水,并推动科技创新和经济社会发展深度融合。

（二）完善创新人才政策

人才是实现民族振兴、赢得国际竞争主动的战略资源,人才也是建设创新型国家和世界科技强国的基础支撑。创新发展离不开人才驱动。人才发展体制机制改革作为全面深化改革的重要组成部分,是党的建设制度改革的重要内容;必须深化人才发展体制机制改革,加快建设人才强国。

人才评价是人才发展体制机制的重要组成部分,是人才资源开发管理和使用的前提。建立科学的人才分类评价机制,对于树立正确用人导向、激励引导人才职业发展、调动人才创新创业积极性、加快建设人才强国具有重要作用。目前,我国人才评价机制仍存在分类评价不足、评价标准单一、评价手段趋同、评价社会化程度不高、用人主体自主权落实不够等突出问题,亟须通过深化改革加以解决。《关于深化职称制度改革的意见》,明确了我国深化职称制度改革的方向,提出以职业分类为基础,以科学评价为核心,以促进人才开发使用为目的,健全职称制度体系,完善职称评价标准,创新职称评价机制,促进职称评价和人才培养使用相结合,改进职称管理服务方式。该意见突出以品德、能力、业绩为导向,克服唯学历、唯资历、唯论文的倾向,科学客观公正评价专业技术人才,让专业技术人才有更多时间和精力深耕专业,让做出贡献的人才有成就感和获得感。职称评价标准要向基层倾斜,对在艰苦偏远地区和基层一线工作的专业技术人才、急需紧缺的特殊人才等,要有一些特殊政策。

《关于分类推进人才评价机制改革的指导意见》,提出要围绕经济社会发展和人才发展需求,遵循人才成长规律,突出品德、能力和业绩导向,分类构建体现不同职业、不同岗位和不同层次人才特点的评价机制。该意见是人才评价机制改革的综合性、指导性文件。

我国先后成立国家"千人计划"外专项目专项办公室和联络处,加强对入选专家的服务与管理。目前,国家"千人计划"已分13批引进近7 000名高层次创新创业人才。其中"千人计划"外专项目已评选六批,共有380余名专家入选。围绕"一带一路"倡议、"中国制造2025""大众创业、万众创新"等国家重大战略,中央和地方以"高精尖缺"为导向,大力实施创新型国家建设、产业转型升级、区域协调发展等引智工程。在留学人才相对缺乏、国内人才培养质量相对落后的历史条件下,有针对性地引进海外高层次人才,能够较快地推动创新事业发展。目前,留学人才已具备相当规模,国内人才培养质量也大幅提升。

近年来,我国人才政策创新持续推进,涵盖人才培养、引进、评价、激励、流动等多个环节,推进人才工作取得显著成效。改革开放以来,我国的人才队伍建设取得巨大成就,拥有世界上规模最大的科技队伍,但人才的质量和结构尚不完全适应经济社会发展的要求,创新能力不强、领军人才缺乏等问题依然严峻。根本的解决办法是深化人才发展体制机制改革,在创新实践中发现人才、在创新活动中培养人才、在创新事业中凝聚人才,加快造就一支规模宏大、结构优化、布局合理、素质优良的人才队伍,使他们在创新驱动发展战略中发挥更大的作用。

(三)完善知识产权政策

知识产权政策是政府通过制度配置和政策安排对知识产权资源的创造、归属、利用及管理等进行指导和规制的各种相关政策的总和,具体形式包含各级政府及其职能部门为实现政策目标而制定的战略、条例、办法、实施意见、通知等,是建构国家创新系统的重要基础性制度。狭义上,政府涉及知识产权的政策均属于知识产权政策;广义上,对知识产权权利行使产生直接影响的各种政策措施均属于知识产权政策,这就包括了范围更为广泛的科学政策、创新政策、教育政策、产业政策和贸易政策。从法律角度看,知识产权政策还可以分为法律形态的知识产权政策和非法律形态的知识产权政策,其中前者以法律规范性文件的形式体现出来,如法律法规、司法解释、规章、条例等,具体体现于知识产权法律制度和其他法律中的知识产权条款;后者是指知识产权法律形式以外的涉及对知识产权创造、保护、管理和运用进行指导和规制的各类配套措施。

1.知识产权权属政策

(1)公有制单位职务发明的权利归属政策

职务发明制度自 20 世纪 70 年代末期我国开始研究起草第一部专利法时就被引入专利制度框架之中,但同时由于我国不同于西方国家的政治经济制度,职务发明制度从设计之初就始终在考虑符合我国自身政治经济体制,而并非简单的条文照搬和制度移植,其性质也绝非一般意义上调整单位和个人关系的"职务发明"权属制度,而是涉及国家与个人关系的专利所有权归属制度。修改后的《中华人民共和国专利法》(以下简称《专利法》)规定,执行本单位的任务或者主要是利用本单位的物质技术条件所完成的发明创造为职务发明创造。职务发明创造申请专利的权利属于该单位;申请被批准后,该单位为专利权人。非职务发明创造,申请专利的权利属于发明人或者设计人;申请被批准后,该发明人或者设计人为专利权人。利用本单位的物质技术条件所完成的发明创造,单位与发明人或者设计人订有合同,对申请专利的权利和专利权的归属做出约定的,从其约定。

具体而言,职务发明包括本职工作之内或本单位交付的本职工作之外等通过执行本单位的任务而完成的发明创造,还包括退职、退休或者调动工作后一年内完成的、与其在原单位承担的本职工作或者原单位分配的任务有关的发明创造。另外,利用本单位的物质技术条件完成的发明创造,也属于职务发明范畴。职务发明的专利权归属于单位。而对于职务发明人,其享有在专利文件上署名及获得奖励和一定报酬的权利。

(2)科技计划项目产出知识产权的权利归属政策

长期以来,我国科研计划项目成果知识产权的归属过于强调国家所有,不仅造成了知识产权归属的混乱,也影响了研发主体采取知识产权保护措施的积极性。通过借鉴国际经验,我国开始逐步推动科研计划项目知识产权由国家所有向授予项目承担者转移。根据《科学技术进步法》,利用财政性资金设立的科学技术基金项目或者科学技术计划项目所形成的知识产权,涉及国家安全、国家利益和重大社会公共利益的,属于国家所有,其他项目由承担者依法取得。由于目前我国各种应用类科研计划项目主要由单位承担,上述知识产权相应地由承担单位享有。为了督促项目承担单位切实加强对项目知识产权的保护,《国家科技重大专项知识产权管理暂行规定》进一步规定,项目承担单位不申请知识产权保护或者不采取其他保护措施时,牵头组织单位应督促项目承担单位采取相应的保护措施,在其仍不采取保护措施的情况下,牵头组织单位可以自行申请知识产权或者采取其他相应的保护措施。

2.知识产权创造保护运用政策

(1)科技计划知识产权管理中的知识产权指标

促进项目承担者创造和获得知识产权的鼓励措施主要体现在项目评审、项目实施和相关经费资助等几个方面:一是知识产权指标列入科技计划项目评审指标体系。申请国家科技计划项目需在项目建议书中写明项目拟达到的知识产权目标。知识产权保护和管理制度完善与否,应当成为各级科技行政管理部门确定申报或者投标科技计划项目承担单位的资格指标之一。二是知识产权要成为优先确定科技计划项目的指标。对承担国家科技计划项目获得知识产权的质量和数量较高的单位,管理部门给予表彰奖励,并在新项目评审中优先安排。三是对知识产权的申请费用和维持费用给予支持与奖励。经财政部门批准,在国家有关科研计划经费中可以开支知识产权事务费,用于补助负担上述费用确有困难的项目承担单位,以及具有抢占国际专利竞争制高点意义的重大专利的国外专利申请和维持费。

(2)专利申请资助政策

专利申请资助是指创新主体,即专利申请人在专利权申请过程中获得的政府财政支持,是政府鼓励发明创造和促进专利申请的一项重要举措,对提高社会知识产权意识、促进专利申请具有积极作用。但从整体上看,其无论是在政策制定上,还是在实施过程中都存在一些不足,直接影响专利申请资助的实施效果及公共财政资源的使用效率。

我国专利资助政策实行最早的地区是上海市。20世纪末期,上海市制定了《上海市申请费资助实施细则》。随后各地方政府也先后对专利申请进行资助,目前,除甘肃、宁夏等以外,我国绝大多数省(自治区、直辖市)均已建立专利资助制度,大多数市、县也已建立起相应的专利资助制度,但还没有形成国家层面的、统一的专利资助政策。就我国专利申请资助政策而言,从整体上看,其主要包括:政策导向、资助对象、资助范围、资助额度、资助程序及资助资金的监督与管理等方面。政策导向是指各地制定专利资助政策时所期望获得的效果,体现着各地专利资助政策的价值取向。各地的专利资助办法均在第一条表明实行专利资助的目的,即鼓励专利申请,提高企业创新能力。资助对象是指政策上限定的有资格提出专利资助申请的单位或个人。专利资助资金主要来源于地方财政,因此,各地均将资助对象限定在本行政区域内的单位或个人。资助范围是指能获取专利资助的范围,具体而言又可细分为资助类型和费用种类。资助额度是指专利资助的金额。各地专利资助资金均来自本级地方财政,因此,东部地区的资助额度普遍高于中西部地区。

3.知识产权转化实施政策

(1)设定非自愿实施和国家介入权

《科学技术进步法》和国家科研计划知识产权相关管理文件规定,知识产权权利人应积极推动项目产生的知识产权的转移和运用,加快知识产权的商品化和产业化;同时,国家科研计划项目知识产权应当首先在境内使用,原则上应采取非独占许可的方式。为使国家科研计划项目成果为我国经济社会发展服务,国家规定,将项目知识产权向境外组织、个人转让或实施独占许可的,应当报经项目管理机构批准。为了避免项目承担单位闲置或非法垄断其享有的知识产权,对项目承担者在合理期限内没有实施的知识产权,国家可以无偿实施,也可以许可他人有偿实施或者无偿实施。另外,为了满足国家利益或社会公共利益的需要,国家可以无偿实施,或许可他人有偿或无偿实施项目知识产权。

《专利法》也规定,有下列情形之一的,国务院专利行政部门根据具备实施条件的单位或者个人的申请,可以给予实施发明专利或者实用新型专利的强制许可:①专利权人自专利权被授予之日起满3年,且自提出专利申请之日起满4年,无正当理由未实施或者未充分实施其专利的;②专利权人行使专利权的行为被依法认定为垄断行为,为消除或者减少该行为对竞争产生的不利影响的。另外,在国家出现紧急状态或者非常情况时,或者为了公共利益的目的,国务院专利行政部门可以给予实施发明专利或者实用新型专利的强制许可。

(2)知识产权实施后利益分配政策

《专利法实施细则》规定,被授予专利权的国有企事业单位在专利权有效期限内,实施发明创造专利后,每年应从实施该项发明或者实用新型专利所得利润纳税后提取不低于2%或者从实施该项外观设计专利所得利润纳税后提取不低于0.2%作为报酬支付给发明人或者设计人;或者参照上述比例,发给发明人或者设计人一次性报酬。被授予专利权的国有企事业单位许可其他单位或者个人实施其专利的,应当从许可实施该项专利收取的使用费纳税后提取不低于10%作为报酬支付给发明人或者设计人。除此之外,许多地方政策以科技成果转化方式对知识产权实施后的利益分配进行了规定。

二、科技创新政策的实施

科技创新体制与政策运行的基本机制包括政府的主导作用、市场配置资源的决定性作用和科学共同体的自治作用,涉及三个层面的问题。核心层是科技体制与政策的价值导向,中向层是制度安排,外围层是政策工具。

新时代的科技体制改革与创新政策调整,要有明晰的价值导向,要从核心问题入手设计制度体系和具体的政策工具,建立和完善新的国家创新体系,实现科技资源的优化配置和综合集成,从根本上提高我国的科技创新能力和综合竞争力;要站在国家利益高度,从国家创新发展的战略需求出发来处理好市场机制、共同体自治与国家意志的关系,发挥政府在国家创新体系中的主导作用及宏观科技政策与管理的引导、规划和激励作用,发挥市场机制对科技资源配置的决定性作用,维护学术自由并发挥科学共同体的自主、自律与自激作用及科技人员的研发主体作用,共同实现国家科技创新目标和创新驱动发展目标。

（一）发挥政府的主导作用

知识经济时代，经济发展主要依赖于科技创新水平的提升，各国间经济发展的角力已逐渐演变为科技创新水平发展的较量，科学技术创新在各国经济发展中的作用日益突出。科学技术创新的快速发展需要一套完整的与之相适应的科技创新体制的正常运行作为保障，科技创新体制的完善程度极大地影响着国家科技创新实力的提升和科技创新事业的发展，在制定国家科技发展战略和政策、科技资源配置、科技成果转化、科技项目评价及科研人才激励等方面均发挥着重要作用。

政府的公共特征及其制定公共政策的动机多重性，使得公共政策的内容复杂多样。现代社会，随着生产力不断发展，政府职能也日益拓展，政府管理的范围也不断增加，人口、资源、环境保护、科技、创新等问题都被列入政府管理的范围，由此引发的公共政策问题也就变得复杂多样。科技创新政策是政府对科技创新活动施加影响所制定或认可的意向原则和规定，目标是通过对科技创新活动进行引导、干预和控制，把国家军事、经济等需求转化为对科技创新主体的行为引导、激励和规范。

我国建立的是统分结合的科技宏观管理体制，侧重狭义的科技发展与进步，重点关注科技工作管理本身，由专门的科技管理职能部门（如科技部）来履行职责。从事科技创新的主体（如科研机构、高校、企业等）处于管理对象的从属地位。虽然其他政府职能部门也下设有科技管理机构（如各部门的科技司），但只是主要职能中附带的部分，并且工作范围仅限于系统内的科技进步。国家科技管理的核心是科技资源的优化配置，主要政策工具是科技规划和科技计划的制定的实施。

虽然各国关于政府对科技创新活动进行干预的必要性和可行性有不同的认识，但一些基础性看法在科技创新政策实践中得以广泛应用。

一是公共产品论。该理论认为基础研究和国防领域的研发是一种公共产品，与公众的利益不可分割，让私人或团体去支持这方面的研发是不现实的，效率也很低，应由政府负责。政府支持基础研究和国防研究与开发是现实的，一些私营部门和产业，如半导体工业也能从中获利。

二是利益侵占论。该理论认为研发需要投资,这种投资预期可得到补偿,但具有明显的正外部性。公司无法回收其全部的研究与开发投资,也无法防止同它竞争的公司不作研究与开发而坐享其成,因而政府有理由进行干预。例如,政府对基础研究、行业共性技术、科学技术教育和人才培训进行资助,对生态建设及气象、地震等公益性科学研究进行资助。

三是外差因素论。外差因素即在私人费用和社会费用之间或者私人利益和社会利益之间不一致。例如,政府对于环境污染治理和节能减排等研究与开发项目的资助,有利于消除环境污染和资源消耗的负外部性。

四是规模和风险论。该理论提出在研发费用及承担的风险达到一定程度时,私人公司将不能独自承担。政府参与新兴技术领域的研发投资,能够降低研发的不确定性,提高社会资本的参与积极性。

从提高整个国家创新体系的创新效率及效益角度来看,政府的主导作用主要体现在以下几方面:一是制定稳定支持基础研究的科学政策,如设立科学基金,加强创新基础设施建设;二是制定技术创新政策、产业创新政策及相关的财政税收政策,通过公共政策和公共资源配置来引导社会创新资源配置方向;三是调整相关创新政策,减少政策寻租空间,提高科技资源的投入效率,建立适应市场经济发展和科技创新规律要求的新型创新体系;四是完善激励监督机制,定期评估科技政策的影响及科技计划的执行效果,营造公平竞争的创新环境;五是加强创新基础能力建设和人才培养,提升创新系统集成利用国内外创新资源的能力,促进技术研发和加快技术扩散。

为了增强国家综合实力和创新竞争力,各国政府都在调整传统的职能定位,它们放弃了仲裁者的角色,承担起"规划者、引导者、监管者、培育者"的角色,重点关注创新能力建设、创新体系完善和创新生态营造,服务知识生产、技术开发、应用扩散全过程,以增强各类创新主体的创新能力,强化对科技创新、成果转化及创新创业的支持力度。

(二)发挥市场配置资源的决定性作用

所谓市场在资源配置中发挥决定性作用,其实质就是价值规律对稀缺资源的配置。市场所起到的调节作用,就是根据市场当时的状况来调节整个资源配置,市场对资源配置的作用机制也叫市场机制。市场机制大体由价格机制、供求机制、利率机制、工资机制、风险机制和竞争机制等构成。其中,价格机制和供求机制是基本机制,竞争机制是核心机制。市场机制主要是以利益为导向,用竞争来说明商品的价格,然后在这期间不断的用来回浮动的价格来调节整个供求关系,让整体的生产和销售达到一个平衡点。这些具体的分配是通过市场交换等机制来完成的。价值规律发挥的作用大体上也涵盖了这些,也就是说价值规律发挥作用的机制就是市场的主导作用。

科技、经济的一体化进程,需要将科技创新的重点从科技自身转移到科技与经济结合上来,把科技创新与市场需求紧密衔接起来。这意味着科技研发人员应该有市场意识和产业概念,企业家应具备科技头脑和前瞻眼光,双方均需要认识科学技术的多元价值与长远价值。企业是否成为科技创新的主体,关键要看企业是否真正成为科技创新的决策主体、投资主体、研究开发与利益分配主体。让市场来检验和拉动技术创新,更有利于激励创新投入,促进科技成果的转化和应用。

大量的创新研究表明,尽管创新活动在很大程度上源于科学创造与技术发明,但它在本质上是一个经济学概念,市场是否接受及接受的程度是判断创新成功的标志,技术上的成功并不能保证创新的成功。创新实践表明,科技创新活动的过度国家化和行政化不利于发挥市场的决定性作用及社会创新活动的开展。尽管我国的一些产业和主导产品形成了一定的国际竞争力,如电视机、手机、汽车和飞机等,但核心技术、领先技术仍由国外公司操控。引导更多企业特别是风险投资公司成为科技创新的投资主体,提升企业创新基础能力,是发挥市场配置资源决定性作用的基础和关键。只有企业成为技术创新投资主体,才能促使更多人才、技术等创新要素流向企业,进而促进研发、生产、销售及服务创新等活动的展开。

我国政府在高技术领域的科研经费投入效果较差,主要原因归结于两个方面:一是科研与创新合二为一的政策,对所资助的基础性、探索性研究项目提出不切实际的商业成功要求;二是对科研进行 5 年规划的方式,导致政府资助的研究方向与高科技领域的快速变化出现大量脱节。要在 2~3 年既产出成功的科研成果又实现成功的创新产品是不现实的。以硅谷为例,一个风险投资合伙人每年通常只资助 1% 的商业计划。即使在如此低的资助率下,也只有 10% 的受资助的创业公司能获得成功(产生好的投资回报)。政府没有能力也没有必要去替代市场来驱动创新创业活动,但有责任下放权力给大学和研究所,保障学术自由,建立维护公平竞争的市场秩序,鼓励创新主体通过市场化运作方式获得收益,进而增加科研投资。

(三)发挥科学共同体的自治作用

共同体是一个社会学概念,意指社会人群中具有特定的共同利益或共同职业、共同兴趣、共同语言并遵循某种共同规范的群体、社团。科学共同体(scientific community)是科学家的组织和团体。美国哲学家托玛斯·库恩把科学共同体与范式密切联系在一起加以考察,他认为一个科学共同体由共有一个范式的人组成,科学共同体是科学知识的生产者和确认者,或者仲裁者、批准者。库恩把科学共同体与范式密切联系,揭示出科学共同体内在地渗透到科学知识的生产、传播、承认、确立等全过程,从而使人们对科学共同体的性质及其功能的认识提升到新的高度。

科学尽管是由个人进行的,科学知识本质上却是集团产物,如不考虑创造这种知识的集团特殊性,那就既无法理解科学知识的特有效能,也无法理解它的发展方式。承认一个具有独一无二的能力的专业共同体的存在,并接受它作为专业成就的唯一仲裁者,这种共同体的本性提供了实质性保证。科学作为高级复杂的精神产品,具有高度的专业性相关,非科学共同体不可能具有承认或批准的权威。正如美国科学社会学家默顿所说,"承认是科学王国的通货"。默顿在研究科学的奖励系统时发现,对科学家最大、最好的奖励就是同行的承认。这正是科学共同体的一个特殊之处:相互之间既是论文的读者,又是裁判。离开了科学知识的生产和承认,就不可能认识科学共同体。因此,科学共同体有其自身的规律和内在要求,与行政化的官僚体制和市场的商业运作有根本的不同。

概而言之,科学共同体是围绕科学知识的生产和承认而自主成长、自主管理的科学家团体。普遍主义、公有性、无私利性及有组织的怀疑态度,构成了现代科学的精神特质。美国科学社会学家加斯顿在《科学的社会运行》中说:"政府的科学政策实际上是一种政治的改革。"科学作为高级复杂的精神产品,具有普遍性、无私利性等特质,确系一种特殊的社会建制。其特殊性在于科学具有强大的自我净化、自我完善能力。政府要十分珍惜和尊重这种能力和机制,放手让科学共同体去自主管理科学知识的生产和承认。

从 17 世纪的英国皇家学会到当今大大小小众多的科学共同体,其成功经验无不证明,尊重这种自主性极为关键。现代科学已成为社会的一个重要子系统,成为影响经济和政治的重要力量,政府要制定适当合理的政策来促进科学健康发展。政府的科学政策就是要理顺科学发展中的利益关系,让其各占其位,各得其所,不能搞行政化。行政化使利益向政府主管部门倾斜,向权力倾斜,背离了科学共同体的发展规律和内在要求,不利于调动科学工作者的积极性和创造性。

总体上,我国的科技人才主要集中在大学和科研机构,科研管理方法难以适应创新发展的实际需求。在科学界,研究方向主要依赖学术自治,即科学共同体的自治作用和内部管理;知识生产者的贡献与其劳动成果连在一起,也需要通过同行评议来确认其贡献大小。所谓同行评议,是指由从事该领域或接近该领域的专家来评定一项工作的学术水平或重要性的一种机制,也就是说,科学共同体是科学成果评价的"仲裁人",科学成果的科学价值只能靠科学共同体本身来识别,技术开发价值则由企业家来识别和推动。不同于科学成果的是技术成果可以迅速物化为生产力。因此,对技术成果的评价要寻求科学共同体的外部力量,主要是让市场来检验和拉动技术创新,即对技术成果的"价值评价"应依据其实施后的效果来进行评价。

目前我国实行的鼓励高等院校、科研院所办企业或孵化器的政策,在促进科技成果产业化的同时也助长了追求自我封闭、自我循环的小作坊科研模式,造成"好的技术成果自己转化,不好的技术成果企业也不要"的事实,使企业与高等院校、科研院所之间由合作转向竞争,削弱了产学研合作的利益基础。

在我国现行科技管理体制中,往往是政府替代科学共同体来决定科学研究的方向,政府和科学共同体替代企业来决定技术创新的方向,使得科学研究、技术开发和创新创业的主体"越位"与"缺位"并存。因此,科技体制改革的重点是,在明确科学家和企业家责任的同时,赋予科学共同体和企业更大的自主权,把政府集中力量办大事的引导优势、市场配置资源的竞争优势和科学共同体学术自治的积极性有机结合起来,使三种基本机制的优势得到充分发挥,大幅提高科技创新效率,形成良好的创新环境和创新生态。

三、科技创新政策的调整

随着科技体制改革不断深入,我们需要进一步理清政府、市场和科技创新主体的定位与功能,在宏观调控与组织架构、研究开发布局、环境建设与机制改革等方面不断创新,完善政策体系,为实施创新驱动发展战略和建设世界科技强国奠定坚实的制度基础。

(一)科技创新活动的市场失灵与政策选择

科技事业和科技创新具有自身的发展规律。科学与自由探索有关,技术与目标导向有关。前者的产出具有公共物品的属性,适合国家支持;后者的产出具有商业价值,因此与市场机制匹配,如果完全用市场模式主导,就会出现遏制科学发展的情形。

1.市场失灵的基本原理

从经济学角度来看,所谓失灵是指失去效率。市场失灵指市场失去效率,即当市场的资源配置出现低效率或无效率时,就会出现市场失灵。一般市场失灵源于不完全竞争、非对称信息和外部性。

(1)不完全竞争

市场权力关联于市场中竞争的缺乏,少数主体拥有决定价格和条件的能力,缺乏竞争是创造创新缺乏动力的主因。

(2)非对称信息

当信息并不足够,或者信息在参与者之间并没有得到同等分布时,信息不对称就发生了。生产是共同进行的,良好的信息对于所有参与者都是需要的,信息不对称就显得非常重要,在其中的一个团体并不信任他人的技巧、态度及未知属性的情况下,信息不对称阻碍了创新。许多道德风险和逆向选择的事例来源于服务业部门,在发展中国家,信息不对称更加相关。

（3）外部性

在社会收益超越私人收益时,外部性产生于知识及知识渠道的公共属性。企业需要得到合适的投资激励,特别是在少数的创新产出是私人的,而竞争对手可能会外泄或运用这些创新的情况下。在服务业中,外溢同等重要于制造业,而攫取问题可能更加严重(因为服务创新难以通过专利受到保护,知识产权也并没有得到足够的保护,所以,搭便车或者无须支付创新的市场价值而运用创新,将阻碍许多服务部门的创新)。更加需要引起重视的是知识密集型服务,通过其客户的技术和非技术创新,在经济体中表现出创造重要正外部性的能力。

2.科技创新活动的市场失灵

科技创新活动的市场失灵是指市场机制不能对科技创新活动给予足够支持而导致创新绩效低下。一般来说,政府介入技术创新过程的合理性主要就在于技术创新中的“市场失灵”问题。而市场机制配置失效的原因,则是由技术创新的三种性质——公共产品性质、外部性和不确定性造成的。

例如,在科技研发领域,当某种研发给公众带来了巨大利益,而从事研发活动的私营创新主体却只得到很少收益时,此类研发就会投资不足。知识具有准公共品的性质,与研发有关的知识有三个基本特点:不确定性、非独占性和不可分性。不确定性是指个体创新者无法预知研发结果及其收益;非独占性是指个体创新者不能完全获得研发带来的全部收益;不可分性是指无论进行何种创新都需要一定额度的研发投资。从知识管理角度来看,之所以会出现研发投资不足,是因为知识的这三个特点阻碍了科技创新过程的进行。

从市场体系运行的角度来看,主要有四种形式的市场失灵影响科技创新:①企业由于缺少成功的科技创新活动所需要的技术能力和组织管理能力引起的能力失灵;②在创新用户与生产者之间存在的信息失灵;③经济不景气、竞争不当、专利与税收制度不合理给予创新活动的激励不够、回报不足或不适当导致的激励失灵;④出于短期风险回避的考虑,企业对长期的、更重大的创新活动投资不足,产生投资失灵。

3.消除市场失灵的政策选择

作为新古典经济学中的一种重要理论,市场失灵可以用来解释许多经济现象,但在指导科技创新政策制定方面,它具有一定的片面性。科技创新政策主要关注研发活动,不触及科技创新的起因和过程,因此,以市场失灵为出发点制定的科技创新政策,更有助于推动位于创新过程起点的研发活动。由于市场失灵对整个创新过程缺少关注,它无法在全面促进创新活动方面发挥更积极的作用。

从经济研究角度看,在现代市场经济制度中,政府既可以作为宏观管理者驾驭市场的运行方向,又能像生产者和消费者那样参与经济生活。在市场失灵的地方,决定了政府必然要介入,并运用其力量遏制或限制市场机制自发运行所产生的经济波动,政府的这种行为是一种经济行为。

政府公共政策出台的主要原因在于市场结果产生了经常性缺陷。公共政策对市场机制配置资源过程中的干预,其必要性仅以市场失败情况为限,因为市场机制的有效性必须首先得到肯定。同时,在某些特殊情况下,市场在合理配置资源方面会失败,因此,政策的基本作用是针对这种现实的失败或可能出现的失败,来弥补市场机制的缺陷。

解决创新的外部性,更好地激励创新主体从事创新活动,是创新政策要解决的主要问题。这既需要强有力的政府在创新基础设施建设和法律法规政策制定等方面提供保障,降低创新的不确定性和中小型科技企业的风险;又需要有效的市场根据创新要素、发展领域及所属地域等因素,进行合理的科技资源配置,促进科技事业发展。具体包括以下方面:①健全创新系统构成要素。具体表现是改革或创建创新所需组织。例如,鼓励兴建新企业或鼓励现有企业多样化,组建新的研究机构或中介组织等;创造、改变或取消某些对创新组织或创新过程施加激励或阻碍的制度,如知识产权法、税法、环境和安全法规、研发投资规范等;通过市场机制及其他机制推进创新网络建设,促进创新过程中不同组织之间的互动式学习。②对创新过程注入知识。具体表现是推进有利于新知识创造,特别是基础科学方面的研发;通过教育培训、创造人力资本、创造和传播生产技能等手段,提高创新研发人员的素质与能力。③对创新企业提供支持服务。具体表现是进行创新孵化活动,对新出现的创新活动提供各种便利和管理支持;为创新过程提供融资支持,以促进知识的商业化及应用;为创新活动提供相关咨询服务,如技术转让、商业信息和法律咨询等。④针对创新需求采取相应措施。具体表现是促进新产品市场的形成；明确与新产品有关的需求方提出的质量要求。

(二)科技创新治理的政府失灵与政策选择

所谓政府失灵,按美国经济学家保罗·萨缪尔森的定义,就是"当政府政策或集体行动所采取的手段不能改善时,政府失灵便产生了"。另外有学者则从非市场经济缺陷的角度给出了政府失灵的定义:"由政府组织在内政缺陷及政府供给与重要的特点所决定的,政府活动的高成本,低效率和分配不公平,就是政府失灵。"

"政府失灵"的含义有三个方面:第一,政府作用的结果不能达到预期的社会公众目标。政府实施的每项措施都应从公众利益角度出发,并以实现公众目标为最终目的。这些公众目标可能是有关市场过程、市场环境的或是有关非市场领域的。但无论公众目标为何,只要政府行为未达到预定目标期望,就会产生政府失灵。第二,政府活动的高成本、低效率。在市场组织中,成本与收入相抵后的经济利益永远是第一位的;但对政府组织而言,社会利益永远要置于经济利益之前,这就引发了政府行为中收入与成本之间的分离。经济预算软约束造成政府在完成某项"社会性产出"的过程中往往不考虑投入的资源成本,或倾向于投入过多的资源成本,使行为低效难以避免。第三,政府作用的结果损害了市场组织的效率。政府与市场永远是资源配置中相辅相成的两只"手",只有各自发挥长处才能相得益彰。但如果政府越俎代庖,介入市场本该发生作用的领域,则将会产生两种结果:一是市场作用被"挤出",市场效率被破坏,新的市场失灵产生;二是政府行为结果的成本、收益分析远低于市场完成同样目的行为的成本收益,从而最终损害整个社会公众的利益。

1.政府失灵的基本原理

为了纠正市场失灵,凯恩斯学派主张政府干预市场,但政府自身的缺陷又导致政府失灵。政府失灵指政府为矫正和弥补市场机制的功能缺陷而干预市场,其采取立法、行政管理及各种经济政策手段却最终导致经济效率低下和社会福利损失的状况。

一般只要存在信息非对称、不完全竞争和外部性,无论是市场还是政府,或其他资源配置机制都会失灵,且政府失灵源于对市场失灵的匡正。政府失灵主要有三类:第一类是政府纠正市场失灵时产生的新问题,包括反垄断、消除外部性、克服信息不对称、实行收入再分配、提供公共物品、调控宏观经济控制等过程中造成的资源配置低效率等问题。第二类是政府自身行为的偏差,包括政府干预的范围过大或过度干预、政府干预的方式不当、政府干预的目标不明确、政府干预偏离预期目标等。与此相关的还有所谓的"公共政策失败问题",即由于公共政策的过程复杂,难以制定或执行良好的政策,政府既无法有效地纠正市场失灵,同时又带来新的问题。第三类则来自西方政治制度的缺陷。当政府政策或集体行动所采取的手段不能改善经济效率或道德上可接受的收入分配时,政府失灵就产生了。这时的政府失灵表现为没有代表性的政府;官员短期行为倾向和选民的短视心理,以及利益集团操纵政策造成的不公平现象等。

政府本身是政治的产物,政府对市场的介入不仅是一种经济行为,也是一种政治行为。弥补市场缺陷并不是政府干预市场的唯一原因,如政府在负责供给公共产品中,假如要真正实现资源配置的优化,政府应在做决策时真正代表公众的利益,以全社会福利最优化为目标。但是,现实中的政府并非这样做,而是往往服从于政治、经济中某些特殊利益的需要。因此,政府制定公共政策的动机是多重的,可能是为了弥补市场机制的缺陷,也可能是出于维护其政治统治,执行其社会职能等考虑。

2.科技创新治理的政府失灵

从技术创新角度看,政府失灵有两层含义:第一是政府技术创新的政策有其特定内涵,政府不能代替市场机制配置技术创新资源,政府也不能包揽全部的技术创新活动,不能替代大学、科研机构和私人企业在创新中的作用;第二,技术创新中的政府失灵特指政府的技术创新政策有可能导致创新经济动机的扭曲。具体而言,技术创新中的政府失灵主要表现为两个方面,即技术创新政策本身的失效和政府对技术创新的干预过度。

(1)技术创新政策本身的失效

这是指国家和政府所运用的科技创新政策未能解决预期要解决的问题,并进而不能将国家或政府的意向、方针、策略和限制有效执行的情况。我们可将这种现象称为技术创新政策失效或干预失效。其产生的原因大概是政策出台的目标指向不清或者失误、缺乏有效的保障措施导致政策执行不力,抑或政策工具搭配使用不当。其结果表现为科研机构效率下降、技术创新公共产品供给下降和计划的科技目标未能实现三个方面。

(2)政府对技术创新的干预过度

这是指政府在国家或区域技术创新活动中的作用过强,导致市场机制发生作用的范围萎缩,损害市场组织运行效率。通常来说,干预过度表现为两种情况,即对私人部门开展技术创新的"替代效应"和"挤出效应"。所谓"替代效应"是指由于政府在技术创新的总体支出中所占份额过高,"替代"了一部分私人部门的支出,从而制约了私人部门技术创新的资源配置。所谓"挤出效应"是指,政府公共研究支出的增加会加大对技术创新资源的边际效益,尤其是提高人力资源的边际效益,从而提高技术创新的成本。这种成本提升会抑制私人部门开展技术创新的积极性,并将部分私人技术创新活动排挤出去。"挤出效应"在国防领域的研究中表现尤为明显。

3.消除政府失灵的政策选择

主张政府干预,隐含市场失灵不能得到自我矫正或自我矫正成本极高的假设,但反对者认为,政府干预市场的理由并不充分,因为政府配置资源的效率未必比市场更高。在芝加哥经济学派看来,市场在现有可供选择的机制中配置资源是最有效的,以比市场更低效率的政府行为来治理市场失灵几乎是本末倒置的。但是,凯恩斯学派认为,尽管政府自身存在缺陷,但这种缺陷与市场缺陷之间恰好形成互补,社会通过两种具有互补性的资源配置机制,可以更好地促进经济增长和实现社会福利目标。有学者提出通过社会自组织来实现自主治理和自主监督,形成区别于市场和政府的第三种资源配置机制。同时,也有研究认为除政府干预市场外,市场自身也存在对失灵的自我矫正机制,或者认为在政府与市场之间,还存在一种市民社会的第三种纠正市场失灵的机制。

政府和市场的关系是动态的,在科技发展不同阶段判断政府与市场关系是否适合的标准是,凡是能够激发科技市场的创新活力和科研人员的活力,促进科技事业快速发展的模式都是合理的,相反,阻碍科技事业发展的模式均是不可取的。政府和市场都不是万能的,在科技体制改革过程中,政府应该退出市场机制能够调节的环节,而政府必须要及时介入、积极引导市场失灵的领域。

制度经济学派认为完整、系统的产权制度是科技发展的有力保障,这一制度是在技术创新的社会效应与私人利益的平衡中形成的。公平、合理的产权制度不仅可以有效地保护知识产权,还能够激发个体发明者的创新积极性,使其个人收益最大化。当制度处于均衡稳定时,很难实现制度的创新,除非存在潜在的利益驱使,推动新一轮的制度创新。完善的制度创新体系是科技创新的基础,能够有效地推动科技创新。同时,科技创新也能反作用于制度创新,引导制度的设计与制定。制度创新的终极目标就是以制度的制定为手段,实现良好的技术创新,打造优越的创新环境。

引入财政分权型市场化竞争机制。这既需要强有力的政府在创新基础设施建设和法律法规政策制定等方面提供保障,降低创新的不确定性和中小型科技企业的风险;又需要有效的市场根据创新要素、发展领域及所属地域等因素进行合理的科技资源配置,促进科技事业的发展。

促进政府公共产品的多元化供给。虽然公共产品具有非排他性和非竞争性等特殊性质,但这并不能说明公共产品的供应必须全部依靠政府直接生产。某些公共产品,如道路、桥梁、教育等完全可以通过建立"契约约束机制",使政府部门"雇佣"私营部门完成供给任务,从而实现公共产品多元化供给。政府通过招标等形式向私人部门提供资金支持,企业为了中标也会努力用更小的资金需求完成更高质量的公共产品生产任务,从而提高政府财政支出效益。

(三)科技创新治理的系统失灵与政策选择

完善的科技创新政策评估与监测体系是分析和完善国家科技创新治理体系框架的重要内容,对于确定科技创新治理体系的"系统失效",发现和解决体系中的障碍和薄弱环节,提高体系的整合与互动能力具有重要的意义。对科技创新治理体系的评估与监测包括以下内容:创新投入、创新平台、创新产出、创新对经济增长和社会发展的贡献、创新系统整合能力、创新过程、创新主体的创新能力和创新潜力、产学研合作、支持创新创业的政策与文化环境等诸多方面。

1.创新系统失灵的基本原理

创新系统是影响创新开展、扩散和使用的经济、社会、政治、组织及其他要素的总称。创新系统的研究有三个层次:国家创新系统理论、区域创新系统理论和部门创新系统理论。其中,国家创新系统理论主要研究国家层面上的创新活动,区域创新系统理论主要研究区域层面上的创新活动,部门创新系统理论主要研究某个产业、某类产品或某条完整的价值链层面上的创新活动。

组织和制度是创新系统的基本组成部分,因而创新体系与创新治理体系是耦合一体的。组织是一种人为建立的有明确目标的正式结构,制度是调节个人、团体和组织之间互动关系的各种习惯、惯例、法律或法规等的集合。一般认为,创新体系是指在一定的范围内,相关行为主体(包括企业、大学研究机构、中介组织与地方政府等)之间及行为主体与制度环境之间交互作用、协同创新而形成的创新网络系统。这一创新网络系统由根植于相同的区域经济社会与文化背景下的两大子系统构成,即知识应用与开发子系统,知识生成与扩散子系统。其中,知识应用与开发子系统又由企业、客商、供应商、竞争者及产业合作伙伴构成,在理想状况下,这些企业以垂直结网与水平结网的方式交互作用形成地方产业集群。知识生成与扩散子系统由各种产生、扩散知识和技能的组织构成,主要包括大学、研究机构、职业培训机构、技术中介组织及生产力中介组织等。这两大子系统又同时受到政府政策的影响。创新系统的系统化结构特征表明,创新系统的构成要素及构成要素的协同程度,直接影响区域创新系统的整体化创新功能。

若构成要素(尤其是相关机构)密集,要素间的互动程度频繁(包括各行为主体之间及行为主体与制度环境之间的互动),则通过要素间频繁的交互作用,促进知识在两大子系统之间及同一子系统内部各行为主体之间的快速流动(也包括资源、人力资本等的持续不断地相互交换),从而提升创新系统的整体创新能力,增强其创新功能。相反,若构成要素稀薄,要素间的互动程度缺失,则知识资源、人力资本等难以在子系统间及子系统内部各行为主体间流动与交换,创新系统的创新功能受阻,整体化创新能力被削弱,区域创新系统失灵。

2.创新体系的系统失灵

系统失灵的思想源于创新系统理论。从创新系统角度来看,系统中可能失灵的因素包括组织、制度、组织之间的互动、制度之间的互动、组织与制度之间的互动及系统本身。综合来看,主要有六种系统失灵会导致创新绩效低下:①组织失灵。它是指创新系统的关键部分发育不足甚至缺失,创新系统中的关键组织,如研究机构、教育设施、风险资本、专业化的供应商等未能充分发展。②制度失灵。主要包括硬制度失灵和软制度失灵。由法治系统和监管框架等构成的正式制度的失灵称为硬制度失灵,由社会文化、价值观和社会习俗等构成的非正式制度的失灵称为软制度失灵。③基础设施失灵。涉及创新主体发挥功能所需的物质基础设施和科技基础设施。④互动网络失灵。主要包括强式网络失灵和弱式网络失灵。强式网络失灵是指具有相同价值观、相似知识结构的相关主体之间形成的紧密的关系网络,该网络对外封闭,难以获取甚至排斥来自外部的新知识与新创意;弱式网络失灵是指因缺乏互动,相关主体间不能充分利用彼此的互补性知识、技能、诀窍和能力。⑤能力失灵。它是指企业缺乏必要的能力,如学习能力、管理能力和资源配置能力等,无法实现从原技术轨道或技术范式向新技术轨道或技术范式的跃迁。⑥锁定失灵。它是指创新系统具有惯性和路径依赖的特点,创新组织不能适应新技术、新工艺和新商业模式等技术范式的变化,这是整个系统的失灵,其包括两层含义,一是指整个区域社会系统不能适应新的技术范式的变化;二是指企业尤其是小企业因缺乏快速有效的学习能力被锁定在现有的旧的技术轨迹而不能吸纳新技术。

由于"制度锁定"(institutional lock-in,老工业基地,以国有企业为主体,所有制变革滞后,传统体制的影响根深蒂固)和"认知锁定"(cognitive lock-in)区内企业同处于老工业基地,具有相同的产业文化,相似的价值观念与思想意识,易形成"认知社团",这种"认知社团"是以传统产业文化和陈旧的思想观念为内核,区内企业之间形成一种强式网络关系,这种强式网络关系的形成封闭了系统与外部之间的交流,使系统难仅获取外部的新知识与新创意。以上问题在欧洲的许多老产业区都可以被观察到。最典型的地区是德国的鲁尔工业区,英国的威尔士区。我国的东北老工业基地及西南、西北老国有工业集中分布区,也是该类问题地区的典型代表。

与市场失灵等单一的资源配置机制失灵相比,系统失灵有三个明显特征:首先,系统失灵表现为既存在市场失灵,也存在政府失灵,同时还存在社会共治失灵或其他资源配置机制失效现象,且资源配置失效具有跨部门或跨领域的传染性。其次,系统失灵表现为复杂动态的变化过程,形成相互关联、相互影响的复杂社会网络结构,即市场失灵、政府失灵与社会共治失灵三者之间交互影响,难以通过单纯解决其中一种失灵现象而使问题得到解决或缓解。最后,系统失灵具有反向自适应的动态变化特征,在不同的发展阶段或不同区域范围内其失灵影响形成不同的自我超速放大特征。

3.防范系统失灵的政策选择

除了传统的市场失灵外,系统失灵是创新领域采取政策干预的重要原因,这一点在演化理论中根基深厚。演化理论认为,一些创新模型或系统,知识创造和吸收之间并不是简单的单向关系,它们提出系统的或演化的方法,用以解释科学、技术和创新系统中创造变化的累积过程;演化系统是一个动态变化的环境,永不可能达成最优的均衡状态。科学与政府、自由与卓越、科学规范与社会规范需要系统设计,在资源有限的条件下,既要保障科学系统的自由度,又要确保科学系统的发展方向符合社会系统的需求。

基于系统失灵的观点,分析系统结构和系统功能成为制定科技创新政策过程中不可割离的要素。将功能分析法和系统失灵思路整合为一个统一的功能——结构分析框架,不仅使单一的功能分析的基础变得充实,更有助于清晰地识别系统运行中存在的各种问题及其形成原因和机制,为创新政策干预提供具体的依据和目标。

辨识系统失灵问题的具体类型,选择影响创新系统整体运转的政策工具。其出发点是找出当前创新系统中存在的问题。学者将这种工具称为系统性政策工具,并提出系统性政策工具应实现的五个目标:①建设和组织创新系统;②提供学习和试验平台;③提供基础设施,用于搜集战略情报和激发需求;④阐述管理接口;⑤制定战略愿景。但这五个目标与创新系统内可能发生的许多问题之间不对应(如没有一个目标是指制度或交互作用的能力问题),无法与前述系统失灵问题建立对应关系。

因此,为了能够解决八种类型的系统失灵问题,系统性政策工具应着眼于以下八个目标中的一个或多个:①激励和组织各种参与主体(政府、企业、非政府组织等);②为参与主体的能力发展创建空间(如通过学习和实验);③促进各类异质参与主体之间发生交互作用(如通过管理接口和建立共识);④避免链接过强或过弱;⑤确保硬制度或软制度的存在;⑥防止制度太弱或太僵化;⑦建设实体基础设施、金融基础设施和知识基础设施;⑧确保基础设施有充足的性能。

四、科技创新政策的全过程管理

议题提出是指专家或智库提出政策议题并被纳入议事日程;形成建议是指政府官员和选出的精英政策制定群体就智库提出的政策议题进行深入的讨论和学习;政策制定是指决策者就接受或拒绝新的政策思想做出最后决定;政策实施是指新的政策正式确立后,由负责政策执行的有关行政部门协助执行;政策评估是指依据一定的标准和程序,对公共政策的效益、效率、效果及价值进行判断的一种政治行为,目的在于取得有关这些方面的信息,作为决定政策变化、政策改进和制定新政策的依据。

政策过程是一个政策周期,可能会在任何阶段被终止,也可能在任何地点和时间被重新进入和恢复,有些政策过程会被缩减。政策过程是动态的,在实际分析中根据研究问题需要可引进其他步骤。政策过程是一个系统,包括政策输入、政策转换和政策输出。智库等非政府组织在政策系统外部通过利益表达和对政策系统进行刺激,实现政策输入,政府、利益集团、智库等组织对需求进行筛选,综合政治文化和价值取向,最后政策系统对环境刺激的反作用实现政策输出。在议题提出阶段,智库依据政府决策需求、社会问题需求或政策问题需求,提出政策议题,引领社会舆论,或对已有的政策进行评议进而引发新一轮的政策议题;形成建议阶段,智库对政府、社会大众关心和讨论的政策议题进行界定,并从事深入研究,为政策博弈注入活力,深刻影响政策制定过程;政策制定阶段,智库为政府提供政策研究和政策分析证据,并提供政策方案,对政府决策或行为有潜在影响,辅助决策者形成或采用或拒绝的态度;政策实施阶段,智库对政策操作中的相关问题进行深入调研,为政策调整做好前瞻性导向工作,进而实现政策实施状况的监测;政策评估阶段,智库针对前期政策执行中存在的问题进行调查研究,对现有政策进行评估,为下一轮政策调整指导方向,也为下一轮政策讨论提供议题。

(一)议题提出阶段

一个政策议题,满足政府决策需求、政策问题需求或社会问题需求,才可能进入议题提出阶段,受到决策者或社会大众的关注,成为决策者和政策制定者深入讨论的议题。需求会导致政策议题的提出,政策议题的提出也会导致需求。智库提出值得关注的政策议题,从而会刺激政府决策需求、政策问题需求或社会问题需求,这样,决策者了解到一个政策议题的存在会产生采纳的动力。影响对象的需求和问题的存在,刺激智库提出值得政府、媒体、社会公众关心的政策议题。

明确影响对象的需求是智库在议题提出阶段发挥影响力的关键因素。对影响对象的特性的研究对于确定其需求具有重要价值。认知政策议题是被动的,影响对象的特性影响他们对政策议题所采取的行为和政策议题产生的效应。影响对象倾向于接触与其兴趣、需求(政府决策需求、政策问题需求、社会问题需求)相一致的政策议题。影响对象有选择性接触特点,即有意或无意避免与其兴趣和需求矛盾的政策议题。选择性接触就像大脑的百叶窗,通过选择把政策议题关在外面。如果影响对象认为政策议题不满足自身需求,那么对这一新政策议题的考虑就无法超越政策设定阶段。对政策议题中涉及的问题的理论认识能够增强影响对象决定是否采纳该政策议题的能力。一般来说,没有对政策议题中涉及的问题的理论认识,影响对象可能会采纳该政策议题,但误用的危险性很大,且可能导致中止实施。如果影响对象采纳该政策议题出现问题,那么对出现问题的理论知识可能有利于解决出现的问题。

(二)形成建议阶段

在形成建议阶段,个人或组织对政策议题形成赞成或不赞成的态度。个人或组织只有了解政策议题,才能开始对其形成观点和态度。在这个阶段,主要是在心理上参与政策议题;寻求该政策议题的信息;影响对象会接收到什么信息,又如何理解接收到的信息。"选择性认知"在决定影响对象行为方面很重要,因为影响对象在形成建议阶段才提高对相关政策议题的总体认识。在这个阶段,思想产品的前瞻性比其相对优势、相容性、复杂性等特性更重要。

思想产品评价对影响对象采用或拒绝的决定形成有重要作用。在形成建议阶段,影响对象积极寻求思想产品的评估信息,以降低产品应用后的不确定性。影响对象想知道这些问题的答案:"这个思想产品采用后的结果是什么,有什么优势和弊端?"与影响对象关系密切的伙伴对思想产品的主观看法具有很强的说服性。但是,对思想产品的赞同或不赞同信息并不必然导致采用或拒绝决定的形成。影响渠道是态度不能转化为行为的一个重要原因。与思想产品评价满意者亲近的潜在影响对象,往往立即决定采用。在影响网络中处于不佳位置的潜在影响对象,在人际交往中不了解该思想产品,或与思想产品评价满意者亲密的影响对象都不是采用了该思想产品并对之满意的人。因而,即使影响对象对某个思想产品抱赞同态度,在他与采用了该思想产品而收到满意效果的影响对象交往之前,可能不会采用该思想产品。

(三)政策制定阶段

影响对象所进行的活动将导致选择采用或拒绝某思想产品,这是政策过程的政策制定阶段。"采用"是决定把某个思想产品作为有可能实行的最好的政策解决方案来充分利用;"拒绝"是决定不采用该思想产品。思想产品的结果具有不确定性,解决这一问题的方法之一是分阶段地实施该思想产品。我国的经济特区、开放城市政策,以及国家级高新区政策,都是从部分先行先试开始,从沿海推广到内陆,从东部推广到西部。

(四)政策实施阶段

当一个思想产品被采纳成一项政策或政策的一部分或启发了影响对象,即进入政策实施阶段。在政策实施阶段,影响对象希望知道这些问题的答案:"该思想产品从何而来?怎样运用这个思想产品?该思想产品提出的背景是什么?如果该思想产品成为一项政策或政策的一部分,会遇到哪些问题?"因此,多数积极的信息搜寻工作发生在这个阶段。在实施中,智库主要为影响对象提供技术上的帮助。

智库促使影响对象参与思想产品的生产和研究,提升影响对象吸收思想产品的能力。政策过程是由影响对象支配的。思想产品随着时间的推移和经过不同的影响对象往往会被改变。影响对象通常认为思想产品做适当调整是有必要的。潜在影响对象对思想产品的态度是采纳或拒绝,也可以选择对部分思想产品做适当调整。适当调整思想产品对影响对象是有利的,毕竟影响对象更加了解适用的环境和不断变换的条件,也不容易导致"中止"现象。

思想产品被采纳并做调整的原因是多方面的,包括:思想产品的相对复杂性;影响对象对思想产品缺乏足够了解;思想产品是为了解决影响对象使用范围较广的各类问题;决策问题与思想产品相匹配方面,很大程度上存在着异质性;智库鼓励影响对象去调整思想产品等。

（五）政策评估阶段

任何类型的科技创新政策评估都会遵循一定的评估原则、评估程序,包括评估目标、评估主体、评估对象、评估框架、评估指标、评估标准、评估方法等基本要素。科技创新政策评估是评估主体依照一定的评估标准和程序,对政策的质量和效果,以及构成政策系统的诸要素、环节和评价方法进行局部和全面的分析,并获得相关信息与政策结论的过程。主要有两种情况需要调整。

一是不可调和。影响对象思想或行为改变是由于他要减少或消除内在的不均衡和不调和状态。感觉到不调和的影响对象通常会因此改变他的认识、观点或行为以减弱这种状态。当影响对象意识到需求时,他就会寻求相关思想产品的信息以满足其需求。当影响对象所相信的东西与其正在做的事情不调和时,会促使其接受相关思想产品。当影响对象开始进入政策制定阶段时,影响对象会获得更多思想产品的信息来说服其放弃采用该思想产品,这种不调和会因中止采用而消除。当影响对象最初拒绝某思想产品后,影响对象可能受到该思想产品正面信息的影响,而以采纳该思想产品来消除这种不调和状态。

二是需要中止。在已经采用了某思想产品,又决定拒绝该思想产品,即为中止。中止包括两类,即取代和醒悟。取代中止是为了采用一种更好的思想产品而拒绝另一种思想产品的决策。醒悟中止是指因为对实施某思想产品之后的情况不满意而决定放弃该思想产品。

科技创新政策评估方法是操作层面的问题,是对科技创新政策评估标准的细化,可分为定性和定量方法。定性方法包括案例研究、专家判断、标杆管理、预测、同行评议、理论分析法、对比分析法等方法。定量方法包括文献计量、网络分析、绩效指标、成本效益分析、问卷调查、计量经济学分析、经济模型等方法。根据评估的目标、评估的问题、可用的技能/知识和工具、可用的数据、成本、时间、公开性或伦理上是否可被接受等角度,我们可选择不同的评价方法。

五、不同导向的科技创新政策工具

政策工具,又称行政工具、治理工具,目前学界还没有对其形成统一的定义。总体来说,政策工具是决策者用来完成特定政策目标的手段和方式,常与"政府规划与计划""公共政策与管理"等联系在一起。实施创新驱动发展战略是一项复杂的系统工程,我们没有现成经验可以借鉴,在战略实施过程中仍面临一系列重大理论和政策问题,需要结合我国国情和发展形势,持续深化对创新发展基本规律的认识,从全球、国家、区域、产业、过程和要素等多个视角跟踪监测创新发展进程,比较研究主要国家科技创新政策的制定过程、理论研究和内容创新,借鉴相关战略与政策思路、政策工具和方法,及时发现我国科技创新战略与政策实施中的新情况、新问题,为党中央、国务院和有关部门制定相关战略规划与政策提供理论、政策工具和方法支撑。

寻找、设计、确定合适的政策工具并不容易,宏观措施并不是经常、明显有效的。政策制定必须是能影响特定经济活动、特定产业、特定技术的政策。纳尔逊就认为真正的问题应该是如何扩大或重新设计政策体制、制度,而不是实施并固化某种特定的资源分配格局。

(一)供给面科技创新政策工具

供给面政策工具是指政府通过人力、信息、技术、财务等的支持直接扩大技术的供给,改善技术创新相关要素的供给状况,从而推动技术创新和新产品开发,通常包括:①建立公共企业(往往是针对特定的企业,如基础事业,对国计民生有重大影响的企业)。例如,国有企业去创建新企业或创造新技术、新用途,以及国有企业参与私人企业。②促进科学技术发展(主要是基础学科的发展)。例如,建立研究性实验室,对研究性协会给予资助,建立或资助学术社团、专业协会,设立并推广研究奖项等。③提供教育产品、体制和环境。例如,普及性教育、大学高等教育、技术教育、进修计划、继续教育、再培训教育等。④提供创新所需信息,建立良好的信息流通渠道。例如,建立信息网络与中心、图书馆,提供建议咨询服务、数据库,沟通和信息共享服务等。⑤财政与投融资政策。⑥教育、人才与就业培训政策。⑦研发与技术转移机构政策。面向有能力去创新但受限于自身研究能力的大量中小企业,调整中小企业研发活动资助模式,鼓励中小企业积极参与研发活动,支持创新型中小企业参与解决共同和互补的技术问题。对那些投资研发,并将大部分研发活动外包给中小企业的创新企业,补贴部分成本。

(二)需求面科技创新政策工具

需求面政策工具指政府通过采购与贸易管制等做法减少市场的不确定性,积极开拓并稳定新技术应用的市场,从而拉动技术创新和新产品开发,通常包括:①政府购买。包括中央政府和地方政府的购买活动及购买合约,公共的企业研究与开发合约,标准购买等。②提供公共服务。例如,公共设施的建立,公共服务项目和产品的购买及维护,健康服务中心的监督指导及创新,还有交通、通信服务等。③有关商业的取向引导等。例如,贸易协定,关税、汇率管制条例等。④有关的海外机构。例如,国防采购组织等。⑤创新伙伴关系。⑥技术标准与贸易政策。在电子健康、可持续建筑、节能环保等产业领域,利用国家资助和政府采购等多种工具组合,由政府和产业界协同实施,以应用示范工程为载体,促进标准化和知识共享,减少将新产品和服务推向市场的障碍。

(三)环境面科技创新政策工具

环境面政策工具指政府通过财务金融、租税制度、法规管制等政策影响技术发展的环境因素,为产业界进行技术创新提供有利的政策环境,间接推动技术创新和新产品开发,通常包括:①提供创新活动所需资金,完善社会融资渠道和体制(尤其针对企业的创新活动)。例如,发放贷款、津贴,提供财务分担计划,提供设备安装与服务,提供贷款担保、出口信贷等。②提供税收优惠(针对特定的产业,特定地区或特定类型的企业,往往具有很明确的目的性)与奖励。例如,公司直接或间接的工资优惠、税收津贴。③确立相关的法律规范,完善法律体制,维护公平的竞争环境。例如,专利、环境与健康法规、稽查人员派出体制、反垄断法规等的确立与完善。④确保政治环境的稳定性,经济社会体制的可预见性。例如,地区性政策、创新奖励、鼓励联合体的合并、公共咨询等。⑤创新基础设施与公共服务。⑥创新引导与规制政策(产业政策、技术管制、贸易与投资管理等)。顺应用户驱动、开放创新时代趋势,支持建设公共交流空间和未来生活实验室,完善研发、创新基础设施和创新创业服务,充分利用创造性人才、社会文化多样性和最终用户难以预料的想象力和创新力。

六、不同创新阶段的创新任务和政策工具

政策工具是支持政策并使其实施的方法。由于发展目标不同,各国在政策和引导方向上各有差异。为了达到技术创新政策引导的效果,必须将科技创新活动体系与科技创新治理体系和科技创新政策体系系统地联系起来,谨慎地选择适宜的政策工具。创新驱动发展战略已经成为共识,创新政策正以多样化的政策工具组合方式重塑一个国家的创新体系和创新治理体系,在政策制定和执行过程中展示着创新政策工具体系的有效性。但科技创新和成果转移转化为现实生产力不是最后的"一锤子买卖",而是历经基础研究、应用研究到技术开发、工程化、产业化等不同阶段,每个阶段和接续环节都存在制约协同创新的瓶颈和要素配置的障碍,该如何有针对性地提高科技创新和制度创新的供给质量呢?

(一)不同创新环节的政策工具

科技创新政策要加强试点示范工作,需要政府完善创新政策工具和手段,增强对形势发展和需求变化的适应性与灵活性。政府要针对每一环节和阶段的特殊问题进行政策设计和方法探索,形成政策工具体系。已完成试点任务的科技创新政策要尽快在面上推广,已取得阶段性成果的要及时总结推广,进展缓慢和管理不规范的要督促整改落实,综合配套性强的要注意系统集成,实践证明有效的要及时形成相关法律成果。

总体来看,科技体制改革与经济、人才和教育、社会和文化等领域体制改革同步推进。科技创新治理和科研管理更加强调统筹协调,更为注重以人为本,新的科技计划管理体系正在成形过程中,重大科研基础设施和大型科研仪器等重要创新资源的开放共享取得长足进展。人才发展体制机制改革深入推进,对人才的支持力度持续加大,"三权下放"调动了科研人员的积极性,创新创业生态有所改善。科技对经济社会发展的贡献逐步加大,以企业为主体、市场为导

向的技术创新机制初步确立,促进科技成果转移转化的机制和国家技术转移体系正在加快形成,科技对经济社会发展和生态文明的支撑逐渐加强。

(二)政策工具的优化组合

政策工具并非一成不变,其必须根据科技经济社会发展的形势和需要不断地调整。在执行过程中,政策工具也会随着时间推移而发生改变。此外,一种模式并不能适应各种不同的情况。因此,我们需要对政策工具的多样性、动态性和适应性做更多研究,结合政策工具的属性来合理选择,避免单个政策工具应用的片面性,促进政策工具优化组合、协调运作。

市场经济条件下,政府可利用市场化、社会化手段来达到提供公共物品和服务的目的。绝大多数的政府干预往往可以通过四个方面的经济手段得以实现:①供应,即政府通过财政预算提供商品和服务;②补贴,事实上是供应的一种补充手段,政府通过补贴来资助私人经济领域的某些个人,生产政府需要的商品和服务;③生产,指政府生产在市场上出售的商品和服务;④管制,指政府运用国家强制力批准或禁止私人经济领域的某种活动。民营化、使用者付费、管制与放松管制、合同外包、内部市场等市场化政策工具可以用来帮助政府达成政策目标。社会化手段则是指政府更多地利用社会机制,在一种信任和互动的关系基础上来实现政策目标,如社区治理、个人与家庭、志愿者组织、公私伙伴关系、学术自治等。

根据加拿大公共政策学者霍莱特和拉梅什强制性程度分类方法,我们可以把科技创新政策工具根据强制性级别由低到高分为三个类别:①自愿性政策工具:自愿性政策工具的特征是没有或很少有政府参与,它的任务是在社会主体自愿的基础上完成的。这类工具包括家庭和社区、自愿性组织、私人市场。②混合型政策工具:混合型政策工具也称指导性工具,允许政府适度参与引导社会主体的活动,将最终决策权留给私人部门。这类工具主要包括信息规劝、补贴、产权拍卖、征税和使用者付费等。③强制性政策工具:强制性政策工具借助国家或政府的权威及强制力,要求社会主体采取或不采取某种行为。

政策执行是一个复杂的动态过程,包含了一些基本环节和一系列功能活动,政策执行本身就是一个针对具体情况对各种政策工具不断做出选择的过程。而科技创新政策的制定与执行与更广泛的政治经济体制和国家其他领域的政策之间有着密切的内在联系。因此,政策目标、路径、方法和工具选择正确与否是政策执行成功与否的关键。美国学者奥斯本和盖布勒在《改革政府》中谈到,"今天我们政府失败的主要之处,不在目的而在手段",即传统政策工具的失灵。改革正是致力于通过灵活运用新的政策工具而获得成功。

从政策工具的优化组合来看,我们要建立创新政策调查和评价制度,定期对政策落实情况、新政策工具的应用情况进行跟踪分析,及时调整完善政策体系;要加强改革举措和新政策工具的前置审查,通过合法性、合规性和协调性分析,以及政策效果的预调查和试点示范,提高科技体制改革和全面创新改革试验效率;要建立基于证据的科学决策机制,力争使可推广复制的改革举措建立在扎实案例和可靠数据基础上;进一步加强改革人才队伍和改革智库体系建设工作,强化改革的智力支撑;建立创新政策协调审查机制,定期组织开展创新政策清理;加强科技体制改革与经济、社会、生态文明、国防、外交等相关领域体制改革协调,加强中央和地方的政策协调,形成目标一致、部门协作配合的政策合力,提高政策的系统性、可操作性,保证政策工具相互支持和配合。

第十一章　科技创新管理体系

第一节　科技创新的要求和任务

一、新时代对我国科技创新管理体系建设的新要求

（一）深入学习贯彻党的二十大精神

党的十九大做出了中国特色社会主义进入新时代的重大政治判断,确立了习近平新时代中国特色社会主义思想作为我们党必须长期坚持的指导思想,开启了全面建设社会主义现代化国家的新征程。党的二十大报告指出,必须坚持科技是第一生产力、人才是第一资源、创新是第一动力,深入实施科教兴国战略、人才强国战略、创新驱动发展战略,开辟发展新领域新赛道,不断塑造发展新动能新优势。

要全面深刻领会党的二十大精神实质,把政治建设作为统领摆在首位,牢固树立政治意识、大局意识、核心意识、看齐意识,坚持党对一切工作的领导,坚决维护习近平同志的核心地位,坚决维护党中央的权威和集中统一领导,自觉在思想上、政治上、行动上以习近平同志为核心的党中央保持高度一致。把习近平新时代中国特色社会主义思想作为新时代科技工作的根本遵循和行动指南,自觉用以武装头脑、指导实践。准确把握中国特色社会主义新时代的历史方位和主要矛盾变化,自觉肩负起科技创新的重大使命和历史责任。深刻理解全面建成小康社会、开启全面建设社会主义现代化国家新征程的重大意义,坚定不移地实施创新驱动发展战略,以建设创新型国家支撑引领决胜全面建成小康社会和基本实现社会主义现代化,以打造世界科技强国支撑引领建设社会主

义现代化强国。

(二)全面加强党对科技工作的领导,明确加快建设创新型国家的总体思路

习近平同志在党的二十大报告中指出,加快实现高水平科技自立自强。以国家战略需求为导向,集聚力进行原创性引领性科技攻关,坚决打赢关键核心技术攻坚战。以习近平同志为核心的党中央把科技创新摆在党和国家发展全局的核心位置,形成了从思想到战略再到行动的完整体系,大力实施创新驱动发展战略,开启建设世界科技强国新征程,我国科技创新发生了整体性、格局性、历史性变革,成就举世瞩目。重大成果加速涌现,基础研究多点突破,前沿技术群体跃升,科技成果转化的数量和质量大幅提升,全社会创新创业蓬勃发展,科技支撑供给侧结构性改革作用凸显,科技体制改革攻坚克难,解决了许多长期想解决而没有解决的难题,办成了许多过去想办而没有办成的大事,科技创新活力迸发,科技实力进入世界前列,改革驱动创新、创新驱动发展的良好互动局面基本形成。这些成就的取得,根本在于习近平新时代中国特色社会主义思想的正确指引,根本在于以习近平同志为核心的党中央的科学决策和坚强领导。

创新是引领发展的第一动力,是建设现代化经济体系的战略支撑;把科技创新全面融入经济建设、社会民生、生态文明、区域发展、国防建设等社会主义现代化建设各领域,加快建设实体经济、科技创新、现代金融、人力资源协同发展的产业体系;从基础研究、应用基础研究、技术创新、创新体系建设、科技体制改革、人才培养等方面,对加快建设创新型国家做出了系统部署。

以习近平新时代中国特色社会主义思想为指导,坚持党对科技工作的全面领导,坚持稳中求进的工作总基调,坚持新发展理念,紧扣我国社会的主要矛盾变化,按照高质量发展的要求,围绕统筹推进"五位一体"总体布局和协调推进"四个全面"战略布局,践行习近平同志关于新时代中国特色社会主义科技创新思想,坚定实施创新驱动发展战略,以建设创新型国家为目标,突出科技第一生产力、创新引领发展第一动力的重要作用,着力加强基础研究和应用基础研究,着力突破关键核心技术,着力提高系统化技术能力,着力加速科技成果转移转

化,着力强化战略科技力量,着力打造高水平科技人才队伍,着力加强创新能力开放合作,着力深化科技体制改革,构建有利于科技创新的法律、政策、文化、社会环境,加快建设中国特色国家创新体系,全面强化创新对建设现代化经济体系的战略支撑,依靠科技创新助力打好防范化解重大风险、精准脱贫、污染防治攻坚战,为决胜全面建成小康社会、夺取新时代中国特色社会主义伟大胜利做出新的更大贡献。

重点把握好以下八个要求。

一要坚持党对科技工作的全面领导,全面贯彻党的基本理论、基本路线、基本方略,自觉服从和服务于党的新时代中心工作,以习近平同志关于新时代中国特色社会主义科技创新思想指导科技工作。

二要坚持把"三个面向"作为科技创新的主攻方向,大力提升科技创新能力,为建设科技强国、质量强国、航天强国、网络强国、交通强国、数字中国、智慧社会提供有力支撑。

三要坚持把推进供给侧结构性改革作为科技创新的重大牵引,大力培育新动能,推动传统产业优化升级,全力把握颠覆性产业国际竞争的主动权,支撑经济发展质量变革、效率变革、动力变革,推动我国经济在实现高质量发展上不断取得新进展。

四要把基础研究作为创新型国家建设的重要根基,全面加强基础研究的顶层设计、前瞻部署、统筹协调、多元投入、政策支持,形成面向科技强国的基础研究新格局。

五要坚持把以人民为中心作为科技工作的根本出发点和落脚点,强化重大科技创新的民生导向,加强针对性、差异化、系统性的科技创新供给,推动实现区域、城乡、生态、民生等领域的更平衡、更充分发展。

六要坚持以深化科技体制改革激发创新创业活力,加强国家创新体系建设,建立以企业为主体、市场为导向、产学研深度融合的技术创新体系,完善科技创新和成果转化激励机制,拓展创新引领发展的全球视野和实施路径。

七要坚持把人才作为创新驱动发展的第一资源,在创新实践中发现人才,在创新活动中培育人才,在创新事业中凝聚人才,培养造就一大批具有国际水平的战略科技人才、科技领军人才、青年科技人才和高水平创新团队。

八要坚持把科技管理系统能力建设作为推进科技创新治理体系和治理能力现代化的基础性工程,按照"抓战略、抓规划、抓政策、抓服务"的要求,全面加强各级科技管理队伍建设,提高统筹协调、落实执行、改革创新、服务引导能力。

二、新时代科技创新的任务

(一)创新驱动发展战略的任务

1.推动产业技术体系创新,创造发展新优势

加快工业化和信息化深度融合,把数字化、网络化、智能化、绿色化作为提升产业竞争力的技术基点,推进各领域新兴技术跨界创新,构建结构合理、先进管用、开放兼容、自主可控、具有国际竞争力的现代产业技术体系,以技术的群体性突破支撑引领新兴产业集群发展,推进产业质量升级。

(1)发展新一代信息网络技术,增强经济社会发展的信息化基础

加强类人智能、自然交互与虚拟现实、微电子与光电子等技术研究,推动宽带移动互联网、云计算、物联网、大数据、高性能计算、移动智能终端等技术研发和综合应用,加大集成电路、工业控制等自主软硬件产品和网络安全技术攻关和推广力度,为我国经济转型升级和维护国家网络安全提供保障。

(2)发展智能绿色制造技术,推动制造业向价值链高端攀升

重塑制造业的技术体系、生产模式、产业形态和价值链,推动制造业由大到强转变。发展智能制造装备等技术,加快网络化制造技术、云计算、大数据等在制造业中的深度应用,推动制造业向自动化、智能化、服务化转变。对传统制造业全面进行绿色改造,由粗放型制造向集约型制造转变。加强产业技术基础能力和试验平台建设,提升基础材料、基础零部件、基础工艺、基础软件等共性关键技术水平。发展大飞机、航空发动机、核电、高铁、海洋工程装备和高技术船舶、特高压输变电等高端装备和产品。

(3)发展生态绿色高效安全的现代农业技术,确保粮食安全、食品安全

以实现种业自主为核心,转变农业发展方式,突破人多地少水缺的瓶颈约束,走产出高效、产品安全、资源节约、环境友好的现代农业发展道路。系统加强动植物育种和高端农业装备研发,大面积推广粮食丰产、中低产田改造等技

术,深入开展节水农业、循环农业、有机农业和生物肥料等技术研发,开发标准化、规模化的现代养殖技术,促进农业提质增效和可持续发展。推广农业面源污染和重金属污染防治的低成本技术和模式,发展全产业链食品安全保障技术、质量安全控制技术和安全溯源技术,建设安全环境、清洁生产、生态储运全覆盖的食品安全技术体系。推动农业向一二三产业融合,实现向全链条增值和品牌化发展转型。

(4)发展安全清洁高效的现代能源技术,推动能源生产和消费革命

以优化能源结构、提升能源利用效率为重点,推动能源应用向清洁、低碳转型。突破煤炭石油天然气等化石能源的清洁高效利用技术瓶颈,开发深海深地等复杂条件下的油气矿产资源勘探开采技术,开展页岩气等非常规油气勘探开发综合技术示范。加快核能、太阳能、风能、生物质能等清洁能源和新能源技术开发、装备研制及大规模应用,攻克大规模供需互动、储能和并网关键技术。推广节能新技术和节能新产品,加快钢铁、石化、建材、有色金属等高耗能行业的节能技术改造,推动新能源汽车、智能电网等技术的研发应用。

(5)发展资源高效利用和生态环保技术,建设资源节约型和环境友好型社会

采用系统化的技术方案和产业化路径,发展污染治理和资源循环利用的技术与产业。建立大气重污染天气预警分析技术体系,发展高精度监控预测技术。建立现代水资源综合利用体系,开展地球深部矿产资源勘探开发与综合利用,发展绿色再制造和资源循环利用产业,建立城镇生活垃圾资源化利用、再生资源回收利用、工业固体废物综合利用等技术体系。完善环境技术管理体系,加强水、大气和土壤污染防治及危险废物处理处置、环境检测与环境应急技术研发应用,提高环境承载能力。

(6)发展海洋和空间先进适用技术,培育海洋经济和空间经济

开发海洋资源高效可持续利用适用技术,加快发展海洋工程装备,构建立体同步的海洋观测体系,推进我国海洋战略实施和蓝色经济发展。大力提升空间进入、利用的技术能力,完善空间基础设施,推进卫星遥感、卫星通信、导航和位置服务等技术开发与应用,完善卫星应用创新链和产业链。

(7)发展智慧城市和数字社会技术,推动以人为本的新型城镇化

依靠新技术和管理创新支撑新型城镇化、现代城市发展和公共服务,创新社会治理方法和手段,加快社会治安综合治理信息化进程,推进平安中国建设。发展交通、电力、通信、地下管网等市政基础设施的标准化、数字化、智能化技术,推动绿色建筑、智慧城市、生态城市等领域关键技术大规模应用。加强重大灾害、公共安全等应急避险领域重大技术和产品攻关。

(8)发展先进有效、安全便捷的健康技术,应对重大疾病和人口老龄化挑战

促进生命科学、中西医药、生物工程等多领域技术融合,提升重大疾病防控、公共卫生、生殖健康等技术保障能力。研发创新药物、新型疫苗、先进医疗装备和生物治疗技术,推进中华传统医药现代化。促进医学和健康医疗大数据研究,发展精准医学,研发遗传基因和慢性病易感基因筛查技术,提高心脑血管疾病、恶性肿瘤、慢性呼吸性疾病、糖尿病等重大疾病的诊疗技术水平。开发数字化医疗、远程医疗技术,推进预防、医疗、康复、保健、养老等社会服务网络化、定制化,发展一体化健康服务新模式,显著提高人口健康保障能力,有力支撑健康中国建设。

(9)发展支撑商业模式创新的现代服务技术,驱动经济形态高级化

以新一代信息和网络技术为支撑,积极发展现代服务业技术基础设施,拓展数字消费、电子商务、现代物流、互联网金融、网络教育等新兴服务业,促进技术创新和商业模式创新融合。加快推进工业设计、文化创意和相关产业融合发展,提升我国重点产业的创新设计能力。

(10)发展引领产业变革的颠覆性技术,不断催生新产业、创造新就业

高度关注可能引起现有投资、人才、技术、产业、规则"归零"的颠覆性技术,前瞻布局新兴产业前沿技术研发,力争实现"弯道超车"。开发移动互联技术、量子信息技术、空天技术,推动增材制造装备、智能机器人、无人驾驶汽车等发展,重视基因组、干细胞、合成生物、再生医学等技术对生命科学、生物育种、工业生物领域的深刻影响,开发氢能、燃料电池等新一代能源技术,发挥纳米、石墨烯等技术对新材料产业发展的引领作用。

2.强化原始创新,增强源头供给

坚持国家战略需求和科学探索目标相结合,加强对关系全局的科学问题研究部署,增强原始创新能力,提升我国科学发现、技术发明和产品产业创新的整

体水平,支撑产业变革和保障国家安全。

（1）加强面向国家战略需求的基础前沿和高技术研究

围绕涉及长远发展和国家安全的"卡脖子"问题,加强基础研究前瞻布局,加大对空间、海洋、网络、核、材料、能源、信息、生命等领域重大基础研究和战略高技术攻关力度,实现关键核心技术安全、自主、可控。明确阶段性目标,集成跨学科、跨领域的优势力量,加快重点突破,为产业技术进步积累原创资源。

（2）大力支持自由探索的基础研究

面向科学前沿加强原始创新,力争在更多领域引领世界科学研究方向,提升我国对人类科学探索的贡献。围绕支撑重大技术突破,推进变革性研究,在新思想、新发现、新知识、新原理、新方法上积极进取,强化源头储备。促进学科均衡协调发展,加强学科交叉与融合,重视支持一批非共识项目,培育新兴学科和特色学科。

（3）建设一批支撑高水平创新的基础设施和平台

适应大科学时代创新活动的特点,针对国家重大战略需求,建设一批具有国际水平、突出学科交叉和协同创新的国家实验室。加快建设大型共用实验装置、数据资源、生物资源、知识和专利信息服务等科技基础条件平台。研发高端科研仪器设备,提高科研装备自给水平。建设超算中心和云计算平台等数字化基础设施,形成基于大数据的先进信息网络支撑体系。

3.优化区域创新布局,打造区域经济增长极

聚焦国家区域发展战略,以创新要素的集聚与流动促进产业合理分工,推动区域创新能力和竞争力整体提升。

（1）构建各具特色的区域创新发展格局

东部地区注重提高原始创新和集成创新能力,全面加快向创新驱动发展转型,培育具有国际竞争力的产业集群和区域经济。中西部地区走差异化和跨越式发展道路,柔性汇聚创新资源,加快先进适用技术推广和应用,在重点领域实现创新牵引,培育壮大区域特色经济和新兴产业。

（2）跨区域整合创新资源

构建跨区域创新网络,推动区域间共同设计创新议题、互联互通创新要素、联合组织技术攻关。提升京津冀、长江经济带等国家战略区域科技创新能力,

打造区域协同创新共同体,统筹和引领区域一体化发展。推动北京、上海等优势地区建成具有全球影响力的科技创新中心。

(3)打造区域创新示范引领高地

优化国家自主创新示范区布局,推进国家高新区按照发展高科技、培育新产业的方向转型升级,开展区域全面创新改革试验,建设创新型省份和创新型城市,培育新兴产业发展增长极,增强创新发展的辐射带动功能。

4.深化军民融合,促进创新互动

按照军民融合发展战略总体要求,发挥国防科技创新重要作用,加快建立健全军民融合的创新体系,形成全要素、多领域、高效益的军民科技深度融合发展新格局。

(1)健全宏观统筹机制

遵循经济建设和国防建设的规律,构建统一领导、需求对接、资源共享的军民融合管理体制,统筹协调军民科技战略规划、方针政策、资源条件、成果应用,推动军民科技协调发展、平衡发展、兼容发展。

(2)开展军民协同创新

建立军民融合重大科研任务形成机制,从基础研究到关键技术研发、集成应用等创新链一体化设计,构建军民共用技术项目联合论证和实施模式,建立产学研相结合的军民科技创新体系。

(3)推进军民科技基础要素融合

推进军民基础共性技术一体化、基础原材料和零部件通用化。推进海洋、太空、网络等新型领域军民融合深度发展。开展军民通用标准制定和整合,推动军民标准双向转化,促进军民标准体系融合。统筹军民共用重大科研基地和基础设施建设,推动双向开放、信息交互、资源共享。

(4)促进军民技术双向转移转化

推动先进民用技术在军事领域的应用,健全国防知识产权(IPR)制度、完善国防知识产权归属与利益分配机制,积极引导国防科技成果加速向民用领域转化应用。放宽国防科技领域市场准入,扩大军品研发和服务市场的开放竞争,引导优势民营企业进入军品科研生产和维修领域。完善军民两用物项和技术进出口管制机制。

5.壮大创新主体,引领创新发展

明确各类创新主体在创新链不同环节的功能定位,激发主体活力,系统提升各类主体创新能力,夯实创新发展的基础。

(1)培育世界一流创新型企业

鼓励行业领军企业构建高水平研发机构,形成完善的研发组织体系,集聚高端创新人才。引导领军企业联合中小企业和科研单位系统布局创新链,提供产业技术创新整体解决方案。培育一批核心技术能力突出、集成创新能力强、引领重要产业发展的创新型企业,力争有一批企业进入全球百强创新型企业。

(2)建设世界一流大学和一流学科

加快中国特色现代大学制度建设,深入推进管、办、评分离,扩大学校办学自主权,完善学校内部治理结构。引导大学加强基础研究和追求学术卓越,组建跨学科、综合交叉的科研团队,形成一批优势学科集群和高水平科技创新基地,建立创新能力评估基础上的绩效拨款制度,系统提升人才培养、学科建设、科技研发三位一体创新水平。增强原始创新能力和服务经济社会发展能力,推动一批高水平大学和学科进入世界一流行列或前列。

(3)建设世界一流科研院所

明晰科研院所功能定位,增强在基础前沿和行业共性关键技术研发中的骨干引领作用。健全现代科研院所制度,形成符合创新规律、体现领域特色、实施分类管理的法人治理结构。围绕国家重大任务,有效整合优势科研资源,建设综合性、高水平的国际化科技创新基地,在若干优势领域形成一批具有鲜明特色的世界级科学研究中心。

(4)发展面向市场的新型研发机构

围绕区域性、行业性重大技术需求,实行多元化投资、多样化模式、市场化运作,发展多种形式的先进技术研发、成果转化和产业孵化机构。

(5)构建专业化技术转移服务体系

发展研发设计、中试熟化、创业孵化、检验检测认证、知识产权等各类科技服务。完善全国技术交易市场体系,发展规范化、专业化、市场化、网络化的技术和知识产权交易平台。科研院所和高校建立专业化技术转移机构和职业化技术转移人才队伍,畅通技术转移通道。

6.建设高水平人才队伍,筑牢创新根基

加快建设科技创新领军人才和高技能人才队伍。围绕重要学科领域和创新方向造就一批世界水平的科学家、科技领军人才、工程师和高水平创新团队,注重培养一线创新人才和青年科技人才,对青年人才开辟特殊支持渠道,支持高校、科研院所、企业面向全球招聘人才。倡导崇尚技能、精益求精的职业精神,在各行各业大规模培养高级技师、技术工人等高技能人才。优化人才成长环境,实施更加积极的创新创业人才激励和吸引政策,推行科技成果处置收益和股权期权激励制度,让各类主体、不同岗位的创新人才都能在科技成果产业化过程中得到合理回报。

发挥企业家在创新创业中的重要作用,大力倡导企业家精神,树立创新光荣、创新致富的社会导向,依法保护企业家的创新收益和财产权,培养造就一大批勇于创新、敢于冒险的创新型企业家,建设专业化、市场化、国际化的职业经理人队伍。

推动教育创新,改革人才培养模式,把科学精神、创新思维、创造能力和社会责任感的培养贯穿教育的全过程。完善高端创新人才和产业技能人才"二元支撑"的人才培养体系,加强普通教育与职业教育的衔接。

7.推动创新创业,激发全社会创造活力

建设和完善创新创业载体,发展创客经济,形成大众创业、万众创新的生动局面。

(1)发展众创空间

依托移动互联网、大数据、云计算等现代信息技术,发展新型创业服务模式,建立一批低成本、便利化、开放式众创空间和虚拟创新社区,建设多种形式的孵化机构,构建"孵化+创投"的创业模式,为创业者提供工作空间、网络空间、社交空间、共享空间,降低大众参与创新创业的成本和门槛。

(2)孵化培育创新型小微企业

适应小型化、智能化、专业化的产业组织新特征,推动分布式、网络化的创新,鼓励企业开展商业模式创新,引导社会资本参与建设面向小微企业的社会化技术创新公共服务平台,推动小微企业向"专精特新"发展,让大批创新活力旺盛的小微企业不断涌现。

（3）鼓励人人创新

推动创客文化进学校，设立创新创业课程，开展品牌性创客活动，鼓励学生动手、实践、创业。支持企业员工参与工艺改进和产品设计，鼓励一切有益的微创新、微创业和小发明、小改进，将奇思妙想、创新创意转化为实实在在的创业活动。

（二）科技创新的任务

当前和今后一个时期的科技工作，要紧紧围绕以下六条主线开展。一是围绕推动高质量发展要求，强化高水平科技供给，构建具有国际竞争力的现代产业技术体系，为建设现代化经济体系提供战略支撑。二是围绕增强国家核心竞争力要求，加强技术、装备和系统集成攻关，强化战略高技术领域的系统化部署，为国家安全提供有力支撑。三是围绕落实打赢三大攻坚战要求，强化技术支撑，促进科技资源和创新要素向农村基层扩散，加大资源环境、人口健康、新型城镇化、公共安全等民生科技领域的技术攻关和转化应用。四是围绕建设世界科技强国要求，瞄准世界科技前沿，加强基础研究和应用基础研究，促进国家目标导向和科研人员自由探索相结合，建立稳定支持和竞争性支持相协调的投入机制，提升原始创新能力，营造科研人员长期潜心从事基础研究的良好环境。五是围绕实施人才强国战略的要求，积极践行聚天下英才而用之战略思想，统筹国内国际两种人才资源，实施更加积极、更加开放、更加有效的人才政策，完善人才引进体制机制，让有志于来华发展的外国人来得了、待得住、用得好、流得动。六是围绕促进区域协调创新发展，打造区域创新高地，带动更多地区加快走创新驱动发展之路，支撑国家重大区域发展战略实施。

全面提升科技创新能力，必须打造强有力的国家创新体系。着力构建高效协同的科技研发体系，开放共享的创新能力支撑体系，吸纳全球的高端人才体系，运行顺畅的科技成果转化体系，各具特色的区域创新体系，互利共赢的创新能力开放合作体系；建立健全一体化的科技管理监督评估体系和完备准确的科技管理基础信息体系，为提高科技创新能力提供有效的体系支撑和制度保障。

三、新时代科技创新的实施

（一）围绕支撑现代化经济体系建设，大幅提升我国经济的创新力和竞争力

以科技创新支撑供给侧结构性改革为主线，找准产业跨越发展的突破口和着力点，加快重大创新突破和科技成果转化应用，提高经济增长中的科技含量，为经济持续健康发展提供新的增长动力。加快建立自主可控的产业技术体系，集中梳理重点领域"卡脖子"技术，系统部署受制于人的关键技术攻关，为我国的产业安全提供科技保障。深入实施促进科技成果转移转化行动，推进建设国家技术转移体系。大力推动科技型创新创业，发展和完善科技金融，促进大众创业万众创新。

（二）把加强原始性创新摆在更加突出的位置，夯实建设创新型国家的根基

落实国务院关于全面加强基础科学研究的若干意见，强化基础研究的统筹协调、系统部署、多元投入、政策支持。推进基础研究项目、基地、人才、标准等方面全面提升，加强基础研究与应用研究融通发展，提高基础研究国际化水平。瞄准世界科技前沿，布局一批重大科技项目，建设高水平研究基地，优化基础研究区域布局，推进国家重大科技基础设施建设，支持各类创新主体依托重大科技基础设施开展科学前沿问题研究。持续深化国家自然科学基金资助管理改革，不断完善新时代中国科学基金体系，聚焦基础研究和科学前沿，注重交叉学科，支持人才和团队建设，促进学科均衡协调发展，进一步提高资助绩效。

（三）以提升科技创新能力为核心，系统提升国家创新体系的整体效能，优化国家创新体系总体设计，成体系地布局好关键结点建设

研究制定加强基础研究、应用基础研究和技术创新工程总方案，对创新活动各环节进行全链条设计。以国家实验室为引领布局国家战略科技力量，先行组建量子信息科学国家实验室，启动重大领域国家实验室的论证组建工作。加

快国家科技创新基地的优化整合，在前沿、交叉学科领域建设一批国家重点实验室。深入实施国家技术创新工程，在事关国家长远发展和产业安全的重点领域构建一批国家技术创新中心，推动建立以企业为主体、市场为导向、产学研深度融合的技术创新体系。加快建立军民融合创新体系，强化军民科技战略统筹和一体化布局，探索科技军民深度融合的项目实施新机制。切实发挥举国体制优势，坚持自力更生，坚持开放合作，卧薪尝胆、埋头苦干，切实补齐科技核心关键技术短板。

（四）完善人才发展机制，培养造就结构合理、具有国际水平的科技人才队伍

注重引进国际高端人才和培养本土高水平人才相结合，培养和锻造一大批具有国际水平的战略科技人才、科技领军人才、青年科技人才和高水平创新团队。优化科技人才专项组织实施机制，在重大科技任务攻关中培养高层次创新创业人才。突出"高精尖缺"导向，加强政策创新和国家重点引智平台体系建设，大力引进培养高端紧缺人才，吸引国外顶尖科学家和团队参与重大全球性问题研究。高质量建设国家级引才引智示范基地，积极开发利用境外高层次教育培训资源，加大对科技领军人才和高水平创新团队境外培训支持力度。

（五）打造高端引领的创新增长极，提升区域协同创新发展水平

完善各具特色的区域创新体系，建立更加有效的区域创新协调发展新机制。以北京、上海科技创新中心为龙头加快建设区域增长极增长带，做好雄安新区科技创新顶层设计，加强与港澳全方位科技创新合作，支持粤港澳大湾区建设国际科技创新中心。深入推进创新型省市建设和全面创新改革试验，进一步提高国家自创区和高新区的创新发展能力和辐射引领能力，建设一批创新型县（市）、创新型乡镇和科技创新示范村。深化中西部与东部的结对创新合作机制。在国家确定的自由贸易等各类试验区的改革实践中，积极探索更加开放的人才引进政策和更加便利的管理服务方式。落实好在扩大对外开放、促进外资增长、推动创新发展中外国人才引进的重要改革创新举措，推动引才引智与实施国家区域发展战略的有机结合。

（六）加大科技全方位对外开放力度，主动布局和融入全球创新网络

以全球视野谋划和推动创新，在全球范围内优化配置创新资源，力争成为若干重要领域的引领者和重要规则的制定者，提升在全球创新规则制定中的话语权。研究制定加强创新能力开放合作的若干意见。积极牵头组织实施国际大科学计划和大科学工程，制定战略规划，确定优势领域，做好项目的遴选论证、培育倡议和启动实施。进一步推动各类国家科技计划加强开放合作。加快实施"一带一路"科技创新行动计划，开展科技人文交流、共建联合实验室、科技园区合作、技术转移等合作行动。加强科技援外工作，做好对发展中国家技术和管理人才国际培训。推进重大战略性项目合作，优化国际科技合作基地布局。

第二节　科技创新管理体系的发展

一、科技创新管理体系的功能和主体

（一）科技创新管理体系的功能

科技创新管理体系是指制定与贯彻落实国家科技创新战略的综合管理与服务体系，主要包括科技创新战略决策、规划落实、政策制定和执行服务四个体系，主体主要包括政府科技、教育、财政、税收等有关部门，以及研究机构、大学和企业等创新行为主体。

科技兴则民族兴，科技强则国家强，科技创新管理体系的功能就是为我国科技事业发展的远大目标（即"到 2030 年时使我国进入创新型国家前列，到中华人民共和国成立 100 年时使我国成为世界科技强国"）的实现提供科技创新战略制定、规划实施、政策优化与创新服务的全方位、系统化的科技创新服务休系。

（二）科技创新管理体系的主体

科技创新是一个系统工程。创新链与产业链、资金链、政策链相互交织、相互支撑，人才的培养和使用贯穿于创新链的各环节之中。创新需要发挥好大学、企业和科研院所的主体责任，在实践中培养和使用人才，建立以企业为主体、市场为导向、产学研深度融合的人才培养和使用机制，缩短学校教育、科学研究与工业生产实践之间的距离。科技创新管理体系主要由创新主体、创新基础设施、创新资源、创新环境、外界互动等要素组成。其中，科技创新管理体系的主体主要包括政府部门、研究机构、大学、企业、金融等中介服务机构。政府部门主要指科技、财政、教育、人才等部门，主要负责科技创新战略与规划的制定，以及财政资金、基础设施等创新资源的配置等科技创新服务；研究机构和大学的主要职能是落实科技创新战略与规划，重点侧重于基础研究、应用基础研究和应用研究与转化，与政府的协同服务非常关键；企业是科技创新的主体，主要任务是实现重大技术成果的转化与应用,产学研协同创新至关重要;金融等中介服务机构的主要职能是为研究机构、大学和企业的科技创新提供资金、法律等中介服务。

二、新时代科技创新管理体系的构建

新时代,科技管理体制需要新的改革,需要构建具有中国特色的科技管理体系,这是由科技规律、经济规律、社会发展规律和现代治理体系决定的。

习近平同志强调政府科技管理部门要抓战略、抓规划、抓政策、抓服务,与此相适应,科技创新管理体系应该包括科技创新战略决策体系、科技创新规划落实体系、科技创新政策制定体系、科技创新服务运行体系四大部分。

第一,构建科技创新战略决策体系。抓战略就是要牢牢把握科技创新的战略方向和重点。强化战略导向,破解创新发展科技难题。当前,国家对战略科技支撑的需求比以往任何时期都更加迫切。党中央已经确定我国科技面向2030年的长远战略,决定实施一批重大科技项目和工程,要围绕国家重大战略需求,着力攻破关键核心技术,抢占事关长远和全局的科技战略制高点。

第二,构建科技创新规划落实体系。一是健全组织领导机制。在国家科技体制改革和创新体系建设领导小组的领导下,建立各部门、各地方协同推进的规划实施机制。各部门、各地方要依据本规划,结合实际,强化本部门、本地方科技创新部署,做好与规划总体思路和主要目标的衔接,做好重大任务分解和落实。充分调动和激发科技界、产业界、企业界等社会各界的积极性,最大限度地凝聚共识,广泛动员各方力量,共同推动规划顺利实施。二是加强规划实施监测评估。开展规划实施情况的动态监测和第三方评估,把监测和评估结果作为改进政府科技创新管理工作的重要依据。开展规划实施中期评估和期末总结评估,对规划实施效果作出综合评价,为规划调整和制定新一轮规划提供依据。在监测评估的基础上,根据科技创新最新进展和经济社会需求新变化,对规划指标和任务部署进行及时、动态调整。加强宣传引导,调动和增强社会各方面落实规划的主动性、积极性。

第三,构建科技创新政策制定体系。深化改革创新,形成充满活力的科技管理和运行机制。习近平同志指出:"我们最大的优势是我国社会主义制度能够集中力量办大事"，要"形成社会主义市场经济条件下集中力量办大事的新机制"。要以推动科技创新为核心，引领科技体制及其相关体制深刻变革。要制定和落实鼓励企业技术创新各项政策，强化企业创新倒逼机制，加强对中小企业技术创新支持力度。要优化科研院所和研究型大学科研布局。科研院所要根据世界科技发展态势，优化自身科技布局，厚实学科基础，培育新兴交叉学科生长点。尊重科技创新的区域集聚规律，因地制宜探索差异化的创新发展路径，加快打造具有全球影响力的科技创新中心，建设若干具有强大带动力的创新型城市和区域创新中心。

一是要建立以企业为主体的计划和政策体系。以企业需求为优先顺序配置创新资源，支持和引导创新要素向企业集聚，不断增强企业创新动力、创新活力、创新实力，使企业成为创新决策、研发投入、科研组织、成果转化的主体，变"要我创新"为"我要创新"。二是要完善支持创新的普惠性政策体系。发挥市场竞争激励创新的根本性作用，营造公平、开放、透明的市场环境，强化产业政策对创新的引导，促进优胜劣汰，增强市场主体创新动力。坚持结构性减税方向，逐步将国家对企业技术创新的投入方式转变为以普惠性财税政策为主。加大研发费用加计扣除、高新技术企业税收优惠、固定资产加速折旧等政策的落实力度，推动设备更新和新技术利用。对包括天使投资在内的投向种子期、初创期等创新活动的投资，统筹研究相关税收支持政策。研究扩大促进创业投资企业发展的税收优惠政策，适当放宽创业投资企业投资高新技术企业的条件限制。通过落实税收优惠、保险、价格补贴和消费者补贴等，促进新产品、新技术的市场化、规模化应用。加强新兴产业、新兴业态相关政策研究。强化政策培训，完善政策实施程序，切实扩大政策覆盖面。落实引进技术的消化吸收和再创新政策。及时总结区域创新改革试点政策，加大推广力度。加强政策落实的部门协调机制，加强对政策实施的监测评估。三是要深入实施知识产权战略。加快建设知识产权强国，加强知识产权创造、运用、管理、保护和服务。完善知识产权法律法规，加强知识产权保护，加大对知识产权侵权行为的惩处力度，提高侵权损害赔偿标准，探索实施惩罚性赔偿制度，降低维权成本。研究商业模式等新形态创新成果的知识产权保护办法。健全知识产权侵权查处机制，强化行政执法与司法保护衔接，加强知识产权综合行政执法，将侵权行为信息纳入社会信用记录。建立知识产权海外维权援助机制。建立专利审批绿色通道。引导支持市场主体创造和运用知识产权,以知识产权利益分享机制为纽带,促进创新成果的知识产权化。实施中央财政科技计划(专项、基金等)的全流程知识产权管理,建立知识产权目标评估制度。构建服务主体多元化的知识产权服务体系,培育一批知识产权服务品牌机构。四是要强化创新法治保障。健全保护创新的法治环境,加快薄弱环节和领域的立法进程,修改不符合创新导向的法规文件,废除制约创新的制度规定,构建综合配套法治保障体系。研究起草规范和管理政府科研机构、科技类民办非企业单位等的法规,合理调整和规范科技创新领域各类主体的权利义务关系。推动科技资源共享立法,研究起草科学数据保护与共享等法规,强化财政资助形成的科技资源开放共享义务。研究制定规范和管理科研活动的法规制度,完善科学共同体、企业、社会公众等共同参与科技创新管理的规范。五是要强化政策统筹协调。建立创新政策协调审查机制,组织开展创新政策清理,及时废止有违创新规律、阻碍新兴产业和新兴业态发展的政策条款,对新制定政策是否制约创新进行审查。加强科技体制改革与经济体制改革协调,强化顶层设计,加强科技政策与财税、金融、贸易、投资、产业、教育、知识产权、社会保障、社会治理等政策的协同,形成目标一致、部门协作配合的政策合力,提高政策的系统性、可操作性。加强中央和地方的政策协调,保证中央、地方政策相互支持和配合。建立创新政策调查和评价制度,广泛听取企业和社会公众意见,定期对政策落实情况进行跟踪分析,并及时调整完善。

第四,构建科技创新服务运行体系。加强科技供给,增加创新服务。一是要大力发展科技创新服务业。科技创新服务业是通过市场机制为企业等各类创新主体提供创新服务的产业,包括设计服务业、研发服务业、技术转移服务业、技术改造服务业、创新能力服务业、科技金融服务业等服务业态。通过科技创新服务业的辐射和带动,引导科技资源向企业聚集,围绕转方式调结构、建设现代产业体系、培育战略性新兴产业、发展现代服务业等方面需求,加快科技成果转化为生产力的步伐,推动产业和产品向价值链中高端跃升。二是加强和优化公共创新服务供给。围绕创新发展、协调发展、绿色发展、开放发展、共享发展,优化科研院所和研究型大学科研布局,重点加强基础、共性、公益、可持续发展相关研究,大幅度提高科技资源开放共享水平和专业化服务能力。

进一步转变政府职能,为科技创新提供优质高效服务。科学技术部(以下简称科技部)作为政府科技管理部门,要抓战略、抓规划、抓政策、抓服务,发挥国家战略科技力量建制化优势。要自觉按科研规律办事,在放权的同时,要创新和加强监管,管方向、管政策、管引导、管评价,切实从研发管理向创新服务转变。

三、新时代科技创新管理的使命

中国的科学技术发展,从"向科学进军"到"科学技术是第一生产力",从"科教兴国""人才强国"到建设"创新型国家",彰显了党中央、国务院对科技事业的高度重视和亲切关怀。新时代我国科技创新管理的新使命就是为加快建设创新型国家、世界科技强国和社会主义现代化强国而提供全方位、高效率、高水平的科技创新服务与支撑。因此,必须加快政府职能从研发管理转向创新服务的步伐,具体包括以下方面。

一是加强创新宏观引导。坚持把宏观引导作为政府服务创新的基本方式。抓好科技创新战略规划的统筹制定和落地实施,加强技术预测,对中长期创新方向适时合理引导。抓好更有国际竞争力的技术标准制定,推动节能、环保、安全等市场准入标准更好应用,加快提升产业技术水平。健全普惠的创新政策体系,加强部门之间、中央与地方之间的合理分工和高效协调,推进科技和经济政策、供给侧和需求侧政策更好结合,畅通创新成果转移转化渠道,强化创新链、产业链和市场需求的衔接。用好评价监管"指挥棒",根据不同创新活动特点,从科技和经济等多维度系统健全、创新导向的评价激励体系。

二是抓好创新源头供给。加强创新服务不是弱化研发,关键是要完善推进研发的方式,这对政府要求更高。始终把基础前沿、共性关键、社会公益和战略高技术研究作为基础工程来抓,提升我国科学发现、技术发明和科学方法总结的水平,使我国科技发展的能力更强、基础更牢,为我国经济社会发展、国家安全提供更多基础性、原创性成果,筑牢我国创新驱动发展战略的科学与技术基础,并对国际科学技术发展做出更多贡献。采取差异化策略和非对称措施,用好集中力量办大事的制度"法宝",调动各方力量实施国家科技重大专项、重大项目和工程,依靠创新积极应对经济社会发展和国家安全等方面的重大挑战和战略性问题。

三是改进创新资源配置。深化中央财政科技计划(专项、基金等)管理改革,再造管理流程,提高资金使用效益。创新财政投入方式,把握好稳定支持和竞争择优的"平衡点",完善并用好研发费用加计扣除等税收政策,以政府"小投入"撬动全社会"大投入"。加快科技金融创新发展,壮大符合我国国情、适合创新创业的金融服务,促进市场和社会资本更多投入。

四是强化创新公共服务。加快发展适应大科学时代创新活动特点、支撑高水平创新的基础设施和公共平台。引导社会资本参与建设社会化技术创新服务平台,完善专业化技术转移服务体系,推动分布式网络化的创新,孵化创新型小微企业。完善大型科学仪器设备、科学数据等基础条件,建立健全科技决策咨询、创新调查、科技报告等基础制度,加快资源开放共享。

五是完善创新人才制度。坚持把人才作为创新的根基。创新人才发展和收益分配机制,调动科学家和科技人员、企业家、技能型人才和大众创新创业者等各类人才积极性,促进人才更好流动。优化人才成长环境,实施更加积极的人才引进政策,大力培养汇聚科技创新领军人才。发展"众创"空间,鼓励人人创新,降低大众创新创业成本。

六是优化创新能力布局。鼓励多样化创新主体健康发展,用好区域创新这一综合载体,促进产学研用、军民科技深度融合与协同创新,构建高效率国家创新体系。特别是引导企业加快成为技术创新决策、科研组织、研发投入和成果转化应用的主体,鼓励企业加大基础前沿投入力度。推动健全现代大学制度和科研院所制度,培育面向市场的新型研发机构,增强高校、科研单位原始创新和服务发展能力。

七是提升创新开放水平。坚持以全球视野谋划和推动创新。加强创新基地建设、人才培养交流、重大科学工程等国际合作,更高水平走出去、引进来,提升开放条件下的自主创新能力。丰富和深化创新对话,更好布局全球创新网络,增强全球配置创新资源能力。加强国际同行评价,提高国家科技计划对外开放水平。主动设置全球性创新议题,更好参与全球科技创新治理活动和规则制定。

八是营造创新友好环境。良好创新生态是科技人员潜心研究和全社会创新创业最深厚的土壤。特别是需要培育开放公平的市场环境,大力加强知识产权创造、运用、管理和保护,更好体现创新品牌和创新者价值。健全保护创新的法治环境,推动构建综合配套的法治保障体系,使全社会创新更加规范、更有活力。营造崇尚创新的文化环境,加快科学精神和创新价值的传播塑造,动员全社会更好理解和投身创新。

第三节　行政机构科技创新管理的任务和方式

一、政府和科技创新工作

（一）政府是科技创新的引领者、组织者和推动者

政府在科技金融配置及科技成果转化中发挥着什么作用？政府作用如何与市场基础性作用相结合？市场的基础性作用与政府引导推动相结合的具体形式及作用机理是什么？这些问题不仅具有理论意义，而且是亟待解决的现实问题。从创新主体间关系的视角来看，国家科技创新体系也可以看作一个国家的科技知识创新网络。科技知识创新网络是由科技知识创新、知识转移与知识分享等活动连接而成的社会网络，其核心是科技知识创新与科技成果的产业化。科研机构、大学和企业都是科技创新网络的节点单位或创新主体，但在科技创新网络中的作用与科技创新类型并不相同。政府并非创新主体，但却是推动科技创新网络连接的重要力量。政府的作用可以概括为以下四个方面。

第一，政府是科技创新的引领者和组织者。政府通过"战略""规划""协调"等方式，引领、指导和组织科技创新活动顺利、高效地进行。

第二，政府是科技创新的制度供给者。政府通过"规则""规范""组织"等制度要素的结构化建立与完善科技创新的制度体系，营造一个尊重知识产权和鼓励创新的社会制度环境。

第三，政府是科技创新的支持者。政府对科技创新活动进行直接或间接的金融支持，实行"政策性金融"来支持创新活动。直接金融配置，即财政资金通过国家科技计划、知识创新工程和国家自然科学基金项目等支持科研院所的基础研究、前沿技术研究、社会公益研究、重大共性关键技术研究等；间接金融配置是指财政资金与市场基础性作用结合起来支持科技成果的转化。

第四，政府是科技创新的服务者。政府需要扮演科技创新连接机制"桥"的角色，即通过政府的科技创新服务平台等促进科技型企业与大学、科研院所、金融等中介机构进行连接和合作。

（二）推进政府科技创新治理的现代化

我国实施创新驱动发展战略,把科技创新当作促进经济结构调整和要素升级的重中之重,很重要的一点就是如何使市场在科技资源配置中发挥决定性作用。从政府的角度来说,遵循科技创新普遍规律,以改革的精神着力破除制度藩篱,不断优化科技创新治理体系,正确把握政府在科技创新中的角色定位,对于推动我国的科技创新和推进科技治理体系的现代化具有全局性作用,这就需要深化政府科技治理体制改革。

推进国家科技治理体系建设是加快政府职能转变的迫切要求。在科技领域,转变政府职能的核心是由政府主导创新向服务创新转变。随着企业技术创新主体地位的不断强化,我国国家创新体系正在发生着深层次、根本性的变化,现有的科技管理方式难以适应快速增长的科技投入、日益复杂的创新活动和日趋激烈的全球竞争。政府在科技创新领域担负的职责、发挥的功能以及作用范围、内容和方式都需要发生相应调整。一方面,需要清晰界定政府在科技治理体系中的定位,该管的管好、该放的放开,充分发挥市场配置资源的决定性作用;另一方面,要以制度设计和能力建设为导向,建设法治政府和服务型政府,统筹考虑经济社会发展需求和科技实力,抓大事、抓宏观、抓协调,充分调动各方面的积极性,使各类创新主体效能最大化,最终形成政府、市场、社会共同治理科技创新,共同推动科技事业发展的局面。

完善国家创新治理体系的重点:理顺政府与市场的关系,理顺政府与各创新主体的关系,把政府职能真正定位于营造创新环境和弥补市场失灵的科技领域,凡是依靠市场配置资源可以发挥作用的科技领域都应让位给市场;理顺中央与地方的关系,理顺中央各部门之间的关系,明确中央各部门和地方的职能、事权和财权,建立规范有效的纵向和横向创新治理体系;以建立现代科研院所制度、现代大学制度和现代企业制度为目标,继续深化科研院所、高等院校和国有企业改革,激发创新主体活力;大力培育发展科技创新中间组织,建立多元化的创新治理主体。

二、行政机构科技创新管理的主要任务

政府在科技创新中的主要任务如下:科技创新的战略决策;科技创新的规

划制定;科技创新项目的计划与管理;科技创新制度与政策的制定和实施;科技创新的协调与评估;科技创新公共服务平台的建立和监督;等等。具体来讲,政府的作用是战略制定、规划设计、制度保障、组织与实施以及服务、协调与监督。战略制定就是制定国家中长期科技创新发展战略。规划设计是指制定、评价创新政策及相关的国家科技活动计划,与国家产业政策等目标一致。制度保障是为激励和刺激创新发展而采取一系列措施和成立相应的机构。组织与实施是国家对一些重大创新项目可以采取直接由政府组织的方式予以实施。政府通过立法、政策手段来推动技术创新,促进了科技与经济的结合。通过制定国家创新战略,确定有带动作用的新兴产业和重点战略产业作为国家扶持的重点,提高企业的创新能力以实现经济发展的跨越。国家创新政策是国家创新体系的重要组成部分,主要通过实施经济政策协调政府、企业和科研院所在技术创新上的合作关系,以促进科技与经济的有机结合。服务、协调与监督就是政府加强、优化、转变科技管理和服务职能,完善科技创新制度和组织体系,加强宏观管理和统筹协调,减少微观管理和具体审批事项,加强事中事后监管和科研诚信建设。

(一)科技创新的战略决策

政府科技创新管理的核心任务是科技创新的战略决策。

科技创新的战略决策主要是基于全球科技发展趋势、国际竞争态势、经济社会发展状况等国际、国内背景,在国家利益、国家目标的指引下,制定科技战略体系。科技创新体系建设需要明确的发展战略以保障科技创新目标的实现,切实可行的科技创新战略规划有利于提高科技创新体系的运行效率。一个国家的政府必须结合本国的具体国情和国际科技创新发展新形势,制定适合本国的科技创新战略规划。

在我国,党和政府始终高度重视科技进步和创新。从"向科学进军"到"科学技术是第一生产力",从"科教兴国"战略到"提高自主创新能力、建设创新型国家",党领导我国科技事业在实践中探索出一条底蕴深厚、前途广阔的中国特色自主创新道路,展现出强大的生机和旺盛的活力,昭示了我国经济社会和科技发展的光明前景,成为科学发展观的重要内容、中国特色社会主义理论体系的重要组成部分。党的十六大以来,党中央做出增强自主创新能力、建设创新型国家的重大战略决策,制定和实施《国家中长期科学和技术发展规划纲要(2006—2020 年)》,明确提出"自主创新,重点跨越,支撑发展,引领未来"的新时期科技工作指导方针。党的十七大明确提出,"提高自主创新能力,建设创新型国家",并指出"这是国家发展战略的核心,是提高综合国力的关键",强调"要坚持走中国特色自主创新道路,把增强自主创新能力贯彻到现代化建设各个方面"。党的十八大明确提出,要"实施创新驱动发展战略",强调"科技创新是提高社会生产力和综合国力的战略支撑,必须摆在国家发展全局的核心位置"。这是我们党放眼世界、立足全局、面向未来做出的重大决策。十九大报告指出,要瞄准世界科技前沿,强化基础研究,实现前瞻性基础研究、引领性原创成果重大突破。习近平同志在党的二十大报告中强调,必须坚持科技是第一生产力、人才是第一资源、创新是第一动力,深入实施科教兴国战略、人才强国战略、创新驱动发展战略,开辟发展新领域新赛道,不断塑造发展新动能新优势。

(二)科技创新制度与政策的制定和实施

政府科技创新管理的第四大任务是科技创新制度与政策的制定和实施。

作为社会的公共管理者,政府必须以创新体系组织者的角色,根据本国政治、经济、科技和文化条件,制定适合本国的法律和法规规范和保护科技创新活动。同时,政府相关部门应贯彻落实党中央关于科技创新工作的方针政策和决策部署,在履行职责过程中坚持和加强党对科技创新工作的集中统一领导。具体包括:提出优化配置科技资源的政策措施建议,推动多元化科技投入体系建设,协调管理中央财政科技计划(专项、基金等)并监督实施;拟定科技发展、引进国外智力规划和政策并组织实施;拟定国家基础研究政策和标准并组织实施;监督实施国家重大科技项目规划;拟定高新技术发展及产业化、科技促进农业农村和社会发展的政策和措施;组织开展重点领域技术发展需求分析,提出重大任务并监督实施;拟定科技成果转移转化和促进产学研结合的相关政策措施并监督实施;指导科技服务业、技术市场和科技中介组织发展等。

科技创新制度与政策是一国创新要素运用效率和创新能力的决定性要素,对一国的经济增长具有十分重要的推动作用。科技创新制度与政策之所以重要,是因为科技创新的风险性、效益的外部性使得科技创新会出现市场失灵,科技创新制度与政策将从全社会利益出发,通过各种政策手段,形成一种机制,使国家创新系统内部各要素不断创新,从而达到国家整体技术水平提高的目的。

(三)科技创新的协调与评估

政府科技创新管理的第五大任务是科技创新的协调与评估。政府科技创新管理要解决的一个重要问题就是"协调",这是由创新活动多主体、多环节的特征决定的。

经济合作与发展组织(OECD)对各国创新政策的协调方式进行了调查评估,分析了八类方式在创新政策协调中的贡献和作用,得出了一些很有意思的结论。其中,对创新政策协调作用贡献最大的协调方式是"国家创新战略和规划愿景"。在规划制定过程中,政府、企业、科研机构、大学等各方面可以就创新目标和政策措施等一系列重大问题达成共识。贡献居第二位的协调方式是"设立专门的创新部门和机构"。通常是把科学技术、创新、教育、产业等不同职能进行组合。关于这种"组合"导致的绩效差异到底有多大,目前还没有一致性意见。澳大利亚、芬兰和荷兰等国家成立的高层次创新政策委员会也是一种重要的协调方式。但是,不同国家的高层次创新政策委员会在创新管理中发挥的作用有很大差别。有些国家的政府部门主要是听取委员会的政策建议,但并不受这些建议的约束;有些国家的委员会在各部门之间进行沟通协调;有些国家把委员会作为一个"协同创新计划"的实施平台。

随着创新活动的日趋复杂,基础研究、应用研究、技术创新与产业化相互融合、相互促进的特征越来越明显,从传统的研发管理向创新管理转变是大势所趋。对于我国来讲,一方面要适应这种新的变化趋势,努力推动政府管理职能的调整和转变,另一方面要紧紧围绕创新驱动发展的战略目标和强化企业创新主体地位的核心任务,充分吸收借鉴其他国家的有效创新政策工具,运用目标管理、绩效管理、精细化管理等多种手段,加强面向创新活动全过程的管理,统筹推进国家创新体系建设和科技体制改革,健全技术创新激励机制,优化科研体系建设,指导科研机构改革发展,推动企业科技创新能力建设,承担推进科技军民融合发展相关工作,推进国家重大科技决策咨询制度建设,为市场配置创新资源创造良好的政策环境,不断提高管理的科学化水平,这将是现阶段政府科技创新管理最迫切的任务。

(四)科技创新公共服务平台的建立和监督

政府科技创新管理的第六大任务是科技创新公共服务平台的建立和监督。

科技创新涉及政府、企业、科研院所、中介服务机构和社会公众等多个主体,包括人才、资金、知识产权和制度等多个要素,是各创新主体、创新要素交互作用下的一种复杂巨系统。创建科技创新公共服务平台,对促进科技资源在全社会范围内的高效配置和共享使用,提升企业自主创新能力具有重要作用。例如,设立重大创新专项创新平台整合公共研究和企业资源,形成战略联盟,以企业会员制模式发展各类高新技术,包括能源技术、交通技术、航空技术、造船技术、信息技术和多媒体技术等;设立中小企业创新技术平台,推动高科技产业的发展以及产业链的扩大和整合;等等。政府除了应承担科技创新公共服务平台的建立以外,还应发挥相应的监督职能。

三、行政机构科技管理的方式

科技创新能力集中体现着一个国家的综合实力和发展潜力,因此要对科技创新进行有效管理和引导。有效促进科技创新的管理方式主要由三个方面决定:一是当代科学技术的内在结构和发展趋势;二是当代科技创新的内在规律和研发形式;三是本国具体的科技国情。整体来看,政府从事科技创新管理的方式主要包括直接管理和间接管理两种方式。

(一)直接管理方式

政府参与科技管理的直接方式是科技战略和计划的制定与实施。科技计划是政府根据国家或区域科技创新战略目标,有任务、有步骤、有组织、有措施地开展的科技活动。所以说,科技创新战略是科技计划的基础和方向,科技计划是科技发展规划的落实和具体执行,各类科技计划间要协同配合,并紧密衔接科技发展规划。同时,中央和地方政府科技管理部门要科学、明确地设置自身在不同类型科技计划管理中的分工和定位。中央政府科技管理部门的管理定位应当是统筹规划和政策制定、宏观指导以及国家重大科技计划项目的组织实施,而一般科技计划特别是与地方特色产业相关的科技计划组织管理应当下放给地方政府的科技管理部门。

1.科技计划由政府制订并组织实施

科技计划是国家引领和指导科技创新的重要载体,体现了国家意志、政策取向、战略布局和发展重点,对全社会的科研活动具有风向标和指挥棒的作用。《关于深化中央财政科技计划(专项、基金等)管理改革的方案》优化整合了中央财政科技计划(专项、基金等)布局,建立科技资源配置的新机制,形成高效运转的治理体系。新的科技计划(专项、基金等)体系主要包括五个方面—国家自然科学基金、国家科技重大专项、国家重点研发计划、技术创新引导专项(基金)、基地和人才专项。不同的科技计划有明确的分工。例如,国家自然科学基金重点支持基础研究和科学前沿探索,增强我国源头创新能力;国家科技重大专项聚焦于国家重大战略产品和重大产业化目标,在设定时限内进行集成式协同攻关。

当前,从"科学"到"技术"再到"市场"的演进周期大为缩短,基础研究、应用研究、技术开发等的边界日趋模糊,成果转化更加迅捷。国家重点研发计划正是为适应这一新形势而部署的。新设立的国家重点研发计划将整合国务院各相关部门现有的竞争性科技计划(专项、基金等),瞄准国民经济和社会发展各主要领域的重大、核心、关键技术问题,以重点专项的方式,从基础前沿、重大共性关键技术到应用示范进行全链条设计,一体化组织实施,使其中的基础前沿研发活动具有更明确的需求导向和产业化方向。

2.科技计划管理应更加重视协同创新

协同创新是通过政府的引导和市场化机制,促进企业、大学、研究机构发挥各自的能力优势、整合资源,实现各方的优势互补,加速技术推广应用和产业化,协作开展产业技术创新和科技成果产业化活动,是当今科技创新的新范式。协同创新不同于原始创新过程的协调组织,也有别于集成创新、引进消化吸收再创新过程的产品技术要素整合,其本质属性是一种基于市场的管理创新。

协同创新还包括一个很重要的内容:如何实现中央政府与地方政府、政府不同部门之间的大跨度整合。在我国,无论是国家科技计划管理还是地方科技计划管理,都存在一个突出的问题,即宏观科技决策机制不够完善。中央与地方之间、政府各部门之间在科技决策方面协同不够,造成许多领域重复投入、分散投入,难以在国家整体目标上形成合力,从而削弱了国家科技实力,在一些战略方向性和关键共性领域往往不能集中资金和研究力量实施重点突破。因此,在科技计划管理中更需重视有目标、有组织地开展协同创新。

3.科技经费管理应遵循科研活动规律

政府科技经费管理是财政与科技相结合的双维度管理体系。政府科技经费是公共财产,保障资金公平性、效率性和安全性是财政管理的基本理念。而科技发展的自身规律、难以衡量的知识与智力价值以及科研活动中的不确定性等因素给经费管理带来诸多难题。过度强调财政资金的规范、严格使用,在一定程度上会束缚科技活动的开展;而缺少规范的资金管理,又会造成财政资金的滥用。因此,政府科技经费管理要在财政的规范管理与科研活动的特点和规律中不断尝试和摸索,寻求两者兼顾的平衡点,使财政资金在促进科技发展方面发挥出最大的功效。

政府应当进一步明确财政科技经费的投入范围和重点,合理规划财政科技经费投入结构,加大对基础类、公益类科研的稳定支持力度,对于应用和产业发展方面的支持,应主要以撬动和激励社会资源投入为主,形成政府引导、企业主导、社会参与的多元化科技投入体系。

此外,随着科学化、精细化的财政管理制度的推行,科技经费管理的重点越来越偏重资金的规范使用,忽视了科技活动的不确定性和对经费使用的客观需求,造成了"变通"甚至"造假"问题频发,既污染了科研精神和社会风气,又使得科技经费未能发挥应有效益。政府有关部门应将科技经费管理的重心从过程向结果转移,由经费规范性审查向经费投入绩效评价转变,注重科研成果的质量和实际贡献。在加强经费管理的科学性和合理性的基础上,探索科研任务经费包干制,在完成既定科研工作的前提下,经费可自行支配,结余经费可由科研团队留用,从而激发科研单位和科研人员的创造活力。同时,建立对科研活动主体的信用管理体系,对无正当理由未能按时按质完成科研任务的单位与个人,予以限制其使用政府科技经费或影响其职务晋升等惩罚措施。

（二）间接管理方式

政府不直接管理项目，是我国科技管理方式上的重大转变，也是对政府职能转变的一项重大挑战。政府不直接参与项目管理，将重点放在规划、布局、管理监督上，不仅有利于杜绝"跑部拿钱"的现象，还能让政府转变职能，为科技创新提供好的服务。依托专业机构管理科技项目，是国际上主要国家的通行做法。专业机构的设置有多种模式，有的独立于政府部门之外，有的隶属于政府部门，有的委托社会化的非营利机构管理。根据我国的实际情况，当前主要依托现有具备科研管理专长的单位进行改造，形成若干符合要求的专业机构。科技体制改革和事业单位分类改革的深化，将促进专业机构逐步市场化和社会化。

"研发管理"更多面向的是科研单位，更多运用的是管理手段，更多聚焦的是研发环节，更多着力的是组织科研活动；"创新服务"面向的是产学研用、大中小微等各类创新主体，围绕从研发到产业化应用的创新全链条，采取的主要是服务方式。加快政府职能从研发管理转向创新服务，要着眼国家创新体系建设这一目标、抓住理顺政府和市场关系这一关键、突出科技和经济结合这一重点、紧扣激发"人"的积极性、创造性这一根本，把全社会创新创业的活力更加充分地激发出来、释放出来。特别是我国社会主义市场经济体制正在全面深化改革中不断完善，政府转变职能越主动，越有利于发挥市场和社会的创新力量，越有利于全社会创新创业队伍的扩大和总体效能的提高。

第四节 各类组织在科技创新管理中的任务和方式

一、企业科技创新的主要任务和方式

(一)企业科技创新的主要任务

1.产业核心技术的研发

企业科技创新的第一大任务是产业核心技术的研发。核心技术是企业较长时期积累的一组先进复杂的、具有较大用户价值的技术和能力的集合体,而不是单个分散的技术或服务,可以从三个方面来界定:延展性;核心价值性;先进、复杂性及难以模仿性。企业基于新的生产函数实现生产要素的重新组合,并引导新创意向商业化利润转化。其中,不同企业组织的角色定位和功能职责存在差异性。高技术型企业聚焦研发投入与科技人才的投入,将技术研发定位于企业发展的核心战略,并通过与高校、科研院所等机构的深度合作、联合开发,实现高科技产品与服务的输出,引导企业价值链向研发、高技术、高市场利润的价值链上端延伸,从而获取竞争优势。生产型企业是创新投入、创新产品输出的主体性组织,也是产品创新实现规模化制造、设计改进与市场应用的主力军。企业之间依据价值链与产品功能模块进行分工协作,实现企业技术优势与人力资源优势的互补,从而有效缩短产品的开发周期,分散由创新带来的市场、财务、技术风险。同时,企业通过产品的更新换代、知识的积累、信息的互动提升学习能力、吸收能力,并与高校、科研机构、供应商、客户等开展基于网络的协同与合作,从而提升企业的创新能力与竞争优势。服务型企业聚焦于服务的输出、服务质量的提升、效率的优化以及客户的满意度。在轻技术与轻资产的背景下,服务型企业聚焦于内部知识管理与标准流程化管理能力的提升,通过组织创新能力学习提升组织能力,并通过市场创新与合理的商业模式变革驱动自身的竞争优势的提升。

2.科技成果的商业化

企业科技创新的第二大任务是科技成果的商业化。大学聚焦的是基础研究与应用研究的知识生产与知识创新时,而企业需要完成的是新产品、新技术等的工业设计、设备改进、规模化制造及市场投放等,各类企业组织的分工与协同实现创新的商业化,最终引导创新面向客户的价值输出。企业是指以营利为目的,运用各种生产要素(土地、劳动力、资本、技术和企业家才能)向市场提供商品或服务,实行自主经营、自负盈亏、独立核算的法人或其他社会经济组织。其中,生产要素的重新组合、商品与服务的创造与改良、组织结构的变革等都与创新密不可分,都涉及熊彼特所指的创新的五种情况:①采用某种新的产品或产品的某种新的特征;②采用某种新的生产方法;③开辟一个新的市场;④取得或控制一种新的原材料供应;⑤创造某种新的组织。

市场竞争是技术创新的重要动力,技术创新是企业提高竞争力的根本途径。企业的创新不仅包括技术创新,也包括管理创新、制度创新、组织创新和文化创新,一些国家的企业往往还参与知识创新,特别是技术知识创新。企业创新能力的高低直接影响一个国家的创新水平。企业不仅是创新体系中技术创新的主体,而且是研究开发经费的主要承担者,同时也是新技术的使用者。企业主要承担技术创新和知识应用的任务,通过技术创新和知识应用,改进产品、占领市场。相对于技术创新而言,知识传播对企业来说是次要的,它没有对社会成员进行知识传播的任务,只对内部职工和用户进行培训。大企业与小企业相比有不同的比较优势。大企业资金多、技术能力强,有能力从事大规模的工艺创新的研究。它有一个较完善的创新组织,容易实施技术创新战略。

(二)企业科技创新的方式

1.自主创新

(1)自主创新的内涵

美籍奥地利经济学家约瑟夫·熊彼特在《经济发展理论》一书中指出,企业创新就是建立一种新的生产函数,即把一种从来没有过的生产要素和生产条件进行新的综合并引入生产体系,其目的是获得潜在的利润。依据创新活动中创新对象的不同,可以把创新分为技术创新、制度创新和知识创新,三者之间存在着相互依存、相互制约的关系,技术创新处于中心地位。

技术创新是一个概念体系,又可以进一步划分为不同类别的创新。从创新内容的角度,技术创新可分为产品创新(如产品品种创新与产品质量创新)和生产方法创新(如工艺创新与商业模式创新)。按企业创新的方式划分,企业的技术创新又可分为模仿创新、合作创新和自主创新。模仿创新是在已有创新成果的基础上,通过合法的方式和手段引进其技术和创新的成果,在其基础上进行一些改进的一种创新形式。合作创新是指在合作的过程中,必须坚持以合作伙伴的共同利益为基础,以资源共享或优势互补为前提,有明确的合作目标、合作期限和合作规则,合作各方在技术创新的全过程或某些环节共同投入、共同参与、共享成果、共担风险。自主创新是指通过本国自身的学习与研发活动,探索技术前沿,突破技术难关,研究开发具有自主知识产权的技术,并快速使之商品化。自主创新使本系统(国家、产业或企业)得以掌握不易被他人模仿的核心技术、核心产品,进而提高核心竞争力。其技术突破的内在性、市场的领先性和知识资本的集成性,使系统的技术发展具有很强的自组织力及市场应变力,可彻底摆脱技术的依赖性与依附性。从企业层面来看,自主创新也就是自己起主导作用的创新,包括项目的选择、资金的筹集、组织的控制、进度和经济指标的确定,特别是知识产权的归属等。当然"自主"并不意味着一切都要自己做。这既没有必要,也没有可能,而是要起主导作用。自主创新所需的核心技术来源于企业内部的技术突破,是企业依靠自身力量通过独立的研究开发活动获得的,自主性是自主创新的本质特征。

(2)自主创新的类型

自主创新通常有三种类型:一是原始创新;二是集成创新;三是引进消化吸收再创新。一是要加强原始创新,要在各个生产领域内努力获得更多的科学发现和重大的技术发明;二是要突出加强集成创新,使各相关技术成果融合汇聚,形成具有市场竞争力的产品和产业;三是要在广泛吸收全球科学成果,积极引进国外先进技术的基础上,充分进行消化吸收和再创新。

①原始创新

原始创新必须是原始性和突破性的创新。在研究开发方面,特别是在基础研究和高科技研究领域做出前人所没有的发现或发明,从而推出创新成果,开辟新的创新周期和掀起新的创新高潮。原始创新孕育着科学技术质的变化和发展,促进人类认识和生产力的飞跃。

②集成创新

集成创新是利用各种信息技术、管理技术与工具等,对各个创新要素和创新内容进行选择、集成和优化,形成优势互补的有机整体的动态创新过程。集成创新强调灵活性,重视质量和产品多样化。现代企业集成创新以提高企业持续的整体竞争力为目标,创新过程与创新资源创造性地集成与协同。虽然集成创新的概念还没有一个非常准确的定义,但无论何种表述都一致认为,集成创新的主体是企业,集成创新的目的是有效集成各种要素,在主动寻求最佳匹配要素的优化组合中产生"1+1>2"的集成效应。

集成创新就是利用多项已经存在的单项技术创造出一个全新产品。其创新之处就在于对这些已经存在的单项技术按照自己的需要进行系统集成并创造出全新的产品。根据目标设计,整合各种创新资源,并经过优化配置,形成一个由各种适宜要素组成的优势互补、相互匹配、具有独特功能优势的有机体的行为过程。集成创新是易于被企业掌握的重要的创新形式。从运载火箭、波音飞机,到家用电器、集装箱及互联网,都属于集成创新。

③引进消化吸收再创新

引进消化吸收再创新就是对引进外国技术的结构、配方、原理、数据等进一步分析、研究,将引进的技术应用到同类产品或其他产品上,做到发展新产品、新技术,其技术水平与引进技术基本相当或稍有提高。在引进技术的基础上,逐步做到有所提高和创新,即产品结构、工艺方法、材料配方等有较大的改变,性能有显著的提高,原理、机理有新的突破,且具有世界先进技术水平。

(3)中国企业实现自主创新的未来之路

创新需要多样化知识的融合,企业在创新过程中一方面要有强烈的市场导向,尽可能让潜在用户参与或涉及研发过程,充分发挥领先用户的作用;另一方面要积极探索把握科技前沿,注重技术集成、科技与设计、人文的结合。而创新本身的复杂性、不确定性和高风险性使得企业的创新管理需要系统化地实现全面创新,以创新驱动自身可持续发展,并持续保持市场竞争优势。中国企业在以往的创新历程中,先后经历了二次创新、集成创新到全面创新的发展模式。未来,要实现自主创新和创新驱动发展的目标,中国企业需要有机结合创新管理的四大要素,做到战略引领看未来、组织设计重知识、资源配置市场化、宽松环境为基础。具体来说,在企业战略方面,将创新看作整个企业的任务,实现各部门间围绕创新引导达到有效的交叉职能联结,并建立良好的内外部沟通交流机制。在组织设计方面:一是要强化组织的创新职能,实现创新组织独立于运营组织存在的二元性组织模式;二是要实现知识在各职能部门之间的动态流动以提升创新绩效。在资源配置方面,构建起以首席创新官(chief innovation officer,CIO)为关键人物的创新团队,在组织内部积极培养各类创新者,通过开放式创新,与关键供应商和客户建立战略性的信任与合作关系,并与各类科研机构、政府及非营利性组织建立广泛和密切的合作关系,从而积极调动内外部资源,在实现研发的众包或外包的同时达到企业内部知识资产的外在化,取得持续竞争优势。在企业环境(文化)方面:一是要设立试错与容错机制,鼓励员工勇于创新、敢于失败;二是通过提供安全感和关爱,以及鼓励勇于探索和寻求挑战的勇气,在企业中激发员工未被释放的潜力,形成信任和有影响力的领导方式;三是搭建充满创新氛围的办公环境。在有机整合企业战略、组织、资源、文化四方面要素的同时,根据企业的实际情况,积极选择合适的技术路径,并最终实现企业自主创新的发展道路。

2.开放创新

(1)开放创新的内涵

从企业管理的角度看,技术创新就是一个从新思想的产生到研究、发展、试制、生产制造再到首次商业化的过程。传统的创新观念认为,技术创新是企业的灵魂,因此只能由企业自己单独进行,从而保证技术保密、技术独享,进而在技术上保持领先地位。内部研发是企业的战略性资产。技术和资金实力雄厚的大企业雇用着大量世界上最具创造性的科技人才,给予优厚的待遇和完备的研发设施,投入充分的研发经费,进行大量的基础和应用研究。科技人员产生许多的突破性思想和研究成果,企业内部独立开发这些研究成果,通过设计制造形成新产品,并通过自己的营销渠道进入市场而进行商业化,获得巨额利润。这种内部的封闭式创新范式强调线性推进,显示出一定时期和条件下创新过程和创新管理的特点。

随着经济全球化的不断深入,企业已不再是一个孤立的系统,企业之间的界限正逐渐变得模糊。企业利用和整合外部资源的能力成为企业创造价值的重要来源。开放式创新范式认为,企业要提高技术能力,必须同时利用企业内外知识并加以有效整合,产生的新思想和开发的新产品或新服务可以通过企业内部或外部的渠道进入市场,使之商业化。开放式创新是企业创新的新范式,揭示了可在企业边界之外进行研发活动,如企业的研发活动可在企业、大学、政府机构甚至非营利性开源社区中进行。

企业要开放创新的原因主要有以下几点:一是知识的分散化和复杂度增大,单一研究实体很难掌握同一研究的全部知识;二是知识分散化增大了人才的流动性,技术人才从研发机构流失,创新最需要的人才位于企业之外的可能性越来越大;三是风险投资的活跃性不断鼓励拥有独特技术的创业公司如雨后春笋般崛起,大批技术人才带着自己的创新思路,从实验室、公司、学校、科研机构走上了创业之路;最后成功的创新不仅在于创新的质量,更在于创新的速度。

在开放式创新范式下,企业边界是模糊的。创新思想主要来源于企业内部的研发部门或其他部门,但也可能来源于企业外部。企业内部的创新思想可能在研究或发展的任何阶段通过知识的流动、人员的流动扩散到企业外部。有些不适合于企业当前经营业务的研究项目可能会在新的市场有巨大的价值,也可能通过外部途径使之商业化。由于存在丰富的知识以及知识的快速流动,故富有创新思想的科技人员在不同企业间广泛流动,风险投资的存在给科技人员创业提供了资金保障,种种因素促使企业必须加快新产品的开发速度,并快速进行商业化。企业在加强内部研发的基础上,对外部知识进行密切的监视和跟踪,充分吸收和利用外部知识,以弥补某些知识的空缺,通过对内外知识进行有机整合,减少技术创新在技术上的不确定性,从而加快创新速度。如果企业内部研发项目不适合于当前的经营业务,那么项目往往会被终止。有时项目可能已进行大量投资,可能在技术上是成功的,这样终止项目会造成极大浪费,也会打击研发人员的积极性。在开放式创新范式下,企业可以通过企业外部的途径使研究项目得以继续进行,或把不适合于本企业当前经营业务的创新产品通过外部渠道进入新的市场,使之商业化,从而减少技术创新市场上的不确定性。

(2)开放创新的利益相关者

在开放式创新范式下,创新不再以传统的方式进行,而是发展成为一种全局性的活动。开放创新体系将吸纳更多的创新要素,形成以创新利益相关者为基准的多主体创新模式。

①利益相关者之一：全体员工

创新实践和公司其他方面的实践有很重要的区别，但也有很多类似的特点，如质量、流程再造、企业资源计划等企业其他实践为我们提供了很好的参考意见。一开始，企业指定专门的员工负责质量问题，发展到后来，质量成为每个职能部门和每个管理者基本职责的一部分。大多数企业一贯低估了普通员工的创新潜力，企业通常会制定很多的工作标准，这极大地阻碍了员工的思考。实际上一线员工对于企业的运作状况和顾客需求有更敏锐的观察，激发和培育普通员工的创新积极性，更有利于为顾客创造价值。将创新嵌入组织的各个细胞，在企业内部树立对创新的普遍认识，使整个企业的员工都建立起提出创新思想的责任感。

②利益相关者之二：领先用户

用户知识是企业创新最重要的知识，好的新产品构思来自对顾客的观察和聆听。传统的产品开发观念认为创造新产品是以内部为基础的研发人员的职责，产品开发的责任应由企业承担。传统的新产品在开发过程中也包括用户调查和市场研究分析，以确认需求，了解产品的潜在市场。但直接从普通用户那里获取需求信息会有很大的局限性。因为用户对新产品的需求以及可能的解决方法的把握都受到实际经验和拥有知识的限制。普通用户不可能提出与其熟悉的现有产品相抵触的新产品概念，很难对新产品的属性进行准确的评估，难以对新产品的未来市场需求进行准确的描述。因此，在技术创新早期的预开发活动中，通过对普通用户的调查分析，通常只能实现对现有产品的改进。传统的产品开发是一个持久的过程：厂商无法收集到完整全面的需求信息，只能根据片面的信息开发产品原型，之后交由用户试用，用户找出缺陷，反馈给厂商，厂商根据用户的反馈进行修改。这样的过程在厂商和用户之间循环反复，直到出现一个满意的解决方案为止。

很多研究人员都发现，许多重要的创新开始由领先用户提出新产品概念，详细说明自己需要的产品，甚至领先用户已经开发出产品原型。领先用户掌握着特殊的经验，在产品在市场上出现之前就对其有强烈需求并能从中获益，他们不愿等到新产品慢慢变到在市场上可以获得，他们总是努力寻求解决方法，迫切希望早日开发出新产品。因此,领先用户可能为企业提供对创新十分重要的新产品概念和设计的信息。让用户成为创新的主体,由领先用户直接参与整个新产品的设计和开发过程,开发小组能从领先用户掌握的开发方案数据和需求信息中受益,领先用户能为企业的技术创新提供重要的信息,从而加快新产品开发的速度,减少技术创新在市场上的不确定性。

③利益相关者之三:供应商

与供应商建立反复的、持久的联系可以充分利用企业外部资源,有助于建立更富弹性的产品开发流程。让供应商参与新产品的初期设计和开发,不断地与供应商讨论,通过反复的信息交流可以加快新产品的开发。越早开始让供应商获得新产品计划的信息,就能越早地获得供应商对于新产品原型的反馈,有效地缩短创新周期和提高创新效率。与具有创新意识的供应商建立长期的、信任的合作网络是企业获得竞争优势的一个来源,而这种竞争优势是竞争对手无法复制的。

④利益相关者之四:技术合作者

在以经济全球化、技术复杂化及信息化为特征的经济环境下,企业的技术创新活动越来越需要广泛的专业能力,技术创新所需的资源多元化,如资金、人才、信息和知识等不仅仅局限于企业内部,任何公司都无法完全从内部获得它们所需要的所有资源,甚至那些大型企业也无法单独从事技术创新活动。加强企业间的技术合作成为企业突破自身资源约束的一个重要方式,有效利用和整合企业外部知识的能力成为提高企业技术创新能力的关键。通过技术合作,企业间将各自拥有的互补资源结合在一起,加速信息的沟通和共享,促进知识和技术的创造和有效转移,提高应付复杂情况的能力,共担技术创新的风险和成本,提高技术创新的成功率。

⑤利益相关者之五:知识产权工作者

随着技术不断向综合化方向发展,知识的专业化程度越来越高,技术的复杂性大大增加。即使那些拥有非常多的技术资源的大企业,也只能发展一些有限范围的核心竞争力。因此,密切监视和跟踪外部技术的发展动态,及时、经济地购买技术,以填补企业某些方面的技术空缺,是提高技术创新成功率的又一种有效途径。对于技术能力强的企业,如果已经成功地研发出不适合于本企业当前经营业务的技术,则可以通过出售知识产权获取许可费,从其他企业应用其开发的技术而获利。企业也可以通过出售其知识产权来促进知识和技术的创造和有效转移,驱动行业科学技术水平的发展。

在开放式创新体系下,技术创新将不再是一个简单的、线性的过程,而是一个具有复杂的反馈机制,并且是在科学、技术、学习、生产、政策、需求等诸要素之间形成复杂的相互作用的过程。企业独立地进行创新将更为困难,它必须在与其他组织(供应商、用户、竞争者及大学、研究机构、投资机构、政府机构等)的相互作用和相互影响中进行创新。

(3)企业引入开放式创新面临的挑战

①员工思想、企业文化的转变

开放式创新要从转变员工思想、转变企业文化做起,树立鼓励创新、鼓励开放的企业文化,激发员工创造力。同时,要让员工认识到开放式创新的重要性和必要性,以及它能给企业带来的好处。

②创新过程的控制

在开放式创新下,由于没有了地理上、技术上的边界,连企业本身的边界也变得模糊,因此企业对创新过程难以管理和控制。为了使创新活动保持高效运转,提高创新过程的控制效率,企业要有目标地选择创新链的关键环节和活动,对外部资源的研发进程、研发成果进行有效的控制,并建立内部保障机制,保障机密不外泄,知识产权有保护。

③人员的管理

开放式创新对研发人员提出了更高的素质要求。内部研发人员要有更强的寻找、筛选、实施和管理外部创新以及外部资源合作的能力。此外,科技的全球化使人才的流动日趋频繁。因此,对高素质人员的管理与激励,控制好人员的流动性,也是开放式创新所面临的挑战。

④知识产权的管理和运作

开放式创新给企业带来了更广泛的合作、更多的知识共享和知识转移,容易出现将关键的技术暴露给其他企业的问题,从而引发知识产权流失、知识产权的不正当竞争或知识产权被侵犯的知识产权风险。这对企业的知识产权保护提出了更高的要求。不能一味地像过去一样守着过多的研发成果但不加以充分利用,也不能过度共享,失去自己的优势和竞争力。

⑤创新资源的利用

国际上已经有许多创新资源可以利用,特别是通过技术转移和知识产权管理的软件系统和平台,客户能够对自己拥有的知识产权进行更好的掌控。企业可以利用现有的专利数据库了解科技发展的状况、竞争对手的技术情况,避免重复研究,使自己的创新研究站在高起点上,也可利用网络资源寻找外部可利用成果或合作资源。

(4)开放创新的未来选择

在互联网和大数据的驱动下,知识全球化趋势越来越明显,知识无所不在,知识交易程度上升。知识越来越平等化,大家都能获取知识。在这个过程中,维基百科式的创新将越来越重要。成功的创新企业除了要进行充分的研发和自主创新以外,善于利用全世界的创新成果才能做得更好。成功的企业会做好自己1%的研发,用好别人99%的研发成果或创新成果,这样才能真正提高其创新效益。虽然创新很有价值,但是创新的风险非常大。如果完全封闭开发,那么整个创新的难度会较高。在这个过程中,企业的研发方式慢慢从研发向联发转型。对创新者的要求是,要有很强的社会交往能力、很高的诚信度和品德水准、很强的领导力,这样才能整合全球的创新知识。此外,研发模式也从原来的研发外包转变为研发众包。

未来利用开放和用户创新的思想非常关键。用户要与企业进行合作创新,企业不再追求对产品进行生产与设计以后卖给用户,而是与用户一起开发产品。用户参与产品开发,可以大大提高企业研发的生产效率。企业要提高竞争力,就要不断开放资源,除了对用户开放,将来还要对供应商、非相关企业、大学科研机构和投资机构进行开放,包括政府。总体来说,从封闭式创新向开放式创新转型,可以大大提高企业的创新效益,这是一个非常重要的新趋势。

互联网在中国的发展已比较成功,下一步是利用互联网进行创新。对于企业而言,这是一个很重要的主题。利用互联网进行知识搜索、挖掘优秀人才,比只是简单地将互联网作为营销手段具有更大的难度,应把互联网的价值发挥到企业价值前端。

二、高校在科技创新管理中的任务和方式

(一)高校科技创新的主要任务

1.开展基础研究与人才培养

大学是我国基础研究和高技术领域原始创新的主力军之一,是解决国民经济重大科技问题、实现技术转移和成果转化的生力军。高水平基础研究不仅是大学职能最好的证明方式,也推进了大学更好地实现其教学、科研、社会服务和文化传承与创新的职能。更为重要的是,大学基础研究与国家的科技竞争力联系得愈加紧密。高水平基础研究不仅代表了一个国家未来的创新潜力,同时也代表着一个国家的科学水平和可持续发展能力。基于此,大部分工业国家逐渐将加大基础研究资助力度、提升基础研究水平作为科技政策的着力点,通过开展前沿性、战略性的基础研究占领国际竞争的制胜点。

加快建设一批高水平大学,特别是一批世界知名的高水平研究型大学,是我国加速科技创新、建设国家创新体系的需要。我国已经形成了一批规模适当、学科综合和人才汇聚的高水平大学,要充分发挥其在科技创新方面的重要作用。积极支持大学在基础研究、前沿技术研究、社会公益研究等领域的原始创新。鼓励、推动大学与企业和科研院所进行全面合作,加大为国家、区域和行业发展服务的力度。加快大学重点学科和科技创新平台建设。培养和汇聚一批具有国际领先水平的学科带头人,建设一支学风优良、富有创新精神和国际竞争力的高校教师队伍。进一步加快大学内部管理体制的改革步伐。优化大学内部的教育结构和科技组织结构,创新运行机制和管理制度,建立科学合理的综合评价体系,建立有利于提高创新人才培养质量和创新能力、人尽其才、人才辈出的运行机制。积极探索建立具有中国特色的现代大学制度。

大学是培养高层次创新人才的摇篮和重要基地,又是知识创新的源泉所在。大学在完成最基本理论教学的同时,还需要担负起专利发明、科技创新、学术研究、课题研究等多个方面的任务。知识创新和知识传播是相辅相成的,即通过知识创新培养人才,再利用人才进行知识创新。一个大学如果不进行知识

创新,拿不出自己的科研成果,就无法承担培养创新人才的任务;一个大学拿不出可向企业转移的科技成果,也就无法与企业形成紧密的联系,无法取得企业对它培养出来的人才的认同。因此,大学在国家创新体系中的地位可以概括为"主要基地"和"重要摇篮"。教育是知识创新、传播和应用的主要基地,也是培育创新精神和创新人才的重要摇篮。无论在培养高素质的劳动者和专业人才方面,还是在提高创新能力和提供知识、技术创新成果方面,大学都具有独特的重要意义。

基础研究与大学自身的使命是紧密联系的。大学通过基础研究来更新和深化学科知识,使最前沿的知识能够转化为学科知识并及时传递给学生,同时,尽管大学基础研究是知识创新与技术创新的源头,但其最重要的价值是它与人才培养有着最为紧密的关系。在如何实现创新人才培养的模式上,尽管不同国家和研究领域的具体做法不尽相同,但基础研究是创新人才培养最有效的方式和途径,从人力资源强国和高等教育强国的经验来看,人才培养的水平与国家基础研究的实力存在着正相关关系。

2.科技成果转移转化

促进科技成果转移转化是高校实施创新驱动发展战略,增强高校服务社会能力的重要手段。科技成果转化是高校科技活动的重要内容,高校要引导科研工作和经济社会发展的需求更加紧密结合,为支撑经济发展转型升级提供源源不断的有效成果。高校科技成果转移转化工作,既要注重以技术交易、作价入股等形式向企业转移转化科技成果,又要加大产学研结合的力度,支持科技人员面向企业开展技术开发、技术服务、技术咨询和技术培训,还要创新科研组织方式,组织科技人员面向国家需求和经济社会发展积极承担各类科研计划项目,积极参与国家、区域创新体系建设,为经济社会发展提供技术支撑和政策建议。高校作为人才培养的主阵地,更要引导、激励科研人员教书育人,注重知识扩散和转移,及时将科研成果转化为教育教学、学科专业发展资源,提高人才培养质量。

(二)高校科技创新管理的主要方式

高校作为全社会科技创新、知识创新的源头,更需要以创新理念驱动学校各项事业的发展,尤其要以创新理念驱动原始创新和技术研发,以科技创新带动高校乃至社会发展。

高校要成为国家创新驱动战略的排头兵和先行者,在科技创新浪潮中,关注国家急需、瞄准世界前沿,做好战略布局,建设一流的科研创新体系,引领国家的科学技术发展。建设一流的科研创新体系,离不开积极有效的科研组织方式和管理模式。一方面,科技创新是学术探索的自发活动;另一方面,科技创新需要科技平台、资源和人才的有效组织、调配和集聚。良好的科研组织和管理系统,能极大地激发科技工作者的研究潜能,营造良好的科研生态,推动科技创新开展。

1.学科建设主导模式

学科建设主导模式是高校科技创新管理最主要的方式。一般来说,学科发展方向、学科队伍建设、教学科研资源、人才培养模式这四大基本要素决定了学科建设发展的能力和水平。四大基本要素中,学科发展方向是学科发展的先决条件,是战略,是前提;学科队伍建设是学科能力的根本支撑,队伍水平也是学科发展能力的基本体现;教学科研资源是学科发展的物质条件;人才培养模式既是科研和教学融合的具体体现,也是人才培养质量的客观保障。

2.项目管理模式

高校必须通过体制机制改革,引导科研活动和人才培养更加聚焦国家经济社会发展的需求;通过调整完善科研管理方式,提高科技资源的使用效益。一是要在科研管理的基本理念上,由"调动千军万马拿项目、发论文"向"既充分调动个体积极性又加强有组织的创新能力建设"转变。二是要在评价导向上,由单纯依赖论文数量和经费数量向以科研质量和解决问题的能力为导向转变。三是要在科研方向上,更加注重基础研究和前沿突破,更加聚焦国家需求。四是要在科研组织方式上,更加注重产学研结合和协同创新,更加注重提高高校有组织的创新能力。五是要在高校科研管理体系建设上,从只管申报延伸到管过程、管结果,形成覆盖科研全过程、分级负责的服务管理体系,从根本上解决因监管不到位而滥用经费的现象。

要重视知识产权的创造和管理,对科研项目从申请立项、进行研究到成果产生及转化的全过程实施知识产权跟踪管理。即审查立项时确定该项目预期实现的知识产权具体目标是否切实可行,是否具有开创意义或经济意义;项目研究过程中,随时审查其阶段性成果,看是否需要及时申请专利保护,暂不需要申请专利的看是否要作为技术秘密予以保护;项目成果产生后,首先确定其是否达到了预定的知识产权目标,其次看成果的创新水平,再根据项目的目的和成果的性质决定成果的保护和应用方式。

3.市场化管理模式

引导和组织高校内部的应用型科研机构成为市场的主体,要能够在高校应用型科研机构与企业之间建立常规的有机联系,既为技术找市场,又为市场找技术,实现产学研的有机结合,促进高校科研成果的产业化。实现科技成果的转化可以探寻以下模式:第一,产学研结合,校企共建技术创新和研发基地;第二,完善现有的大学科技园模式,实现市场化导向、政策干预与强力保障三结合,而不是一味只讲市场自由竞争,从而加速科技成果的孵化和产业化;第三,进一步改变校办产业的制度与机制,建立符合国际惯例的、公司法人治理结构完善合理科学的校办产业运作制度,加速科技成果的转化。高校要加强对科技成果转移转化的管理、组织和协调,成立科技成果转移转化工作领导小组,建立科技成果转移转化重大事项领导班子集体决策制度;统筹成果管理、技术转移、资产经营管理、法律等事务,建立成果转移转化管理平台;明确科技成果转移转化管理机构和职能,落实科技成果报告、知识产权保护、资产经营管理等工作的责任主体,优化并公示科技成果转移转化的工作流程。

三、科研院所在科技创新管理中的任务和方式

(一)科研院所科技创新管理的主要任务

1.应用研究与技术转化

科研院所科技创新管理的第一大任务是应用研究与技术转化。科研院所的创新主要服务于社会发展战略和科技创新战略,特别是地方科研院所主要是围绕地方经济社会发展中的重大难点、热点问题,重点开展共性与关键技术创新,兼顾知识创新和知识与技术扩散。也就是说,科研院所创新的主要目标是通过研究开发活动促进新知识、新技术、新产品的产生,并且通过创新成果的推

广,服务于地方经济社会的健康、持续、稳定发展。所以,科研院所的科技创新活动主要开展研究开发活动和知识与技术的推广扩散活动。即使是已转制为企业的科研院所转制机构,也不同于一般的生产性企业,仍负有一般科研机构那样开展研究开发与成果推广扩散的责任。

科研院所的创新,可能像企业一样经历情报信息收集、决策管理、科研开发、中试、生产、销售这样的全过程,而更多的是前三四个过程,生产、销售等并不是必需的过程。科研院所的创新活动以研究开发课题为核心,产生新知识、新技术、新产品,并通过帮助企业中试与工业性试验及技术咨询服务等手段,推广与扩散研究课题的创新成果,服务于经济社会发展。

科研院所既是基础知识的生产者,也是应用知识的生产者,是重要的创新源和新兴产业的重要创业者。国家科研机构的主要任务就是知识创新,推动科学进步,促进社会经济的发展,在应用科技领域推动创新技术与经济建设的紧密结合。由于科研机构进行知识创新的目的要落实到推动社会经济的发展上,落实到推动企业技术的创新上,因而它也承担着知识转移的任务。地方科研机构是全国科研机构的有机组成部分,但它的任务则偏重于技术创新与技术转移方面的工作,它们与企业之间存在着一种更为紧密的联系,更加面向市场和需求。

2.产业共性技术的研发

科研院所科技创新管理的第二大任务是产业共性技术的研发。产业共性技术是介于基础性研究与市场化产品开发之间的技术,在知识转化为生产力的过程中发挥着承上启下的作用,具有应用基础性、关联性、系统性、开放性等特点,是产业基础技术。相对于企业专有技术而言,它属于"竞争前技术",也是知识成果迈向应用的第一步。产业共性技术是关乎产业发展的通用技术,具备准公共产品性质,能够通过关联效应、激励效应与示范效应为一个或多个行业广泛应用,实现产业共性技术及其研究成果的社会共享,成为产业技术跨越、结构升级的阶梯,从而产生巨大的经济社会效益,带动整个产业技术水平迅速提高,引发产业升级换代。可以说,产业共性技术研发是企业创新的基石,没有产业共性技术就难以形成企业核心技术,自主创新就无从谈起,更不用说产业的可持续发展。从国际经验来看,以产业共性技术为支持平台帮助推企业创新能力、促成核心技术是许多国家及地区的通行做法。目前我国在促进产业共性技术发展上已建成多个支撑平台。

(二)科研院所科技创新管理的方式

科研院所是源头创新的主力军,必须大力增强其原始创新和服务经济社会发展的能力。要按照遵循规律、强化激励、合理分工、分类改革要求,继续深化科研院所改革。我们要把建设中国特色现代科研院所治理体系作为深化科技体制改革的关键一步,作为贯彻落实创新驱动发展战略的重要抓手。

建设现代科研院所治理体系,是实施创新驱动发展战略的必然要求。我国经济社会发展正处在转型升级的关键时期,"新四化"同步、并联、叠加发展。与此同时,新一轮世界科技革命和产业变革正在形成历史性交汇,抢占未来制高点的国际竞争日趋激烈,创新战略竞争在综合国力竞争中的地位日益重要。我们必须努力实现科技赶超跨越,在重要科技领域成为领跑者,在新兴前沿交叉领域成为开拓者,把科技实力真正转化为社会生产力和综合国力竞争优势。为此,不仅要在科技布局、队伍建设、资源投入等方面加大力度,还要在科研院所治理体系上,做出与之相适应的体制机制设计和制度安排、综合分析。科研院所进行科技创新管理的主要方式为:构建科研机构的现代治理体系、坚持分类管理。

1.构建科研机构的现代治理体系

在总结历史经验、分析现实问题的基础上,从国家战略科技力量的使命与定位出发,按照四类科研机构对现有研究机构进行分类改革。一是面向国家重大需求,组建若干科研任务与国家战略紧密结合、创新链与产业链有机衔接的创新研究院,探索政产学研开放协同、共同参与的新型治理架构。二是面向基础科学前沿,高起点、高标准建设若干卓越创新中心,力争在优势学科领域形成一批具有鲜明学术特色的世界级科学研究中心。三是依托一批国家重大科技基础设施,建设若干具有国际一流水平的大科学研究中心,实现高效率开放共享、高水平国际合作、高质量创新服务。四是面向经济社会可持续发展和行业、区域发展的独特需求,通过持续重点支持、与地方和行业共建、科教融合等多种治理方式,做强一批特色鲜明、规模适度的特色研究所。《中国科学院"率先行动"计划暨全面深化改革纲要》提出："到2030年，形成相对成熟定型、动态调整优化的中国特色现代科研院所治理体系。"四类机构各具特色，分别代表了中国科学院科研活动组织的不同类型，其标准可从不可替代的定位、有显示度的重大贡献、协同创新的体制机制三个基本方面来表征。

2.坚持分类管理

在治理方法上，要强调遵循规律、分类管理。科研院所是创新价值链中的重要一环，不同科研院所在基础研究、应用研究、社会公益创新等方面往往各有侧重。这些不同类型的科研活动各有其自身的规律和特点，对科研院所的治理体系也必然提出不同要求。深化科研院所分类改革，构建符合创新规律、职能定位清晰的治理结构，完善科研组织方式和运行管理机制，加强分类管理和绩效考核。为此，必须明确不同类型科研院所的核心使命和任务，尊重不同性质科技创新活动的特点和规律，对科研院所进行分类定位，实行区别化的组织管理、资源配置、科技评价、用人制度等。对以基础研究为主的科研院所，应以学术水平和重大原创成果为主要目标，以国际同行评价为主要评价方式，保持适当比例的择优稳定支持。对以应用研究为主的科研院所，则以解决重大科技问题和满足市场需求为主要目标，以用户、专家和市场评价为主要评价方式，以国家重大任务和市场为资源配置的主要方式。其他不同类型的科研院所也应建立与其科研活动规律相适应的管理和运行机制。当然，这种分类管理模式不是一成不变的，而要根据科技发展及科研院所的目标定位和主要任务动态调整、不断优化。实行分类管理，主要是战略重点布局、人财物资源组合配置、考核评价与制度建设等。

3.强调开放协同与多元参与

随着经济社会需求和科学研究对象越来越、复杂，不同创新主体的有效协同与合作成为必然要求。近年来，我国科技、教育和产业界采取了多种方式推进协同创新，但由于缺乏体制机制保障，往往难以深入、成效不彰。因此，要在治理体系上构建以学科为经、以任务为纬的矩阵式创新组织网络，有效发挥多学科综合交叉和产学研协同创新的优势。对基础前沿类科研院所，要着眼于全球科学发展，更加积极地开展国际交流与合作，引进高端科技人才，提高创新能力和水平。对应用类科研院所，要建立健全由政产学研用等多元主体共同参与的理事会制度,确保在科研布局、资源配置和决策机制上体现备需求牵引和目标导向,推进以解决重大关键问题、产出重大科技成果为目标的协同创新,打通从科技强到产业强、经济强、国家强的通道。

4.强调明晰事权、强化激励

在科研院所治理体系的建设中,厘清政府、科研管理部门、科研院所事权是一项基础性工作。要根据不同类型科研院所的职能定位和治理结构,明确科研院所在科研布局、创新活动组织、用人制度、资源配置和科技评价等方面的管理权责,实行精细化分类改革。科研院所要明晰事业法人与内部组织之间、行政管理与学术治理之间的权责关系,充分调动各方面的积极性,形成创新合力。同时,要坚持以人为本,强化激励机制,建立有效集聚、合理使用、竞争择优、有序流动的人才发展机制,不断提升创新队伍的能力和水平,建成创新人才高地。要进一步解放思想,改进完善人才政策,创造尊重智力劳动、体现创新贡献、有效正向激励的良好创新生态环境,充分调动科研人员的积极性,充分激发创新活力。

四、中介组织在科技创新管理中的任务和方式

科技中介是指为科技创新主体提供社会化、专业化服务以支撑和促进创新活动的机构。它面向社会开展技术扩散、成果转化、科技评估、创新资源配置、创新决策和管理咨询等专业化服务,对政策、各类创新主体与市场之间的知识流动和技术转移发挥着关键性的促进作用,能够有效降低创新成本、化解创新风险、加快科技成果转化及提高整体创新功效。

在科技创新过程中,除了企业、政府、高校、科研院所和金融服务机构等创新主体以外,各种学会和行业协会等中介组织也发挥着重要作用。

(一)学会在科技创新管理中的重点任务

学会是科协的组织基础,学会工作是科协的主体工作。作为科技创新体系的重要组成部分、社会治理创新的重要力量,学会是推进产学研用合作的主抓手、科普服务的主力军、科技创新智库建设的主渠道、培养举荐集聚科技人才的主阵地。学会的服务能力是学会依法参与管理社会公共事务、推进社会治理体

系和治理能力现代化的重要保证。

1.有序承接政府转移的科技创新服务职能

围绕全面深化改革的总体部署,充分发挥科技社团独特优势,有序承接政府转移职能,对深化行政体制和科技体制改革、加强和改进群团工作具有重要意义。按照深化改革的有关政策规定,科技评估、工程技术领域职业资格认定、技术标准研制、国家科技奖励推荐等工作,适合由学会承担的,可整体或部分交由学会承担。政府部门取消部分职能后,积极引导有关学会采取有别于政府部门审批的方式,加强对服务行为的规范,发挥自律作用;政府部门有关职能中涉及专业性、技术性、社会化的部分公共服务事项,适合由社会力量承担的,可通过政府购买服务等形式委托学会承担。

同时,围绕简政放权和放管结合、科技创新等中心工作,以科技评估、工程技术领域职业资格认定、技术标准研制、国家科技奖励推荐等适宜学会承接的科技类社会化公共服务职能的整体或部分转接为重点,创新工作方法,加强制度建设和机制建设,突出学会特点,强化效果监督和评估,形成可复制可推广的经验和模式,建立完善可负责、可问责的职能转接机制,为全面深化改革、推进国家治理体系和治理能力现代化提供示范案例。

(1)相关科技评估

①国家科研和创新基地评估。围绕科技部管理的国家实验室、国家重点实验室、国家工程技术研究中心和国家发展和改革委员会管理的国家工程研究中心等的运行情况和能力建设,由政府部门按照中央科技计划管理改革要求择优委托具备条件的学会、专业机构等作为第三方,按照要求开展相关评估工作。②科技计划实施情况的整体评估。围绕国家科技重大专项、国家重点研发计划等科技计划,根据国家科技计划监督评估通则和标准规范,按照中央科技计划管理改革要求和工作实际需要,配合开展科技计划的实施情况、绩效、成果等整体评估,从反馈角度对相关机构组织实施计划任务情况提出评估咨询意见。③科研项目完成情况评估。按照相关管理规定和工作实际需要,在科研项目完成后的一段时间内,围绕科研项目产生的效益、作用和影响等,依据科研项目的实际数据和必要的预测数据,开展系统、客观、专业化的后评估,从反馈的角度为政府部门、行业社会、科研主体等提供具有专业权威性和公信力的评估意见,

为科技管理部门决策提供参考。

（2）工程技术领域职业资格认定

围绕推进科技人才评价专业化、社会化的总体要求，突出学会专业属性和技术优势，重点开展专业技术人员专业水平评价类而非行业准入类职业资格认定，以区分学会和行业协会的差异与合理分工。选择信息工程、软件开发等专业性、技术性较强的领域，遴选具备能力要求的学会，经有关政府部门审核确认，参与或承担水平评价类职业资格认定工作。在有关政府部门的指导下，试点探索开展非公有制经济组织的专业技术人员职称评定工作。

（3）技术标准研制

选择 3D 打印、物联网、工业机器人、新能源汽车、中医药等专业领域，鼓励学会面向新兴交叉学科和市场需求空白，协调相关市场主体共同制定满足市场和创新需要的团体标准，促进形成产学研相结合的团体标准研制模式，增加标准的有效供给，发挥团体标准作为市场自主制定标准的优势，逐步形成政府主导制定标准与市场自主制定标准协同发展、协调配套的新型标准体系。及时总结试点经验，为完善国家标准化工作的相关政策法规提供支撑。

（4）国家科技奖励推荐

按照有关规定，完善国家科技奖励推荐提名制度，在确保质量的前提下，扩大专业学会推荐范围。进一步完善学会推荐的遴选和动态调整机制，引导学会强化自身管理，严格工作规范和程序，稳步提升知名度和影响力。

2.承担创新驱动助力工程

以服务创新驱动发展战略和地方经济社会发展为主线，以体现科技工作者知识价值为重点，以提高科协各级组织及所属学会业务能力为导向，积极进军经济建设主战场。

（1）加强示范引领，聚焦国家重点发展战略区域和地方主导产业领域

聚焦国家重大战略发展区域。紧紧围绕建设世界科技强国的重大战略决策，紧密结合一带一路建设、京津冀协同发展与雄安新区建设、长江经济带建设、中国制造 2025、自由贸易试验区建设、国家自主创新示范区建设、大众创业万众创新示范基地建设等国家和区域重大发展战略部署开展科技创新，助力各类创新要素集聚，促进区域创新能力整体提升。扩大示范试点范围，增加助力

工程对基础优势明显、创新驱动发展需求强烈地区的覆盖面和支持力度,探索围绕城市群建设"面"状试点。促进省级、副省级试点与创新驱动示范市之间的协同联动。围绕推动县域创新驱动发展,探索创新资源向具备良好条件的县域延伸。

助力国家重点产业集群。充分发挥科协组织为党和政府科学决策服务的职责定位,重点关注新一代信息网络技术、智能制造技术、绿色制造技术、生态绿色高效安全现代农业技术、安全清洁高效现代能源技术、资源高效利用和生态环保技术、海洋和空间先进适用技术、智慧城市和数字社会技术、健康技术、现代服务技术、引领产业变革的颠覆性技术、军民融合协同创新等国家创新驱动发展战略重点产业技术领域,紧扣产业转型升级中的重点、难点问题,提供产业前沿发展趋势、重点产业升级技术路线图等专业咨询建议,帮助地方解决重大战略中的关键技术问题,凝聚一批高层次科技人才,实现一批科技成果落地。

促进科技成果转移转化和专利信息推送。以助力工程为载体,拓展对接国内外优质创新资源的渠道,推动科技成果在企业聚集、落地、生根。创新服务机制和手段,深入开展专利技术信息挖掘和推送服务。紧密结合企业需求,组织筛选我国战略新兴产业发展紧密相关的行业技术领域科技资讯,为企业提供产业政策、技术热点、行业前沿、竞争情报、专利服务等系列科技信息服务,为企业转型升级、创新发展提供科技支撑。充分发挥专业机构的作用,依托中国科协和有关全国学会科技信息数据资源,拓展和搭建专利信息服务平台,实现科技专利信息推送专业化、精准化。

服务科技助力精准扶贫。据贫困地区科技服务需求,充分发挥当地生态环境和自然资源优势,组织动员科技组织和科技专家为贫困地区提供精准技术推广、技术指导、科技培训等服务。推动农村专业技术协会等学会与贫困地区特色主导产业企业、农民专业合作社深度对接,引导和服务龙头企业到贫困地区兴业发展,助力当地培植壮大特色优势产业,带动和帮助建档立卡贫困村、户依靠发展生产实现增收脱贫。

(2)突出科技供给侧结构性改革,提升学会科技公共服务能力

整合学会优质资源。优化整合学会现有资源,建立完善科技人才库、学术资源库、技术成果库等共享数据库。加强需求侧分析,推动学会围绕地方经济

社会发展和产业转型升级,对现有数据库进行分类梳理。加强供给侧储备,推动学会提供更多专业化、精细化的科技公共服务产品,推动学会形成一批可复制可推广的工作模式,打造一批学会与地方合作的品牌项目。

拓展学会服务方式。创新科技信息服务供给方式,建立学会科技成果转化数据库,探索形成基于同类学科或行业的科学数据和信息资源开放共享的合作机制。加强互联互通,推动学会与各类科技成果转化中心、技术交易市场、科技成果产业化基地、产业技术创新联盟等机构广泛合作,实现网络共联、数据共享,开展技术引进转让、项目推介发布、成果应用推广、知识产权保护等服务,加速科技成果转移转化。举办多层次、多渠道的科技成果与产业对接会,促进供需端精准对接,提升对接效果。鼓励有条件的学会探索培养促进科技成果转移转化专门人才,建设熟悉产业发展的专业化技术经纪人队伍。

提升学会服务实效。促进学会在科技类公共服务产品供给侧进行结构性改革,扩大有效和中高端供给,提升学会服务科技工作者、服务创新驱动发展的质量和效果。推动学会增强主动服务意识,深入基层和企业开展调研,建立具有学会特点的技术供给与需求信息库,满足企业多层次创新需求。充分发挥学会"链状延伸"的作用和跨部门、跨行业、跨学科、跨地域优势,以"学会群"服务"产业群",联合上下游企业和学会、高校、科研院所等形成"创新链"。以增加知识价值为导向,探索学会服务科技工作者的机制创新,进一步强化学会与科技工作者的联系。

(3)推动紧密对接,以市场机制搭建学会企业协同创新平台

积极打造上下联动的创新助力学会企业联合体。按照政府有产业发展规划、企业有协同创新需求、学会有联合协作意愿、科协有联动工作基础的原则,在创新驱动助力工程示范城市积极推动创新助力学会企业联合体试点工作。组建基本模式是:国家省市县四级科协共建共管,学科关联学会和产业链相关企业按照"平等自愿、资源共享、开放协同、共赢发展"的基本理念跨学科、跨产业、跨区域联合实施助力工程,组建非独立法人科技社团组织。围绕地方区域战略新兴产业、支柱产业、主导产业的关键共性需求,开展协同创新、科技智力支撑、学术交流和国际科技合作、承接政府转移职能等工作。通过组建联合体,促进全国学会的横向联合,加强全国学会与地方学会的联系与联合,指导、带动

地方学会提升助力工作能力。

推动组建横向联合的产业协同创新共同体。结合国家重大科技战略与产业发展需求,以全国学会为主导,以提高产业共性技术研发与成果转化能力为目标,以具有法律约束力的契约为保障,整合企业、高校、科研机构和金融机构等力量,在自愿、平等、互利基础上,组建联合开发、优势互补、利益共享、风险共担的产业协同创新服务平台组织。打破部门和单位壁垒,围绕共同产业领域,促进技术、资本、人才、成果等创新要素的协同配合。

探索建设风险共担利益共享的综合性实体化助力支撑平台。推动全国学会与地方政府、企业、科技成果转化机构、金融机构、创投机构等联合成立综合性实体化科技创新支撑平台,以科技成果转化服务中心、产业技术创新联盟、产业研究院、工程中心等形式进行实质性合作,以股份制、合同契约等形式形成利益共享、风险共担的利益共同体,做大产业规模,延伸产业链和价值链,利用产业转移转型机遇实现产业结构持续优化。继续推动中国科协创新驱动科技成果转化服务中心以及各地分中心建设,整合资源、加大服务、强化管理、提升活力,推动服务中心成为创新驱动助力工程的重要工作平台。

3.科学普及与全民科学素质提升工作

第一,加强体制机制建设,形成公民科学素质建设的长效机制。全民科学素质行动是涉及全局的系统工程。各部门和地方要完善共建机制,既要守土有责,也要齐抓共管,一级带一级,层层抓落实,创造性地开展工作。要建立科研与科普相结合的机制,将科普工作作为国家科技创新工作的有机组成部分,重大科技项目要承担科普任务。要建立完善社会动员机制,加强科普的国际交流与合作,用好国际国内两种资源,形成政府推动、社会参与的良好局面。要完善科普产业发展政策,加强科普产业市场培育,推动科普产品研发与创新,支持和鼓励科幻小说、科幻影视等创作。

第二,要强化政策导向,发挥科技工作者的主力军作用。科技工作者是先进生产力的开拓者,也是先进文化的传播者,在科学普及、提升全民科学素质中肩负着义不容辞的责任。要落实科技人员参与科普工作的政策激励措施,把开展科普工作成效作为与科技创新成果同样重要的考核内容,使服务全民科学素质提升成为科技工作者的本职所在和自觉行动。对高校、科研机构、企业等创新主体的评价,也要充分体现面向全社会的科普服务效果。要完善促进公民科学素质建设的政策法规,落实有关鼓励科普事业发展的税收优惠等政策,为提高全民科学素质提供有力的保障。

第三,创新科普理念和服务模式,打造信息化科普新引擎。大力实施"互联网＋科普"行动,以信息化推动科普工作理念和服务模式的现代化。要以互联网思维改造科普工作体制机制,建设众创、众筹、众包、众扶、分享的科普生态圈,促进颠覆式技术的迭代创新和商业模式创新。要强化传播协作,推动报刊、电视等传统媒体与新兴媒体的深度合作,形成具有强大活力和竞争力的传播体系。要强化科普信息落地应用,依托大数据、云计算等信息技术手段,实现科普精准化服务。

第四,完善科普基础设施建设,筑牢全民科学素质行动的物质基础。加强对科普基础设施发展的顶层设计和宏观指导。要提升现代科技馆体系,推进实体科技馆、流动科技馆、科普大篷车、数字科技馆等的全面发展,提升科普基础设施的服务能力。要推动优质科普资源开发开放,鼓励企业依托优势领域建立开放的科普场所,支持社会力量兴办特色的科普场所,发挥高校、科研院所和企业等科技人才和资源优势,积极组织开展科普活动。

(二)行业协会在科技创新管理中的重点任务

在强化企业创新主体地位的今天,行业协会作为"产业联合体",在促进企业自主创新、产业转型升级方面扮演越来越重要的角色。行业协会站在服务国家创新驱动发展战略的高度,对推动整个行业的科技创新和可持续发展具有重要作用。

1.推动整个行业的技术进步和科技创新

行业协会作为"产业联合体",其"初心"在于推动整个行业的技术进步和科技创新。当前,企业成为市场创新的主体,各行业都面临转型升级。各行业协会的发展应该有新战略,把科技创新摆在突出位置,让推动科技创新成为行业协会中最重要的工作。近年来,以物联网、大数据、云计算等为核心的新一代信息技术,正与各行业快速融合发展。行业协会需要主动瞄准世界前沿技术,促进新一代信息技术与行业的深度融合,使行业得到可持续发展。

2.科技创新的服务职能

行业协会在科技创新发展中的服务职能主要有五个方面。第一，收集行业信息和发展动态，进行行业调查，拟定行业发展规划，服务政府决策。行业协会在收集本行业发展信息方面具有无可比拟的优势，它们通过对外交流等多种途径了解本行业的发展态势，能够针对行业发展的实际问题提出符合实际的、具有较强针对性的意见和建议，对政府部门的决策具有较高的参考价值。第二，直接参与拟定和行业利益有关的政府规章及文件。行业协会可以在人民代表大会和政府有关部门制定规章、起草文件时提供草稿，由有关部门审定完善后提交人民代表大会、政府机关审议。这个过程中，行业协会联合会可以充分吸取各个行业的意见和建议，尽量使出台的措施增强可操作性。第三，为企业提供金融服务。中小企业贷款难、担保难的问题在市场竞争的情况下很难得到根本解决，这是由资金追逐利润的本性决定的。可以考虑由协会出面与金融机构沟通或由金融业协会组织沟通，协调有关金融机构为资金短缺企业提供优惠的资金服务，为资质较高的企业上市、发行债券等事项提供专业化、个性化的服务。第四，制定行业服务标准、行规行约和行业技术标准。行业协会是同行业的组织，代表性比较广泛，对行业发展的历史、现状、动态都熟悉，可谓了如指掌。由行业协会制定行业服务标准、行业规范约束规定、行业技术标准是十分科学的。在各个行业协会制定出来之后，由相应的政府部门出面协调，组织行业组织讨论，直至最终确定下来。通过同类标准的实施，打破各地尚存的不规范、不统一的市场运行规则，降低交易成本。可以通过调研，起草市场准入互认制度，避免重复检查，减轻企业负担。还可以研究在农产品检验检疫、打假、标准化体系建设、技术服务等方面采取切实可行的步骤。第五，组织行业职业培训。分工的出现促进了劳动生产率的显著提高，也加强了知识的细化，使得专业更加狭窄，知识之间的距离越来越细微，这就要加强从业人员的实际技能培训。

3.培养科技创新人才

抓住科技创新就抓住了发展的"牛鼻子"，而行业科技创新的"牛鼻子"，就是"优秀人才队伍建设"。行业协会必须加大学科带头人的培养力度，使优秀拔尖人才得以脱颖而出，凝聚优秀科技人才，把他们团结在协会里，为行业的创新驱动发展做贡献。

首先,要大力培养一线人才。行业协会要充分调动企业和省级协会的积极性,建立高技术人才培训基地。对于优秀的一线人才,要为他们的成长成才提供更广阔的舞台和空间。

其次,制定实施长期的激励政策,凝聚优秀人才。"尊重知识,尊重人才",要有制度保障。优秀人才并不仅仅指专家教授,也指那些具有丰富实践经验的一线工作者。要特别尊重行业资深老专家,注重老中青人才的传承。

再次,要构建有利于创新人才成长的学术环境。扩大国际和地区之间的科技合作与交流,创建自己的学术品牌。行业技术创新,闭门造车是不行的,应该扩大多种形式的国际和地区之间的科技合作与交流,积极主动参与国际学术组织活动,支持实施国际合作项目。

五、面向国际化的各类组织科技创新管理的任务和方式

(一)科技创新和国际化

当前,世界经济在深度调整中曲折复苏,新一轮科技革命和产业变革呼之欲出,全球治理体系深刻变革,以创新推动可持续发展已成为全球共识。信息通信、生物、新材料、新能源等技术广泛渗透,带动以绿色、智能、泛在为特征的群体性技术突破,全球形成经济发展转型与科技、产业变革相交织的态势。科技创新活动不断突破地域、组织、技术的界限,创新要素在全球范围内的流动空前活跃。从国际上看,一些国家的国际科技创新合作日益深入,新兴经济体成为全球科技创新合作中不可忽视的主体。科研资金、技术和研究人员的国际流动日益加快,国外资金在一国研发资金中占比增加。主要国家纷纷制定出台各种吸引和留住国外优秀人才的政策和措施,助力本国的科技创新和经济发展。促进企业创新合作成为各国科技创新合作的着力点,各国创新战略纷纷打造有利于企业创新合作的政策环境。开放科学与开放创新已经成为国际科技创新发展的重要模式。科技创新全球化要求必须坚持互利共赢的开放战略,全方位加强国际合作,深度参与国际科技、经济合作与竞争,不断提升统筹和综合运用国际、国内两种资源的能力。

科技创新国际化是一个国家或研究机构积极参与全球科技合作与竞争、共同应对国际科技问题与挑战，并有效利用全球科技资源、加速提升自身创新能力的过程。

1.科技创新国际化是创新发展的重要途径

和平与发展是当今世界的主题，合作与共赢成为时代的潮流，应对全球性问题和挑战已成为国际科技合作的热点，科技创新与合作发展的国际化趋势日益明显，全球范围内知识、技术创新速度加快，科技发展呈现出多点突破交叉汇聚的态势，协同创新成为推动科技创新发展、提升核心竞争力的重要途径。

科技创新国际化，可在全球范围内有效利用创新资源，联合世界各国优势科技力量共同实施一个国家难以单独完成的科研计划，有利于一个国家更好地参与全球性科技合作与竞争，提高本国科技创新及应对区域性和全球性问题与挑战的能力；有利于一个机构更加有效地吸纳利用国际优势科技资源、交流输出科技成果，争取更大的国际发展空间。

2.统筹推进科技创新国际化发展

加快科技国际化发展，需要在发展理念、人才队伍、国际合作等方面加强战略布局，统筹推进。

牢固树立国际化理念。面对重大的科技挑战，科学研究向深度逐步推进，向广度逐步发展，规模不断扩大，越来越多的科研项目需要中外科学家协同完成，国际化理念成为推进科技合作与科技创新的重要基础。一个国家只有以全球视野谋划和推进科技创新，以国际化的理念制定政策，才能吸引全球的优秀科技人才，聚集全球创新资源，不断提升科技创新能力并在国际竞争中发展壮大。世界著名科研机构均有自己的国际化发展理念。德国马普学会牢牢把握"立足德国、遍布世界"的理念。法国国家科研中心强调依托欧洲，建立多元化区域合作关系，发展全球合作网络，保持全球竞争力。

大力培养和凝聚国际化人才。科技进步和创新离不开高水平的科技人员和科研队伍。当今世界各国的竞争，归根到底就是全球范围内高层次人才的竞争。谁拥有人才，谁就拥有核心竞争力；谁占有人才，谁就赢得发展的未来。谁想在未来新一轮科技革命中抢占先机，就必须在全球范围内大力培养和凝聚国际化人才，善于发现和使用那些具有国际化意识和视野、具有国际一流知识结构和能力、在全球化竞争中善于把握机遇和争取主动的高层次科技人才。

加速推进国际合作。人类越来越成为"你中有我、我中有你"的利益共同体,越来越多的重大科技问题和挑战需要全世界共同应对,越来越多的重大科研项目需要国际社会通力合作。国际合作已成为加速科技创新的重要环节。

首先,要全面提升我国科技国际化发展理念,加强顶层设计,拓展领导干部的全球视野,促进我国科研政策、科研环境和科技管理体制机制的国际化发展。其次,要加强国际化人才队伍建设,研究制定加大科研工作开放力度的政策和引进国外优秀科技人才的计划,支持科研机构和大学建立国际化科研中心,培养国际化科研人才和管理队伍。再次,要加强国际合作,重点支持由我国科学家牵头发起的、面向全球和区域科技挑战的重大国际科学计划,积极支持我国科技人员到国际科技组织任职。

3.我国在科技创新国际化中的转型与发展

我国的发展面临"从经济大国向经济强国转型"和"从科技创新发展大国向科技经济强国转型"两个转型的具体要求。我们的企业要能够加快国际化步伐,通过"企业发展战略转型"和"企业发展模式转型",实现物质文明和精神文明的协调发展,从而实现一个崭新的文明发展。企业首先要关注从面向本土的产品和服务,转变为向全世界提供新的产品和服务,即实现跨国经营。这是中国企业新的目标、新的意义,是彰显我们作为未来经济大国、强国的重要实力。全球化有很多动因,如需要更多的国际市场或更廉价的自然资源等,还有就是降低生产制造成本、分散资源风险。

首先,要从"输出中国的产品和服务"转变为"输出我们的技术",这一点非常重要,也是国际化的新要求。实际上,很多中国企业已成功地实现这一转型,具体案例就是中国高铁。中国高铁依靠党和政府的支持,通过有效整合,加上科技,特别是发挥中国人对生产上的创新的技术,中国高铁实现了国际化发展,在速度方面取得了全世界领先优势。高铁彰显了中华民族强大的经济实力和科技实力,更体现了中国特殊社会主义制度的优越性,是发挥集中力量办大事的有组织创新能力的最好体现。未来高铁会进一步成为中国的名片。

其次,中国优秀文化的国际化。作为拥有五千多年历史的文化大国,中国是最早提出以人为本的国家,形成了爱人贵民的思想。以人为本是中国古代思想,而且是中国古代管理思想中最精粹、最重要的管理思想。以人为本也是儒家文化的核心。中国企业在国际化过程中可以将中华文化传统表达出来、传播出去。当然,还要进一步宣传中国文化中新的发展元素。中国企业现今的发展已经出现新的要求和新的标准。经济发展进入新常态,而我们的产业结构要走向中高端。这个中高端,不仅是指技术结构,思想也要走向中高端。一方面鼓励中国的企业向海外进行中国的产品和服务的输出,也就是真正践行"一带一路"倡议的发展战略;另一方面,为了实现中国科技创新的目标,输出技术是未来对企业的新要求。而超越商业和科技,输出中华优秀文化是中国企业国际化的新的最高使命。

(二)全球科技创新网络

随着互联网、云计算、大数据等现代信息技术的快速发展和深入应用,世界正在更加紧密地连接成为一个整体,人才、知识、技术、资本等创新资源在全球加速流动和优化配置,科技创新网络化、全球化态势不断加强。当今世界在现代交通科技、信息网络技术的驱动下越来越紧密地联系在一起。我国在国家现代化、经济全球化的浪潮中,抓住机遇,经济规模上升为全球第二,国家现代化水平显著提升,已成为具有世界影响的发展中大国。当前,开放与合作成为国际交流的主旋律,创新成为驱动世界发展的最重要因素,在此背景下,以科技创新和国际科技合作为引领构建面向全球的协同创新网络已成为我国从"科技大国"走向"科技强国"的必然选择。

1.全球科技创新网络的内涵

全球创新网络是在经济全球化背景下,由封闭式创新转向开放式创新后的一种创新模式。虽然全球创新网络是将一般开放式创新的地域范围扩展至全球,或者说是集中关注开放式创新在全球范围的应用,但已有学者明确指出,地域范围增至全球将影响创新的实质。企业建立全球创新网络,可以低投入、低风险地利用全球最新知识资源,充分发挥后发优势,国内外很多企业实践也证实了全球创新网络的高效。

全球创新网络具备开放式创新的开放性、资源流动的两大特性。开放式创新为了提高资源利用效率,模糊企业边界,较以往封闭式创新企业的高度封闭、合作式创新企业的有限开放,发展到了高度开放的程度。全球创新网络也如此,为利用外部资源,与外界建立技术合作、技术联盟、利用外界技术平台等,将企业创新范围从内部扩展到外部,很多创新均有外部人员参加,甚至外部人员可能成为创新主体。此外,开放式创新还具备一种特性,即包括资源流入和资源流出两种形式,不但强调有效利用外部资源,还鼓励将内部闲置资源进行外部市场化。而全球创新网络在全球范围内寻找可用资源,如通过互联网在全球征集技术创意,同时也参与其他企业的全球搜索,即将内部某些知识产权授权或转让给全球范围的其他企业,也进行资源流入和流出。

目前,全球经济发展正逐步走向多极化。这就意味着,单极的"全球科技中心"已无法满足全球经济发展需求。取而代之的,是由多中心、多节点组成的"全球创新网络"。全球创新网络,是一个"你中有我、我中有你"的有机整体,重在资源链接、开放合作。只有通过高端链接,才能提高整合全球先进技术、人才等各类资源的能力。

2.积极融入全球科技创新网络

伴随着移动互联网、物联网、云计算、大数据等新兴技术的发展,全球正迎来新一轮科技革命和产业变革,互联网创新氛围空前活跃,创新从企业内部间的合作扩展到行业内外不同主体、不同地域间的网络协同,并进一步向全球网络的形态扩展。

在中国,以科技创新为核心的全面创新正在积极推进中。创新的范围从单点突破到全面渗透,培育新产业进而改造或倒逼传统产业转型升级,从而推动行业转型升级,并深入参与到全球化的竞争与合作体系之中。对此,国家相继推出了一系列举措,如"互联网+"旨在利用互联网鼓励技术、产品、模式及业态创新,增强创新主体在全球市场上的竞争力。进一步强化企业链接全球创新网络的主体地位和重要作用。企业是创新活动投入、执行和收益主体,要充分调动企业的能动性,积极融入全球创新网络。

一是完善科技创新开放合作机制。深化政府间科技合作,完善双多边重点领域的合作研发平台建设。进一步丰富创新对话机制内涵,加强创新战略对接,深化联合研究中心和科技创新中心建设。深入实施科技伙伴计划,组织开展技术和政策管理国际培训,加强建设科技示范园和联合实验室。鼓励社会力量更广泛地参与国际科技创新合作,推动我国企业"走出去",推广我国技术标准和技术体系。推动同港澳台科技合作再上新台阶。完善驻外科技机构和科技外交官的全球布局。

二是推进国际大科学计划和大科学工程。开展专题调研,研究提出我国发起国际大科学计划和工程的路线图,明确优先领域和方向、发起和组织机制。适时建立相关工作机制和组织构架,探索在我国具有优势特色且有国际影响力的领域,提出并牵头组织国际大科学计划和大科学工程。

三是推动"一带一路"科技创新合作。结合"一带一路"沿线国家发展基础和需求,依托科技伙伴计划和政府间科技创新合作机制,推进科技创新平台建设,加强科技人文交流。推动气候变化、环境等重点领域的联合研发、技术转移与创新合作,共建特色园区,支撑优势产业走出去,深化国际产能对接,积极打造"一带一路"协同创新共同体。

四是促进创新资源双向开放和流动。国家重点研发计划加大对国际科技合作的支持力度,推进基础性、前沿性和战略性技术研发合作和成果应用。加快建设对外技术转移中心,推动国家级国际科技合作平台升级,引领优势产能和创新合作。加强机制性科技人才交流,培养国际化青年科研人员,加强国际科技创新合作能力建设。推动一流科研机构和企业在我国建立合作研发机构,引导先进技术产业化、商业化。推动地方建设国际技术转移中心和科技合作中心。

(三)国际科技创新管理的发展态势:跨国合作和全球治理

未来 30 年,世界科技创新将取得重大突破,全球创新版图将发生深刻变化。一是全球创新要素系统性东移;二是从大企业主导向跨国公司和中小企业协作并举转变;三是从封闭研发向开放式融合研发转变;四是从单一科技创新向跨领域全面创新转变;五是跨区域协同创新成为普遍趋势。

从世界历史来看,大国崛起呈现"科技强国—经济强国—政治强国"的历史规律。一个国家是否强大不仅仅取决于经济总量、领土幅员和人口规模,更取决于它的创新能力。近代以来,世界经济中心几度转移,其中有一条清晰的脉络,就是科技中心一直是支撑经济中心地位转移的强大力量。21 世纪以来,全球科技创新呈现新的发展态势和特征,新一轮科技革命和产业变革加速推进。科技创新成为各国综合国力竞争的战略利器,全球创新版图正在加速重构。

1.创新的跨国合作

创新战略成为世界主要国家核心战略,全球创新竞争呈现新格局。为抢占未来经济科技制高点,在新一轮国际经济再平衡中赢得先发优势,世界主要国家都提前部署面向未来的科技创新战略和行动。

国家创新体系开放程度不断提高,与全球创新网络融合日益紧密,全球人才、技术、资金等创新资源有效聚集,通过创新合作机制,构建面向全球的科技创新合作体系,围绕各行业、部门和地方的重大需求,为解决重大、核心和关键的科学技术问题提供强有力的支撑。增强各类创新主体的能力,培育国际科技创新合作竞争新优势。通过构建专业化服务体系,积极带动、引导和服务企业"走出去""引进来",提高企业国际化层次和水平,促进企业全球竞争力的提升。

2.创新的全球治理

在科技革命和产业变革的推动下,创新要素日益渗透,正逐步改变着传统全球化的内涵。新的全球化的典型特征之一,就是创新的全球化,主要表现为各国创新生态联系日益紧密,创新资源和要素在全球流动和配置,优势创新资源能够迅速集聚,推动形成新产业、新业态,构建面向未来的国际产业分工格局。创新多极化趋势日益明显,创新要素成为各国角逐和争夺的战略性资源,并逐步成为经济全球化议题争论的焦点,如跨境数据流动、知识产权、技术转移等。

创新驱动发展已经成为推动世界经济持续增长的共同选择。而在创新全球化的条件下,任何国家也不可能单纯依靠自身的力量来推进创新,尤其是形成创新驱动发展的新局面。世界经济增长最终依赖于各国之间的协同发展,在世界范围内推动创新要素的流动和发挥作用,促进新兴产业形成与发展,共同形成引领经济增长的新动力。正是基于以上原因,全球创新治理才越来越受到世界各国的重视,其目的就是为推动全球创新以及发挥创新在驱动经济发展中的作用创造有利条件,构建符合创新本质规律和特征的开放、包容的世界创新治理新格局,应对共同面临的挑战。创新本身是经济活动,创新治理的范围包含从科技创新到市场化应用的各个环节,是围绕科技创新及其应用的一系列国际规则和制度安排。

随着创新全球化的深入发展,创新治理成为全球治理中的重要内容。一方面,创新要素在全球加速流动,各国创新生态的联系日益紧密,人才、知识产权、技术转移等逐步成为经济全球化议题的焦点。另一方面,创新多极化趋势愈发明显。全球创新治理的范围已经扩展至构建符合创新本质规律的制度机制,为推动全球创新并发挥创新驱动作用创造有利条件。而创新治理的具体内容则更加广泛,既包括传统的科技合作,也包括在贸易、投资、金融等重要议题中加强与科技创新内容的衔接,还涵盖了提升创新资源和要素流动的便利性,以及加强对发展中国家的科技援助等。

"一带一路"倡议具备推动全球创新治理的巨大潜力。"一带一路"倡议具有拓展合作与发展的广阔空间,可以推动由过去的传统产业"过剩产能"转移向科技"新产能"转移转变,科技创新合作将在其中发挥很大的作用。为此,中国应以"一带一路"倡议为起点推动构筑全球创新治理新格局。近期注重加强人文交流,增强科技合作互信。中期注重改善创新环境,形成协同创新网络。远期则定位于形成互学互鉴、互利共赢的区域协同创新格局,建成"'一带一路'创新共同体"。在具体措施方面,应带动"一带一路"沿线国家逐步转变观念,由经济合作向科技合作和创新合作提升,推动构建常态化沟通交流机制,加强各国共同参与的多平台衔接,借助新技术的引领推动发展中国家的跨越式发展。

第十二章　科技人才协同创新管理

第一节　科技人才与协同创新行为

一、科技人才

(一)人才概念

古今中外,出现了非常多关于人才的定义,而且至今都没有一个定性。"人才"一词最早出自于《易经》的"三才之道",即孔子及孔门弟子的《易传》讲:"《易》之为书也,广大悉备。有天道焉,有人道焉,有地道焉。兼三才而两之,故六。六者非它也,三才之道也。"在孔子的思想中,人才就是君子,就是品德高尚的人。在中国古代大量的诗词作品中都会出现"人才"二字,但其所包含的意思却不尽相同,有的是指有才能的人,有的是意指才学,有的还指人的相貌,这些意思在中国古代中大量使用,并且有一些甚至沿用至今。

"人才"英文常常翻译成"a person of ability""a talented person"或者"handsome appearance",其实质上就是把人才的三种含义进行直译,这三种含义分别是"有能力的人""天才"以及"好看的相貌",也体现出这三种含义是目前最为常用的三个意思。国外虽然没有专门用于"人才"的单词,但也有类似的单词,比如说天才(genius, TalenTed),只不过"天才"与"人才"在含义上虽然相近,但还是有一定区别的,"天才"相对"人才"而言,更带有统计意义,通常会用智力测验进行衡量,智力超高者则会被称为"天才",而"人才"却不同,其智商并不一定特别高,但其内在素质是其重要的评判标准之一,同时还需要对社会有价值、有贡献。

20 世纪 70 年代末,随着科技的进步和时代的不断发展,尤其是改革开放,出现了一门新兴学科——人才学。在人才学创立初期,出现了一个具有代表性的人才定义:人才,就是指为社会发展和人类进步进行了创造性劳动,在某一领域,某一行业,或某一工作上做出较大贡献的人。

(二)科技人才概念

科技人才作为一个国家重要的人力资源之一,其所具备的心理素质、行为方式固然重要,但科技人才是为组织所用,科技人才只有在适合其自身发展的组织中生存,才能够发挥其应用的功效,组织只有招聘到适合本组织发展的人才,才能够高效发展起来。P－O 契合度是一个人力资源管理概念,能够帮助人力资源师对员工进行人职匹配工作,在国外已经渐趋发展成熟,但在国内却较少研究。

科技人才,顾名思义是指,有品德有科技才能的人、有某种特殊科技特长的人,是掌握知识或生产工艺技能并有较大社会贡献的人。20 世纪 80 年代出版的《人才学辞典》上曾对"科技人才"做出如下界定:"科学人才和技术人才的略语是在社会科学技术劳动中,以自己较高的创造力、科学的探索精神,为科学技术发展和人类进步做出较大贡献的人。"科技人才的概念应当大致包含四个要点:具有专门的知识和技能;从事科学或技术工作;较高的创造力;对社会做出较大的贡献。

(三)科技人才培养

对于科技人才培养,主要关注两个方面,一是发展科技人才的专业能力,做到专业精深的专才;二是关注科技人才协同创新能力的培养,因为科技创新行为的复杂性决定了科技人才单打独斗是不可能有大的成果的。

1.专业能力培养——专业精深

科技人才是一个掌握核心科技创新技术的群体,而大学作为高等学府,是为科研输送科技人才的必经之路,大学阶段又是人生当中智力、记忆力等在各方面都达到巅峰的阶段,因此大学生是发展创新和培养创造性思维最强大的力量,而且在中国建立创新型国家的过程中,科技人才的协同创新行为和综合竞争力在经济发展中发挥着重要的作用。但从目前形势来看,当前大学生在参与科技创新的过程中,还存在着科技创新意识薄弱的现象,同时还存在科技创新制度的不完善,科技成果的实用性和生产性的比例不高等现象,这些都导致了我国科技人才在输送过程中出现数量不多、质量不高的情况。多年来,中国的科技人才在科研创新的道路上不断努力,但是成果并不尽如人意,著名的"钱学森之问"就是比较突出的反映。正是因为中国科技人才在发展道路上屡屡受阻,成效不大,为了培养更多的科技人才,并使科技人才能够学以致用,许多大学与企业之间进行了合作。

2.协同能力培养——协同创新

科技人才是一个个独立体,要使他们在应有的岗位上合力发挥出整体最大的功效,协同创新是必然结果。协同创新是中国领导人对中国科技工作和高等教育提出的新思想、新要求,虽然看似与创新能力差不多,但其实两者存在一定的差别。协同创新能力与创新能力同样要具备创新意识和创新能力,但协同创新能力还包括大学生的协同意识、角色定位能力和协同沟通能力,比起创新能力而言,协同创新能力的要求更高,而且与他人协作的能力也要更高。为了响应国家对培养协同创新能力的号召,各所高校都采取了一系列措施,进一步强化大学生协同创新思想,努力为国家培养优秀协同创新型人才。

不论是培养科技人才的专业能力,还是协同创新能力,从大的层面来说,都需要从科技人才的硬性的研发投入和软性的倡导协同创新的社会文化环境建设着手。

面对日益增多的科技人才,如何进行有效管理,确实是当前中国面临的一大难题,当前中国还是处于很难培养出真正意义上的科技创新人才的状态。同时,科技人才的协同创新行为在数量和质量方面都不太让人满意,从宏观方面来讲,也缺乏引导和管理。因此集合了各家管理学派的理论、方法和思想的管理集成理论,形成集成优势,便成为当今管理理论研究领域的一大热点。集成的内在动机和基本思想就是整合增效,即以要素的整合为手段,实现系统增效的目的。国家、企业和学校三方在通过协同创新培养出大量优秀科技人才的同时,也要注重研究管理科技人才的方法,确保科技人才能够发挥最大效用,为国家创造最大贡献。

二、协同行为

（一）协同的含义

协同一词来自古希腊语，或曰协和、同步、和谐、协调、协作、合作，是协同学（synergetics）的基本范畴。协同的定义，《说文》提到"协，众之同和也。同，合会也"。协同，从字面上看可以理解为是协作同步的意思。所谓协同，就是指协调两个或者两个以上的不同资源或者个体，协同一致地完成某一目标的过程或能力。《汉语大词典》对协同的解释为齐心协力、互相配合。20世纪70年代德国著名物理学家赫尔曼·哈肯（Herman Haken）在《协同学：一门协作的学说》中正式创立"协同"这一概念，认为自然界和人类社会的各种事物普遍存在有序、无序的现象，一定的条件下，有序和无序之间会相互转化，无序就是混沌，有序就是协同，这是一个普遍规律。协同现象在宇宙间一切领域中都普遍存在，没有协同，人类就不能生存，生产就不能发展，社会就不能前进。从20世纪70年代之后，协同便成为研究者、企业、政府等争相研究应用的领域。

（二）协同的分类

就社会系统而言，协同行为多种多样，可以从不同的侧面进行分类。

1.按协同要素所受的外力分类

从力的角度分析，协同行为必定受到某种外力的作用。协同要素所受的外力可以分为自然力和社会力。由此，协同行为可以分为自然协同和社会协同两种。

自然力是促使自然协同现象发生的外部条件。阳光、水、空气、地质演化、地震、自然灾害等自然条件，是产生自然力的力源。自然力的形成，不以人的意志为转移，具有明显的随机性。

社会力是指由社会环境所产生的一种有形或无形的力量，它直接或间接作用于协同要素，并使得要素形成协同体。比如高校间整合成立新高校，保障社会治安的快速反应组织，疾病联合诊断和科研联合攻关，区域性经济联盟和政治联盟，等等，这些协同现象，都属于社会协同现象。

2.按协同过程中是否具有人的主体性行为分类

按协同过程中是否具有人的主体性行为,协同可以分为人工协同和非人工协同。所谓协同过程中人的主体性行为,是指在协同过程中,具有人的干预行为或选择性行为的存在。具有人的主体性行为存在的称为人工协同,它是人类有意识的协同;相反,没有人的主体性行为的协同现象,则称为非人工协同,它是人类无意识的协同。正式组织中的非正式组织,则属于一种非人工协同现象,自然协同过程也是属于非人工协同。

3.按协同的具体内容分类

按协同的具体内容分类,协同可以分为技术协同和管理协同,以及技术与管理的混合协同。它们又可进一步分为产品协同、流程协同、组织协同、人与组织协同、知识协同、信息协同、环境协同、方法协同等。

4.按协同要素的形态分类

按协同要素的形态分类,协同可以分为实体协同、虚体协同和实体与虚体的混合协同。实体协同,是指两个或多个实物之间的协同。虚体协同,是指不同知识、理论、概念、信息等的协同,还包括功能之间、部门之间、人与人之间、人与群体之间、人与组织之间等的协同。实体与虚体协同,是指协同体中既包含实体部分,也包含虚体部分,两个部分都不可或缺。

5.按协同要素的性质分类

按协同要素的性质分类,协同可以分为同质协同和异质协同。同质协同,是指协同体是由具有相同性质的要素组成的。异质协同,是指协同体是由具有不同性质的要素组成的。

6.按协同要素之间的相互关系分类

按协同要素之间的相互关系分类,协同可以分为互补型、增添型。异质要素组成的协同体,往往属于互补型。同质要素组成的协同体,又往往属于增添型。

7.按要素间是否共谋分类

按要素间是否共谋分类,协同可以分为垄断协同和市场协同。垄断协同行为是指两个或两个以上处于竞争关系之中的经营者为谋取最大利润,以限制竞争为目的而暗中达成合意所采取的相同经营行为。协同行为是指相互依存的经营者之间，通过合意或默示共谋、心照不宣等方式进行平行定价或价格引领等行为，在特定市场上采取协调一致行为，增加不当竞争风险，危害市场竞争效果。从中我们可以看到协同行为的特点：首先是经营者之间必须存在一定的合作意识，并且都有一个共同的目标——谋取更多的利益；其次是在市场上采取相同的经营行为，从而打压其他经营者，增加消费者对自身产品的购买力。而市场协同行为是一种将 Herman Haken 和 Ansoff 的理论进行合理利用的行为活动，尤其是在当前竞争非常激烈的形势下，能够合理利用协同，对于企业的发展无疑是百利而无一害的。竞争品牌协同行为与品牌绩效之间存在显著关系，有学者曾提出将协同行为分成五个维度：生产协同行为、营销协同行为、管理协同行为、财务协同行为和文化协同行为，并逐一与品牌绩效进行相关性分析和回归分析，结果发现生产协同行为、营销协同行为和文化协同行为对品牌绩效能够产生正向积极的作用，而另外两个管理协同行为和财务协同行为则对品牌绩效无显著相关作用。这也说明如果企业能够将协同运用得当，必然能对企业有很大的益处。

然而垄断协同行为与市场协同行为同样都是发生在企业中的，该如何区分这两种行为呢？就相同点来说，第一，从发生对象上看，两种行为大部分都发生在企业之间；第二，从对象关系上看，两种行为中企业间的关系都是相互竞争的，且企业之间存在联系；第三，从行为表现上看，两种行为的发生都会表现出企业间有相同或相似的行为产生。但就不同点来说，首先，垄断协同行为虽然也是企业之间存在联系，但只是表面上的联系，比如说双方之间单纯只是商量好下一步该怎么做或者实施的时间是何时，而企业协同行为中企业间的联系是内在的，企业间会进行思想交流、信息共享，员工可以共同学习，使自身企业在交流过程中能够认识到自己的不足，并且从对方企业中学习其优势，形成互补关系，从而促进发展。其次，垄断协同行为所表现出来的是企业双方采取的措施基本相同，而且措施发生的时间也基本相同，比如说同时降价或抬价。而市场协同行为则不同，在企业协同行为中，企业双方仅仅只是在思想、信息方面的沟通交流，而所要采取的措施则属于公司核心机密，一般双方之间不会进行交流，但可能因为企业之间交换理念，因此可能会逐渐使得双方企业趋于同化，所表现出来的形式会比较相近，但毕竟是不同企业，只要双方核心理念不变，所采取的措施也就肯定会有不同之处。再次,在垄断协同行为的三条评判要素中有一条是企业必须对出现相同行为的情况给予合理解释,而对于垄断协同行为而言,企业一般是无法给出合理解释的,除非审判人员判断失误,而市场协同行为是一种合法有利行为,只要是企业基于自身发展出发,根据自身发展条件,借鉴对方企业的发展经验所得出来的措施,都是能够得出合理解释的,更是正义的,能够维护市场公平竞争秩序的。

随着竞争的愈演愈烈和市场协同行为的不断发展,协同已不仅仅存在于企业之间,企业与高校合作创建实习基地、企业与政府合作能够在保证实现社会利益的情况下,获得自身利益。当前中国出现了产学研模式,包括企业、高校和科研机构,并逐步将政府、用户也纳入该模式,这是企业协同行为的扩展,将国家的主要核心高科技人才来源结合在一起,使得国家科研人员的数量多、质量好,企业更富有创造力,获得更多的科研成果,提高整个中华民族的创新能力,为未来发展提供坚实的基础。

8.按要素间相互依赖形式分类

按要素间相互依赖形式,协同可以分为:分享式的相互依赖协同行为;相继式的相互依赖协同行为;交互式的相互依赖协同行为;综合式的相互依赖协同行为。

(1)分享式的相互依赖协同行为

分享式的相互依赖协同行为,指的是个体间分享一种共同的资源,此外,互相间不以其他任何方式互相接触,是一种由上层组织领导下的资源共享式的协同。

(2)相继式的相互依赖协同行为

相继式的相互依赖协同行为,指的是个体以单行、链式排列的一种相互依赖形式。它是一种不对称的依赖形式,通常包含着某种程度的直接接触,比如医生和护士之间的协同就是这一类协同。

(3)交互式的相互依赖协同行为

交互式的相互依赖协同行为,指的是个体之间双向作用的相互依赖形式。它通常包含一种或多种的直接接触。比起前两种的相互依赖形式,在交互式相互依赖网络中,个体之间的相互依赖、相互作用程度要来得高。

（4）综合式的相互依赖协同行为

综合式的相互依赖协同行为,指的是协同创新群体中的每一个成员,依赖于协同创新群体中其他任何一个成员。这种方式的相互依赖,个体之间相互作用的经常性、强度、时间长度等比上述任何一种的相互依赖形式都强。

对协同现象进行分类,有助于我们从不同的视角观察、分析和研究协同现象,寻求各自不同的和共同的特点,探索和掌握其运行规律,实施有效的协同管理。

三、协同创新行为

（一）创新

首先,从创新的类型来说,主要包括原始创新、集成创新和引进消化吸收再创新。第一,原始创新,指的是从一种发明开始,然后通过发明做出了最初的样机,然后再通过不断地完善、成熟,成为一种新产品或者一种新技术。原始创新当然是最困难的,但也是最有价值的。因为原始创新可以说是一种发明,它有自己的自主知识产权,而且站在技术的前沿,别人要超过是很不容易的。第二,集成创新,就是指把现有的技术组合起来,创造一种新的产品或者新的技术,或者是把别的领域里的成熟的技术引进到另外一个领域里,而使得它能够创造新的变化。现代企业集成创新以提高企业持续的整体竞争力为目标,创新过程与创新资源创造性地集成与协同。虽然集成创新的概念还没有一个非常准确的定义,但无论何种表述都一致认为,集成创新的主体是企业,集成创新的目的是有效集成各种要素,在主动寻求最佳匹配要素的优化组合中产生"1＋1＞2"的集成效应。第三,引进消化吸收再创新,引进消化吸收再创新是最常见、最基本的创新形式。其核心概念是利用各种引进的技术资源,在消化吸收基础上完成重大创新。它与集成创新的相同点,都是利用已经存在的单项技术为基础,不同点在于,集成创新的结果是一个全新产品,而引进消化吸收再创新的结果,是产品价值链某个或者某些重要环节的重大创新。

原始创新、集成创新和引进消化吸收再创新是自主创新的三个类型。原始创新为科技创新提供动力源泉;集成创新、引进消化吸收再创新利用别人的原始创新成果,使自己的创新能力借势成长。原始创新、集成创新和引进消化吸收再创新三者资金投入、创新周期、创新风险以及对技术能力和技术积累的要求都是不同的。

这三种创新对当今中国来说都非常重要,也都很不容易,因为科技创新活动本身的复杂性,决定了科技人才和组织单打独斗是无法很好地完成任务的,尤其是集成创新,更是需要重视创新的协同性。从大的方面来说,我国正处于创新发展的关键阶段,党和国家也是极其重视其发展,但方式大多是直接引进外来技术、设施、资本等,并没有对其进行深度加工与包装,更没有认真研究它的创新思路与源泉,如此一来,深究其原因是知识创新的不完善。而对企业来说,其发展过程难免会遇到瓶颈,其中最难以逾越的要数技术落后与行业信息获取渠道单一或较少等,而导致这一情况出现的非常重要的原因之一就是技术创新的不及时。类比于"文化堕距",则这可称之为"技术堕距",即技术创新的发展速度与知识创新的发展步伐不一致。而相对于大学,科研机构等所面临的问题比较容易解决,如资金、材料不足,教学设备落后,发挥才能的场所狭小等,但是这些问题对于教育性机构来说无疑是一大难题。这时引入协同创新这一行为则可以很好地解决此类问题,如:国家和企业大多资金雄厚,可为众多高校提供资金、仪器等,可以让老师、学生更好地教学学习,丰富自己的学识,为国家为企业输送大批优秀人才,这反过来又推动了国家、社会的创新发展。

从小的方面来说,协同创新对于科技人才个人的成长发展完善也有着不容小觑的作用。从狭义角度出发,协同创新指的是充分利用自己所具备的才能以及所拥有的资源,把这些资本进行有效整合,可以创造出多种出路,为他人为社会做出力所能及的事情,使得自己的人生更加完善。比如很多高校老师都是出国留学归来之后,用所学先进知识以及新的思想来教授学生,让学生可以接触到课本上没有的知识或者在学校内是无法学到的知识,这样使学生在以往传统所学与新知识的碰撞之中可能会激发出新的思维火花,符合现代教育的思想。这些老师也可把自己所学应用到国家、企业、社会或个人之中,比如心理学学科,它对于社会问题的解决、企业文化的构建、个人的人格发展的完善都有着重要的作用。这些都是资源的有效利用与流动所产生的结果。比如鲁迅曾东渡日本,进入医学院专门学医,后来因现实原因,弃医从文,翻译外国文学作品,筹办文学杂志等,回国后用这些知识投身于拯救国人的运动中;冰心为知名作家,曾也是赴国外留学,加强文学修养,而后回国,为自己的创造灵感奠定文化基础。这些人大多都是汲取外部资源,可能会有意想不到的收获,以丰富自己,让自己的人生道路发光发亮。

总之,协同创新这一行为所具有的优势显而易见,更顺应现代社会的发展变化以及适应各方面发展的要求,具有与时俱进的特征,并具有全球趋势。不仅对于国家、企业、学校等起着重要作用,而且对于个人的发展完善也是有着影响力。因此要积极开展协同创新,有效整合创新力量和资源,推动创新人才培养质量与技术创新速度的同步提升。

（二）协同创新

协同一词意为协和、同步、协调、合作等。随着社会的不断发展与演进,它衍生出更为确切的含义,即通过协调两个或者两个以上的不同资源或个体,协同一致地完成某一任务的过程或能力,而使双方或多方相互促进,共同发展。另一方面,创新在汉语中解释为以特有的思维模式提出有别于常规或常人思路的见解为导向,利用现有的知识和物质为满足社会需求而改进或创造新的事物、方法、路径、环境等。简言之,创新就是用创造性的思维方式来看待事物、分析事物,最终能为社会创造财富的过程。

"协同创新"是指创新资源和要素有效汇聚,通过突破创新主体间的壁垒,充分释放彼此间"人才、资本、信息、技术"等创新要素活力而实现深度合作。也就是说,协同创新是指创新主体之间通过某种形式建立起信赖关系,彼此之间充分释放所具有的创新要素并进行有效结合,从而使彼此之间进行深度合作。

在概念中,有三个关键句:"创新资源和要素有效汇聚""突破创新主体间的壁垒,充分释放彼此间人才、资本、信息、技术等创新要素活力""深度合作"。

首先,创新资源和要素有效汇聚。

协同创新的最终成果是创新成果,因此创新资源和要素的参与在这过程中显得尤为重要,这是发生协同创新的前提条件。创新资源和要素之间必须结合才能产生协同,然而这种"结合"必须是有效的,这种有效性具体体现在:第一,创新资源和要素在结合过程中不存在相悖的思想;第二,创新资源和要素在结合过程中最好能呈现互补的态势;第三,所有创新资源和要素都必须是正面积极的。

其次,创新主体的创新要素活力成分释放。

协同创新是将原本不同的事物结合在一起,因此创新主体间可能存在隔阂,在协同创新过程中,必须打破这种隔阂,才能将彼此间的创新要素最大限度地激发出来,进行信息交流和共享,而打破这种隔阂的关键是协同双方相互之间必须存在极大的信任感,只有足够的信任感,才能使彼此能够放心地将自己所拥有的创新要素全部呈现给对方。心理学上有一个"黄金法则",即像你希望别人对待你那样去对待别人,这是建立信任感最有用的方法,如果企业自身希望对方能够将其所具有的创新要素都拿出来,那么自身也应该做好这个准备,将自身所具有的创新要素都呈现给对方,以显示足够的信任感,但同时也必须有所保留,以防止出现对方失信的情况。

再次,深度合作。

在工业革命发生之前,人类的知识结构相对来说是比较简单的,知识理论也远远没有发展到现在这样高深的水平,再加上研究的人少,所以只要有那么一些天才,持之以恒坚持下去,取得成果相对来说是比较容易的(和现在相比),再加上以前的学科没有分开,所以那些学者的一个研究成果往往就可以跨越好几个学科,这也是那个时代的特殊性所造成的。但现在不同了,随着学科分工专业化、精细化的深度发展,想要在一个领域取得顶尖成就已是十分困难,因此,在创新过程中,单打独斗无法获得大的突破,因此创新成为现阶段国家经济社会发展的主要驱动力,知识创新成为国家竞争力的核心要素。在这种大背景下,各国为掌握国际竞争主动权,纷纷把深度合作,开发人力资源,实现创新驱动发展作为战略选择。创新驱动发展,作为《国家中长期科学和技术发展规划纲要2006—2020年》的核心内容,已经成为我国加快转变经济发展方式、推动科学发展、促进社会和谐的重要政策选择,国家要求从增强国家创新能力出发,深度合作,加强原始创新、集成创新和引进消化吸收再创新,达到相互交融、配合默契的协同创新。

（三）协同创新类型

1.内部协同创新

（1）员工—员工

员工间的协同创新是所有协同创新类型中发生范围最小、持续时间最短、资源最少的,发生对象是每个部门内的,发生形式可以是一对一,可以是一对多,也可以是多对多。

一对一通常是指一个员工与一个员工之间的协同,通过互相交流自己的看法,同时激发彼此的创造力,从而创造出一个新事物。一对一是最简单的协同创新模式,企业中两个人为一组相互交流思想,获得新思想,再进行每组之间的相互交流,再获得新成果,这样逐层往上,就能够获得很多新思想,激发每位员工的创造力,这是协同创新行为最基础的类型,因为任何层面的协同创新最后的落实常常都是具体的个人。

一对多是指一个员工与一个员工小团体之间的协同,这种形式的参与人数比一对一多,也比一对一的情况更加省时省力,而且员工小团体人数一般在两人或两人以上,但在部门人数以下,在小团体内部,员工也可进行协同创新,提高创新效率。

多对多是指一个员工小团体与一个员工小团体间的协同,这是目前部门内员工间最普遍、利用率最高的协同创新形式。团体之间的协同创新更加省时省力,同时团体内部也能够进行协同创新,能够迸发出更多新思想,虽然一对多中也有员工团体,但那里只是单独的一个团体,而多对多形式则是两个团体间的,平衡了彼此之间员工的数量和素质,而且相互之间共同发展进步,更能激发团体的凝聚力和向心力,是员工间协同创新最好的表现形式。

（2）员工—部门

员工与部门间的协同创新是指某个部门内的一个员工或员工小团体与另一个部门间的协同交流,同时创造出新成果的过程。某个部门所派出的是一名员工或员工小团体,必然是掌握所处部门的核心思想,并且自身也拥有较强的创新能力。这种形式的优点在于不需要过多的人力,即可创造出同样效果的新事物,但是缺点也非常明显,对于某个部门所派出的是一名员工或员工小团体需要经过很长一段时间的考察才可判定其是否有资格代表所属部门参加协同，耗时较长，而一名员工或团体人数相比一个部门而言还是太少，虽然质量高，但无法计算出在保证获得成果最多的情况下，参与人员至少应为多少人，因此可能也会产生资源浪费或未被利用的情况发生。

（3）员工—组织

员工与组织间的协同创新主要发生在员工与本部门之间的协同已经不能完成协同创新任务的时候发生。常常是某个员工或者某些员工需要组织许多部门协调，来共同完成协同创新的任务。

（4）部门—部门

部门间的协同创新是内部协同创新中大型、参与人数比较多，也是能够得出比较多创新成果的形式。部门间的协同创新，顾名思义，就是部门与部门之间直接进行共享交流，能够交流的创新要素比之前的两个类型要更多，比如技术、信息等，不单单只有思想，而且同属于一个企业，其最终目标相同，使得两个部门间的协同更加具有发展向上的能力，而且所凝聚的创新思想更多，更多具有创新能力；与员工—部门类型相似，可能也存在资源浪费的情况，但不同的是，这是两个部门间的协同，所浪费的资源也许在协同过程中能够产生新的资源，反而更好地利用双方有拥有的创新要素，是企业内部协同创新最好的发展形式。

（5）部门—组织

部门与组织的协同创新，是组织内部规模最大，常常也是影响最大的协同创新形式。大的协同创新项目往往需要组织出面帮助协同。

2.外部协同创新

（1）组织—个人

组织与个人的协同创新比较常见，在日常生活中我们也常常可以看到组织与另一方组织的个人（专家）相互合作，互帮互助，共同促进发展，而协同创新，作为深度合作的代表，更加需要组织双方付出更多的创新资源，不仅仅是思想、技术、信息的共享，甚至还需要资金的共享，从物质层面的支持到精神层面的支持，这种合作方式将组织和另一方个体紧紧绑在一起，但同时又是两个独立的个体。组织与个人的协同创新不仅能够提供彼此的技术力量，也能够激发双方员工的创造力,实现互利共赢的局面,是组织在竞争日益激烈的环境下生存的必经之路和最终趋势。

(2)组织—组织

组织—组织的协同创新是企业间协同创新的一种常见模式,我们常常把这种协同创新称为"政产学研用"。这种协同包括多个要素:企业、高校和科研机构,还包括政府、用户等要素,将诸多创新要素结合在一起,是目前为止最大型的协同创新活动。由于"政产学研用"包含的要素较多,可利用的资源也较多,甚至可以认为其能够调动社会上大部分资源,因而"政产学研用"这种协同创新模式往往能够更加适应市场的发展,并且最快了解到目前市场的最新动态,同时又能使要素三方共同发展,从而使得社会不断发展进步。

(四)协同创新行为特征

从表面上看,协同与创新似乎并无交集,但是仔细分析探讨,它们之间存在着千丝万缕的联系,特别是现代社会处于全球化时代,资本在全球范围内流动,各生产要素也在寻找自身最大效益的实现,而协同创新就是这样一个至关重要的要素集聚的领域。协同创新对它的标准定义为各创造主体包括国家、企业、大学、科研机构、中介机构和客户等为实现重大科技创新而采用新的创新组织模式,加强各创新主体内部的知识增值与外部的资源共享和信息合作,以期获得利益最大化。协同创新行为特征主要有以下几点。

第一,目标性——行为导向创新。这是科技人才协同创新行为的动因,是协同创新的行为指标特征。协同创新,不是为了协同而协同,而是为了实现协同创新的目标,所进行的协同行为,协同的目标是为了更好地创新。

第二,独立性——协同创新前提。这是科技人才协同创新行为的前提条件,协同创新不同主体之间具有独立性,只有具有独立意志,才可以决定是否要选择协同创新行为。

第三,整体性——创新要素集聚。这是科技人才协同创新行为的特点,是协同创新的外观特征。整体性不同于系统性。协同创新的主体是具有某种公共属性组织的集合,是整体性的体现,并非是系统性的体现。对协同创新主体施以管理,使之呈现系统性,并取得系统效率与效益,是协同创新行为管理目标所在。

第四，系统性——创新要求关联。这是科技人才协同创新行为的性质，是协同创新的关系特征。协同创新行为具备集成系统性。协同创新行为的集成过程是在"协同创新场"的作用下完成的关联。

第五，一致性——行为步调一致。这是科技人才协同创新行为的状态，是协同创新的行为特征。协同论认为千差万别的系统，虽然其属性不尽相同，但是在整个环境中，各个系统间存在着相互影响相互合作的关系。其中也包括通常的社会现象，如不同单位间的互相配合与合作，部门间关系的协调，企业间相互竞争的作用等。通过一致性这一桥梁搭建起各种联系，为创新的发展提供新的道路。比如通过国家与企业之间的协调一致，国家可为企业发展提供良好的创新氛围与制度环境，企业也可为国家的发展起到推动作用；通过企业与企业之间的协调一致，可以节约成本，分享技术、信息等；通过企业与学校的协调一致，对于企业员工的质量以及创新人才的培养都有重大意义。所以，协同创新这一行为打破了行业、领域、地域的界限，各要素各创造主体之间进行着有序的协调一致，以达到共同目标。

第六，流动性——要素聚集可能性。这是科技人才协同创新行为的可能性，是协同创新的要素特征，没有流动就没有集聚，就不可能协同。协同创新这一行为体现了知识创造主体如大学、科研机构等与技术创新主体如公司、政府等的通力合作，之后挖掘其创新能力与科研能力，使得各个主体有效结合，带动信息、资金、技术、知识等生产要素的流动，其功能不是简单机械地直接相加以及各要素的直接利用，而是它们之间进行有机结合，以发挥整体性的优势。这对于多方面来说都很有价值。

（五）协同创新行为动因

第一，创新问题本身的复杂性需要协同创新。

创新问题本身都是非常复杂的问题，这就需要一方面不断学习国外最新研究成果，从中发现寻找到自身可以研究出的新事物，而且研发速度必须快；另一方面还有来自国家、民众的压力，国家在世界上的科研成果前沿性始终不足，国家也出台很多政策鼓励科研机构发展，民众每天都在关注中国科技进展，也在相互讨论为什么中国科技进展始终无法处在世界前列,使科研机构压力重重。协同创新的发展能够帮助科研机构缓解这种压力,众所周知,协同创新中的"创新"能够提高科技人才的比例,提升整个中华民族的创造力,培养高校人才的科学精神,就能为科研机构输送更多的科研人才,提高科研机构的创新效率,而"协同"则能够使科研机构与其他领域进行合作,比如说企业、高校等,不再是孤军奋战。拥有团队协作,也能够分散压力,使科研机构能够更自由地在社会发展,激发更多的创造力。

第二,资源短缺需要协同创新。

协同创新能够弥补组织资源欠缺的漏洞,协同创新是一个共享资金、人才、信息、技术等创新要素的过程,更是个资源互补的过程,当组织出现资金缺乏或者缺少技术支持时,协同创新便能够帮助组织解决这个问题,使组织能够顺利运行下去。

第三,创新风险也需要协同创新来分散。

协同创新能够为企业提供精神支柱,中国自古就讲求团结协作的优良传统,"众人拾柴火焰高""一方有难,八方支援"等,都是在说人们要相互团结,互相帮助,就能够产生巨大效益。每家组织在发展过程中都不可能一帆风顺,总会有面对困难的时候,而其他协同组织在这时候伸出援手,不仅是帮助组织面对困难,更使得组织在困难中能够有一个精神支柱支撑着组织继续发展。

第四,协同创新是提升科研市场竞争力的需要。

协同创新有利于提高企业竞争力,在这个创新型社会,优胜劣汰,产品更新快,组织必须具备良好的市场适应力,协同创新无疑能够帮助组织提升创新能力,提高创新效率,生产出适应市场的产品,从而使组织能够在市场上立足,更具有与其他组织竞争的能力。

第五,协同创新是国家综合国力提升的需要。

主要表现在:①协同创新能够使国家具有更多的高素质人才,虽然我国已经连续好几年成为世界上科研人员最多的国家,但是所得出的科研成果却没有与科研人员数量成正比,其中一个原因可能是科研人员的素质还不够高,创新能力不够强,无法创造出更多有实际利用价值的创新成果。②协同创新能够使中华民族整体的创造力得到提升。中华民族的自主创新能力一直是我国的一个缺陷,常常我们去国外买回来的商品,背面都会标记"Made in China"字样,不知从何时开始,这个话题就讨论至今,而且形势依旧如此,整个国民都在期待,何时商品的背面能够标记"Created in China"字样,协同创新在进行创新思维交流的同时,也会同时激发创新主体潜在的创新思维,从而提高其创造力。③协同创新能够帮助国家维护市场正常的合作与竞争的运行。诚如所言,协同创新是一种处于竞争关系企业间的深度合作模式,不同于垄断协同行为,这是一种正当的合作方式,这种合作方式既可以使市场运行更加和谐,达到"1+1>2"的发展效果,又可以使企业具有在合作中能够进行公平竞争的机会,帮助国家建立良好的市场氛围。

综上所述,协同创新的动因是提升市场竞争力的需要,是解决复杂创新问题的需要,是解决创新资源短缺问题的需要,同时也是分散创新风险的需要,同时也是综合国力发展的需要。协同创新是提高自主创新能力的最佳途径和方式,可以帮助社会释放更多活力,引领社会发展。

第二节　科技人才与协同创新行为管理

一、环境管理

（一）外部环境

外部环境，主要涉及国家的科技政策。

主要包括：国家政策的鼓励力度、科研课题的资助额度、公平合理的权益分配和值得信赖的中间组织。具体而言，我们分为两大类。

经费投入。问题包括：第一，国家对协同创新是否有足够的投入？第二，科研项目的审批是否足够公开与公平？第三，科研设备是否已经达到国际先进水平？

激励措施。问题包括：第一，国家政策是否十分鼓励科技协同创新？第二，对科研成果的评估是否足够合理公平？第三，人才引进和激励措施是否很有吸引力？

1.经费投入

应进一步加大对科技人才协同创新的经费投入，主要涉及以下几个方面的投入。

第一，加大对于科技人才产学研协同创新研究经费投入，保障研究的正常开展。增加成果转化及产业化和创新环境建设项目，逐步加大对平台、引导性强的和后补助项目投入。

第二，增加科技人才协同创新行为协调经费投入，促进各部门之间密切协作。大力开展公共服务平台建设和科技补贴政策计划。依托高校、院所和骨干企业建设一批科技创新平台，构建产学研协同创新体系，支持工程技术研究中心、高新技术企业研发中心、产业技术创新战略联盟、专家大院、技术转移示范机构、临床医学研究中心、科技金融、科技信息、检验检测平台等建设，对研发补贴、技术转移服务及技术交易补贴、落实政策补贴等按比例予以后补助奖励。

第三，增加协同创新行为中科技人才的人员经费投入，调动科技人才协同创新行为的积极性。大力培养科技创新人才,夯实产学研协同创新的基础。鼓励青年科技人员立足于企业技术需求开展研发工作,集聚一批重点领域的高层次人才。

政府给予风险资金支持,保障协同创新行为的顺利发展。在科技人才协同创新的发展过程中,可能会因为某些因素导致其不能顺利进行,这时风险资金支持就会发挥重要的作用。如果政府部门给予一定的风险资金支持,这有利于推动协同创新行为的顺利发展。

增加协同创新成果推广的投入。不仅在前期过程中加大经费投入,在协同创新成果形成后,为促进协同创新成果推广,适当地增加对协同创新行为所取得成果的宣传经费投入。为其他的协同创新行为的发展提供动力和借鉴,有利于带动大家的积极性。

为科技人才协同创新营造有利的氛围,搭建信息共享平台,让科技人才之间进行信息分享,促进彼此间找到更合适的协同伙伴,形成协同创新行为。帮助资源更好地有效利用。

建立健全知识产权相关制度,保护科技人才协同创新的成果。通过人才的深层次融合实现技术创新,促进技术的发展和进一步再创新,应用到更多领域。

政府在协同创新中扮演很重要的角色,起到激励、引导、规范和协调创新环境的作用。政府不仅要促进协同创新的政策和制度规范的提出,而且要加大相关创新政策和法律规范的执行力度。但是政府在推动协同创新时也要把握好介入程度,以引导者的角色,借助市场机制促进科技人才的协同创新。

2.激励措施

分别以科研成果各项目为因变量对外部环境因素进行回归分析,发现以获得省级科研项目数量、获得发明专利数量为因变量时外部环境因素进入模型中,并且皆以外部环境激励这一因素为自变量。

因此,如果分阶段阐述协同创新行为的环境外力的影响,那么在协同创新行为的发生阶段,最需要的应该是协调创新集成外力的影响,国家科技政策的鼓励干预作用下,促使科技创新主体要素可以发生位移,或者说,科技创新的集成外力因素使得协同创新主体之间产生了发生位移的可能。外力因素使得各类创新主体异常活跃,各种创新要素加速流动。

建立跨部门、跨领域的协同创新联席会议制度,健全协同创新决策和专家咨询机制,提高推进协同创新的工作效能。协同创新是科技创新的有效组织模式,通过推动创新主体间突破壁垒实现深度合作,有效集成创新资源和创新要素,显著提升创新驱动能力和效率。因此我们的科技政策应全面实施创新驱动战略,大力推进协同创新计划,集中力量,集成资源,着力加强协同创新平台、团队、项目和基地建设,强化体制机制创新,努力形成多元开放、集成高效的协同创新体系。

大力推进科技资源产权制度改革,完善科技资源开放共享政策法规体系。建立健全科技资源管理模式,受财政资助的各类协同创新平台和国家、省级重点实验室、工程(技术)研究中心、企业技术中心科技项目和科研基础设施等,均要建立统一的管理数据库和统一的科技报告制度,并依法向社会提供开放共享服务。建立健全科技资源开放共享激励考核机制,完善协同创新成果转化利益分配与资源共享补助政策,把科技资源开放共享纳入各类协同创新平台、团队和高等学校、科研院所科技创新绩效考核评估范围。

在协同创新行为的匹配阶段,关键是加快科研院所、高等学校科研体制改革和机制创新,以学科优势特色明显的科研院所、高等学校牵头,联合省内外科研院所、高等学校,通过有效整合人才、技术、项目等创新要素,构建一批公共协同创新平台,持续产出重大原始创新成果和创新人才。以协同创新平台为依托,以技术协同攻关为重点,以利益共享为纽带,大力加强协同创新团队建设。坚持以项目为抓手,整合科技资源、聚集创新人才、带动协同创新。在这一阶段中,高等学校具有关键作用。高校不仅是基础研究的重要来源,而且在培养创新人才方面也是很重要的平台。协同创新需要的正是高质量的人才,所以高校在协同创新的人才培养中发挥重要作用。

首先,要制定合适的人才培养方针和策略。在人才培养过程中,各个环节都很重要。从培养目标到教育教学过程,融入协同创新的理念,与当地的企业合作,结合实际需求,制定合适的人才培养计划,完善和调整教学活动内容。注重实践性教育,培养学生的研究能力、创新能力和应用能力,为社会提供优秀的高素质人才。

其次,重视高校老师在人才培养过程中的重要作用。学校是育人的场所,老师是主要的传授者。所以,高校老师的创新能力对学生也有很大的影响。老师之间的协同创新行为不仅是专业上的合作,而且也有利于为培养学生创造条件。打破各学科之间的壁垒,实现跨学科交流,提高各学科间资源共享率。让更多的学生参与进来,提高自身能力,促进他们的全方位发展。

此外,还可以通过建立校外导师机制。吸引优秀科研人才和企业家来高校担任导师,促进高校与科研院所和高科技企业合作,共同培养高质量的优秀人才。还有,高校要增加研究生和博士的奖助和创新基金支持力度。研究生、博士后阶段是创新人才培养的重要时期,增大奖助资金支持力度,使研究生和博士生专注创新,不为生活所担忧。支持其科研创新,设立专门的研究生和博士的创新团队基金,推动学科之间的交叉融合发展,促进知识、技术创新,激发自主创新精神;大力推动可能获得创新成果的跨学科项目,营造创新文化氛围。

在协同创新行为的维护阶段,平台的基础已经搭建,团队的匹配也已经组织妥当,项目也在进行中,基地已经在建设,机制的保障作用也已经发挥,此时应该更突出实现协同创新的目标——协同是为了更好地创新。此时应适应不同需求,立足企业、科研院所、高等学校和其他事业单位等各类创新主体自身优势和特色,积极探索形式多样、多主体合作、多学科融合、多团队协同、多技术集成的协同创新模式。破除体制机制障碍,打破各类创新主体间的体制壁垒,突破科技资源分散重复、效率不高等瓶颈,形成运转高效、充满活力的协同创新组织运行机制。通过建平台、强团队、抓项目、设基地、活机制,构建多元开放、集成高效的协同创新体系,促进各类创新主体深度结合、创新要素有机融合、优质资源充分共享,提升整体创新效能。

(二)组织环境

组织环境,主要涉及组织的战略愿景和领导风格。

战略愿景。问题包括:第一,所在组织是否有清晰的关于协同创新的愿景和战略;第二,是否有通常可以实现的关于协同创新的组织目标;第三,所在组织的协同创新行为是否对社会有重要价值。

领导风格。问题包括:第一,在协同创新中,所在组织领导是否能够主动指导、协助并关爱组织成员;第二,在协同创新中,所在组织是否具企业家精神,注重创新,勇于冒险;第三,在协同创新中,所在组织领导是否擅长组织协调,重视组织协同创新行为顺畅运作。

而涉及的具体的组织环境的指标,我们主要关注的是:组织规模和制度、组织文化、组织行为中影响科研团队的因素等方面。

1.战略愿景

因此,在科技人才协同创新行为中,科研单位和组织应该有明晰的关于协同创新的愿景和战略,有通常可以实现的关于协同创新的组织目标,有更高的使命感和成就感,协同创新中的每个个体都能够感受到所在组织的协同创新行为对社会有重要价值,从而可以激发更高质量的协同创新行为。组织内需要制定合适的、有指引作用的战略目标,每个阶段有明确的任务目标,而且是具体的、具有挑战性的。挑战性的工作更能激起团队成员的价值感和成就度,从而促进组织成员的工作积极性。

组织制定的发展战略与愿景应及时传达给员工,让组织成员了解;而且也可以广泛收集成员的想法和意见,结合自己的愿望和需求为组织的发展建言献策,积极参与到组织策略的制定中。

2.领导风格

在协同创新中,组织领导应该主动指导、协助并关爱组织成员,同时具有企业家精神,注重创新勇于冒险,另外,擅长组织协调,重视组织协同创新行为顺畅运作。组织领导要重视并支持成员进行协同创新,进而能够且必须投入大量的物力、财力、精力、时间推动协同创新,营造有利的环境与氛围,而且让组织成员要能感觉到这种氛围的存在。鼓励成员多与外部同行交流,促进协同创新行为的形成。

组织关注成员的内在持续发展和能力的提升,能够满足成员合适的个性化需求和对自身能力提高的需求,有感受到被重视。

组织内结合人才的职业能力倾向,制定科技人才选拔机制。选拔组织中优秀的复合型青年人才到领导岗位,担任领导。既有专业技术知识又可以发挥他们的经营管理水平,带领其他组织成员共同进步,提升组织创造力。选拔学术水平高、埋头苦干、任劳任怨的科技人才到业务领导岗位或重要业务岗位。让有一定能力的人才担任领导,一方面是对科技人才的管理能力的认可和信任,增加其成就感;另一方面,也可以让组织中的管理层水平得到提高,融入新的管理理念,有利于组织的成长和发展。

另外,可以把环境因素的管理分过程阐述如下。

(1)发生过程

在协同创新行为发生过程中,组织环境氛围好,便能够成为科技人才的第一选择协同对象。环境分为硬环境和软环境,硬环境即组织的硬件设施,这自然也能够影响环境质量好坏,因此硬件设施必须应有尽有。对软环境而言,能够从三个方面使组织环境氛围好。

第一是制度,组织能够根据不同的发展阶段制定不同但却是合理有效的管理制度,使组织内部机能有序进行,即能促进组织形成良好的氛围。管理制度包括科学的人才管理规范、方式多样的激励制度,为人才营造一个宽松、自由、和谐的创新环境氛围。并在一定程度上,允许成员有自主权,发挥他们自身的主动性。组织作为科技创新主体和创新成果的应用者,其激励机制和具体举措直接影响科技人才参与协同创新的动力和成效。建立和完善对创新人才的考核和评估制度,重视创新能力的发展,通过不断考评一定程度上激励他们,促进他们自身能力的发展,也使组织得到发展。

第二是文化,发展积极向上、健康、有特色的组织文化,更能够吸引科技人才,使组织在发生过程中能够更加突出。组织内部营造良好的人才交流氛围,增强互相尊重、平等合作、互利共赢的意识。协同创新文化是创新的重要源泉,创新要求文化先行,有利于协同创新的文化环境是组织促进提高协同创新能力的关键。文化为组织创新人才协同培养提供良好的环境,文化与创新绩效也有很大的关系。创新驱动发展战略下创新人才协同培养,需要构建创新文化,也需要构建协同文化。

组织文化应是一个组织全部或大多数成员所共有的信念和期望的模式。科研机构应对较长时期以来科研活动中形成的价值信念、行为规范进行筛选提炼,加以总结归纳,在经过充分的征求意见和较长时间的实践检验后形成自己的组织文化。因此,组织文化的建设需要成员参与,并为所有成员所认同。通过宣传和引导的方式,让他们了解和贯彻,潜移默化地深入他们的生活工作中,经过共同努力,结合组织内外部环境情况,形成发展有特色的组织文化。

第三是组织行为,设立对科技人才有利的激励机制,领导层能够公平、公正地对待每一位科技人才,制定出具有发展潜力的组织战略,使组织更加具有发展价值。适当的激励机制,并且符合人才的需求,有利于提高科技人才创新的积极性。这就需要制定合理的权益分配制度和激励措施。根据合理的权益分配制度将科技成果的收入分配给科技人员,使他们从协同创新中看到成效,提高继续参与协同创新的积极性。激励措施不只是物质方面的激励,也可以加大精神激励的力度,通过形式丰富多样的精神激励活动,如"优秀人才""十佳人才"等评比活动,给予科技人才一定的荣誉称号,树立典范形象。增加他们的荣誉感和成就感,也带动其他成员的发展和进步。

（2）匹配过程

质量需要匹配,环境同样需要匹配。对于管理制度而言,当双方已经建立起协同关系后,科技人才应配合管理制度的实行,遵守管理制度的规定,促进协同关系发展;对于组织文化而言,科技人才的思想观念应与组织文化相符合,如果出现不可调和的情况,那么应立即终止协同关系,以免造成双方更大的损失;对于组织行为而言,组织应更多地站在科技人才的角度考虑,为科技人才提供较好并且是科技人才满意的福利,使科技人才能够更好地为组织服务。当发现上述内容中有一个无法匹配,可先经过调和,与科技人才进行协商,如果协商成功,那么协同关系可以继续发展,但如何协商失败,最好是终止协同关系,避免浪费资源,造成损失。

（3）维护过程（群管理）

质量因素在维护过程中主要是影响群的形成,而环境因素在维护过程中主要是影响群的管理。此时科技人才与组织之前已经产生协同关系,并形成一个群,之前的环境因素的影响利用其表面上的表现形式,而对科技人才的协同创新行为产生影响,而到了维护阶段,则是真正地发挥环境因素的内在功效——管理职能,前面两个过程中,环境因素的影响基本是组织占主导地位,而当科技人才与组织形成一个群后,科技人才也同样要与组织之间共同负起管理的责任。对于组织而言,在群已经形成后,应根据群和科技人才的特点,重新修改原有的管理制度,使其更加符合目前形势的发展情况;对于科技人才而言,要遵守组织所制定的管理制度,同时对于管理制度中存在的不足之处应及时指出来,为双方未来更好地协同发展奠定坚实的基础。

在对环境的考量中,我们认为,还应该考量 P—E fit 程度,也就是人与环境的匹配程度,研究组织行为学和工业组织心理学的学者对于个人与其工作环境之间的匹配(fit)长久以来有着高度的兴趣。人与环境相互作用的理论在管理学的文献中已经盛行了将近 100 年,使之成为心理学理论构建中比较珍贵的分支。

在人力资源管理的匹配研究中,人与环境的匹配着重从总体上阐述匹配过程。这里的环境主要是指工作环境,不但包括工作场所、工作条件(工资、福利等)、工作内容,还包含工作的人文环境(即个体与组织的匹配,与组织里的其他人的匹配)等。人与环境匹配的研究在近一个世纪越来越受到管理学家和心理学家的注意,对匹配的兴趣已经涌现了大量实验和研究领域,企图弄清匹配难以定义的标准。这些研究的主要方式是探讨个体与工作环境单一方面的匹配。事实上人们是与工作环境的多个方面相互作用。人与环境匹配源于相互作用理论,匹配研究的基本假设是行为结果是个体与环境之间相互作用的函数,人与环境的良好匹配对个体和团体的绩效均有积极作用,不但能够促进员工的事业投入、工作满意度、组织承诺和事业成功,同时能够减少其流动意图和行为,继而提高个体和团体的绩效。在组织中可以采用多种方式来评价与工作环境许多方面的匹配。

20 世纪 80 年代以来,关于此问题的研究获得重大进展,新的学术研究成果和理论不断涌现,研究已经渐趋真实、全面,并且深入到 P—E Fit 的各个维度。近几年中国关于 P—E Fit 的研究取得了明显进展。

在以往的研究中,学者将人与环境的匹配划分为互补性匹配和相似性匹配。互补性匹配指组织(个体)的需求被个体(组织)的供给所满足;相似性匹配则指个人的基本特征与环境基本特征的一致性。也有学者将互补性匹配进一步细分为工作要求与能力的匹配和需求与供给的匹配。其他学者认为人与环境的匹配分为感知的匹配和真实环境的匹配,感知的匹配指一个人对环境适应的判断,这是一种主观判断,在操作过程中直接询问个人认为与环境匹配的程度;真实的匹配是从个人与环境这两个特征入手,通过比较这两个层面的特征来测量。个人与环境匹配是个人同所处环境的和谐相处,这种和谐相处不只是行为层面,还包括心理层面。也就是说个体不仅能按照公司政策规定按部就班地工作,还能从心理层面认可这些工作。从个人角度和环境角度进行分类。个人角度包括兴趣、家庭的支持和文化背景,环境角度则同上述的多维度匹配的方法相同。学者提出了新的视角,认为人与环境匹配是双向的过程,要从员工视角和组织视角来分析。员工视角是指员工个人感知的视角,从很大程度上是从互补性匹配中的员工需要和工作汇报的匹配来感知的,其次是人与环境的价值观和人格一致的相似性匹配;组织视角着重体现在相似性匹配,其次是组织工作要求和员工能力的匹配。

　　而对于人与环境匹配的测量,一般认为可以从以下几个维度来测量:参与、合作、温暖、成长、创新、自治、成就、等级和结构。参与指的是员工能够感觉到在决策,制定目标和政策时的影响力;合作指的是员工能够感觉到上司和同事的帮助,这个强调相互之间的支持;温暖指的是员工能够感受到小组中同事之间的友谊以及友好的小组氛围;成长指的是员工能够感受到组织强调个人的成长和工作发展,强调技能的提升;创新指的是组织强调在工作中的革新和创造,勇于接受改变;自治指的是员工能够察觉到上司对自己的信任,能够自由地计划和控制自己的工作;成就指的是员工能够感受到挑战,对工作有热情,也有不断提升自己的工作表现;等级指的是强调通过正当渠道晋升,有权威检查人员的检验;结构则是指有序的环境,强调规则和程序。因此在协同创新团队中,应该重点从这些方面着手进行协同创新组织和团队建设,使得协同创新主体有参与感和成就感、感受到温暖、有自治和成长的空间,有效地促进协同创新。

　　综上,制度、组织文化和组织行为对科技人才的协同创新行为是有影响的,因为协同也是讲究团结,为了共同目标而努力,从而提高创造力,使得科技人才能够更加适应协同创新的新模式,因此,双方都应更加恪尽职守,组织为科技人才创造良好的发展环境,科技人才为组织提供所需的科研成果,并一同为创造和谐环境做贡献,使科技人才与组织之间的协同关系更加紧密,从而达到双赢的效果。

二、质量管理

　　在研究中设定协同创新的基础主体,也就是科技人才的质量的考量指标为,能够人—职匹配的科技人才才是协同创新中高质量的基础主体,而考量协同创新的科技人才的人—职匹配度则是从兴趣倾向(喜欢)、能力倾向(擅长)、个性倾向(适合)、价值观动力倾向(需要)四维模型来进行。

(一)科技人才职业兴趣

兴趣倾向(喜欢),主要采用霍兰德的职业倾向量表关于兴趣的部分,涉及机械(操作动手)、科研(严谨理性)、艺术(创意激情)、社会(热情沟通)、管理(管理销售)、常规(规矩稳定)等方面。

在科技人才协同创新行为管理中,科技人才本身的人—职匹配度很重要,而科技人才的人—职匹配度中,兴趣倾向又是非常关键的因素。也就是说,在未来的科技人才入门选拔中,应特别重视其研究兴趣的考量,真正把具备严谨理性的科研型人才选拔出来,同时规矩稳定的常规型影响显著表明,除了有严谨理性的兴趣倾向外,还要同时具备坐得住冷板凳,能够深入钻研,有韧性这样的倾向。

(二)科技人才职业能力

能力倾向(擅长),主要采用霍兰德的职业倾向量表关于能力的部分,涉及机械(操作动手)、科研(严谨理性)、艺术(创意激情)、社会(热情沟通)、管理(管理销售)、常规(规矩稳定)等方面。

在对科技人才选拔过程中,毫无疑问,应该重视科技人才的能力倾向的考量,研究结果表明,具备严谨理性,也就是科研型能力倾向非常重要,同时应该具备一些热情沟通的社会型以及管理销售的管理型,对协同创新的成果取得是有更为正面积极的影响的。协同创新重要的是合作,要具有协同意识。在合作过程中,发生协同行为的双方之间存在一种关系,在这种关系中,彼此的协同创新意识很重要,以一种合作共赢的心态去共事更能获得相得益彰的效果。所以,善于热情沟通的人才更能推动协同行为进行。还要适应变化发展、竞争激烈的社会环境,并能在这样的环境中提高自身各方面的能力。一是知识方面,创新人才有扎实的基础知识和合理的知识结构,同时需要具备过硬的相关创新领域的专业知识。二是能力方面,作为创新人才,必须具备基本的判断力和创造性思维能力。创新思维区别于常规思维能力,它打破常规,对创新具有导向作用。通过创新人才的创造性活动,不仅能够抓住事物发展本质规律,还能够间接地辨别出客观规律。三是个人素养方面,创新意识是创新活动前提,有了它才可能提出新理论、新思路。创新人才如果缺乏竞争意识,创新进程就会缓慢,最后失去它应有的价值。但是单方面创新已经难以适应时代发展的需求,发扬创新的协同合作精神才有可能有所作为。

对科技人才的能力方面的提高,组织加大投入对人才的多方面投资,如能力投资、教育投资等,增加培训学习的机会,通过交流沟通的机会拓展平台,与其他有合作创新机会的人才建立联系,为以后的合作做好铺垫。

科技人才加强与外界其他资源链接,通过对外交流与合作,促进知识共享。激发存在于头脑中未被利用的知识资源,开发自身资源,加速创新思维的形成。建立经常性的对外交流机制,与内部同事加强沟通交流,利用各自的自身优势,提高组织内部协同创新的效率。

(三)科技人才职业个性

个性倾向(适合),关于个性倾向的测量,采用传统大五人格量表,但考虑到科技人才的特殊性,我们又查阅大量文献和前人的问卷资料,在大五人格量表的五个基础维度上,增加一个"好奇和探索"维度,以此来更好地测量科技人才的协同创新能力的微观个性影响因素。

我们可以把影响科技人才协同创新行为的个体质量因素中的个性因素描述为:有比较高的责任感,同时有比较强的好奇探索心,心理健康,比较少神经质和抑郁困扰。因此在科技人才的选拔过程中,应该特别重视个性因素的匹配,因为个性的匹配决定一个人是不是适合从事科技创新的职业。只有人—职很好地匹配,才有可能成为一个高质量的科技创新人才。根据科技人才的个性特点,组织内做好人才选拔工作。不仅重视人才的科研能力,而且要结合其个性特点,来选拔更适合协同创新的优质人才。科技人才在进行科研的过程中,也需要注意心理健康的发展。组织内可聘请专业的心理咨询人员为科技人才提供心理疏导服务,帮助他们减缓在科研过程中的压力,以健康积极的心理状态、开拓创新的思维进行协同创新合作。

成员利用自身的个性优势,获得其他组织成员的信任,增加在组织内部的影响力。与其他成员坦诚相待,通过共同语言缩短彼此间的心理距离,进而发现是否有共同的目标追求,是否有共同的事业价值观,是否有合作的意向,是否对专业知识有一致的理解与认识,从而对以后的合作奠定基础。

(四)科技人才职业动力

动力倾向(需要),也就是个人工作价值观的测量,主要涉及福利待遇、发展机会、声望地位、工作乐趣。

1.发生阶段

该阶段的有关质量的内容主要是协同创新不同主体都是优质"产品"。

(1)内部质量

在发生过程中有三个子过程:具备协同的条件、具有协同意识、筛选协同候选对象,而使这三个子过程能够顺利发生就是要有一定的创新思想,无论是人或是组织,都必须具备一定的创造性思维,因此首先应提高人和组织的整体创造力,而组织的创造力基础也是人的创造力,所以提高人的创造力是关键。对于人而言,高创造力的表现在于扎实的专业基础、丰富的想象力和联想能力、具有协同意识、善于学习、将理论与实践相结合等,虽然有些看起来是先天的素质,但是可以通过沟通培养而形成的,例如多了解所处领域内目前最新的思想文化,向前辈、前人学习经验,对一件事从多角度、多方面思考,多参与实践活动等,都有助于人才的创造力的提高,但是这是一个从量变到质变的过程,在短时间内使用有关提高创造力的方法是没有效果的,创造力是人在不断学习和思考中潜移默化、逐渐形成的,因此最好是从小就进行这方面的培养,不仅能提高创造力,还能促进人的逻辑思维的发展。

另外,健全科技人才流动机制也非常重要,鼓励科研院所、高等学校等事业单位和企业创新人才双向流动。完善专业技术职务聘任和岗位聘任制度,鼓励企业聘用高层次科技人才和培养优秀科技人才,并给予政策支持,完善人才评价机制,落实人才激励政策,在全社会形成尊重劳动、尊重知识、尊重人才、尊重创造的良好环境。

（2）外部质量

发生阶段就像面试一样，外部质量就是面试者给面试官的第一印象，因此，无论外部质量是否对科技人才的协同创新行为有显著影响，能够提供外部质量自然是有利而无害的。对人而言，其外部质量有性别、职称、学历等要素。从事科研工作时间长、学历高、得出的科研成果多等，自然就成为外部质量好的代表，而且经验丰富，但这并不表示其创造力肯定高，只能说明外部质量的分数是高的，但也对集成力的增加没有阻碍。

2.匹配阶段

在匹配阶段中，质量的好坏并不是关键，最关键的就是协同创新主体之间的质量能够互相适应配合，就像需要换肾的患者一样，质量再好的肾源，如果与其身体各方面机能不匹配，那么换了也是没用的，因此如何进行匹配是很重要的。我们在传统冰山模型基础上提出的"兴趣—能力—个性—动力四维模型"，就是在实践中验证适合用于做"人—职—组织"匹配的优质模型。但要全方位地界定其是否符合，是需要时间的，因此可选择进行试用，也就是先划定在某段时间内，协同创新不同主体先进行协同创新，再对这段时间内的双方行为是否产生矛盾进行观察与分析，从而判断是否继续这段关系。

3.维护阶段

当协同创新处在维护阶段时，协同创新不同主体之间的集成群已经形成，质量虽然已经不成为主要的影响因素，但仍然对维护存在影响。质量是当初集成群能够形成的基础，因此在维护过程中，某些质量仍然存在，如钻研精神、吃苦耐劳等，某些质量可能消失不见，如刚形成集成群时的好胜心，某些质量可以平和稳定，如逻辑思维，某些质量可以逐步发展，如创造力，这些都是正常现象。对于质量而言，有利于维护阶段发展的就是在双方不断协同合作中，同时也提高创新能力，例如，可以开展技术交流会，制定竞争机制，用双方都需要的某种物品，如利润，使科技人才通过自己科研成果竞争自己想要的东西，在这过程中激发科技人才的创造力。

综上，我们可以看到无论哪一方的质量如何，都会对集成力产生一定的影响，因此在选择协同的对象时必须慎重行事。对于参与科技研发的科技人才而言，外部质量好的标准就是要有高学历、高职称、科研成果多等。内部质量好的标准:第一,应具备努力不懈、勇于突破、敢于向权威挑战、迎难而上等精神;第二,应具有丰富的想象力和创造力、足够的专业知识、强大的实践能力和适应社会变化发展的能力等素质;第三,应拥有沉着冷静、处变不惊、谨小慎微等性格特点。组织的质量好坏具有一般性和普遍性,一般而言,在外部质量上,组织规模大、存在时间较长、获得荣誉多、口碑好,就是质量好的表现;在内部质量上,管理得当、组织内部气氛融洽、发展潜力大等,可以认为是质量好的表现。虽然双方的质量好坏很重要,但协同创新不同主体之间的匹配更重要,其关键在于协同创新一方主体的质量是否在需求上、思想上与协同创新的另一方相符,这是不容忽视的一部分。

参考文献

[1]韩缨.科技管理制度中的知识产权管理问题研究[M].杭州:浙江大学出版社,2018.01.

[2]刘颖.创新科技人才管理与开发[M].北京:经济科学出版社,2018.11.

[3]温晶.新时期人力资源战略管理[M].江苏凤凰美术出版社,2018.12.

[4]张利荣.科技管理工作思考与实践[M].南昌:江西科学技术出版社,2018.01.

[5]王婉.科技创新与科技成果转化[M].北京:中国经济出版社,2018.11.

[6]刘倬.人力资源管理[M].沈阳:辽宁大学出版社,2018.09.

[7]吕菊芳.人力资源管理[M].武汉:武汉大学出版社,2018.02.

[8]刘娜欣.人力资源管理[M].北京:北京理工大学出版社,2018.08.

[9]林忠,金延平.人力资源管理第5版[M].沈阳:东北财经大学出版社,2018.06.

[10]张婷婷.领导力[M].长春:吉林文史出版社,2018.09.

[11]郑和生.领导力[M].长春:吉林出版集团有限责任公司,2018.08.

[12]赵春林.领导力的管理准则[M].天津:天津人民出版社,2018.09.

[13]智荣.卓越领导力[M].北京:企业管理出版社,2018.12.

[14]蔡利华.变速领导力[M].中国财富出版社,2019.05.

[15]方跃.数字化领导力[M].上海:东方出版中心,2019.10.

[16]魏珠丽,谢雄,陈培阳.卓越领导力[M].北京:中国商务出版社,2019.06.

[17]陆禹萌.领导力法则[M].北京:中国纺织出版社,2019.11.

[18]陈卓.科技人才计划管理与研究[M].北京:兵器工业出版社,2019.08.

[19]杨宁祥,陈英红,梁敏健.事业单位科研管理与科技成果转化[M].北

京:中国标准出版社,2019.08.

[20]白丽英.科技人才协同创新行为管理研究[M].北京:高等教育出版社,2019.08.

[21]许秀梅,孙瑜.科技大数据服务平台建设与运作管理研究[M].北京:中国财政经济出版社,2019.11.

[22]牛志勇,王丹,江若尘.科技创新与创业[M].上海:上海财经大学出版社,2019.09.

[23]刘英茹.科技计划引入第三方管理研究[M].赤峰:内蒙古科学技术出版社,2020.05.

[24]成森.科技评估质量管理研究[M].武汉:武汉理工大学出版社,2020.12.

[25]喻登科.科技成果转化中的知识管理绩效评价[M].北京:经济管理出版社,2020.04.

[26]王立诚.科技文献检索与利用第6版[M].南京:东南大学出版社,2020.01.

[27]尹锋林.科技成果转化、科研能力转化与知识产权运用[M].北京:知识产权出版社,2020.08.

[28]宋岩,彭春凤,臧义升.人力资源管理[M].武汉:华中师范大学出版社,2020.09.

[29]诸葛剑平.人力资源管理[M].杭州:浙江工商大学出版社,2020.03.

[30]潘颖,周洁,付红梅.人力资源管理[M].成都:电子科技大学出版社,2020.04.

[31]闫志宏,朱壮文,李贵鹏.人力资源管理与企业建设[M].长春:吉林科学技术出版社,2020.

[32]黄建春.人力资源管理概论[M].重庆:重庆大学出版社,2020.08.

[33]赵亮.国有企业领导力建设理论与实践[M].北京:中国电力出版社,2020.09.

[34]李向阳.领导力[M].北京时代华文书局,2020.06.

[35]杨思卓.领导力3.0[M].北京联合出版公司,2020.05.

［36］李海峰.领导力领导者性格与知人善任［M］.大有书局,2020.10.

［37］谢良鸿.组织领导力组织高效运营与领导策略［M］.北京:中国纺织出版社,2020.06.